教育部高教司组编　全日制高校重点教材
普通高等教育"十一五"国家级规划教材

U0749211

大学语文 简编本
（第九版）

DAXUE YUWEN

华 东 师 范 大 学 出 版 社

主编　徐中玉　齐森华

编委会成员（以姓氏笔画为序）

丁　帆（南京大学）
王中忱（清华大学）
方智范（华东师范大学）
齐森华（华东师范大学）
吴承学（中山大学）
张耀辉（上海交通大学）
陈　洪（南开大学）
周圣伟（华东师范大学）
徐中玉（华东师范大学）
陶型传（华东师范大学）
蒋　凡（复旦大学）

图书在版编目（CIP）数据

大学语文（第九版）简编本/徐中玉，齐森华主编. 上海：华东
师范大学出版社，2007. 10
ISBN 978 - 7 - 5617 - 5690 - 4

Ⅰ. 大…　Ⅱ. ①徐…②齐…　Ⅲ. 汉语-高等学校-教材
Ⅳ. H1

中国版本图书馆 CIP 数据核字（2007）第 168703 号

大学语文（第九版）简编本

主　　编　徐中玉　齐森华
责任编辑　庞　坚　范耀华
责任校对　王丽平
封面设计　一步设计
版式设计　蒋　克

出版发行　华东师范大学出版社
社　　址　上海市中山北路 3663 号　邮编 200062
网　　址　www.ecnupress.com.cn
电　　话　021-60821666　行政传真 021-62572105
客服电话　021-62865537　门市（邮购）电话 021-62869887
地　　址　上海市中山北路 3663 号华东师范大学校内先锋路口
网　　店　http://hdsdcbs.tmall.com

印 刷 者　常熟市文化印刷有限公司
开　　本　787×1092　16 开
印　　张　19
字　　数　438 千字
版　　次　2007 年 12 月第 1 版
印　　次　2017 年 6 月第 16 次
印　　数　181701-188800
书　　号　ISBN 978-7-5617-5690-4/G·3328
定　　价　38.00 元

出版人　王　焰

（如发现本版图书有印订质量问题，请寄回本社市场部调换或电话 021-62865537 联系）

目录

附　录

出版前言

新编大学语文教材,经过编写组全体教师的共同努力,终于正式出版了。

大学语文课,是普通高校中面向文(汉语言文学专业除外)、理、工、农、医、财经、政法、外语、艺术、教育等各类专业学生开设的一门文化素质教育课程。课程设置的目的是培养学生汉语语言文学方面的阅读、欣赏、理解和表达能力。这是大学生文化素质中的一个重要方面。

对普通高校的大学生,在入学之后进行大学语文水平测试,在毕业时进行大学语文合格测试,是对大学生进行文化素质教育的一个较好的方法。一些重点理工科大学已在这方面开展试点工作,取得了较好的效果。

希望有条件的学校,要为大学生开设大学语文课程,并把这门课程的建设作为对大学生进行文化素质教育的一个重要手段。

在大学语文课程建设方面,国家教委高教司目前正在着手进行两方面的工作,一个是大学语文考试计算机试题库的研制;一个是大学语文师资的培训。

各有关高校,要认真重视大学语文课程的建设工作,更深入地开展大学生文化素质教育工作。

国家教委高教司

1996 年 4 月 30 日

修订前言

一

《大学语文》教材第八版自 2005 年 6 月出版以来,至今已逾二年。承各地高校老师、同学们广泛采用,给予我们很大的鼓励。尤其值得感谢的是,我们还直接、间接地收到、听到不少建议与指教,使我们对如何再作修订有了明确的方向。不断提高教材的质量,是我们应有的责任。

2006 年 11 月,全国高等学校大学语文教学改革研讨会在湖南召开,会议达成"在高等教育的课程体系中,大学语文应当成为普通高等院校面向全体学生开设的公共必修课"这样一个共识,对大学语文的课程性质、功能和目标也有了更加明确、更加全面的认识。2007年 3 月,教育部高教司下发了转发这次会议纪要的通知,要求有关部门、单位"结合本地区、学校实际,认真做好大学语文教学改革工作"。

在这样的形势下,经过认真研究与讨论,我们决定推出第九版《大学语文》。现将修订的基本情况汇报如下:

1. 更换了大多数原版所选的与现行中学语文主要教材课文重复的作品,改选这些名家的其他佳作,或另选其他名家名作。我们坚持严选本国优秀文化传统中的名家名作精品与现当代有代表性的名家名作,兼收影响较大的外国名家名作,力求内容丰富,风格多样。新选入的一些中国现当代与外国名家名作,有的是文学作品,有的是具有文学魅力的其他人文内容的佳作,在选目的视野上较原版有所拓宽。

2. 保留篇目的作者介绍、注释与提示大多有所润色,精益求精,不断完善。新增篇目的作者介绍、注释、提示和思考与练习,也都按照新一版的更高要求撰写、拟定,并增辑有关评论资料。期望在培养学生人文精神、艺术修养与阅读习惯、写作能力等方面,都能起到良好作用。我们的课文提示不求面面俱到,而以把握要点,有助于启发学生思考为目的;学生尽可各抒己见,对课文加以讨论。所出思考与练习题力求从实际出发,期望学生在阅读与写作中养成勤于思考的习惯;不要求学生意见一致,以便在讨论中交流提高。

3. 在加强教材人文性的同时,不忘对于教材工具性的重视,增设了"学文例话"一栏,分《记叙文的阅读与写作》、《议论文的阅读与写作》、《诗歌的阅读与欣赏》、《小说的阅读与欣赏》四项,希望对学生的阅读欣赏与写作能力的提高有所帮助。此外,附录的内容也有所调整,增加了《常用文言虚词例释》、《文言特殊句法述略》、《常用修辞格举隅》等内容。而按文学史年代、国别排序的课文篇目也为习惯于按传统的课文排序方式上课的老师提供了方便。

4. 全书大多数的课文配有中国古典版画、水墨画,外国油画、木刻,以及一些人物照片,以求图文并茂,增强阅读效果。

总之,第九版《大学语文》修订及新增的内容非常丰富,是对第八版的一次新的提升。

大学生人文精神与品德素养的培养,可以贯穿于他们的学习过程中、日常生活言行中、阅读优秀作品内容的感受中,以及对各种社会关系的处理中;贵在自觉得到启发,并在自然流露中显示出来。热爱祖国、为社会服务、为人民大众服务,求真务实、忠诚认真、有团队精神,负责任、有使命感、积极进取、乐于助人、勤奋刻苦等等,这些人文精神与高尚品德,可以在优秀作品中充分体悟,《论语》中孔子那极为概括的"仁者爱人"一语,千百年来就不知影响了多少仁人志士。以人为本,勤奋学习,努力工作,精进不懈,这是我们每一个人都应追求的正道。名家名作中蕴涵着不同内容、不同表达方式的人文精神与高尚品德,感悟得来,累积起来,对我们都是极好的营养。名家名作各有优点,值得我们学习、体味;但未必没有局限,并不需要全都照搬他们的想法和做法。独立思考,择善而从,应当成为我们的座右铭。

二

现在的"大学语文"课程,必须重视人文教育和人文精神的培养。"大学语文"的工具性当然仍要注意,但不断渐进,进一步还得讲究兼顾文学性、艺术性、审美性、创新性乃至深刻的人生哲理性。总目标乃在提高大学生的品格素质与人文精神。教师要善于启发、点拨学生,通过对名家名作的具体分析,让学生有感悟,受熏陶。这决不是简单观念的生硬灌输所能实现的。在教学过程中,师生应通过对文本反复的互动研讨,由表及里,逐渐提升到在精神、灵魂、生命境界有所感发。要从作品本身魅力出发,发挥其潜在的熏陶、润泽作用,使学生在兴趣与愉悦中,最终得到感染,受到熏陶,让真、善、美成为学生自觉的向往与追求。学生在细读名家名作后,得到启发或警示,积累得多了,就能自然地、不断地丰富和提高自己。再加上他们在实际生活中的体验,两相比较、补充,就会更牢固、更扎实。这样会比从简单观念出发,重复许多枯燥又未必真实的教条,耳提面命式的强制灌输办法,正当、有益得多。

"大学语文"课程在大学阶段应是重要的"通识"性课程,贵在以学生的需要为中心,力求引导学生,使他们确立自觉、积极学习的态度。教师同样要认真负责,善于引导,加强与学生的互动,课内与课外,指授与讨论,思考与写作,都要与学生一起设计,有个计划。有准备,有计划,师生共同商量,各自发挥应有的作用,教学效果就有保证。提高学生的母语表达能力,提高学生的人文素质与道德情操,都要有个循序渐进的过程,不可急功近利,但求速成。相信努力做去,认真做好,一定会有成效,获得成功。

《大学语文》教材选取的篇目多一些,编写的内容丰富一些,除课堂学习外,亦可供同学们课外自学,这比有些学生特爱读时尚类的、消费性的杂书,方便、有用得多。光靠每学期或每学年教几十篇文章,学生即使有收益,仍是远远不够的。大学生多读好书,多练习写作,多独立思考,能质疑,会提出问题,这是最基本的功力。舍此不学,自欺欺人,可能一事无成。

现在大学扩招,学生很多。已有一些大学试行对入学新生进行语文考试,如学生基础已较好,经过测试属实,不妨同意他们不必再修"大学语文"课,便于他们选修其他人文性课程。"大学语文"宜于小班教学,否则教师难于做到关心每一个同学,也不利于学生进行讨论。较小班级的教学效果,会比百人以上的大班灌输好得多。"大学语文"课如何考试,可据各自情况,未必需要统一。据我所知,国外大学常由教师指定学生阅读某些经典性著作,要求他们写交阅读报告,按时交出若干篇幅的习作或笔记,连同学生平时课堂讨论中的表现,由教师综合评出等第,作为学生的学习成绩。这样的考核方式,我以为值得借鉴。

诸如此类的问题——包括如何交流不同的教法与经验、如何评定学生的学习成绩等,都需要我们不断探讨与总结,在广泛的实践过程中,一定能发现切实有效的好方法。

三

"大学语文"决不是一个可有可无,像某些人所说的中学语文的"补课"课程。学生自小学至中学,各阶段都应有本国语文教育课,专科、大学、研究生等阶段以至再后的长期工作阶段,无疑都应不断学习下去;学习得好,就能将工作做得更好。各阶段的学生本身情况与客观需要不同,各有其不同的有一定差别的学法、教法。说是"补充"并非不可以,说是不断发展、提高和创新更恰切。凡属中国人民,哪能认为学过一阵母语之后,就已足够需要,不必再学习了呢?一个阶段中学习上存在的欠缺,以后可以弥补,甚至超越。高中阶段的语文课,其定位若是以工具性、知识性为重,那么,专科及大学阶段即当进而在不废工具性、知识性的同时,着重体现人文性、审美性,兼具研究性、创新性乃至深刻的哲理性。从低到高,从浅到深,大致有差别,有目标,循序渐进才易进步。最浅层次的工具性与最高层次的深刻的哲理性,虽程度不同,但可以并存,都要灵活掌握,不必井水不犯河水,人为设置屏障。各个阶段都如此,不是一"性"过了就停住,再重另一"性"。实际上,无论就不同的个人,还是就整个学习过程来说,某一"性"的作用都是可以不断深化的。例如工具性,似最单纯、简易,但在具体课文中,一字、一词、一句、一节等,往往即可有不同的视角、不同的理解、不同的感悟,经常需要反复推敲、仔细判别才能真有收获;而若言之有据,不同的观点也可以并存。这样才能达到整体学习效果更好的境界,真正提高素质、增强能力。人文科学与自然科学的学习有其差异,有其不全相同的学科规律。

我们这样的初步设想是否有点道理,还有待进一步实践,有待于大家共同研讨。如能进一步明白其中有同有异的规律，必有助于我们今后教材编写工作与教法改进工作。这里提出浅见，期望引起大家共同研讨，因为我们工作中确实还存在尚未解决的问题，效果也有不理想之处。

坦率地说，这种情况和过去很长一段时间里，文化环境封闭、自由讨论太少有关。狭隘的政治标准第一，甚至变成"以阶级斗争为纲"为唯一标准，培养不必有自己思想的人，许多语文课就变成了政治课。不讲艺术标准与学科特点，优秀的文化传统也几乎全被抹杀、批倒了。那时重视艺术标准、学科特点，每被指为不是政治挂帅，思想上有问题，人们无可奈何，也就只能守着内容僵化的教材求安全了。经过拨乱反正，我们现在要求建设和谐社会，以人为本，重视"和而不同"，鼓励独立思考，创新思维，较过去确已有显著的改变。重大发展的环境无疑已为包括语文教学改革在内，提供了无比广阔的视野和更好的条件。现代化教学手段、技术条件有日新月异的发展，人文科学在各综合大学都有很多相关课程，如诗词、小说、散文、戏曲，甚至音乐、书法、绘画等，可供理、工、农、医等各科学生来选修。需要我们来进行研讨、改进的东西多得很，我们的工作前景真是无限广阔，我们的努力也是无有尽期。

四

刚巧前几天读到温家宝总理在上海同济大学所作的对今后大学教育有极大期望的精彩讲话，发现其中许多意见与"大学语文"教学有密切联系，对我们极有启发。其中所讲，如大学应该培养也能够培养出许多有"智慧和心灵"的优秀人才，为国家建设和广大人民服务。大学教育要办得各有特色，不是千人一面的样子，要开放办学。人文科学和自然科学教育，要既有专长，又能兼容，互相补充，形成整体综合的实力。大学出来的人，知识要广博，但必须能独立思考，有创新思维，善于发现问题，追求真理与真知，真正能关心国家命运，不自私自利。理工等科的学生，要学些文学和艺术，学人文科学的，也要学些自然科学，扩大视野，大学者都是这样取得成功的。要全面发展，具有尽可能完备的综合素质。温家宝总理引用一位教育界前辈的话说："没有一流的文科，就没有一流的理科；没有一流的理科，就没有一流的工科。"他指出，爱因斯坦也认为，大学出来的人，应该是全面发展的人。他强调大学里的师生，都要重视独立思考，有自己的头脑与智慧，自己的创造能力，这才会有与众不同的见解，才可能产生真知灼见。我们一方面要继承本国优秀的文化传统，学习前人，另一方面也要吸收外国先进的技术、知识与文化，海纳百川。大学教育还要通过讨论与交流，师生共进，教学相长，形成一种独具的学术氛围。这样努力做去，具有"智慧和心灵"的杰出人才就会大批出现，整个国家就有了更大的希望。

温家宝总理讲话中的精辟见解，使我感到这与我们"大学语文"教学中存在的问题很可以联系起来研讨，从中寻找到解决问题的方法和今后的努力方向。他的讲话对我们很有启发，具体地说，无论在教材的编选，还是教学方法的改革、教学效果的评估等各方面，都能起指导作用。（温家宝总理的讲话精神，据 2007 年 6 月 14 日《文汇报》所载概括）

我们深愿在今后的工作实践中，将"大学语文"这个"系统工程"不断推向完善。

徐中玉

2007 年 6 月 15 日

冯谖客孟尝君①

《战国策》

《战国策》，又名《国策》、《国事》、《事语》、《长书》、《短长》等。属国别体杂史著作，约成书于秦代，其文多出自战国中晚期各国史官之手，记载各国有关政治、外交、军事等方面的史实。经西汉著名学者刘向整理编订，定名为《战国策》。全书分十二国策，共三十三篇。宋时已有缺失，由曾巩作了订补。《战国策》记事始于周贞定王十四年(前455)，止于秦始皇三十一年(前216)，其中保存了许多珍贵的史料，对战国时期谋臣策士游说各国或互相辩难的言行记载尤为具体，是研究战国史的重要文献。《战国策》也是我国古代一部优秀的散文集。它文笔恣肆，语言流畅，论事透辟，写人传神，还善于运用寓言故事和新奇的比喻来说明抽象的道理，具有浓厚的艺术魅力和文学趣味。《战国策》对我国两汉以来的史传文和政论文的发展都产生过积极影响。

　　齐人有冯谖者，贫乏不能自存②。使人属孟尝君③，愿寄食门下④。孟尝君曰："客何好⑤？"曰："客无好也。"曰："客何能？"曰："客无能也。"孟尝君笑而受之，曰："诺。"左右以君贱之也，食以草具⑥。居有顷⑦，倚柱弹其剑，歌曰："长铗归来乎⑧！食无鱼。"左右以告。孟尝君曰："食之，比门下之客⑨。"居有顷，复弹其铗，歌曰："长铗归来乎！出无车。"左右皆笑之，以告。孟尝君曰："为之驾⑩，比门下之车客。"于是乘其车，揭其剑⑪，过其友曰⑫："孟尝君客我⑬。"后有顷，复弹其剑铗，歌曰："长铗归来乎！无以为家⑭。"左右皆恶之，以为贪而不知足。孟尝君问："冯公有亲乎？"对曰："有老母。"孟尝君使人给其食用，无使乏。于是冯谖不复歌。

　　后孟尝君出记⑮，问门下诸客："谁习计会⑯，能为文收责于薛者乎⑰？"冯谖署曰⑱："能。"孟尝君怪之，曰："此谁也？"左右曰："乃歌夫'长铗归来'者也。"孟尝君笑曰："客果有能也，吾负之，未尝见也。"请而见之，谢曰⑲："文倦于事，愦于忧⑳，而性懧愚㉑，沉于国家之事，开罪于先生。先生不羞㉒，乃有意欲为收责于薛乎？"冯谖曰："愿之。"于是约车治装㉓，载券契而行㉔。辞曰："责毕收，

冯谖弹铗客孟尝

以何市而反⑤？"孟尝君曰："视吾家所寡有者。"

驱而之薛，使吏召诸民当偿者悉来合券⑥。券遍合，起，矫命以责赐诸民⑪，因烧其券。民称万岁。

长驱到齐，晨而求见。孟尝君怪其疾也⑱，衣冠而见之，曰："责毕收乎？来何疾也！"曰："收毕矣。""以何市而反？"冯谖曰："君云'视吾家所寡有者'。臣窃计，君宫中积珍宝，狗马实外厩，美人充下陈⑩；君家所寡有者，以义耳！窃以为君市义。"孟尝君曰："市义奈何？"曰："今君有区区之薛，不拊爱子其民⑪，因而贾利之⑫。臣窃矫君命，以责赐诸民，因烧其券，民称万岁。乃臣所以为君市义也。"孟尝君不说⑬，曰："诺，先生休矣⑭。"

后期年⑮，齐王谓孟尝君曰："寡人不敢以先王之臣为臣。"孟尝君就国于薛⑰。未至百里，民扶老携幼，迎君道中。孟尝君顾谓冯谖⑱："先生所为文市义者，乃今日见之。"冯谖曰："狡兔有三窟，仅得免其死耳。今君有一窟，未得高枕而卧也。请为君复凿二窟。"

孟尝君予车五十乘⑲，金五百斤，西游于梁⑩，谓惠王曰⑪："齐放其大臣孟尝君于诸侯⑫，诸侯先迎之者，富而兵强。"于是梁王虚上位⑬，以故相为上将军，遣使者，黄金千斤，车百乘，往聘孟尝君。冯谖先驱，诫孟尝君曰："千金，重币也；百乘，显使也。齐其闻之矣。"梁使三反⑭，孟尝君固辞不往也⑮。

齐王闻之，君臣恐惧，遣太傅赍黄金千斤⑯，文车二驷⑰，服剑一⑱，封书谢孟尝君曰："寡人不祥⑲，被于宗庙之祟⑳，沉于谄谀之臣，开罪于君！寡人不足为也㉑，愿君顾先王之宗庙㉒，姑反国统万人乎㉓！"冯谖诫孟尝君曰："愿请先王之祭器㉔，立宗庙于薛㉕。"庙成，还报孟尝君曰："三窟已就，君姑高枕为乐矣。"

孟尝君为相数十年，无纤介之祸者㉖，冯谖之计也。

（《战国策》，汉刘向集录，宋鲍彪、元吴师道注，上海：上海古籍出版社，1978）

【注释】

① 选自《战国策》中的《齐策四》，篇名为今人所拟。
　冯谖（xuān）：齐国游说之士，谖，一作"煖"，《史记》中又作"驩"。客：做门客。孟尝君：齐国贵族，姓田名文，齐湣王时为相。田文之父在齐宣王时受封于薛（今山东滕县东南），田文沿袭，孟尝君即为封号。以好养士（门客）而著名，与信陵君（魏）、春申君（楚）、平原君（赵）一起被称为"战国四公子"。
② 存：生存。
③ 属：同"嘱"，嘱托，请求。
④ 寄食：依附他人生活。
⑤ 好（hào）：爱好，擅长。
⑥ 食（sì）：通"饲"，给人东西吃。草具：粗劣的饭菜。
⑦ 居有顷：过了不久。
⑧ 长铗（jiá）：长剑。一说铗为剑把。归来乎：离开吧，回去吧。来、乎，都是语气词。
⑨ 比：按照。门下之客：指中等待遇的食客。

⑩ 为之驾：为他配车。
⑪ 揭：举。
⑫ 过：拜访。
⑬ 客我：指孟尝君待冯谖为上等门客。
⑭ 无以为家：没有能力养家。
⑮ 记：账册。一说，指书状之类文件。
⑯ 习：熟悉。计会（kuài）：会计账目。
⑰ 责（zhài）：同"债"。
⑱ 署：署名，签名，引申为表示。
⑲ 谢：道歉。
⑳ 愦（kuì）：心思烦乱。
㉑ 忨（nuò）：同"懦"，懦弱。
㉒ 不羞：不以此感到羞辱。
㉓ 约车治装：准备车马，整理行装。
㉔ 券契：债务契约。
㉕ 市：买。反：同"返"。
㉖ 当偿者：应偿还债务的人。合券：验合债券。古代契约分为两半，立约双方各执其一。

㉗ 矫命:假托命令。

㉘ 疾:迅速。

㉙ 下陈:指宫中地位低下的姬侍。

㉚ 市义:买回百姓的恩义,即收买人心。

㉛ 拊爱:体恤爱护。子其民:把民众看作自己的子女。

㉜ 贾(gǔ)利:求取利益。贾,求取。

㉝ 说:通"悦"。

㉞ 休矣:算了吧。

㉟ 期年:整整一年。

㊱ 齐王:指齐湣王。当时齐湣王恐孟尝君政治势力扩大,有意排斥他,决定废除孟尝君的相位并把他赶到封地去居住。后文所说"不敢以先王之臣为臣",显系托词。

㊲ 就国:回封地。

㊳ 顾:回头看。

㊴ 乘(shèng):古制一车四马为一乘。

㊵ 梁:魏国。因为当时魏已迁都到大梁(今河南开封),故称之为梁。

㊶ 惠王:梁惠王。

㊷ 放:放逐。

㊸ 虚:空出。上位:显贵的职位,此指宰相之位。

㊹ 三反:先后三次往返。反,同"返"。

㊺ 固辞:坚决辞谢。

㊻ 太傅:官名。 赍(jī):持物送人。

㊼ 文车:装饰精美的车。驷:四马拉的车。

㊽ 服剑:佩剑。

㊾ 不祥:意为糊涂。一说不吉祥,没福气。

㊿ 被:遭,受。宗庙之祟:指祖宗神灵的警告。宗庙,帝王、诸侯祭祀祖先的祠庙。祟,鬼神的祸害。

51 不足为:不值得你看重并辅助。一说无所作为。

52 顾:顾念。

53 姑:姑且。反:同"返"。万人:代指一国百姓。

54 请先王之祭器:请分出一些祭祀先王的礼器。

55 立宗庙于薛:在薛地再建一座齐国宗庙。这是巩固和强化薛作为封地的政治地位的重要举措,因为宗庙一立,封地就不能再取消。

56 纤介:细小。纤,细丝。介,同"芥",小草。

【提示】

本文记叙了策士冯谖为孟尝君营就"三窟"、巩固政治地位的经过,展现了冯谖不甘碌碌无为,以深谋远虑报效知己的奇卓风采和孟尝君宽容大度、礼贤下士的良好品德,从一个侧面反映了战国时期的社会风貌。"市义"固然是收买人心,但若无对人心向背的关心,不知广施仁义、体恤民情方能赢得民众的拥护,又岂能为之?

作者刻画冯谖的形象,主要采取了欲扬先抑、层层深入的方法。开篇写他"无好"、"无能",寄食于人却再三弹铗而歌,要求优厚的生活待遇,仿佛是不知餍足的小人,而后再写他自告奋勇为孟尝君收债"市义",营就"三窟",展示其卓越不凡的见识和才具,令人心折,充分显示出作者艺术构思的巧妙匠心。

此外,故事情节的生动有趣、一波三折,孟尝君及其手下人对冯谖态度的映衬,也从不同侧面丰满了冯谖的形象。

【思考与练习】

一、如果说冯谖初为门客时频频争地位待遇是自信的表现,那么形成他的这种自信的主客观原因何在?

二、联系"毛遂自荐"、"伯乐相马"一类故事,试析实行"惟才是举"(曹操)、"不拘一格降人才"(龚自珍)等主张的社会条件和环境。

三、从择选、设计人生道路的角度,谈谈"狡兔三窟"的双重性意义(积极的和消极的)。

【辑评】

三番弹铗,想见豪士一时沦落,胸中魂礴勃不自禁。通篇写来波澜层出,姿态横生,能

使冯公须眉浮动纸上。（清·吴楚材等《古文观止》）

此文之妙，全在立意之奇，令人读一段想一段，真有武夷九曲，步步引人入胜之致。……谋篇之妙，殊属奇绝。若其句调之变换，摹写之精工，顿挫跌宕，关锁照应，亦无不色色入神。变体快笔，皆以为较《史记》更胜。（清·余诚《重订古文释义新编》）

此冯谖传也，屈伸具态。其计谋，不出为巨室老，无绝殊者。喜其叙置不平铺，且为史传开体。（清·浦起龙《古文眉诠》）

魏 公子列传（节选）①

司马迁

  魏公子无忌者，魏昭王少子②，而魏安釐王异母弟也③。昭王薨④，安釐王即位，封公子为信陵君。

  公子为人仁而下士，士无贤不肖皆谦而礼交之，不敢以其富贵骄士。士以此方数千里争往归之，致食客三千人⑤。当是时，诸侯以公子贤，多客，不敢加兵谋魏十余年。

  魏有隐士曰侯嬴，年七十，家贫，为大梁夷门监者⑥。公子闻之，往请，欲厚遗之。不肯受，曰："臣修身絜行数十年⑦，终不以监门困故而受公子财。"公子于是乃置酒大会宾客。坐定，公子从车骑⑧，虚左⑨，自迎夷门侯生。侯生摄敝衣冠⑩，直上载公子上坐，不让，欲以观公子。公子执辔愈恭。侯生又谓公子曰："臣有客在市屠中，愿枉车骑过之。"公子引车入市，侯生下见其客朱亥，俾倪故久立⑪，与其客语，微察公子。公子颜色愈和。当是时，魏将相宗室宾客满堂，待公子举酒。市人皆观公子执辔。从骑皆窃骂侯生。侯生视公子色终不变，乃谢客就车。至家，公子引侯生坐上坐，遍赞宾客⑫，宾客皆惊。酒酣，公子起，为寿侯生前。侯生因谓公子曰："今日嬴之为公子亦足矣！嬴乃夷门抱关者也，而公子亲枉车骑自迎嬴⑬；于众人广坐之中，不宜有所过⑭，今公子故过之。然嬴欲就公子之名，故久立公子车骑市中，过客以观公子，公子愈恭。市人皆以嬴为小人，而以公子为长者能下士也。"于是罢酒。侯生遂为上客。

  侯生谓公子曰："臣所过屠者朱亥，此子贤者，世莫能知，故隐屠间耳。"公子往数请之，朱亥故不复谢，公子怪之。

  魏安釐王二十年，秦昭王已破赵长平军⑮，又进兵围邯郸。公子姊为赵惠文王弟平原君夫人，数遗魏王及公子书，请救于魏。魏王使将军晋鄙将十万众救赵。秦王使使者告魏王曰："吾攻赵旦暮且下⑯，而诸侯敢救者，已拔赵，必移兵先击之！"魏王恐，使人止晋鄙，留军壁邺⑰，名为救赵，实持两端以观望。

  平原君使者冠盖相属于魏⑱，让魏公子曰⑲："胜所以自附为婚姻者，以公子之高义，

5

为能急人之困。今邯郸旦暮降秦而魏救不至，安在公子能急人之困也！且公子纵轻胜，弃之降秦，独不怜公子姊邪？"公子患之，数请魏王，及宾客辩士说王万端。魏王畏秦，终不听公子。

公子自度终不能得之于王，计不独生而令赵亡，乃请宾客，约车骑百余乘⑳，欲以客往赴秦军㉑，与赵俱死。

行过夷门，见侯生，具告所以欲死秦军状。辞决而行㉒。侯生曰："公子勉之矣，老臣不能从。"公子行数里，心不快，曰："吾所以待侯生者备矣，天下莫不闻；今吾且死，而侯生曾无一言半辞送我，我岂有所失哉？"复引车还，问侯生。侯生笑曰："臣固知公子之还也。"曰："公子喜士，名闻天下。今有难，无他端而欲赴秦军，譬若以肉投馁虎，何功之有哉？尚安事客㉓？然公子遇臣厚，公子往而臣不送，以是知公子恨之复返也。"公子再拜，因问。侯生乃屏人间语㉔，曰："嬴闻晋鄙之兵符常在王卧内㉕，而如姬最幸，出入王卧内，力能窃之。嬴闻如姬父为人所杀，如姬资之三年㉖，自王以下欲求报其父仇，莫能得。如姬为公子泣，公子使客斩其仇头，敬进如姬。如姬之欲为公子死，无所辞，顾未有路耳㉗。公子诚一开口请如姬，如姬必许诺，则得虎符夺晋鄙军，北救赵而西却秦，此五霸之伐也㉘。"公子从其计，请如姬。如姬果盗晋鄙兵符与公子。

公子行，侯生曰："将在外，主令有所不受，以便国家。公子即合符，而晋鄙不授公子兵而复请之，事必危矣。臣客屠者朱亥可与俱，此人力士，晋鄙听，大善；不听，可使击之。"于是公子泣。侯生曰："公子畏死邪？何泣也？"公子曰："晋鄙嚄唶宿将㉙，往恐不听，必当杀之，是以泣耳，岂畏死哉？"于是公子请朱亥。朱亥笑曰："臣乃市井鼓刀屠者，而公子亲数存之㉚，所以不报谢者，以为小礼无所用。今公子有急，此乃臣效命之秋也。"遂与公子俱。公子过谢侯生。侯生曰："臣宜从，老不能。请数公子行日，以至晋鄙军之日，北乡自刭㉛，以送公子。"公子遂行。

至邺，矫魏王令代晋鄙。晋鄙合符，疑之，举手视公子曰："今吾拥十万之众，屯于境上，国之重任，今单车来代之，何如哉㉜？"欲无听。朱亥袖四十斤铁椎，椎杀晋鄙。

公子遂将晋鄙军。勒兵㉝，下令军中曰："父子俱在军中，父归；兄弟俱在军中，兄归；独子无兄弟，归养。"得选兵八万人，进兵击秦军。秦军解去，遂救邯郸，存赵。赵王及平原君自迎公子于界，平原君负韊矢为公子先引㉞。赵王再拜曰："自古贤人未有及公子者也！"当此之时，平原君不敢自比于人。

公子与侯生决，至军，侯生果北乡自刭。

（《史记》，西汉司马迁撰，南朝宋裴骃集解，唐司马贞索隐，唐张守节正义，北京：中华书局，1959）

【注释】
① 本文节选自《史记》卷七十七《魏公子列传》，有的本子也作《信陵君列传》。
② 魏昭王：名遫，战国时魏国国君，公元前295年至前277年在位。
③ 魏安釐（xī）王：名圉，战国时魏国国君，公元前276年至前243年在位。
④ 薨（hōng）：春秋战国时，诸侯之死的专称。
⑤ 致：招来。
⑥ 大梁：魏国都城（今河南开封）。夷门监者：夷门的守门人。夷门，大梁的东门。
⑦ 累行：修饰品行。
⑧ 从车骑：带着车马。

⑨ 虚左:空着自己车上左边的位子。左边的位子,上位。

⑩ 摄:整理。

⑪ 俾倪:同"睥睨",斜着眼睛看,表示旁若无人的高傲态度。

⑫ 赞:告知,指介绍侯生。

⑬ 枉:谦词,表示委屈对方。

⑭ 过:拜访。

⑮ 破赵长平军:指秦将白起打败赵国的几十万长平军之事。长平,赵地,在今山西晋城。

⑯ 旦暮且下:很快就要攻下。旦暮,不是早晨就是晚上,形容时间很短。

⑰ 壁邺:驻守在邺地。壁,营垒,这里用作动词。

⑱ 冠盖相属:穿戴着礼服礼帽,坐着车子,连续地到来。

⑲ 让:责备。

⑳ 约:预备。

㉑ 客:门客。

㉒ 辞决而行:辞别而去。决,通"诀",别。

㉓ 尚安事客:还用门客做什么呢!

㉔ 间语:密谈,说私话。

㉕ 兵符:古代调兵遣将用的一种凭证。分为两半,发令者和受命者各执一半,两半相合,作为验证。

㉖ 资:蓄,此指心里存着报仇的念头。

㉗ 顾:但,只是。

㉘ 五霸之伐:如五霸一般的功业。

㉙ 嚄(huò)唶(zè)宿将:很有威势的老将。嚄唶,原是大笑大叫,形容气势很盛,威勇的样子。

㉚ 亲数存之:屡次亲自慰问我。

㉛ 北乡(xiàng)自刭:面向北方自杀。乡,同"向"。刭,以刀割颈。

㉜ 何如:何故。

㉝ 勒兵:整顿军队。

㉞ 鞬(lán):盛箭的器具。先引:在前面引路。背着箭矢为人引路,这是一种表达尊敬的隆重礼节。

【提示】

善于刻画人物形象,是司马迁历史人物传记的最大特征。特别是"信陵君是太史公胸中得意人,故本传亦本太史公得意文"(明茅坤语)。所以阅读本篇,作者在描写信陵君这一人物形象上的独到艺术成就,尤值得关注。

《史记》虽以"实录"著称,但司马迁为信陵君立传时,并非事无巨细,兼收并蓄,而是根据信陵君为人处世的性格特征,对纷繁的史料,众多的事迹,做了严格的取舍,精心的安排。把他的政治远见写在了《魏世家》中,对信陵君的军事才能,也只是寥寥数语一带而过,而把传记的重点放在信陵君窃符救赵这一重大事件上。因为这是信陵君一生中的最大壮举,也是他的性格得到最集中、最充分展示的关键性经历。文章正是通过窃符救赵,把信陵君虚怀若谷、礼贤下士的高贵品格,和急人之难、救人之危的仁爱之心,表现得淋漓尽致,令人难以忘怀。

作者还紧紧围绕窃符救赵这一中心事件,巧妙地运用历史人物中的群体形象,突出信陵君的性格特征。无论是胸有经纶、肝胆相照的侯嬴,还是急公好义、视死如归的朱亥,或是有胆有识、见义勇为的绝代佳人如姬,作者或精雕细琢,或粗线条勾勒,都写得栩栩如生。但这些人物决不是一个个孤立的个体,他们烘云托月,从不同侧面、不同角度,把信陵君的独特性格映衬得鲜明夺目,不仅给人以强烈的历史感,也给人以艺术的真实感。从本篇中读者不难看出,作者总是善于在叙事中刻画出历史人物的个性,在写人中交代出历史事件的始末,从而把历史与文学交融为一体,这正是司马迁的历史人物传记的高明之处。

【思考与练习】

一、信陵君既是太史公胸中得意人,你以为他的性格魅力何在?司马迁是怎样刻画这一著名历史人物的?

二、侯嬴为什么选在信陵君夺取兵权的时机"北乡自刭"? 他的死表现了何种精神?

三、侯嬴、朱亥、如姬是信陵君窃符救赵壮举中的三个有功之人,作品都写得呼之欲出,作者对这三个人物的描写在手法上有何不同?

【辑评】

分主桩、介绍、下场三法观之,头绪秩如矣。写公子结客,根于性情,高出他公子,足以兴感百世。文亦从中心向慕结撰而成。神味洋溢,在笔墨之外。(清·浦起龙《古文眉诠》)

张中丞传后叙①

韩 愈

韩愈(768—824),字退之,河内河阳(今河南孟州南)人。自称郡望为昌黎(今属河北),故世称韩昌黎。唐著名文学家。自幼勤勉好学,沉潜诗书。贞元八年(792)登进士第。贞元末,官监察御史,因上疏请求减免灾民赋税,贬阳山令。元和间,随宰相裴度平定淮西藩镇之乱,迁刑部侍郎。不久即因谏迎佛骨,贬潮州刺史。穆宗朝,历官国子监祭酒、京兆尹等,官至吏部侍郎。卒谥文,故后世称韩文公。韩愈在思想上推崇儒家道统,在文学上崇尚秦汉散文,反对六朝以来骈文的浮靡之风,并因此倡导了有革新意义的古文运动。他的诗文创作都有很高的成就。其文与柳宗元并称"韩柳",名列唐宋古文八大家之首,内容殷实,气势壮盛,辞锋峻利,语言练达,影响深远;其诗开中唐尚奇一派,与孟郊并称"韩孟",对宋诗影响较大。有《昌黎先生集》。

元和二年四月十三日夜②,愈与吴郡张籍阅家中旧书③,得李翰所为《张巡传》④。翰以文章自名⑤,为此传颇详密。然尚恨有阙者⑥:不为许远立传⑦,又不载雷万春事首尾⑧。

远虽材若不及巡者⑨,开门纳巡⑩,位本在巡上。授之柄而处其下⑪,无所疑忌,竟与巡俱守死⑫,成功名,城陷而虏⑬,与巡死先后异耳⑭。两家子弟材智下⑮,不能通知二父志⑯,以为巡死而远就虏⑰,疑畏死而辞服于贼⑱。远诚畏死⑲,何苦守尺寸之地,食其所爱之肉⑳,以与贼抗而不降乎?当其围守时,外无蚍蜉蚁子之援㉑,所欲忠者,国与主耳,而贼语以国亡主灭㉒。远见救援不至,而贼来益众,必以其言为信,外无待而犹死守,人相食且尽,虽愚人亦能数日而知死所矣㉓。远之不畏死亦明矣。乌有城坏㉔,其徒俱死,独蒙愧耻求活?虽至愚者不忍为,呜呼!而谓远之贤而为之邪。

说者又谓远与巡分城而守㉕,城之陷,自远所分始。以此诟远㉖,此又与儿童之见无异。人之将死,其藏腑必有先受其病者㉗;引绳而绝之㉘,其绝必有处。观者见其然,从而尤之㉙,其亦不达于理矣。小人之好议论,不乐成人之美㉚,如是哉㉛!如巡、远之所成就,如此卓卓,犹不得免,其他则又何说。

当二公之初守也,宁能知人之卒不救㉜,弃城而逆遁㉝?苟此不能守㉞,虽避之他处何益?及其无救而且穷也㉟,将其创残饿羸之余㊱,虽欲去,必不达。二公之贤,其讲之精矣㊲!守一城,捍天下,以千百就尽之卒㊳,战百万日滋之师㊴,蔽遮江淮,沮遏其势㊵,天下之不亡,其谁之功也!当是时,弃城而图存者,不可一二数;擅强兵坐而观者,相环也。不追议此,而责二公以死守,亦见其自比于逆乱㊶,设淫辞而助之攻也㊷。

愈尝从事于汴、徐二府㊸,屡道于两府间㊹,亲祭于其所谓双庙者。其老人往往说巡、

远时事云：南霁云之乞救于贺兰也⑥，贺兰嫉巡、远之声威功绩出己上，不肯出师救。爱霁云之勇且壮，不听其语，强留之，具食与乐，延霁云坐⑰。霁云慷慨语曰："云来时，睢阳之人，不食月余日矣！云虽欲独食，义不忍；虽食，且不下咽！"因拔所佩刀，断一指，血淋漓，以示贺兰。一座大惊，皆感激为云泣下⑱。云知贺兰终无为云出师意，即驰去；将出城，抽矢射佛寺浮图⑲，矢著其上砖半箭，曰："吾归破贼，必灭贺兰！此矢所以志也⑳。"愈贞元中过泗州㉑，船上人犹指以相语。城陷，贼以刃胁降巡，巡不屈，即牵去，将斩之；又降霁云，云未应。巡呼云曰："南八㉒，男儿死耳，不可为不义屈！"云笑曰："欲将以有为也㉓，公有言，云敢不死㉔！"即不屈。

张籍曰："有于嵩者，少依于巡。及巡起事，嵩常在围中㉕。籍大历中于和州乌江县见嵩㉖，嵩时年六十余矣。以巡初尝得临涣县尉㉗，好学无所不读。籍时尚小，粗问巡、远事，不能细也。云：巡长七尺余，须髯若神。尝见嵩读《汉书》，谓嵩曰：'何为久读此？'嵩曰：'未熟也。'巡曰：'吾于书读不过三遍，终身不忘也。'因诵嵩所读书，尽卷不错一字。嵩惊，以为巡偶熟此卷，因乱抽他帙以试㉘，无不尽然。嵩又取架上诸书试以问巡，巡应口诵无疑。嵩从巡久，亦不见巡常读书也。为文章，操纸笔立书㉙，未尝起草。初守睢阳时，士卒仅万人㉚，城中居人户亦且数万，巡因一见问姓名，其后无不识者。巡怒，须髯辄张。及城陷，贼缚巡等数十人坐，且将戮。巡起旋㉛，其众见巡起，或起或泣。巡曰：'汝勿怖！死，命也。'众泣不能仰视。巡就戮时，颜色不乱㉜，阳阳如平常㉝。远宽厚长者，貌如其心。与巡同年生，月日后于巡，呼巡为兄，死时年四十九。"嵩贞元初死于亳、宋间㉞。或传嵩有田在亳、宋间，武人夺而有之，嵩将诣州讼理㉟，为所杀。嵩无子。张籍云。

（《韩昌黎文集校注》，唐韩愈撰，马其昶注，上海：上海古籍出版社，1986）

【注释】

① 张中丞：即张巡（709—757），邓州南阳（今属河南）人。唐开元末进士，由太子通事舍人出任清河县令，又调真源县令。天宝十四载（755）安禄山叛变，张巡在雍丘一带起兵抗击，后与许远同守睢（suī）阳（今河南商丘）孤城，被围经年，终因兵尽粮绝，援兵不至，于至德二载（757）城破被俘，不屈殉难。中丞是朝廷追封张巡的官衔。

《张中丞传》即《张巡传》，唐李翰撰，今佚。《张中丞传后叙》是对《张巡传》的补充。

② 元和：唐宪宗李纯年号（806—820）。

③ 吴郡：即苏州。张籍（约767—约830）：字文昌，原籍苏州（今属江苏），迁居和州乌江（今安徽和县东北），贞元十四年（798）登进士第，官国子司业，世称张司业。唐代著名诗人，韩愈的朋友，

善写乐府诗，与王建并称“张王”。
④ 李翰：字子羽，赵州赞皇（今河北元氏）人，官至翰林学士。与张巡友善，曾客居睢阳，亲见张巡战守事迹。张巡死后，有人诬其降贼，因撰《张巡传》上肃宗，并有《进张中丞传表》（见《全唐文》卷四三〇）。
⑤ 自名：自负。
⑥ 阙：缺漏，不足。
⑦ 许远（709—757）：字令威，唐杭州盐官（今浙江海宁西南）人。安史之乱时，任睢阳太守，后与张巡合守孤城，城陷被掳往洛阳，至偃师被害。
⑧ 雷万春：张巡部下勇将。按，这里当是“南霁云”之误，如此，方与后文相应。首尾：始末。
⑨ 材：同“才”。《新唐书·张巡传》：“远自以材不及巡，请禀军事而居其下，巡受不辞，远专治军粮战具。”
⑩ 开门纳巡：至德二载（757）正月，叛军安庆绪部将尹子奇带兵十三万围睢阳，时许远为睢阳太守，向张巡告急，张巡自宁陵率军入睢阳城。纳，接纳。
⑪ 之：指张巡。柄：权柄。
⑫ 竟：终于，最终。
⑬ 城陷而虏：至德二载十月，睢阳陷落，张巡、许远被俘。
⑭ 先后异耳：时间有先后不同罢了。按：城破之后，张巡与部将三十六人被斩，许远被送往洛阳邀功，后被害于偃师。
⑮ 材智下：才智低下，指其轻信谣言、不辨是非。安史之乱平定后，大历年间，张巡之子张去疾轻信小人挑拨，上书唐代宗，谓城破后张巡等被害，唯许远独存，是屈降叛军，请追夺许远官爵。诏令去疾与许远子许岘及百官议此事。
⑯ 通知：明白，了解。
⑰ 就虏：被俘虏。
⑱ 辞服：言辞软弱不坚。
⑲ 诚：假如。
⑳ 所爱：所爱的人。睢阳被围多日，城中粮尽，军民以雀鼠为食，最后只得以妇女和老弱男子充饥，张巡曾杀爱妾、许远曾杀奴仆以充军粮。
㉑ 蚍蜉（pí fú）蚁子：此指极为微弱的援助。蚍蜉，大蚁。
㉒ 国亡主灭：指叛军拿“国亡主灭”为词来招降张、许。安史之乱时，长安、洛阳陷落，玄宗逃往西蜀，国势确实极为危殆。
㉓ 且：将。
㉔ 数日：计算日期。
㉕ 乌有：哪有。
㉖ 说者：发议论的人，指张去疾等。分城而守：张巡和许远曾分兵把守睢阳，张守东北，许守西南。城破时叛军先从西南处攻入。
㉗ 诟（gòu）：辱骂。
㉘ 藏腑：同“脏腑”。
㉙ 引：拉。绝：断。
㉚ 尤之：指归咎于先受害的脏腑和绳先断的地方。尤，埋怨，责怪。
㉛ 成人之美：语出《论语·颜渊》：“君子成人之美，不成人之恶，小人反是。”
㉜ 是：此。
㉝ 宁：岂。卒：最终。
㉞ 逆：事先。遁：逃跑。
㉟ 苟：假如。
㊱ 且：将。穷：困厄。
㊲ 将：率领。创残饿羸（léi）：受伤、残废、挨饿、瘦弱的人。
㊳ 讲：讲论，评说。此指李翰《进张中丞传表》所云：“巡退军睢阳，扼其咽领，前后拒守。自春徂冬，大战数十，小战数百，以少击众，以弱击强，出奇无穷，制胜如神，杀其凶丑凡九十余万。贼所以不敢越睢阳而取江淮，江淮所以保全者，巡之力也。”
㊴ 就尽：濒临灭亡。
㊵ 日滋：一天天增多。
㊶ 沮（jǔ）遏：阻止。
㊷ 比：比并。逆乱：指安史叛军。
㊸ 设淫辞：捏造荒谬的言辞。
㊹ 从事：任职。唐时称幕僚为从事。韩愈曾先后在汴州、徐州任推官之职。
㊺ 屡道：几次经过。
㊻ 南霁云：魏州顿丘（今河南清丰西南）人，出身贫贱，安禄山反时，参加平叛，被遣至睢阳与张巡议事，为其所感，遂留为部将。贺兰：复姓，指贺兰进明。时为御史大夫、河南节度使，驻节于临淮一带。
㊼ 延：请。
㊽ 感激：有感触而情绪激动。
㊾ 浮图：佛教语，梵语音译，即佛塔，又译浮屠。
㊿ 志：标记。
(51) 贞元：唐德宗李适年号（785—805）。泗州：治临淮（今江苏泗洪东南），当时贺兰进明屯兵于此。
(52) 南八：南霁云排行第八，故称。
(53) 有为：有所作为，指暂时隐忍以图报仇。
(54) 敢：岂敢。

(55) 常:通“尝”,曾经。
(56) 大历:唐代宗李豫年号(766—779)。和州乌江县:在今安徽和县东北。
(57) 以:因。临涣:在今安徽宿州西南。县尉:掌一县军事的官。张巡死后,朝廷封赏他的亲戚、部下,于嵩因此得官临涣县尉。
(58) 帙(zhì):书套,这里指书本。
(59) 立书:马上书写,指一挥而就。
(60) 仅(jìn):将近,几乎。
(61) 起旋:起身小便。
(62) 颜色不乱:神色不变。
(63) 阳阳:安详的样子。
(64) 亳(bó):亳州,治今安徽亳州。宋:宋州,睢阳郡原名宋州。
(65) 诣(yì):往,到。讼(sòng)理:诉讼。

【提示】

天宝十四载(755)冬,安禄山起兵叛变,气焰嚣张,进逼河南,洛阳失守,长安危急,玄宗西避蜀中,各军则迁延不进。面对这种形势,张巡与许远合守睢阳,孤军奋战,以少击众,扼其咽喉,坚持一年之久,力挫叛军锐气,屏蔽了朝廷财赋主要来源的江淮地区,为以后官军全面反攻、收复失地创造了有利时机和条件。最后终因敌强己弱、粮尽援绝而城破身死,他们的英勇气概和历史功绩,深受后世称仰。

乱平以后,朝中有人利用张巡、许远后代的幼稚无知,竭力散布许远降贼有罪的谣言,制造破坏国家统一的舆论,为割据势力张目。韩愈对此十分愤慨,为说明事实真相,驳斥小人的谬论,他写下本文,以弘扬正气,打击邪恶。

本文的最大特色是议论与叙事紧密结合。前半部分侧重议论,针对污蔑许远的谬论进行驳斥,在驳斥中补叙许远的事迹,以补李翰《张巡传》之不足,并高度赞扬了张巡、许远“守一城,捍天下”的历史功绩。后半部分侧重叙事,着重记叙南霁云的动人事迹,并补叙了张巡、许远的一些轶事,为睢阳保卫战中的几位英雄人物塑像立碑。前、后两部分既有上述分工,又有内在联系:前者之议论是后者叙事之“纲领”,后者之叙事是为前者之议论提供事实佐证。两部分都紧紧围绕着赞扬英雄、斥责小人的主题展开。

本文几个英雄人物形象生动,光彩照人,这主要得力于传神的细节描写。如南霁云的拔刀断指、抽矢射塔,张巡的好学、记忆力超人和就义时“颜色不乱,阳阳如平常”,都是文中的精彩片断。其次,作者有意让英雄人物的不同性格相互映衬,如张巡之从容镇定、博闻强识、视死如归,许远之宽厚谦和、甘心让贤,南霁云之忠勇刚烈、嫉恶如仇,相互辉映,相得益彰。此外,反面人物贺兰进明的卑劣无耻,也有力地反衬出英雄们的磊落胸怀和凛然正气。

韩愈主张以“气”主“文”,认为气盛则言宜。本文充分体现了他的这一主张,文章气势充沛,激情饱满,无论叙事抒情,作者的主观感情色彩均极为浓厚,饱含其对英雄的信任与景仰。尤其是“守一城……其谁之功也”一段文字,议论风发,义正辞严,激情鼓荡,立懦起顽,如金石落地,铿锵有声,震撼人心。

【思考与练习】

一、体会并说明本文记叙与议论并重的特色。
二、韩愈写作本文的起因是什么?主要意图是什么?
三、具体分析本文塑造人物形象的方法。

【辑评】

阅李翰所为《张巡传》而作也。补记载之遗落,暴赤心之英烈。千载之下,凛凛生气。(宋·黄震《黄氏日钞》)

辩许远无降贼之理,全用议论;后于老人言,补南霁云乞师,全用叙事。末从张籍口中述于嵩、述张巡轶事,拉杂错综,史笔中变体也。争光日月,气薄云霄,文至此可云不朽。(清·沈德潜《唐宋八大家文读本》)

前三段乃议论,不得曰记张中丞传逸事;后二段乃叙事,不得曰读张中丞传,故标以《张中丞传后叙》。……截然五段,不用钩连而神气流注,章法浑成。(清·沈闉《韩文论述》引清·方苞语)

盖仿史公传后论体,采遗事以补传中所不足也。如背诵《汉书》、记城中卒伍姓名、起旋慰同斩者之涕泣,事近繁碎,然为传后补遗之体则可,引为《张巡传》中正事,则事更有大于此者。李翰书正坐太繁,极为欧阳文忠所讥。然退之此文,历落有致,夹叙夹议。欧阳公述王铁枪事,殆脱胎于此。(林纾《韩柳文研究法》)

13

段 太尉逸事状①

柳宗元

柳宗元(773—819),字子厚,河东(今山西永济)人。世称柳河东。唐著名文学家。贞元九年(793)进士及第,十四年中博学鸿词科,授集贤殿正字。迁监察御史里行。永贞元年(805),任礼部员外郎,参加王叔文为首的政治革新运动,力主改革弊政,反对宦官专权和藩镇割据。革新失败后,贬官永州司马。元和十年(815)迁柳州刺史,卒于任所。柳宗元与韩愈齐名,并称"韩柳",同为中唐古文运动的倡导者,同是唐宋古文八大家之一。他的文学主张与韩愈相近,诗文创作注重针砭时弊,反映民瘼。他的政论、传记、寓言均有特色,山水游记以刻画细致、寄慨深远在文学史上享有盛誉。诗歌也风貌独特,在作手如林的中唐诗坛自成一家,与韦应物并称"韦柳"。有《柳河东集》。

太尉始为泾州刺史时②,汾阳王以副元帅居蒲③。王子晞为尚书④,领行营节度使⑤,寓军邠州⑥,纵士卒无赖⑦。邠人偷嗜暴恶者⑧,率以货窜名军伍中⑨,则肆志⑩,吏不得问。日群行丐取于市⑪,不嗛⑫,辄奋击折人手足,椎釜鬲瓮盎盈道上⑬,袒臂徐去⑭,至撞杀孕妇人。邠宁节度使白孝德以王故⑮,戚不敢言⑯。

太尉自州以状白府⑰,愿计事⑱。至则曰:"天子以生人付公理⑲,公见人被暴害,因恬然⑳。且大乱㉑,若何?"孝德曰:"愿奉教㉒。"太尉曰:"某为泾州㉓,甚适,少事;今不忍人无寇暴死㉔,以乱天子边事。公诚以都虞候命某者㉕,能为公已乱㉖,使公之人不得害。"孝德曰:"幸甚㉗!"如太尉请㉘。

既署一月㉙,晞军士十七人入市取酒,又以刃刺酒翁,坏酿器,酒流沟中。太尉列卒取十七人㉚,皆断头注槊上㉛,植市门外㉜。晞一营大噪,尽甲㉝。孝德震恐,召太尉曰:"将奈何㉞?"太尉曰:"无伤也㉟,请辞于军㊱。"孝德使数十人从太尉,太尉尽辞去㊲。解佩刀,选老躄者一人持马㊳,至晞门下。甲者出㊴,太尉笑且入曰:"杀一老卒,何甲也?吾戴吾头来矣!"甲者愕。因谕曰㊵:"尚书固负若属耶㊶?副元帅固负若属耶㊷?奈何欲以乱败郭氏㊸?为白尚书㊹,出听我言。"

晞出见太尉。太尉曰:"副元帅勋塞天地,当务始终㊺。今尚书恣卒为暴㊻,暴且乱,乱天子边,欲谁归罪㊼?罪且及副元帅㊽。今邠人恶子弟以货窜名军籍中㊾,杀害人,如是不止,几日不大乱?大乱由尚书出,人皆曰尚书倚副元帅,不戢士㊿。然则郭氏功名,其与存者几何㊼?"言未毕,晞再拜曰:"公幸教晞以道㊿,恩甚大,愿奉军以从㊾。"顾叱左右曰:"皆解甲散还火伍中,敢哗者死!"太尉曰:"吾未晡食㊿,请假设草具㊿。"既食,曰:"吾疾作,愿留宿门下。"命持马者去,旦日来㊿。遂卧军中。晞不解衣,戒候卒击柝卫太尉㊿。旦,俱至孝德所，谢不能⑤，请改过。邠州由是无祸。

先是⑥，太尉在泾州为营田官⑥。泾大将焦令谌取人田，自占数十顷，给与农⑥，曰："且熟，归我半。"是岁大旱，野无草，农以告谌。谌曰："我知入数而已⑥，不知旱也。"督责益急，农且饥死，无以偿，即告太尉。

太尉判状辞甚巽⑥，使人求谕谌。谌盛怒，召农者曰："我畏段某耶？何敢言我！"取判铺背上，以大杖击二十，垂死，舆来庭中⑥。太尉大泣曰："乃我困汝⑥！"即自取水洗去血，裂裳衣疮⑥，手注善药，旦夕自哺农者，然后食。取骑马卖，市谷代偿⑥，使勿知。

淮西寓军帅尹少荣⑥，刚直士也。入见谌，大骂曰："汝诚人耶？泾州野如赭⑦，人且饥死；而必得谷，又用大杖击无罪者。段公，仁信大人也⑦，而汝不知敬。今段公唯一马，贱卖市谷入汝，汝又取不耻。凡为人傲天灾、犯大人、击无罪者，又取仁者谷，使主人出无马，汝将何以视天地⑦，尚不愧奴隶耶⑦！"谌虽暴抗⑦，然闻言则大愧流汗，不能食，曰："吾终不可以见段公！"一夕，自恨死⑦。

及太尉自泾州以司农征⑦，戒其族："过岐⑦，朱泚幸致货币⑦，慎勿纳⑦。"及过，泚固致大绫三百匹⑥。太尉婿韦晤坚拒，不得命⑥。至都⑥，太尉怒曰："果不用吾言⑥！"晤谢曰："处贱无以拒也⑥。"太尉曰："然终不以在吾第⑥。"以如司农治事堂⑥，栖之梁木上⑥。泚反，太尉终⑥，吏以告泚，泚取视，其故封识具存⑥。

太尉逸事如右⑨。

元和九年月日⑨，永州司马员外置同正员柳宗元谨上史馆⑨。今之称太尉大节者出入⑨，以为武人一时奋不虑死，以取名天下，不知太尉之所立如是⑨。宗元尝出入岐周邠斄间⑨，过真定⑨，北上马岭，历亭障堡戍⑨，窃好问老校退卒，能言其事。太尉为人姁姁⑩，常低首拱手行步，言气卑弱⑩，未尝以色待物⑩；人视之，儒者也。遇不可⑩，必达其志⑩，决非偶然者。会州刺史崔公来⑩，言信行直，备得太尉遗事，覆校无疑，或恐尚逸坠⑩，未集太史氏⑩，敢以状私于执事⑩。谨状⑩。

（《柳河东集》，唐柳宗元撰，宋廖莹中辑注，上海：中华书局上海编辑所，1958）

【注释】

① 本文作于元和九年（814），是作者给当时在史馆任职的韩愈修史时作参考的。宋代所修《新唐书·段秀实传》即取材于此。段太尉：即段秀实（719—783），字成公，汧阳（今陕西千阳）人。官至泾州刺史兼泾原郑颍节度使。建中四年（783），朱泚作乱称帝，段秀实斥之为狂贼，以朝笏廷击朱之面额，遂被害。后朝廷追赠太尉。状：旧时详记死者世系、名字、爵里、行实、寿年的文体。逸事状，"则但录其逸者，其所已载，不必详焉，乃状之变体也"（徐师曾《文体明辨·序说》）。

② 太尉：这里是以段秀实死后追赠的官名称呼他。泾州刺史：广德二年（764），因邠宁节度使白孝德的推荐，段秀实任泾州（治今甘肃泾川北）

刺史。

③ 汾阳王：即郭子仪。郭子仪平定安史之乱有功，于宝应元年（762）进封汾阳郡王。至德二年（757）四月，郭子仪兼任关内、河东副元帅，河中节度、观察使，出镇河中。蒲：蒲州，唐为河中府（治今山西永济）。

④ 王子晞：郭晞，郭子仪的第三子，随父征伐，屡建战功。广德二年（764），吐蕃侵边，郭晞奉命率朔方军支援邠州。郭晞曾任御史中丞，转御史大夫，卒后于大历中追赠兵部尚书。

⑤ 领：兼任。节度使：总揽一区军民财政的地方长官。

⑥ 寓军：在辖区之外驻军。寓，寄居。邠（bīn）州：治今陕西彬县。

⑦ 无赖:横行不法。
⑧ 偷:懒惰。嗜:贪婪。暴:强暴。恶:凶恶。
⑨ 率:大都。以:用。货:财物,这里指贿赂。窜:指不正当地混入。
⑩ 肆志:为所欲为。
⑪ 日:每天。丐:乞求,这里是强讨的意思。
⑫ 嗛(qiè):通“慊”,满足。
⑬ 椎:指用棍棒敲击。釜:锅。鬲:三个脚的容器。盎:腹大口小的瓦盆。
⑭ 袒臂:裸露着臂膀。徐去:指扬长而去。徐,缓缓。
⑮ 白孝德:安西(治今新疆库车)人,李光弼部将,广德二年(764)任邠宁节度使。以王故:因为汾阳郡王郭子仪的缘故。
⑯ 戚不敢言:心中忧伤却不敢明说。
⑰ 状:一种陈述事实的文书。白:禀告。府:此指节度使衙门。
⑱ 计事:商量此事。
⑲ 生人:生民,老百姓。付:交托。理:治。
⑳ 因:仍旧。恬然:安然,指无动于衷。
㉑ 且:将要。
㉒ 奉教:听您指教。
㉓ 某:段秀实自称。为(wéi):指任职。
㉔ 无寇:没有战乱。
㉕ 诚:假如。都虞候:军队中的执法官。
㉖ 已:止。
㉗ 幸甚:非常荣幸。
㉘ 如太尉请:同意了段秀实的请求。
㉙ 署:代理某职。
㉚ 列卒:布置士兵。取:捕捉。
㉛ 注槊(shuò)上:插在长矛上。
㉜ 植:竖立。
㉝ 尽甲:全都披上盔甲。甲,用作动词。
㉞ 将奈何:怎么办。
㉟ 无伤:无妨,没事。
㊱ 辞:陈辞,指说理。
㊲ 辞去:遣去,辞退。
㊳ 老躄(bì)者:年老腿跛的人。
㊴ 甲者:全副武装的士兵。
㊵ 谕:教导。
㊶ 固:难道。负:辜负,对不起。若属:汝辈,你们。
㊷ 副元帅:指郭子仪。
㊸ 奈何:为什么。败郭氏:败坏郭家的名声。
㊹ 白:说,指告诉。
㊺ 务始终:力求全始全终。
㊻ 恣:放纵。
㊼ 欲谁归罪:要归罪于谁。
㊽ 且及:将及,指将连累到。
㊾ 货:财物,指贿赂。
㊿ 戢(jí):管束;制止。
(51) 其:副词,表估量语气。与:虚词,无义。几何:多少。
(52) 幸:幸而。
(53) 奉军以从:带领全军听从您。
(54) 火伍:队伍。古代军队编制十人为火,五人为伍。
(55) 晡(bū)食:晚餐。晡,申时,下午三时至五时。
(56) 假设:代办。草具:粗劣的饭食。
(57) 旦日:第二天。
(58) 戒:告谕。候卒:警卫。柝(tuò):古代巡夜打更用的梆子。
(59) 谢不能:道歉说自己没有才能。
(60) 先是:在此以前。
(61) 营田官:白孝德初任邠宁节度使时,以段秀实署营田副使。唐制,诸军万人以上置营田副使一人,掌管军队屯垦。
(62) 给与农:佃给农者。
(63) 入数:收入的数量。
(64) 判状:判决书。巽(xùn):通“逊”,委婉,柔顺。
(65) 舆:扛,抬。
(66) 困:用作动词,义为使人受困苦。
(67) 裂裳衣疮:撕破(自己的)衣服,包扎(农者的)伤口。衣,用作动词,指包扎。
(68) 市:买。
(69) 淮西寓军:临时驻扎在泾州的淮西军。淮西,今河南许昌、信阳一带。
(70) 野如赭(zhě):田野像赤土。意指干旱严重,草木不生。
(71) 仁信大人:仁慈诚实的君子。
(72) 视天地:仰视天,俯视地,意指生存在世间。
(73) 尚不愧奴隶:还不愧对奴隶,意谓人格下贱连奴隶都不如。
(74) 暴抗:强暴高傲。抗,通“伉”,高傲。
(75) 自恨死:此记载与事实不符。焦令谌大历八年(773)尚在泾原兵马使任上。作者可能是得之于传闻而误记。
(76) 以司农征:建中元年(780)二月,段秀实自泾原节度使被召为司农卿。司农,即司农卿,为司农寺长官,掌国家储粮用粮之事。征,征召。
(77) 岐:岐州,治今陕西凤翔。
(78) 朱泚(cǐ)(742—784):昌平(今北京昌平区)人,原任卢龙节度使,时为凤翔府尹。建中四年

(783)被叛乱士兵推为皇帝,国号秦,建元应天,次年改国号为汉,自号汉元天皇,后战败,逃亡途中被部将杀死。幸:假使,倘若。致:赠送。货币:钱物。

⑦ 慎:表示警戒之词,千万。

⑧ 固:坚持。

⑧ 不得命:得不到同意,指推辞不掉。

⑧ 都:指唐代京城长安。

⑧ 果:终究。用:采纳。

⑧ 处贱:居于卑下的地位。

⑧ 不以在吾第:不能把它放在我的家里。第,住宅。

⑧ 如:送往。治事堂:办公的厅堂。

⑧ 栖:安放。

⑧ 太尉终:建中四年(783)十月,泾原节度使姚令言的部队在京师哗变,唐德宗出奔,朱泚被叛军拥立为帝,召段秀实议事,段以所执朝笏击伤朱,遂遇害。终,去世。

⑧ 故封识(zhì):原来封存的标记。识,通"志",标记。

⑨ "太尉"句:这是表示正文结束的话。

⑨ 元和:唐宪宗李纯年号(806—820)。

⑨ 永州司马员外置同正员:当时柳宗元任永州(治今湖南零陵)司马,这里是他官职地位的全称。上:呈给,表敬词。史馆:国家修史机构。

⑨ 出入:不一致。此尤其侧重于指对段太尉为人行事的歪曲、误解。与下文的"出入"含义不同。

⑨ 所立:指品德、为人。

⑨ "宗元"句:柳宗元曾于贞元十年(794)时游历邠州一带。周,在岐山下,今陕西郿县一带。麓(tái),同"邰",今陕西武功西。

⑨ 真定:不可考,或是"真宁"之误。真宁:今甘肃正宁。

⑨ 马岭:山名,在今甘肃庆阳西北。

⑨ 亭障堡戍:古代在边地修建的岗楼、碉堡一类建筑物,供瞭望、防御之用。

⑨ 校:中下级军官。退卒:退役士兵。

⑩ 姁(xǔ)姁:温和的样子。

⑩ 言气卑弱:说话的口气谦恭温和。

⑩ 色:脸色。这里指不好的脸色。物:指人。

⑩ 不可:不能赞同(的事情)。

⑩ 必达其志:一定要实现自己的主张。

⑩ 会:适逢。州刺史:指永州刺史崔能,作者的上司。

⑩ 逸坠:散失。

⑩ 太史氏:史官。

⑩ 敢:表敬词。私:指私下送达。执事:对对方的敬称,这里指史官韩愈。

⑩ 谨状:郑重地写下这篇逸事状。

【提示】

本文是柳宗元人物传记中的代表作,作者选择了传主生平的三件逸事,以突现其刚勇、仁义及气节凛然。三者交相辉映,多侧面地表现出了段太尉外柔内刚、勇毅见于平易之中的个性特征,刻画了封建社会一位正直廉洁的官吏形象。在文章中,作者还以白孝德之懦怯,焦令谌之横暴及朱泚之奸诈作对比衬托,使段秀实的形象倍添光彩。在《与史官韩愈致段秀实太尉逸事书》中,柳宗元曾说:"太尉大节,古固无有。然人以为偶一奋,遂名无穷,今大不然。太尉自有难在军中,其处心未尝亏侧,其莅事无一不可纪。会在下名未达,以故不闻,非直以一时取笏为谅(信)也。"可见作者对段秀实为人行事的由衷敬佩。

全文不着一句议论,纯用冷静的笔调作客观的记叙,繁处不避细琐,简处不失要害,而作者的揄扬褒贬则暗寓其中,很好地体现了"以备史乘"的写作意图。

本文所记三件逸事,"勇服郭晞"最为丰赡生动,矛盾冲突尖锐、曲折,人物形象鲜明、丰满,情节发展富于戏剧性。作者打破事件原有的时间顺序,将它提至"仁愧焦令谌"之前,以先声夺人,强化了文章的艺术效果。

【思考与练习】

一、有人以为,柳宗元写作本文,不仅仅是为段太尉立传正名,还与中唐时藩镇割据的政治局面有所关联。请谈谈你的理解与认识。

二、在"勇服郭晞"一事中,作者从多个侧面进行映衬,刻画段太尉外柔内刚、勇毅见于平实之中的个性特征。请联系课文,作具体的说明。

三、为何说本文叙事写人"繁处不避细琐,简处不失要害"?

【辑评】

书以声之,状以条之,跋以振之,合而成篇。(清·浦起龙《古文眉诠》)

王元美曰:"退之《海神庙碑》,犹有相如之意;《毛颖传》,尚现子长之风。子厚《晋问》,颇得枚叔之情;《太尉逸事》,盖存孟坚之造。下此益远矣。"(章士钊《柳文指要》)

黄州新建小竹楼记①

王禹偁

王禹偁（954—1001），字元之，济州巨野（今属山东）人。北宋著名文学家。出身贫寒。太平兴国八年（983）进士，历任右拾遗、左司谏、知制诰等职。因同情生民疾苦，直言敢谏，主张改革朝政，屡遭贬谪。后奉召入京，因撰修《太祖实录》获咎，于咸平二年（999）再次贬知黄州（今湖北黄冈），后又改知蕲州（今湖北蕲县），死于任所。王禹偁的散文风格简雅古淡，语言平易流畅，以"传道而明心"自励，继承了唐代韩愈、柳宗元的古文运动精神，对宋代散文风貌的形成有积极影响。其诗学白居易，多反映民生疾苦之作。自编诗文为《小畜集》，后人又辑其佚文为《小畜外集》。

黄冈之地多竹②，大者如椽③。竹工破之，刳去其节④，用代陶瓦⑤，比屋皆然⑥，以其价廉而工省也。子城西北隅⑦，雉堞圮毁⑧，蓁莽荒秽⑨。因作小楼二间，与月波楼通⑩。远吞山光，平挹江濑⑪。幽阒辽夐⑫，不可具状⑬。夏宜急雨，有瀑布声；冬宜密雪，有碎玉声。宜鼓琴，琴调虚畅⑭；宜咏诗，诗韵清绝；宜围棋，子声丁丁然⑮；宜投壶⑯，矢声铮铮然：皆竹楼之所助也。

公退之暇⑰，披鹤氅⑱，戴华阳巾⑲，手执《周易》一卷⑳，焚香默坐，销遣世虑㉑。江山之外，第见风帆沙鸟、烟云竹树而已㉒。待其酒力醒，茶烟歇，送夕阳，迎素月，亦谪居之胜概也㉓。

彼齐云、落星㉔，高则高矣；井幹、丽谯㉕，华则华矣，止于贮妓女、藏歌舞，非骚人之事㉖，吾所不取。

吾闻竹工云："竹之为瓦，仅十稔㉗，若重覆之，得二十稔。"噫！吾以至道乙未岁㉘，自翰林出滁上㉙，丙申移广陵㉚，丁酉又入西掖㉛。戊戌岁除日㉜，有齐安之命㉝，

己亥闰三月到郡㉞。四年之间,奔走不暇,未知明年又在何处,岂惧竹楼之易朽乎? 幸后之人与我同志,嗣而葺之㉟,庶斯楼之不朽也。

咸平二年八月十五日记。

(《小畜集·小畜外集》,《四部丛刊》缩印本,上海:商务印书馆,1936)

【注释】

① 本文选自《小畜集》卷十七。又题《黄冈竹楼记》或《竹楼记》。

② 黄冈:地名,今属湖北。

③ 椽(chuán):放在屋檩上架屋面板和瓦的木条。

④ 刳(kū):剖,削。节:竹节。

⑤ 陶瓦:泥土烧制的瓦片。

⑥ 比:全,满。皆然:都是这个样子。

⑦ 子城:大城所附属的小城,又称月城、瓮城。

⑧ 雉堞:城墙上的女墙部分,即垛口。圮(pǐ)毁:毁坍。

⑨ 榛莽:杂乱丛生的草木。

⑩ 月波楼:在黄州城西北角。

⑪ 挹(yì):酌,舀取。濑:流经沙石上的急水。

⑫ 幽阒(qù):寂静。辽敻(xiòng):辽远。

⑬ 具状:完全地说出。

⑭ 虚畅:清虚和畅。

⑮ 丁(zhēng)丁然:象声词。

⑯ 投壶:古代的一种游戏。方法是各人向壶中投箭矢,中者或中多者胜,不中或少者负,罚酒。

⑰ 公退:处理完公事回来。

⑱ 鹤氅(chǎng):用鸟羽缝成的风衣。

⑲ 华阳巾:道士所戴的一种头巾。这里指隐士的帽子。

⑳ 周易:中国先秦典籍,是一部记录卜筮结果的书,凡六十四卦。

㉑ 销遣:销,消除;遣,排遣。世虑:世间的忧虑。

㉒ 第:只,但。

㉓ 胜概:上好的风光景象。

㉔ 齐云:唐楼名,又称月华楼,故址在今江苏苏州。落星:三国吴楼名,孙权所建,故址在今南京东北。

㉕ 井幹(hán):汉长安(今西安)楼名。丽谯(qiáo):三国魏楼名,曹操所建。

㉖ 骚人:诗人墨客,泛指文人。

㉗ 稔(rěn):谷物一熟叫做一稔,引申为一年。

㉘ 至道乙未岁:宋太宗至道元年(995)。

㉙ 出:从朝官调任地方官,往往是贬官。滁:即今安徽滁州。

㉚ 丙申:至道二年(996)。广陵:即今江苏扬州。

㉛ 丁酉:至道三年(997)。西掖:朝廷的行政机构中书省。

㉜ 戊戌:宋真宗咸平元年(998)。岁除日:除夕。

㉝ 齐安:黄州又称齐安郡。

㉞ 己亥:宋真宗咸平二年(999)。

㉟ 嗣:继承。葺(qì):原指以茅草覆盖屋子,泛指修缮屋子。

【提示】

本文作于作者一生最后一次贬谪期间。文章通过对贬谪地黄州城外荒郊自己所建简陋小竹楼中生活情景的描绘,抒发了由此引起的种种人生感慨。

在这些感慨中,有落寞惆怅,也有忿懑不平。如文章第二段写竹楼中一年四季的寂寞生活情景,第三段写公余之暇默坐竹楼、超脱人世的情景,表面上把贬谪生活写得幽趣盎然,似颇怡然自得,实际上却透露出落寞惆怅乃至忿懑不平的情感内蕴。

尤可注意的是,文章体现了作者对于"屈身而不屈于道"的高尚人格操守的坚持。末段,围绕着竹楼之"易朽"与"不朽"展开议论,表达了这样的象征意义:竹楼的形质固然会很快朽腐,但贬居于竹楼中志士仁人们的品格境界却是不朽的! 这是本文的主旨,也是其人文精神价值之所在。

在构思方面,作者采用了相反相形的对比写法。其中有齐云、落星、井幹、丽谯等高华名楼与简陋竹楼的对比,有"贮妓女、藏歌舞"的骄奢淫逸与"焚香默坐,消遣世虑"的"骚人之事"的对比,有竹楼形质易朽与其象征的不朽人格操守之对比。这些对比,无不突出了黄州竹楼景物之幽美、作者内心之恬静和人格形象之高洁。

　　全文篇幅无多,笔墨简省,如"夏宜急雨"、"冬宜密雪",举夏、冬两季以代四季;文章作于中秋,而于文中仅"迎素月"三字点及。但为渲染谪居生活之闲适情趣,却不惜运用排比句式,畅写"六宜"。这样的详略处理,很值得称许。

　　此文亦骈亦散,既有骈文之整饬工丽,也具散文之流畅自由,跌宕有致。性格鲜明,抒情中显出理念,抑郁中仍极坚强。其正直不阿,都在描叙中自然显出,富有艺术魅力。

【思考与练习】

一、本文抒发了作者怎样的情感?从哪些语言中可以看出他坚贞自守、不甘沉沦的精神?

二、分析竹楼在文中的象征意义。

【辑评】

　　冷淡萧疏,无意于安排措置,而自得之于景象之外,可以上追柳州得意诸记。起、结摇曳生情,更觉蕴藉。(清·吴楚材等《古文观止》)

　　通体俱切定竹楼,抒写胜概。玩"亦谪居"句,则竹楼之景,尽属谪居之乐矣。"吾以至道"数语,分明有由乐转入悲意,却妙在笔能含蓄不露。末以"新楼不朽"结到底,还他个记体。(清·余诚《重订古文释义新编》)

赤壁赋①

苏 轼

　　壬戌之秋②，七月既望③，苏子与客泛舟，游于赤壁之下。清风徐来，水波不兴。举酒属客④，诵"明月"之诗，歌"窈窕"之章⑤。少焉，月出于东山之上，徘徊于斗牛之间⑥。白露横江，水光接天。纵一苇之所如⑦，凌万顷之茫然⑧。浩浩乎如冯虚御风⑨，而不知其所止；飘飘乎如遗世独立⑩，羽化而登仙⑪。

　　于是饮酒乐甚，扣舷而歌之。歌曰："桂棹兮兰桨⑫，击空明兮溯流光⑬。渺渺兮予怀⑭，望美人兮天一方。"客有吹洞箫者，倚歌而和之⑮。其声呜呜然，如怨如慕，如泣如诉；余音袅袅⑯，不绝如缕⑰。舞幽壑之潜蛟⑱，泣孤舟之嫠妇⑲。

苏子瞻泛月游赤壁

　　苏子愀然⑳，正襟危坐而问客曰："何为其然也㉑？"客曰："'月明星稀，乌鹊南飞'㉒，此非曹孟德之诗乎㉓？西望夏口㉔，东望武昌㉕，山川相缪㉖，郁乎苍苍㉗，此非孟德之困于周郎者乎㉘？方其破荆州，下江陵㉙，顺流而东也，舳舻千里㉚，旌旗蔽空，酾酒临江㉛，横槊赋诗，固一世之雄也，而今安在哉？况吾与子渔樵于江渚之上㉜，侣鱼虾而友麋鹿㉝，驾一叶之扁舟，举匏樽以相属㉞。寄蜉蝣于天地㉟，渺沧海之一粟。哀吾生之须臾㊱，羡长江之无穷。挟飞仙以遨游㊲，抱明月而长终㊳。知不可乎骤得㊴，托遗响于悲风㊵。"

　　苏子曰："客亦知夫水与月乎？逝者如斯㊶，而未尝往也；盈虚者如彼㊷，而卒莫消长也㊸。盖将自其变者而观之，则天地曾不能以一瞬㊹；自其不变者而观之，则物与我皆无尽也㊺，而又何羡乎！且夫天地之间，物各有主，苟非吾之所有㊻，虽一毫而莫取㊼。惟江上之清风，与山间之明月，耳得之而为声，目遇之而成色，取之无禁，用之不竭，是造物者之无尽藏也㊾，而吾与子之所共适㊿。”

客喜而笑，洗盏更酌(51)。肴核既尽(52)，杯盘狼藉(53)。相与枕藉乎舟中(54)，不知东方之既白(55)。

（《苏轼文集》，宋苏轼撰，北京：中华书局，1986）

【注释】

① 本文写于宋神宗元丰五年(1082)。这年苏轼在黄州，曾于七月十六日、十月十五日两游赤壁，写下两篇以游赤壁为题的赋，即《赤壁赋》(后世也称《前赤壁赋》)与《后赤壁赋》。赤壁：实为黄州赤鼻矶，并非三国时赤壁之战旧址。

② 壬戌：宋神宗元丰五年(1082)。

③ 既望：十六日。望，农历每月十五日。

④ 属(zhǔ)：倾注，引申为劝酒。

⑤ “诵‘明月’”二句：这两句是互文，意谓吟诵《诗经·陈风》中的《月出》篇。窈窕之章，《月出》中有“舒窈纠兮”的句子；窈纠，同“窈窕”。

⑥ 斗牛：星座名，即斗宿(南斗)、牛宿。

⑦ 一苇：指小舟。《诗经·卫风·河广》：“谁谓河广？一苇杭(航)之。”如：往。

⑧ 凌：越过。茫然：浩荡渺茫的样子。

⑨ 冯(píng)虚御风：在天空中驾风遨游。冯，通“凭”，依靠，依托。虚，指天空。

⑩ 遗世：超脱尘世。

⑪ 羽化：道教称成仙飞升为“羽化”。

⑫ 棹(zhào)：船桨。

⑬ 溯(sù)：逆流而上。

⑭ 渺渺：悠远的样子。

⑮ 倚歌：按着曲调。和(hè)：伴奏。

⑯ 袅袅：细弱悠长的样子。

⑰ 缕：细丝。

⑱ 幽壑：山谷深渊。

⑲ 嫠(lí)妇：寡妇。

⑳ 愀(qiǎo)然：忧愁凄怆的样子。

㉑ 何为其然也：为什么声音这样悲凉呢？

㉒ “月明”二句：为曹操《短歌行》中的诗句。

㉓ 孟德：曹操的字。

㉔ 夏口：古城名，在今湖北武汉。

㉕ 武昌：今湖北鄂城。

㉖ 缪(liáo)：通“缭”，盘绕。

㉗ 郁乎：繁茂的样子。

㉘ 困于周郎：指汉献帝建安十三年(208)，曹操在赤壁之战中被吴将周瑜击败的事。周郎，即周瑜，他任中郎将时年仅二十四岁，人称周郎。

㉙ “方其”二句：指建安十三年刘琮向曹操投降，操军不战而占领荆州，继又击败刘备，进兵江陵的事。方，当。荆州，今湖北襄樊一带。江陵，今属湖北。

㉚ 舳(zhú)舻：舳为船后把舵的地方，舻为船前划桨的地方，泛指船。此特指战船。

㉛ 酾(shī)酒：斟酒。

㉜ 横槊(shuò)：横执着长矛。槊，长矛。

㉝ 子：你。渔樵：捕鱼打柴。江渚(zhǔ)：江边沙洲。

㉞ 侣鱼虾：与鱼虾作伴。友麋鹿：与麋鹿为友。

㉟ 匏(páo)樽：用葫芦做的酒器。匏，葫芦的一种。

㊱ 蜉蝣(fú yóu)：一种昆虫，夏秋之交生于水边，生命短促仅数小时。

㊲ 须臾：片刻。

㊳ 挟：持，带。这里意为偕同。

㊴ 长终：长存始终。

㊵ 骤得：轻易得到。骤，突然。

㊶ 托：寄托。遗响：指洞箫的余音。

㊷ 逝者如斯：流逝的事物就像江水这样。语出《论语·子罕》：“子在川上曰：‘逝者如斯夫，不舍昼夜。’”

㊸ 盈虚：指月亮的圆与缺。

㊹ 卒：终，终于。消长：减少和增加。

㊺ 曾：乃。不能一瞬：谓天地万物连一眨眼的工夫都不能存留。

㊻ 无尽：没有完，意即不会消亡。

㊼ 苟：如果。

㊽ 虽：即使。一毫：一根毫毛，极言其微小。

㊾ 是：此，这。造物者：即大自然。无尽藏：佛家语，意谓无穷无尽的宝藏。

㊿ 共适：共同享用。

(51) 更酌：重新斟酒。

(52) 肴核：菜肴和果品。

(53) 狼藉：凌乱的样子。

○54 相与:互相。枕藉:彼此相枕着睡觉。　　○55 既白:指天亮。既,已经。

【提示】

苏轼被贬黄州以后,坎坷的经历、艰难的处境、复杂的心态,诸种因素在胸中积淀日久,终于酝酿成这一篇千古传诵的《赤壁赋》。本文从泛游大江之乐写起,转到顾念人生之悲,再复归于精神解脱的愉悦,在悲、乐转换之中,提出了人生有何意义这样一个哲理命题,表现了作者虽然身处逆境,却能忘却一时得失、随遇而安的人生态度。

文章在展开情绪和心理变化时,继承了赋家常用的"主客问答、抑客伸主"的表现手法。主与客之间的一难一解、相互辩驳,实则代表了作者内心矛盾斗争的两个方面:借客之口宣泄政治失意、人生无常的苦闷;借主之口表达潇洒超脱、返归自然的情怀。这一艺术构思,是作者独具匠心的创造。

文章首段的景物描写,空灵澄澈,丹青难描,但其意义决不限于模山范水,而是因景生情,借景喻理。江水、清风、明月,这三个自然意象,在文中贯串映现,或引启遗世独立的遐想,或引发惆怅哀怨的悲情,或喻指万物皆具"变"与"不变"的两重性,生发出即使在坎坷之中,有为的生命仍有其永恒价值的人生哲理。形象性、情感性和哲理性的统一使本文充盈着诗情画意和理趣之美。

文赋是赋的一种,体式介于韵文与散文之间。作者在行文中大量运用了排比和对偶,但句式时骈时散,用韵时疏时密,在参差错落之中,见出行文的舒卷自如,声调的和谐优美。故虽是赋体,而终归于散文那种行云流水般的自然。

【思考与练习】

一、简析本文是如何做到景、情、理有机结合,体现出理趣之美的。
二、你是否赞同作者所作"变"与"不变"的分析?
三、你对作者在文中所表现的人生观是怎样看的? 人在遭遇种种挫折时,最好应采取什么态度?

【辑评】

碑记文字铺叙易,形容难,犹之传神,面目易模写,容止气象难描模。……《赤壁赋》"清风徐来"、"水落石出",此类如仲殊所谓费尽丹青,只这些儿画不成。(宋·俞文豹《吹剑四录》)

此赋学《庄》《骚》文法,无一句与《庄》《骚》相似,非超然之才,绝伦之识,不能为也。潇洒神奇,出尘绝俗,如乘云御风而立乎九霄之上,俯视六合,何物茫茫,非惟不挂之齿牙,亦不足入其灵台丹府也。(宋·谢枋得《文章轨范》)

"风月"二字是一篇张本。(《苏长公合作》引明·邵宝语)

《赤壁》二赋,皆赋之变也。此又变中之至理奇趣,故取此可以该彼。(《三苏文范》引明·钟惺语)

游赤壁,受用现今无边风月,乃是此老一生本领,却因平平写不出来,故特借洞箫鸣咽,忽然从曹公发议,然后接口一句喝倒,痛陈其胸前一片空阔了悟,妙甚。(清·金圣叹《天下才子必读书》)

　　以文为赋,藏叶韵于不觉,此坡公工笔也。凭吊江山,恨人生之如寄;流连风月,喜造物之无私。一难一解,悠然旷然。(清·张伯行《唐宋八大家文钞》)

　　欲写受用现前无边风月,却借吹洞箫者发出一段悲感,然后痛陈其胸前一片空阔。了悟风月不死,先生不亡也。(清·吴楚材等《古文观止》)

　　所见无绝殊者,而文境邈不可攀,良由身闲地旷,胸无杂物,触处流露,斟酌饱满,不知其所以然而然,岂惟他人不能摹仿,即使子瞻更为之,亦不能如此调适而畅遂也。(王文濡《评校音注古文辞类纂》引清·方苞语)

报刘一丈书①

宗 臣

宗臣（1525—1560），字子相，号方城山人，兴化（今属江苏）人。明文学家。嘉靖二十九年（1550）进士，授刑部主事，移吏部文选司，进稽勋司员外郎。因与杨继盛相善，得罪奸相严嵩，被贬为福建布政司参议。因抗御倭寇有功，迁福建提学副使，卒于任上。当时李攀龙、王世贞主盟文坛，宗臣与王、李及谢榛、梁有誉、徐中行、吴国伦合称"后七子"。他的创作较少摹拟堆砌习气，散文的成就在"后七子"中较为突出。有《宗子相集》。

数千里外，得长者时赐一书②，以慰长想，即亦甚幸矣；何至更辱馈遗③，则不才益将何以报焉④？书中情意甚殷⑤，即长者之不忘老父，知老父之念长者深也。至以"上下相孚⑥，才德称位"语不才⑦，则不才有深感焉。夫才德不称，固自知之矣；至于不孚之病，则尤不才为甚。

且今世之所谓"孚"者，何哉？日夕策马⑧，候权者之门⑨。门者故不入⑩，则甘言媚词⑪，作妇人状，袖金以私之⑫。即门者持刺入⑬，而主者又不即出见。立厩中仆马之间，恶气袭衣裾，即饥寒毒热不可忍，不去也⑭。抵暮，则前所受赠金者出，报客曰："相公倦⑮，谢客矣⑯。客请明日来。"即明日，又不敢不来。夜披衣坐，闻鸡鸣，即起盥栉⑰，走马抵门。门者怒曰："为谁？"则曰："昨日之客来。"则又怒曰："何客之勤也！岂有相公此时出见客乎？"客心耻之，强忍而与言曰："亡奈何矣⑱，姑容我入。"门者又得所赠金，则起而入之。又立向所立厩中。幸主者出，南面召见⑲，则惊走匍匐阶下⑳。主者曰："进！"则再拜，故迟不起；起则上所上寿金㉑。主者故不受，则固请。主者故固不受，则又固请。然后命吏内之㉒，则又再拜，又故迟不起，起则五六揖，始出。出，揖门者曰："官人幸顾我㉓！他日来，幸亡阻我也㉔！"门者答揖，大喜奔出。马上遇所交识，即扬鞭语曰："适自相公家来㉕，相公厚我，厚我！"且虚言状㉖。即所交识，亦心畏相公厚之矣。相公又稍稍语人曰："某也贤，某也贤。"闻者亦心计交赞之㉗。此世所谓"上下相孚"也。长者谓仆能之乎㉘？

前所谓权门者，自岁时伏腊一刺之外㉙，即经年不往也。间道经其门㉚，则亦掩耳闭目，跃马疾走过之，若有所追逐者。斯则仆之褊哉㉛，以此常不见悦于长吏，仆则愈益不顾也。每大言曰："人生有命，吾惟守分尔矣㉜！"长者闻此，得无厌其为迂乎㉝？

乡园多故㉞，不能不动客子之愁。至于长者之抱才而困，则又令我怆然有感。天之与先生者甚厚，亡论长者不欲轻弃之㉟，即天意亦不欲长者之轻弃之也，幸宁心哉㊱！

（《宗子相集》，明宗臣撰，明天华阁刊本）

【注释】

① 报:答复。刘一丈:宗臣父亲的朋友。"一"是排行,"丈"是对男性长辈的尊称。刘一丈号墀石,有学识、抱负,一生在家乡隐居。

② 长(zhǎng)者:对长辈的称呼,这里指刘一丈。

③ 辱:谦辞,意为自己地位低,对方地位高,这样是屈辱了对方。馈遗(kuì wèi):赠送礼物。

④ 不才:无才,作者自己的谦称。

⑤ 殷:恳切、深厚。

⑥ 上下相孚:上级和下级彼此信任。

⑦ 才德称(chèn)位:才能和品德跟自己的地位相称。

⑧ 日夕:白天和晚上,一天到晚。策马:用马鞭赶马,意即骑马。

⑨ 权者:有权有势的人,这里指当时的宰相严嵩等人。

⑩ 门者:看门人。故不入:故意不让进去。

⑪ 甘言媚词:甜言蜜语,奉承谄媚的话。

⑫ 袖金:在衣袖中藏着银子。私之:偷偷地送给门者,指贿赂。

⑬ 刺:名帖,名片。

⑭ 不去:不离开。

⑮ 相公:对宰相的尊称。

⑯ 谢:谢绝,意为不接见。

⑰ 盥栉(guàn zhì):洗脸梳头。

⑱ 亡(wú)奈何:没奈何,没办法。亡,同"无"。

⑲ 南面:坐北朝南。古代以朝南为尊。

⑳ 匍匐:伏在地上。

㉑ 寿金:礼金。

㉒ 内(nà)之:收下它(这份礼金)。内,同"纳"。

㉓ 官人:称呼做大官的人,这是对守门人的尊称。顾:照顾。

㉔ 幸:希望。亡(wú):通"毋",不要。

㉕ 适:刚才。

㉖ 且虚言状:并且虚假地说了一些相公厚待他的情况。

㉗ 心计交赞之:心里盘算着,交相称赞他。之,指相公称赞的那个人。

㉘ 仆:自己的谦逊。

㉙ 岁时:一年的四时节令。伏腊:夏天的伏日,冬天的腊月,都是一年中举行祭祀的重要节日。

㉚ 间:间或,偶然。

㉛ 斯:这。褊(biǎn):狭小,此指心胸狭隘。

㉜ 守分(fèn):守住做人的本分。

㉝ 得无:能不,岂不。

㉞ 故:变故。

㉟ 亡(wú)论:无论。

㊱ 幸宁心哉:希望能够心情平静。

【提示】

　　明世宗嘉靖中叶,严嵩、严世蕃父子当国,怙宠揽权,骄焰熏天。一时无耻之徒,相率奔走其门,干谒求进,贿赂成风。而许多正直有才华的士大夫,则遭受排挤打击,报国无门。宗臣目睹官场种种黑暗与腐败,深感不平,借着给刘一丈复书的机会,对此大胆进行了揭露与抨击。

　　作者就来书中提出的"上下相孚,才德称位"两语发挥,以具体生动的事例,采用既夸张变形又简洁传神的手法,勾勒出一幅官场行贿受贿、买官卖官的生动画面。干谒者的奴颜婢膝,守门者的狐假虎威,当权者的虚伪贪婪,无不形神兼备,惟妙惟肖。文章有着强烈的现实针对性和批判性。

　　本文在内容布局与写法上亦颇具匠心。作者于"才德称位"仅一笔带过,却对"上下相孚"在当时之虚伪大加挞伐。这是因为"上下相孚"的真相一旦揭穿,"才德称位"便成了无根之木,也就毋须多作辩述了。文章写"上下相孚",按常理抨击的重点应在上者,但作者的描写却略于"上"而详于"下"。对求官者的卑躬屈膝、甘言媚词,守门人的颐指气使、敲诈勒索,都有详尽的刻画;而对相公的描绘则着墨无多,仅用"故不受"、"故固不受"、"然后命吏内之"寥寥数语,骄横贪婪、虚伪做作的本相即已毕露。"下"者的表现如此,那么"上"

者的权势与气焰也就不难想见了。

【思考与练习】

一、在当时政治黑暗、不少士大夫寡廉鲜耻的情况下,作者表现了怎样的态度与勇气?

二、文章详写谒见前,而略写谒见后,这在艺术上取得了何种效果?

【辑评】

描写逢迎之状态如画。又先夫子曰:宗臣字子相,兴化人。提学副使。其文虽无深致,而方幅整齐。(清·黄宗羲《明文授读》)

叙上下相孚处,未免涉于轻薄,然仕途中更有甚于此者,但不可对人言耳。昏暮乞哀,骄人白日,舍此别无可进身处。(清·林云铭《古文析义》)

是时严介溪揽权,俱是乞哀昏暮、骄人白日一辈人,摹写其丑形恶态,可为尽情。末说出自己之气骨,两两相较,薰莸不同,清浊异质。有关世教之文。(清·吴楚材等《古文观止》)

狱中上母书①

夏完淳

夏完淳(1631—1647),原名复,字存古,号小隐,又号灵首,华亭(今上海松江区)人。明末诗人、抗清志士。他的父亲夏允彝和老师张溥、陈子龙,都是明末讲究气节的著名人物。他聪明早慧,七八岁能诗文,十二岁博极群书,知军国大事。清兵南下,他积极参加抗清斗争,随父亲夏允彝入松江吴志葵军。不久兵败父死,他同老师陈子龙、岳父钱栴重组义军,上书南明鲁王,得遥授中书舍人,投太湖吴易军继续斗争。失败后只身流离,潜回故乡,以图再举。后为清兵所捕,慷慨就义,年仅十七岁。有《夏节愍集》。

不孝完淳今日死矣,以身殉父,不得以身报母矣!痛自严君见背②,两易春秋③,冤酷日深,艰辛历尽。本图复见天日④,以报大仇,恤死荣生⑤,告成黄土⑥,奈天不佑我,钟虐明朝⑦,一旅才兴,便成齑粉⑧。去年之举⑨,淳已自分必死⑩,谁知不死,死于今日也。斤斤延此二年之命⑪,菽水之养⑫,无一日焉。致慈君托迹于空门⑬,生母寄生于别姓⑭。一门漂泊,生不得相依,死不得相问。淳今日又溘然先从九京⑮,不孝之罪,上通于天。呜呼!双慈在堂,下有妹女,门祚衰薄⑯,终鲜兄弟。淳一死不足惜,哀哀八口,何以为生?

虽然,已矣,淳之身父之所遗,淳之身君之所用,为父为君,死亦何负于双慈?但慈君推干就湿⑰,教礼习诗,十五年如一日。嫡母慈惠,千古所难,大恩未酬,令人痛绝。慈君托之义融女兄⑱,生母托之昭南女弟⑲。淳死之后,新妇遗腹得雄,便以为家门之幸,如其不然,万勿置后⑳。会稽大望㉑,至今而零极矣㉒,节义文章,如我父子者几人哉?立一不肖后,如西铭先生为人所诟笑㉓,何如不立之为愈耶?

呜呼!大造茫茫㉔,总归无后㉕,有一日中兴再造㉖,则庙食千秋㉗,岂止麦饭豚蹄㉘,不为馁鬼而已哉㉙!若有妄言立后者,淳且与先文忠在冥冥诛殛顽嚚㉚,决不肯舍!兵戈天地,淳死后,乱且未有定期,双

"二十年后……为北塞之举矣。"

慈善保玉体，无以淳为念。二十年后，淳且与先文忠为北塞之举矣㉛。勿悲，勿悲，相托之言，慎勿相负！

武功甥将来大器㉜，家事尽以委之。寒食、盂兰㉝，一杯清酒，一盏寒灯，不至作若敖之鬼㉞，则吾愿毕矣。新妇结缡二年㉟，贤孝素著，武功甥好为我善待之，亦武功渭阳情也㊱。

语无伦次，将死言善㊲。痛哉！痛哉！

人生孰无死？贵得死所耳！父得为忠臣，子得为孝子。含笑归太虚㊳，了我分内事。大道本无生㊴，视身若敝屣㊵。但为气所激，缘悟天人理㊶。恶梦十七年，报仇在来世。神游天地间，可以无愧矣！

（《夏完淳集笺校》，明夏完淳撰，白坚笺注，上海：上海古籍出版社，1991）

【注释】

① 清顺治四年(1647)，谢尧文通海案起，七月，夏完淳涉案被捕，关在南京狱中，九月英勇就义。本文是夏完淳临难前写给其母亲的书信。

② 严君：旧时对父亲的敬称。见背：相弃，指去世。

③ 两易春秋：换了两次春秋，即过了两年。本文写于1647年，作者的父亲夏允彝在1645年殉国，故云"两易春秋"。

④ 图：图谋。复见天日：指恢复明朝。

⑤ 恤死荣生：使死去的人(指父亲)得到安慰，使活着的人(指母亲)感到荣耀。

⑥ 告成黄土：以复国成功的消息告慰先人。黄土，指先人坟墓。

⑦ 钟虐：聚集灾祸。钟，聚集。虐，指上天降罚。

⑧ 一旅：古代兵制，五百人为一旅。据《左传·哀公元年》和《史记·吴太伯世家》记载，夏朝中期失国后，少康曾凭借"有土一成，有众一旅"的基础，终于恢复了国家。后世遂以"一旅"代称初建的义军。齑(jī)粉：粉末。这里比喻军队崩溃。

⑨ 去年之举：指顺治三年(1646)作者所参加的吴易抗清义军失败之事。

⑩ 自分：自料。

⑪ 斤斤：仅仅。

⑫ 菽(shú)水之养：旧时指寒素人家的子女对父母菲薄的供养。菽，大豆。

⑬ 慈君：指作者的嫡母盛氏。托迹：藏身。空门：佛门。

⑭ 生母：指作者生母陆氏，是夏允彝的妾。寄生：寄居。

⑮ 溘(kè)然：忽然，很快地。九京：喻坟墓。九京，九原，春秋时晋国卿大夫的墓地。

⑯ 门祚(zuò)衰薄：家门衰微，福分浅薄。祚，福。

⑰ 推干就湿：即"推燥居湿"，母亲把床上干处让给幼儿，自己睡在湿处。指母亲养育子女的辛劳。

⑱ 义融女兄：作者的姐姐夏淑吉，字美南，号荆隐。义融当是她的又一名字。

⑲ 昭南女弟：作者的妹妹夏惠吉，字昭南。

⑳ 置后：抱养别人的孩子为后嗣。

㉑ 会稽大望：这里指夏族大姓。会稽，古郡名，当时松江府属古会稽郡。望，望族。

㉒ 零极：萧条零落到了极点。

㉓ 西铭先生：明末复社领袖、文学家张溥(1602—1641)，字天如，号西铭，太仓(今属江苏)人，是夏允彝的挚友，夏完淳的老师。生前无子，死后由钱谦益等代为立嗣，名永锡。

㉔ 大造茫茫：谓老天不明，让明朝灭亡。造，造化，指天。

㉕ 总归无后：谓在清朝统治下，即使自己有后，也会被杀，仍是无后。

㉖ 中兴再造：指恢复明朝。

㉗ 庙食：鬼神在祠庙里享受祭祀。明如中兴，作者因抗清而死，纵或无后，也将受众人祭祀。

㉘ 麦饭：磨麦连皮做成的面食。豚蹄：猪蹄。以上都指简单的祭品。

㉙ 馁鬼：挨饿的鬼。

㉚ 先文忠：作者的父亲夏允彝死后，南明予谥文忠。诛殛顽嚚(yín)：诛杀愚妄无行的人。诛殛，诛杀。顽嚚，愚顽而又言行不正的人。《左传·僖公二十四年》："口不道忠信之言为嚚。"

㉛ 北塞之举：指出师北伐，把清军驱逐出北方的边塞。

㉜ 武功甥：夏完淳的外甥侯檠，夏淑吉之子，字武功，比作者小六岁。

㉝ 寒食：节名，在清明前一二日，为祭扫坟墓的传

统节日。盂兰：据《盂兰盆经》记载，目连之母死后于饿鬼道中受倒悬之苦，目连乃从佛言，于夏历七月十五日置百味五果，供养三宝，以解救之。南朝梁以降，这一天成为民间超度先人的节日，叫中元节，俗称鬼节，延请僧尼结盂兰盆会，诵经施食。

㉞ 若敖之鬼：指没有后代的饿鬼。据《左传·宣公四年》记载，若敖氏为春秋时楚国公族名。这一族的后代令尹子文看到族人子越椒思想行为不正，估计他可能会给整个家族带来灾难，临死时，对族人哭着说："鬼犹求食，若敖氏之鬼，不其馁而。"后来，若敖氏终于因为越椒叛楚而被灭了全族。

㉟ 结缡(lí)：结婚。缡，旧时妇女出嫁覆面之巾。

㊱ 渭阳情：甥舅之间的感情。春秋时晋公子重耳亡命于秦，后来归国时，其甥秦太子送行，赠别诗中有"我送舅氏，曰至渭阳"之句，见《诗经·秦风·渭阳》。渭阳，渭水北岸。

㊲ 将死言善：语本《论语·泰伯》："鸟之将死，其鸣也哀；人之将死，其言也善。"

㊳ 太虚：天，天堂。

㊴ 大道本无生：道家的说法，人本来是从无而生，死后又归于无。

㊵ 敝屣：破旧的鞋子，喻无用之物。语本《孟子·尽心上》："舜视弃天下，犹弃敝蹝也。"蹝，草鞋。

㊶ 天人理：天道与人事之理。

【提示】

夏完淳是一位民族英雄，十五岁即追随父亲夏允彝、师父陈子龙参加抗清斗争。后被捕入狱，羁押于南京。这篇文章即写于狱中，系与母亲的诀别信。

文章感人肺腑，首先在于作者的爱国情怀。作为一个抗清志士，作者认为，国将不国，何以家为？因而不怕历尽艰辛，以图"复见天日"，虽然事败入狱、行将牺牲，依然视死如归，全然不惧，体现了以身许国的英雄本色。在抒写国破家亡之恨的同时，作者也反复表达了不能报效母亲养育之恩的遗憾和对妻子、对外甥的惦念关怀，但大义当先，决无英雄气短、儿女情长的伤感。

从写作上看，文章始终将民族恨与骨肉情两相依托、映照，以见"忠"、"孝"不能两全之憾。今日读来，虽观念难免陈旧，而情意却实在真切。

【思考与练习】

一、本文是夏完淳在什么背景下写就的？表达了作者怎样的思想感情？

二、为什么作者要说"大造茫茫，总归无后，有一日中兴再造，则庙食千秋，岂止麦饭豚蹄，不为馁鬼而已哉"？

三、本文在语言运用上有何特点？

小狗包弟①

巴　金

巴金(1904—2005),原名李尧棠,字芾甘,笔名巴金,四川成都人。中国现代著名作家、翻译家。1927年初赴法国留学,1928年底回到上海,在此期间开始文学创作和翻译,回国后陆续发表的《爱情三部曲》(《雾》《雨》《电》)、《激流三部曲》(《家》《春》《秋》)在青年读者中产生了巨大而持续的影响。抗日战争时期,他辗转各地,编辑书刊,并一直写作不辍,先后出版了《寒夜》、《憩园》等长篇小说。建国后,巴金曾历任全国文联副主席,中国作家协会副主席、主席等职。晚年发表的五卷《随想录》以独立的思考和深切的人文关怀,引起了强烈反响。今人编有《巴金全集》、《巴金译文全集》。

　　一个多月前,我还在北京,听人讲起一位艺术家的事情,我记得其中一个故事是讲艺术家和狗的。据说艺术家住在一个不太大的城市里,隔壁人家养了小狗,它和艺术家相处很好,艺术家常常用吃的东西款待它。"文革"期间,城里发生了从未见过的武斗,艺术家害怕起来,就逃到别处躲了一段时期。后来他回来了,大概是给人揪回来的,说他"里通外国",是个反革命,批他,斗他。他不承认,就痛打,拳打脚踢,棍棒齐下,不但头破血流,一条腿也给打断了。批斗结束,他走不动,让专政队拖着他游街示众,衣服撕破了,满身是血和泥土,口里发出呻唤。认识的人看见半死不活的他,都掉开头去。忽然一只小狗从人丛中跑出来,非常高兴地朝着他奔去。它亲热地叫着,扑到他跟前,到处闻闻,用舌头舔舔,用脚爪在他的身上抚摸。别人赶它走,用脚踢,拿棒打,都没有用,它一定要留在它的朋友的身边。最后专政队用大棒打断了小狗的后腿,它发出几声哀叫,痛苦地拖着伤残的身子走开了。地上添了血迹,艺术家的破衣上留下几处狗爪印。艺术家给关了几年才放出来,他的第一件事就是买几斤肉去看望那只小狗。邻居告诉他,那天狗给打坏以后,回到家里什么也不吃,哀叫了三天就死了。

　　听了这个故事,我又想起我曾经养过的那条小狗。是的,我也养过狗。那是1959年的事情,当时一位熟人给调到北京工作,要将全家迁去,想把他养的小狗送给我,因为我家里有一块草地,适合养狗的条件。我答应了,我的儿子也很高兴。狗来了,是一条日本种的黄毛小狗,干干净净,而且有一种本领:它有什么要求时就立起身子,把两只前脚并在一起不停地作揖。这本领不是我那位朋友训练出来的。它还有一位瑞典旧主人,关于他我毫无所知。他离开上海回国,把小狗送给接受房屋租赁权的人,小狗就归了我的朋友。小狗来的时候有一个外国名字,它的译音是"斯包弟"。我们简化了这个名字,就叫它做"包弟"。

包弟在我们家待了七年,同我们一家人处得很好。它不咬人,见到陌生人,在大门口吠一阵,我们一声叫唤,它就跑开了。夜晚篱笆外面人行道上常常有人走过,它听见某种声音就会朝着篱笆又跑又叫,叫声的确有点刺耳,但它也只是叫几声就安静了。它在院子里和草地上的时候多些,有时我们在客厅里接待客人或者同老朋友聊天,它会进来作几个揖,讨糖果吃,引起客人发笑。日本朋友对它更感兴趣,有一次大概在1963年或者以后的夏天,一家日本通讯社到我家来拍电视片,就拍摄了包弟的镜头。又有一次日本作家由起女士访问上海,来我家做客,对日本产的包弟非常喜欢,她说她在东京家中也养了狗。两年以后,她再到北京参加亚非作家紧急会议,看见我她就问:"您的小狗怎样?"听我说包弟很好,她笑了。

我的爱人萧珊也喜欢包弟②。在三年困难时期,我们每次到文化俱乐部吃饭,她总要向服务员讨一点骨头回去喂包弟。1962年我们夫妇带着孩子在广州过了春节,回到上海,听妹妹们说,我们在广州的时候,睡房门紧闭,包弟每天清早守在房门口等候我们出来。它天天这样,从不厌倦。它看见我们回来,特别是看到萧珊,不住地摇头摆尾,那种高兴、亲热的样子,现在想起来我还很感动,仿佛又听见由起女士的问话:"您的小狗怎样?"

"您的小狗怎样?"倘使我能够再见到那位日本女作家,她一定会拿同样的一句话问我。她的关心是不会减少的。然而我已经没有小狗了。

1966年8月下旬红卫兵开始上街抄四旧的时候,包弟变成了我们家的一个大"包袱",晚上附近的小孩时常打门大喊大嚷,说是要杀小狗。听见包弟尖声吠叫,我就胆战心惊,害怕这种叫声会把抄四旧的红卫兵引到我家里来③。当时我已经处于半靠边的状态④,傍晚我们在院子里乘凉,孩子们都劝我把包弟送走,我请我的大妹妹设法。可是在这时节谁愿意接受这样的礼物呢?据说只好送给医院由科研人员拿来做实验用,我们不愿意。以前看见包弟作揖,我就想笑,这些天我在机关学习后回家,包弟向我作揖讨东西吃,我却暗暗地流泪。

形势越来越紧,我们隔壁住着一位年老的工商业者,原先是某工厂的老板,住屋是他自己修建的,同我的院子只隔了一道竹篱。有人到他家去抄四旧了。隔壁人家的一动一静,我们听得清清楚楚,从篱笆缝里也看得见一些情况。这个晚上附近小孩几次打门捉小狗,幸而包弟不曾出来乱叫,也没有给捉了去。这是我六十多年来第一次看见抄家,人们拿着东西进进出出,一些人在大声叱骂,有人摔破坛坛罐罐。这情景实在可怕。十多天来我就睡不好觉,这一夜我想得更多,同萧珊谈起包弟的事情,

我们最后决定把包弟送到医院去，交给我的大妹妹去办。

包弟送走后，我下班回家，听不见狗叫声，看不见包弟向我作揖、跟着我进屋，我反而感到轻松，真有一种摔掉包袱的感觉。但是在我吞了两片眠尔通、上床许久还不能入睡的时候⑤，我不由自主地想到了包弟，想来想去，我又觉得我不但不曾摔掉什么，反而背上了更加沉重的"包袱"。在我眼前出现的不是摇头摆尾、连连作揖的小狗，而是躺在解剖桌上给割开肚皮的包弟。我再往下想，不仅是小狗包弟，连我自己也在受解剖。不能保护一条小狗，我感到羞耻；为了想保全自己，我把包弟送到解剖桌上，我瞧不起自己，我不能原谅自己！我就这样可耻地开始了十年浩劫中逆来顺受的苦难生活。一方面责备自己，另一方面又想保全自己，不要让一家人跟自己一起堕入地狱。我自己终于也变成了包弟，没有死在解剖桌上，倒是我的幸运。……

整整十三年零五个月过去了。我仍然住在这所楼房里，每天清早我在院子里散步，脚下是一片衰草，竹篱笆换成了无缝的砖墙。隔壁房屋里增加了几户新主人，高高墙壁上多开了两扇窗，有时倒下一点垃圾。当初刚搭起的葡萄架给虫蛀后早已塌下来扫掉，连葡萄藤也被挖走了。右面角上却添了一个大化粪池，是从紧靠着的五层楼公寓里迁过来的。少掉了好几株花，多了几棵不开花的树。我想念过去同我一起散步的人⑥，在绿草如茵的时节，她常常弯着身子，或者坐在地上拔除杂草，在午饭前后她有时逗着包弟玩。……我好像做了一场大梦。满园的创伤使我的心仿佛又给放在油锅里熬煎。这样的熬煎是不会有终结的，除非我给自己过去十年的苦难生活作了总结，还清了心灵上的欠债。这绝不是容易的事。那么我今后的日子不会是好过的吧。但是那十年我也活过来了。

即使在"说谎成风"的时期，人对自己也不会讲假话，何况在今天，我不怕大家嘲笑，我要说：我怀念包弟，我想向它表示歉意。

1980年1月4日

（《巴金全集》第16卷，巴金撰，北京：人民文学出版社，1991）

【注释】

① 本文选自巴金《随想录》之《探索集》。
② 萧珊：原名陈蕴珍(1917—1972)，浙江宁波人，巴金的妻子。
③ 眠尔通：一种镇静安眠的药。
④ 四旧："文革"时用语，指旧思想、旧文化、旧风俗、旧习惯。
⑤ 靠边："文革"中对干部、知识分子被剥夺职务，不能正常工作的习称。
⑥ 同我一起散步的人：指萧珊。

【提示】

本文是巴金晚年的系列随笔《随想录》中的一篇。通过个人的经历，反思"文革"时期的历史，是《随想录》的总主题，本篇通过可爱的小狗包弟在"文革"中的悲惨遭遇，反映了那个畸形年代的畸形精神状态。造成包弟悲剧的，当然是那种疯狂、恐怖的社会气氛，上门打砸威胁的红卫兵，但本文的深刻之处在于，作者没有止于外向的社会批判，也反躬追问自己的责任，甚或可以说，当时的社会现实在本文是当作远景处理的，作者的主要着眼点是自我剖析，把自己放到了解剖台上，歉疚与忏悔的情绪流贯全篇，表现出了与同时期流行的"伤痕文学"大不相同的境界。

本文先从别人的一只小狗写起,然后联想到自己曾经养过的小狗,写包弟的来历,和一家人的亲密关系,以及到后来被送到医院解剖室的结局,自然朴素,看似信笔所至,随意写来,实际上前后的照应、详略的剪裁,都恰到好处。本文时间跨度很大,叙述层次上从现在到过去再到现在的跳跃,与作者的感情起伏呼应配合,而又毫无人工雕琢的痕迹,这是真正老成的文字。

【思考与练习】

一、开篇所写艺术家与狗的故事,与后面叙述的小狗包弟的故事,二者之间具有怎样的关系?

二、本文结尾处描写的"满园的创伤",具有怎样的寓意?

三、你怎样理解本文作者所说"心灵上的欠债"?

纪念傅雷①

施蛰存

施蛰存(1905—2003),原名施德普,字蛰存,浙江杭州人。中国现当代著名学者、作家。1923年入学上海大学。转大同大学、震旦大学。1932年起在上海主编大型文学月刊《现代》,并从事小说创作,是中国最早的"新感觉派"的代表。1937年起,相继在云南大学、厦门大学、暨南大学、大同大学、光华大学、沪江大学等校任教。1952年调任华东师范大学教授。施蛰存博学多才,兼通古今中外,在文学创作、古典文学研究、碑帖研究、外国文学翻译等方面均有成绩。有《施蛰存文集》。

一九六六年九月三日,这是傅雷和夫人朱梅馥离开这个世界的日子,今年今天,正是二十周年纪念。这二十年过得好快,我还没有时间写一篇文章纪念他们。俗话说:"秀才人情纸半张。"我连这半张纸也没有献在老朋友灵前,人情之薄,可想而知。不过,真要纪念傅雷夫妇,半张纸毕竟不够,而洋洋大文却也写不出,于是拖延到今天。

现在,我书架上有十五卷的《傅雷译文集》和两个版本的《傅雷家书》,都是傅敏寄赠的②,还有两本旧版的《高老头》和《欧也妮·葛朗台》③,是傅雷送给我的,有他的亲笔题字。我的照相册中有一张我的照片,是一九七九年四月十六日在傅雷追悼会上,在赵超构送的花圈底下④,沈仲章给我照的,衣襟上还有一朵黄花。这几年来,我就是默对这些东西,悼念傅雷。

一九三九年,我在昆明⑤。在江小鹣的新居中⑥,遇到滕固和傅雷⑦。这是我和傅雷定交的开始。可是我和他见面聊天的机会,只有两次,不知怎么一回事,他和滕固吵翻了,一怒之下,回上海去了。这是我第一次领略到傅雷的"怒"。后来知道他的别号就叫"怒庵",也就不以为奇。从此,和他谈话时,不能不提高警惕。

一九四三年,我从福建回沪省亲⑧,在上海住了五个月,曾和周煦良一同到吕班路(今重庆南路)巴黎新村去看过傅雷⑨,知道他息影孤岛⑩,专心于翻译罗曼·罗兰⑪。这一次认识了朱梅馥。也看见客堂里有一架钢琴,他的儿子傅聪坐在高凳上练琴⑫。

我和傅雷的友谊,只能说开始于解放以后。那时他已迁居江苏路安定坊,住的是宋春舫家的屋子⑬。我住在邻近,转一个弯就到他家。五十年代初,他在译巴尔扎克,我在译伐佐夫、显克微支和尼克索⑭。这样,我们就成为翻译外国文学的同道,因此,在这几年中,我常去他家里聊天,有时也借用他的各种辞典查几个字。

可是,我不敢同他谈翻译技术,因为我们两人的翻译方法不很相同。一则因为他译的是法文著作,从原文译,我译的都是英文转译本,使用的译法根本不同。二则我主张翻译只要达意,我从英文本译,只能做到达英译本的意。英译本对原文本负责,我对英译本负责。傅雷则主张非但要达意,还要求传神。他屡次举过一个例。他说:莎士比亚的《哈姆雷特》第一场有一句"静得连一个老鼠的声音都没有"⑮。但纪德的法文译本⑯,这一句却是"静得连一只猫的声音都没有"。他说:"这不是译错,这是达意,这也就是传神。"我说,依照你的观念,中文译本就应该译作"鸦雀无声"。他说"对"。我说:"不行,因为莎士比亚时代的英国话中不用猫或鸦雀来形容静。"

傅雷有一本《国语大辞典》,书中有许多北方的成语。傅雷译到法文成语或俗话的时候,常常向这本辞典中去找合适的中国成语俗话。有时我去看他,他也会举出一句法文成语,问我有没有相当的中国成语。他这个办法,我也不以为然。我主张照原文原意译,宁可加个注,说明这个成语的意义相当于中国的某一句成语。当然,他也不以为然。

一九五八年,我们都成为第五类分子⑰,不便来往,彼此就不相闻问。不过,有一段时候,朱梅馥和我老伴都被居委会动员出去办托儿所,她们俩倒是每天在一起,我因此便间接知道一些傅雷的情况。

一九六一年,大家都蒙恩摘除了"帽子",可以有较多的行动自由,于是我又常去看他。他还在译书,而我已不干这一行了,那几年,我在热衷于碑版文物,到他那里去,就谈字画古董。他给我看许多黄宾虹的画,极其赞赏,而我却又有不同意见。我以为黄宾虹晚年的画越来越像个"墨猪"了⑱。这句话又使他"怒"起来,他批评我不懂中国画里的水墨笔法。

一九六六年八月下旬,我已经在里弄里被"示众"过了⑲。想到傅雷,不知他这一次如何"怒"法,就在一个傍晚,踱到他门口去看看。只见他家门口贴满了大字报,门窗紧闭,真是"鸦雀无声"。我就踱了回家。大约在九月十日左右,才知道他们两夫妇已撒手西归,这是怒庵的最后一"怒"。

我知道傅雷的性情刚直,如一团干柴烈火,他因不堪凌辱,一怒而死,这是可以理解的,我和他虽然几乎处处不同,但我还是尊敬他。在那一年,朋友中像傅雷那样的毅然决然不自惜其生命的,还有好几个,我也都一律尊敬。不过,朱梅馥的能同归于尽,这却是我想象不到的,伉俪之情,深到如此,恐怕是傅雷的感应。

傅雷逝世,其实我还没有了解傅雷。直到他的家书集出版,我才能更深一步的了解傅雷。他的家教如此之严,望子成龙的心情如此之热烈。他要把他的儿子塑造成符合于他的理想的人物。这种家庭教育是相当危险的,没有几个人能成功,然而傅雷成功了。

傅雷的性格,最突出的是他的刚直。在青年时候,他的刚直还近于狂妄。所以孔子说:"好刚不好学,其蔽也狂⑳。"傅雷从昆明回来以后,在艺术的涵养,知识学问的累积之后,他才成为具有浩然之气的儒家之刚者㉑,这种刚直的品德,在任何社会中,都是难得见到的,连孔子也说过:"吾未见刚者㉒。"

傅雷之死,完成了他的崇高品德,今天我也不必说"愿你安息吧",只愿他的刚劲,永远弥漫于知识分子中间。

(一九八六年九月三日)

(《施蛰存文集·北山散文集》一,施蛰存撰,上海:华东师范大学出版社,2001)

【注释】

① 傅雷（1908—1966）：字怒安，号怒庵，江苏南汇（今上海南汇区）人。早年留学法国，专攻艺术。回国后致力于法国文学艺术的翻译介绍。建国后曾任作协上海分会书记处书记。"文革"中遭迫害而死。译著有罗曼·罗兰的《约翰·克利斯朵夫》、巴尔扎克的《高老头》、《欧也妮·葛朗台》、丹纳的《艺术哲学》等三十多部。

② 傅敏：傅雷的次子。《傅雷家书》是他所编。

③ 《高老头》、《欧也妮·葛朗台》：法国作家巴尔扎克的两部著名长篇小说，由傅雷译成中文。

④ 赵超构（1910—1992）：笔名林放，浙江瑞安人。现当代著名杂文家，毕业于中国公学大学部。1946年到上海参与《新民报·晚刊》的创刊工作。建国后担任上海新民晚报社社长多年。曾任上海市政协副主席、中华全国新闻工作者协会副主席、全国晚报工作者协会会长。著有《林放杂文选》、《未晚谈》（凡三编）、《赵超构文集》等。

⑤ 我在昆明：1937年9月，施蛰存应云南大学校长熊庆来聘请，曾到该校中文系任教。

⑥ 江小鹣（jiān）（1894—1939）：现代著名美术家。江苏吴县（今苏州）人。早年留法学习，先学西方油画，后又学雕塑。20世纪20年代归国后移居上海。参加"天马画会"。30年代曾任上海新华艺术学校雕塑系主任。

⑦ 滕固（1901—1941）：字若渠，江苏宝山（今上海宝山区）人。现代著名美术理论家、文学家。早年毕业于上海美术专科学校，后留学日本，获硕士学位。又赴德国柏林大学留学，获博士学位。回国任行政院参事、重庆中央大学教授等职。1938年国立北平艺专与国立杭州艺专合并成立昆明国立艺术专科学校，一度出任校长。为文学研究会成员，写过不少小说、诗歌。著有《唐宋绘画史》、《中国美术小史》、《征途访古述记》、《唯美派的文学》等。

⑧ 从福建回沪省亲：1940年3月施蛰存到福建，在厦门大学中文系任教。

⑨ 周煦良（1905—1984）：安徽至德（今东至）人。现当代著名翻译家、作家。早年入学光华大学。1928年赴英留学，获爱丁堡大学硕士学位。历任暨南大学教授、光华大学英文系主任、华东师范大学外语系主任，作协上海分会书记处书记、上海文联副秘书长等职。曾译过毛姆的《刀锋》等。有《周煦良文集》。

⑩ 孤岛：指第二次世界大战中太平洋战争爆发前的上海租界。

⑪ 罗曼·罗兰（Romain Rolland，1866—1944）：法国现代作家、社会活动家。巴黎高等师范学校毕业。曾任艺术史、音乐史教授。1915年获诺贝尔文学奖。著有长篇小说《约翰·克里斯朵夫》、《母与子》，传记《米卡朗琪罗传》、《贝多芬传》等。

⑫ 傅聪（1934— ）：上海人，当代著名旅英钢琴家，傅雷的长子。1955年曾获第三届肖邦国际钢琴比赛第三名。

⑬ 宋春舫（1892—1938）：浙江吴兴（今湖州）人，现代戏剧家、翻译家。早年留学瑞士。归国后历任北京大学、清华大学、青岛山东大学等校教授。为中国现代话剧运动的先驱者。著有《宋春舫论剧》一至三集，剧本《一幅喜神》、《五里雾中》和《原来是梦》，游记《蒙德卡罗》。

⑭ 伐佐夫（иван минчов вазов，1850—1921）：保加利亚近代著名作家。因参加民族独立斗争，多次流亡国外。归国后曾任教育大臣。施蛰存译过他的代表作长篇小说《轭下》。显克微支（Henryk Sienkiewicz，1846—1916）：波兰近代著名作家。1905年获诺贝尔文学奖。创作多以波兰人民的反侵略斗争为题材。主要作品有长篇小说《火与剑》等三部曲、《你往何处去》、《十字军骑士》等。施蛰存与人合译过《显克微支短篇小说集》。尼克索（Martin Andersen Nexo，1869—1954）：丹麦近代著名作家。生于石匠家庭，做过工人。曾当选为丹麦共产党中央委员。主要作品有长篇小说《征服者贝莱》、《蒂特》、《红莫尔顿》三部曲。施蛰存译过他的《征服者贝莱》，与人合译《尼克索短篇小说》。

⑮ 哈姆雷特：英国戏剧家莎士比亚创作的著名悲剧，与《奥赛罗》、《李尔王》、《麦克白斯》并称莎士比亚的四大悲剧。

⑯ 纪德（André Gide，1869—1951）：法国现代著名作家。早期创作具有象征主义色彩。1947年获诺贝尔文学奖。主要作品有散文诗集《人间食粮》，中篇小说《蔑视道德的人》、《窄门》、《田园交响乐》，长篇小说《伪币制造者》等。

⑰ 第五类分子：在20世纪50年代后期至70年代中期"以阶级斗争为纲"的时代，把地主、富农、反革命分子、坏分子、右派列为无产阶级专政的对象，习称"地、富、反、坏、右"。第五类分子即指右派分子。施蛰存在1957年反右运动中被错划为右派。

⑱ 黄宾虹(1865—1955):名质,字朴存,一作朴人,号宾虹,以号行,又号虹庐,安徽歙县人,生于浙江金华。现代著名国画家,曾在多家美术院校任教。建国后任中国美协华东分会副主席。著有《虹庐画谈》《中国画学史大纲》等。今人编有《黄宾虹文集》。墨猪:比喻书画的点划痴肥而无骨力。

⑲ 示众:指"文革"初期的当众批斗与羞辱。

⑳ "好刚"二句:语出《论语·阳货》。

㉑ 浩然之气:语出《孟子·公孙丑上》,指一种至大至刚、充塞天地的正气。

㉒ 吾未见刚者:语出《论语·公冶长》。

【提示】

这是一篇悼念友人的散文。作者以客观冷静的笔墨,叙述了自己与傅雷生前交往的情谊,展现了傅雷独特的个性,赞颂了像傅雷这样的中国知识分子坚持真理、刚直不屈的优秀品格。

本文作者在回忆与傅雷的交往时,突出写了傅雷的"怒"。第一次作者领略到傅雷的"怒"是在 1939 年,傅雷在昆明和滕固吵翻了,一怒之下,回上海去了。第二次写傅雷的"怒"是作者与傅雷就翻译方法和黄宾虹画的两次争论,显示出傅雷直率的性格。第三次写傅雷的"怒",是在"文革"初期,傅雷因不堪凌辱,以死抗争,他的夫人也与他一起撒手西归,这是傅雷的最后一"怒"。

文章的最后两个自然段,是作者由傅雷之死引发的关于"刚者"的议论,傅雷的"怒",绝不只是一种个人的脾性,而是知识分子的刚直品德的表现。最后,作者对傅雷的崇高品德表示了深深的崇敬。

文章是按时间顺序来进行记叙的,作者选取自己与傅雷交往二十七年中的若干片断,依次写来,显得层次井然。在回忆傅雷时,又突出了他的个性,将傅雷的性格写得鲜明生动,给读者留下了深刻的印象。文章的语言朴实无华,但饱含深情,还时或显示出机趣和幽默。

【思考与练习】

一、本文写出了傅雷怎样的个性特征?表现了怎样的主题?

二、本文是按什么顺序来进行回忆的?开头用了什么叙述方法?这样写有什么好处?

三、本文作者将傅雷称为"刚者",并在文章的结尾说:"只愿他的刚劲,永远弥漫于知识分子中间。"这表达了作者怎样的思想感情?

看 蒙娜丽莎看①

熊秉明

熊秉明(1922—2002)，云南弥勒人，生于江苏南京。中国现代艺术家。1944年毕业于西南联合大学哲学系。1947年考取公费赴法留学生，到巴黎大学攻读博士学位。1948年转入巴黎高等美术学院学习雕塑。1955年第一次举办个人作品展览。后任瑞士苏黎士大学教授，巴黎东方语言文化学院中文系主任、教授。1983年获法国教育部棕榈骑士勋章。著有《关于罗丹——日记摘抄》、《中国书法理论体系》、《回归的雕塑》等。

一

面对一幅画，我们说"看画"。

画是客体，挂在那里。我们背了手凑近、退远、审视、端详、联想、冥想、玩味、评价。大自然的山水、鸟兽、草木，人间的英雄与圣徒、好女与孩童、爱情与劳动、战争与游戏、欢喜与悲痛，都定影在那里，化为我们"看"的对象。连上想象里的鬼怪与神祇、天堂与地狱、创世纪和最后审判；连上非想象里的抽象的形、纯粹的色、理性摆布的结构、潜意识底层泛起的幻觉，这一切都不再对我们有什么实际的威胁或蛊惑。无论它们怎样神奇诡谲，终是以"画"的身分显示在那里，作为"欣赏"的对象，听凭我们下"好"或者"不好"的评语。

欣赏者——欣赏对象。

这是我们和画的关系。我们处于一种安全而优越的地位，享受着观赏之全体的愉快、骄傲和踌躇满志。

然而走到蒙娜丽莎之前，情形有些不同了。我们的静观受到意外的干扰。画中的主题并不是安安稳稳地在那里"被看"、"被欣赏"、"被品鉴"。相反，她也在"看"，在凝眸谛视、在探测。侧了头，从眼角上射过来的目光，比我们的更专注、更锋锐、更持久、更具密度、更蕴深意。她争取着主体的地位，她简直要把我们看成一幅画、一幅静物，任她的眼光去分析、去解剖，而且估价。她简直动摇了我们作为"欣赏者"的存在的权利和自信。

二

也并非没有在画里向我们注视的人物。

像安格尔(Ingres 1780—1867)的那些贵妇与绅士②，端坐着，像制成标本的兽，眼窝里嵌着瓷球，晶亮、发光，很能乱真，定定地瞅过来，然而终于只是冰冷的晶亮的瓷球。这样的空虚失神的凝视当然不给我们什么威胁。

像提香(Titian 1490—1576)的威尼斯贵族男子肖像③,眼瞳里闪烁着文艺复兴时代贵族们的阴鸷和狡诈,目光像浸了毒鸩的剑锋,向你挑战。他们娴于幕前和幕后的争权夺利,明枪暗箭,在瞥视你的顷间,已估计了你的身世、才智、毅力、野心以及成败的机会率。

像林布兰特(Rembrandt 1606—1669)的人物④,无论是老人、妇人、壮者以及孩子,他们往往也是看向观赏者的。他们的眼光像壁炉里的烈焰,要照红观者的手、面庞、眼睛、胸膛,照出观者腑脏里潜藏着的悲苦与欢喜。把辛酸燃烧起来,把欢乐燃烧起来,把观者的苍白烘照成赤金色……

这样的画和我们的关系,也不仅只是"欣赏者——欣赏对象"的关系。它们也有意要把我们驱逐到欣赏领域以外去,强迫我们退到存在的层次,在那里被摆布、被究诘、被拷问、被裁判、被怜悯、被扶持、被拥抱。

蒙娜丽莎　　[意大利]达·芬奇作

三

而蒙娜丽莎的眼光是另一样的,在存在的层次,对我们作另一种要求。

她看向你,她注视你,她的注视要诱导出你的注视。那眼光像迷路后,在暮色苍茫里,远远地闪起的一粒火光,耀熠着,在叫唤你,引诱你向她去。而你也猝然具有了鸥枭的视力,野猫子的轻步,老水手观测晚云的敏觉。

四

有少女的诱惑和少妇的诱惑。

少女的。在她的机体发育到一定的时刻,便泛起饱和的滋润和鲜美。皮肤的色泽,匀净纯一之至,从红红到白白之间的转化,自然而微妙,你找不到分界的迹象。肢胴的圆浑,匀净纯一之至你不能判定哪是弧线,哪是直线,辨不出哪里是颈的开始,哪里是肩的消失。你想努力去辨析,而终不能,而你终于在这努力里技穷,瞠然、哑然、被征服。少女自己未必自觉吧。一旦自觉,也要为这奇异的诱惑力感到吃惊,而羞涩、不安、含着歉意,但每一颗细胞,每一条发光的青丝并不顾虑这些,直放射着无忌惮的芳香。

有少妇的诱惑。她在心灵成熟到一定的时刻,便孕怀着爱和智慧,宽容与认真,温柔与刚毅,对生命的洞识和执著。她的躯体仍有美,然而锋芒已稍稍收敛了。活力仍然充沛饱满,然而表面的波沦已稍稍平静了。皮下的脂肪已经聚集,肌肤水分已经储备,到处的曲线模拟果实的浑满。她懂得爱了，而且爱过，曾经因爱快乐过，也痛苦过，血流过，腹部战栗过，腰酸痛过。她如果诱惑，她能意识到那诱惑的强度，和所可能导致的风险。她是那诱惑的主人。她是谨慎的，她得掌握住自己的命运，以及这个世界的命运。虽然诱惑，她的生命不轻易交付出来，她也不许你把生命轻易拿来交换。如果她看向你，她的眼睛里有着探测和估量。

蒙娜丽莎的眼睛是少妇的。

五

她知道她在做什么。她向你睇视，守候着。她在观察。像那一双优美的叠合的手，耐心地期待。

她睇向你，等你看向她。她诱惑你的诱惑，等待你的诱惑。假使你不敢回答，她也只有缄默。

假使你轻率地回答，她将莞尔报以轻蔑的微笑。假使你不能毅然走向她，她决不会来迎向你。她在探测你的存在的广度、高度、深度、密度，她在探测你的存在的决心和信心。

她的眼睛里果真有什么秘密么？你想窥探进去，寻觅，然而没有。欠身临视那里，像一眼井，你看见自己的影子。那里只有为她所观测，所剖析你自己的形象。像一面忠实的明镜，她的眼光不否定，也不肯定。可能否定，也可能肯定，但看我们自己的抉择和态度。她的眼光像一束透射线，要把我们内部存在的样式映在毛玻璃上，使骨骼内脏都历历在目。她的眼光是一口陷阱，将我们的过去，现在和未来都一并活活地捕获。如果那眼光里有秘密可寻，那就正是我们的彷徨、惶悚、紧张、狼狈。爱么？不爱么？To be or not to be⑤？

她终不置可否，只静待你的声音。她似乎已经料到你的回答，似乎已经猜透你的浮夸、轻薄、怯懦，似乎已经察觉你的不安、觉醒，以及奋起，以及隐秘暗藏的抱负——于是嘴角上隐然泛起微笑。

六

神秘的笑。因为是一种未确定的两可的笑。并无暗示，也非拒绝。不含情也非严峻的矜持。她似关切，而又淡然。在一段模棱不定的距离里，冷眼窥测你的行止。

她超然于有情和无情之上，然而她也并未能超然于有情无情之上。她的命运也正是你的决定所造就。她的凝视，正是凝视她自己命运的形成。她看自己命运似乎看得十分真切，以致她可以完全平静地，泰然地去接受。而此刻，她在有情与无情之上，将有情，而却尚未有情。

尚未有情的眼光是最苛求的。如果真是爱了，那爱的顾盼有宽容、溺爱。它将容忍我们的缺陷，慰藉我们的尚未坚强，扎裹我们的创伤。而尚未有爱的顾盼则毫无纵容的余地，它瞄准我们，对我们的要求绝对严、无限大。它在无穷远的距离，向我们盯视、召唤，我们只能是一个无穷极的追求，无休止的奔驰。

七

芬奇是置身于这可怕的眼光中的第一个。而他就是创造这眼光的人。他在这可怕的眼光中一点一点塑造这眼光的可怕。

世界上的一切,对芬奇来说,都一样是吸引,激起他的惊异,挑起他的探索,是对他的能力的测验、挑战。

向高空飞升,自高空而降的陨落;水的浮,水的流;火的燃烧,火的爆炸力跨过齿轮,穿过杠杆,变大、缩小,栖在强弩的弦上。他制造了飞翼、飞厢、潜水衣、踩水履。他已恍然感到凌空凭虚的晕眩,听长风在翼缘上吹哨,预感到翼底大气的阻力系数。像描绘波状的柔发,他描绘奇妙的流体力学的图式。他使水爬过山脊到山的那一边;他使水在理想都市的下水道里听从地流泻。他制造的火花飞到夜空的星丛之间;他用凹面镜收聚太阳的光线;他计算从地球到月球的路程……

云的形状,山峰的形状,迷路在山顶的海贝,野花瓣萼的编制,兽体的比例,从狮子的吼声到苍蝇翅膀的嗡嗡……都引起他的讶异、探问、试验。他从此刻的山、云、海的性质样态,幻想造山时代巉岩怪石的迸飞,世界末日的气、水、火、风的大旋舞。他剖开人体,看血管密网的株式分布,白骨的黄金分割,头颅脑床的凹形,心脏的密室。他画过婴孩的圆润,老人的棱角嶙峋,少男少女的俊秀,从千变万化的面貌中演绎出圣者智者以及臃肿戆蠢的丑怪。从面貌的千变万化中捕捉心灵的阴晴风雨,幸福与悲剧。生的微笑,死的恐怖,犹大的凶险惶惑,其余十一个门徒的惊骇、悲伤、无助、绝望,人之子大爱的坦然,圣母的温慈,圣母之母的安详。

他画过尚在子宫里沉睡的胎儿,画过浑圆的孕妇的躯体,画过被吊毙的囚犯,在酣战中号叫的斗士。他守候过生命在百龄老人的躯体里如何渐渐撤退。他买回笼鸟,为了放生,却又精心地设计屠杀的武器。而冷钢的白刃却又具有最优美的线条,一如少女的乳峰。设计刺穿一切胸膛以及一切盾的矛,并设计抵御一切暴力和一切矛的盾……真正是矛盾的人物。神与魔、光与影、美和丑、物和心都给他同等研究、探索、描绘的欲求和兴致,不仅没有神,也没有魔鬼。没有恐惧,也没有崇拜。一切都必须看个明白、透彻。浮士德式的人物。

他的宇宙论里没有神,只有神秘;没有恶魔,然而充满诱惑。

八

但是,女人,这一切诱惑中的诱惑,他平生没有接近过。他不但不曾结婚,而且似乎没有恋爱过。翻完那许多手稿几乎找不到一点关于女人在他真实生活里的记录。他不是没有召见于当时的绝色而富有才华的伊莎伯代思特,受到其他贵族奇女人的赏识和宠遇,他何尝不动心于异性的妩媚和风采?他不是精微地描绘过她们的容貌的么?他不是一再画过神话里的丽达的裸体的么⑥?但是他的智慧要他冷眼观察这诱惑的性质、作用。

像一个冷静的科学家,他对于那诱惑进行带着距离的观测。他要从自己激动的心理状态中蝉蜕出来,把自己化为两个个体,精神分裂开来,反观自己,认识诱惑现象。

他像一个炼金术的法师,企图把"诱惑"这元素从这个世界里提炼出来,变成一小撮金粉,储藏在曲颈瓶底给人看。

又像一个羞涩、畏怯的男孩,他只窃窃地躲在窗子后面,远望街转角上她的身影。不吻、不抱。他满足于观察她的傲然、矜持,而又脉脉的善意的流盼。他一生就逗留在这青春的年纪,少年维特的危险的年纪⑦。

芬奇和蒙娜丽莎，也就是芬奇和女性的关系。而芬奇和女性的关系，也就是芬奇和这个世界一切事物的关系。一切事物都刺激他的好奇、追问，一切事物于他都是一种诱惑。而女性的诱惑是一切诱惑的集中、公约数、象征。

这纯诱惑与追求之间有一形而上学的距离，如果诱惑者和被诱惑者一旦相接触了，就像两个磁极同时毁灭。没有了诱惑，也没有了追求。这微笑的顾盼是一永远达不到的极限，先验地不可能接近的绝对。于是追求永在进行，诱惑也永在进行。无穷尽地趋近。

九

芬奇不是一个作形而上学玄思的哲学家。他的兴趣是具体世界的形形色色，和中世纪追求理念世界的哲学是相背道而驰的。他的问题在形形色色之中，也只在形形色色之中。他的哲学是这可见、可度量、可捉摸的世界的意义，这意义及其神秘也就是形色光影所构成。他的哲学可以看得见，画得出，他要画出这世界的秩序，法则，以图画解说这世界，以图画作为分析这世界，认知这世界，征服这世界，改造这世界的工具。他要画出最初的因，最终的果。他要画出生命的起源，神秘的诞生。他要画出诱惑的本质，知性的觉醒。

十

而有一天，一切神秘，一切鬼眼的诱惑的总和，他恍然在这一个女人的面庞上分明地看见了，像镭元素从几十吨矿砂中离析出来，闪起离奇的光。那是一对眼波，少妇的，含激烈的，必然性的，命令性的诱惑，而尚未含情，冷然侧睐。那眼光后面隐藏着一切可能的课题，埋伏着一切鬼眼的闪熠，一切形形色色都置根在其中。又似乎一无所有，只是猜不透。

然而他必须把这眼光捕捉到，捕捉这不可捕捉的。即使芬奇毕生不曾遇到这一个叫作卓孔达夫人的蒙娜丽莎⑧，总有一天，他终要创造出这眼光来的。他画的圣母，圣约翰洗礼者不都早就酷似这一面形⑨，这一笑容么？

卓孔达夫人的笑容竟是怎样的？由另一个画家画来，会是什么样子？是芬奇心目里的女人的神秘的笑酷似卓孔达夫人的笑呢？还是卓孔达夫人的笑酷似芬奇心目里的女人的神秘的笑呢？两个笑容互相回映、叠形、交融，不再能分得开。

十一

这或者是一件平常，甚至凡俗不足道的事——画家和模特儿的故事。哥雅（Goya，1746—1828）曾画了裸体的玛亚⑩，玛亚的丈夫突然想看画像进行得怎样了，哥雅连夜赶出了《着衣的玛亚》。

富商卓孔达先生聘请芬奇为他的爱妻作肖像。画家一见这面貌便倾倒了。那面貌似曾相识，给他以说不出的无比的吸引。但画家不愿走近模特儿一步。这一面貌是对他的天才的挑战。他用了世间罕有的智慧和绝艺刻画她的诱能，并且画出他所跨不过去，也不愿跨过去的他和她之间的距离。

这或者是一件平常，很可解释而并不足为怪的事——精神分析学家的一个病例。他不能真地去拥抱女人。恋母情结牵引起来的变态心理。他只能把女性放在远处去观照。他不肯把歌赞、爱慕兑换为肉体的接触。但是他把他的追求的心捧出来给人看,不,把她的诱素隔离出来给人看。他所画的已不是她,不是诱惑者,他直要画出"诱惑"本身,把诱惑提炼了结晶了,冷藏在画框中。诱惑已经和性别分离开来而成为"纯诱惑"。有人甚至疑心到蒙娜丽莎是少男乔装的女人。芬奇的圣约翰洗礼者正有这样离奇地微笑着的柔和的面孔。但是蒙娜丽莎的那一双手难道也能乔装么?而且便退一百步说,那真是乔装的少年,那么依然是冒充了女性的诱惑,依然是"女性的"诱惑了。

十二

没有发饰,没有一颗珍珠,一粒宝石,没有一枚指环,衣服上没有丝微绣花,她素淡到失去社会性、人间性。只要比较一下文艺复兴时代女子的肖像,就立刻可以发现这一点。她的诱惑不依赖珠宝的光泽、锦绣的绮丽。只伴以背后的溪流,一段北意大利阿尔卑斯山嶙峋峥嵘的峰峦,蜿蜒而远去的山路,谷底的桥。她在室内么?在外光么?她在两者之间的露台上。浅绿的天光像破晓又像傍晚,像早春,又像晚秋,似乎在将放花的季节,又似空气里浮荡着正浓的葡萄酒的醇香。模棱两可的时刻的模棱两可的空间。没有田园,没有房舍,在这寂寥的道路上,没有驻足的可能。人只能从这峡谷匆匆穿过。而路那么曲折,使旅人惆怅而踟蹰。而此时没有人影。

曦色,或者夕色,抹在她的额上,颊上,袒着的前胸上,手背上。没有太阳,没有月,没有星辰。她混入无定的苍茫的大自然之中。汇合了一切视力,这一对眼睛闪烁着,灿然、盼然、皎然如一自然的奇景,宇宙的奇象。

引起另一双眼睛无穷极的注视。

十三

对于具有无穷之诱惑,绝对之诱惑的眼光,只能以无穷追求的心,绝对追求的心去捕捉、去刻画,在生存层次具有无穷诱惑的魅力的东西,那形象本身也必定有无穷尽的造形性的诡谲微妙。敢于从事无穷的追求的人,能感到无穷寻觅的大满足,永远画不完的大欢喜。像骋驰在大草原上的骏马酣欢,因为它跑不完这辽阔的草和天。他必须画出那画不出;他必须画出那画不出之所以画不出。他要一点一点趋近那画不完。而他要画不完那画不完。芬奇曾经把生命消耗在那么多各种各样的作业上,而一无所成,因为都有个止境;而他不愿意有止境,他只得放弃。

而这一桩工作本身是不可能完成的。不可能的作业,非时间之内的作业。

一年、两年、三年、四年……大诱惑的,而淡若无的笑渐渐在画布上显现,得到恍惚的定影,得到恍惚的定义。然而既是永劫的诱惑和永劫的追求的角逐,绝对零是没有的,总保留着稀微的恍惚、浮动、模棱,总剩余那么一个极限的数字,那一小段不断缩短的遥远,总还有那么一成未完成。而在这残酷、美妙而遥远的眼光下,画家老了。潇洒的长髯,浓密的长眉,透了白丝,渐渐花白,而白花、而化为一片银光、银雾。银雾里的眼睛,炯炯的鹰隼类的目光也渐渐黯淡了,花了,雾了。在她的凝眸里画家临终时,可能还曾在那最后一段不可测度的距离上走上前一步吧,在微妙的面庞的光影之间添上一笔吧,而画家终于闭上衰竭的两眼,让三尺见方的画布上遗下他曾经无穷追求的痕迹。

大学语文（第九版）简编本

十四

而此刻，我们，立在芬奇坐着工作了多少晨昏的位置上，我们看蒙娜丽莎的看。在蒙娜丽莎目光的焦点上，她不给我们欣赏者以安适、宁静，她要从我们的眼窍里摄出谛视和好奇，搜出惊惶与不安，掘出存在的信念和抉择的矫勇，诱惑出爱的炽燃，和爱之上的追问的大欲求，要把我们有限的存在扯长，变成无穷极的恋者、追求者、奔驰者，像落在太空里的人造星，在星际，在星云之际，永远飞行，而死在尚未触到她的时分，在她的裙裾之前三步的距离里。

1970 年

（《熊秉明文集》，熊秉明撰，上海：文汇出版社，2000）

【注释】

① 本文写于 1970 年。蒙娜丽莎：意大利文艺复兴时期著名画家达·芬奇（Leonardo da Vinci，1452—1519）最重要的画作之一。他将当时的科学知识和艺术想象有机结合起来，使西方绘画的表现力发展到一个新阶段，对后人有很大的影响。知名画作另有《最后的晚餐》等，著作有《绘画论》。芬奇又是一个在自然科学、工程技术上有很高造诣的人物。

② 安格尔（Jean-Auguste-Dominique Ingres，1780—1867）：法国著名画家，古典主义画派的最后代表人物。画风工细精致，长于肖像画。曾作为学院派主要画家与新兴的浪漫主义画派相抗衡。

③ 提香（Tiziano Vecellio，1490—1576）：意大利著名画家，文艺复兴时期威尼斯画派的主要代表人物。他把油画的色彩、造型、笔触的技法发展到一个新阶段，所作人物肖像画颇能展现人物的内心世界。

④ 林布兰特：通译"伦勃朗"（Rembrandt，1606—1669），荷兰著名画家。善于运用明暗对比的手法，以聚光和透明阴影凸现主题，所作人物画善于反映描绘对象的性格特征。

⑤ To be or not to be：通译"生存还是毁灭"，这是英国戏剧家莎士比亚的剧作《哈姆莱特》中的一句台词。

⑥ 丽达：芬奇于 1506 年创作过装饰画《丽达与天鹅》。丽达是希腊神话中的海仙女，嫁给斯巴达王廷达瑞俄斯，其夫忘了向爱与美的女神阿佛洛狄忒献祭，便遭报复。阿佛洛狄忒乘丽达在湖中洗浴时，让主神宙斯化为天鹅，自己变成鹰在后追逐。天鹅飞落湖边，丽达把它搂在怀里，遂怀孕产下四个卵，孵出四个儿女。

⑦ 少年维特：德国著名文学家歌德（Johann Wolfgang von Goethe，1749—1832）早期小说《少年维特的烦恼》中的男主人公，是一个热烈追求爱情的少年。

⑧ 卓孔达夫人：一译"乔孔达夫人"。芬奇所画《蒙娜丽莎》的另一个标题叫《美丽的乔孔达》。据有关记载，画中的女子是意大利那不勒斯人，据说她的真名叫凯拉尔基妮，1495 年与弗朗切斯科·德尔·乔孔达结婚后，人们便以乔孔达夫人称呼她了。芬奇画她的时候，她年龄在 30 岁上下。

⑨ 圣约翰洗礼者：即施洗者约翰，基督教《圣经》中的人物，据福音书记载，他在耶稣传教之前就劝人忏悔，并在约旦河里为民众施洗，据说也为耶稣施洗。基督教认他为耶稣的先行者。

⑩ 哥雅：通译"戈雅"（Francisco José de Goya y Lucientes，1746—1828），西班牙著名画家。中年以后画风由明丽转为苍浑，着重表现人物性格和社会矛盾。

【提示】

这是一篇艺术审美散文，赏析的对象是人类艺术史上最伟大的作品之一，意大利艺术巨匠达·芬奇的《蒙娜丽莎》。作者作为一位艺术家和艺术史家，对这件作品的赏析紧紧

46

地抓住了"看"字做文章。由于《蒙娜丽莎》中的主人公以一种诱惑的眼光注视着每一位凝视着她的观众,而当年,她也以这样的眼光注视着画家,画家的艺术追求正是要表现出这样的注视。一个"看"字,编织起作者的创作活动、作品本身的存在、作品反映的对象和读者的审美活动四方面有机的关联。在这样的关联中,读者与画中人,与达·芬奇,与读者自己,与整个人类形成了巧妙的互动审美观照。作者还抓住了蒙娜丽莎的"微笑"和姿态来衬托她的目光,生动传神地写出了她身上蕴有的人性美。从中可以看出,作者具有非常深厚的艺术修养,善于寻找审美的角度。

文章采用断章随想的散文形式,文字隽永优美,感情丰沛,既有感性的艺术体验又不乏瑰丽的思辨,既蕴含着丰富的美学理论又不乏生动的情节,令人返思,永无止境,但又永远探索,而无一劳永逸的答案。

【思考与练习】

一、以眼神和微笑描绘女性的美和人性的魅力是文学艺术常常采用的手法。课后请阅读中国古典文学作品《诗经·卫风·硕人》、曹植《洛神赋》、白居易《长恨歌》等名篇,探讨这一手法的妙处。

二、为什么达·芬奇没有办法穷尽蒙娜丽莎的目光?

三、中国的文学鉴赏中,非常注重作品中的"文眼"。了解"文眼"的内涵,并分析这篇散文中的文眼。

哭 小弟①

宗 璞

宗璞(1928—   ),原名冯钟璞,祖籍河南唐河,生于北京。中国当代女作家。为著名哲学家冯友兰之女,幼承家学。1946年就读南开大学外文系,1948年转入清华大学外文系,1951年毕业。后曾供职于中国文联,任《文艺报》、《世界文学》等刊物编辑。1982年加入国际笔会。1984年当选为中国作协理事。其文学创作以气韵独特著称。著有小说《红豆》、《三生石》、《南行记》、《东藏记》,散文集《丁香结》等。

> 飞机强度研究所技术所长
>
> 冯钟越

我面前摆着一张名片,是小弟前年出国考察时用的。名片依旧,小弟却再也不能用它了。

小弟去了。小弟去的地方是千古哲人揣摩不透的地方,是各种宗教企图描绘的地方,也是每个人都会去,而且不能回来的地方。但是现在怎么能轮得到小弟! 他刚五十岁,正是精力充沛,积累了丰富的学识经验,大有作为的时候。有多少事等他去做啊! 医院发现他的肿瘤已相当大,需要立即做手术,他还想去参加一个技术讨论会,问能不能开完会再来。他在手术后休养期间,仍在看研究所里的科研论文,还做些小翻译。直到卧床不起,他手边还留着几份国际航空材料,总是"想再看看"。他也并不全想的是工作。已是滴水不进时,他忽然说想吃虾,要对虾。他想活,他想活下去啊!

可是他去了,过早地去了。这一年多,从他生病到逝世,真像是个梦,是个永远不能令人相信的梦。我总觉得他还会回来,从我们那冬夏一律显得十分荒凉的后院走到我窗下,叫一声"小姊——"

可是他去了,过早地永远地去了。

我长小弟三岁。从我有比较完整的记忆起,生活里便有我的弟弟,一个胖胖的、可爱的小弟弟,跟在我身后。他虽然小,可是在玩耍时,他常常当老师,照顾着小朋友,让大家坐好,他站着上课,那神色真是庄严。他虽然小,在昆明的冬天里,孩子们都怕生冻疮,都怕用冷水洗脸,他却一点不怕。他站在山泉边,捧着一个大盆的样子,至今还十分清晰地在我眼前。

"小姊,你看,我先洗!"他高兴地叫道。

在泉水缓缓地流淌中,我们从小学、中学而大学,大部时间都在一个学校。毕业后就各奔前程了。不知不觉间,听到人家称小弟为强度专家;不知不觉间,他担任了总工程师的职务。在那动荡不安的年月里,很难想象一个人的将来。这几年,父亲和我倒是常谈到②,只要环境许可,小弟是会为国家做出点实际的事的。却不料,本是最年幼的他,竟先我们而离去了。

去年夏天,得知他患病后,因为无法得到更好的治疗,我于八月二十日到西安,记得有一辆坐满了人的车来接我。我当时奇怪何以如此兴师动众,原来他们都是去看小弟的。到医院后,有人进病房握手,有人只在房门口默默地站一站,他们怕打扰病人,但他们一定得来看一眼。

手术时,有航空科学研究院、623所、631所的代表,弟妹、侄女和我在手术室外;还有一辆轿车在医院门口。车里有许多人等着,他们一定要等着,准备随时献血。小弟如果需要把全身的血都换过,他的同志们也会给他。但是一切都没有用。肿瘤取出来了,有一个半成人拳头大,一面已经坏死。我忽然觉得一阵胸闷,几乎透不过气来——这是在穷乡僻壤为祖国贡献着才华、血汗和生命的人啊,怎么能让这致命的东西在他身体里长到这样大!

我知道在这黄土高原上生活的艰苦,也知道住在这黄土高原上的人工作之劳累,还可以想象每一点工作的进展都要经过十分恼人的迂回曲折。但我没有想到,小弟不但生活在这里,战斗在这里,而且把性命交付在这里了。他手术后回京在家休养,不到半年,就复发了。

那一段焦急的悲痛的日子,我不忍写,也不能写。每一念及,便泪下如缕③,纸上一片模糊。记得每次看病,候诊室里都像公共汽车上一样拥挤,等啊等啊,盼啊盼啊,我们知道病情不可逆转,只希望能延长时间,也许会有新的办法。航空界从莫文祥同志起④,还有空军领导同志都极关心他,各个方面包括医务界的朋友们也曾热情相助,我还往海外求医。然而错过了治疗时机,药物再难奏效。曾有个别的医生不耐烦地当面对小弟说,治不好了,要他"回陕西去"。小弟说起这话时仍然面带笑容,毫不介意。他始终没有失去信心,他始终没有丧失生的愿望,他还没有累够。

小弟生于北京,一九五二年从清华大学航空系毕业。他填志愿到西南,后来分配在东北,以后又调到成都、调到陕西。虽然他的血没有流在祖国的土地上,但他的汗水洒遍全国,他的精力的一点一滴都献给祖国的航空事业了。个人的功绩总是有限的,也许燃尽了自己,也不能给人一点光亮,可总是为以后的绚烂的光辉做了一点积累吧。我不大明白各种工业的复杂性,但我明白,任何事业也不是只坐在北京就能够建树的。

我曾经非常希望小弟调回北京,分我侍奉老父的重担。他是儿子,三十年在外奔波,他不该尽些家庭的责任么?多年来,家里有什么事,大家都会这样说:"等小弟回来","问小弟。"有时只要想到有他可问,也就安心了。现在还怎能得到这样的心安?风烛残年的父亲想儿子,尤其这几年母亲去世后,他的思念是深的,苦的,我知道,虽然他不说,现在他永远失去他的最宝贝的小儿子了。我还曾希望在我自己走到人生的尽头,跨过那一道痛苦的门槛时,身旁的亲人中能有我的弟弟,他素来的可倚可靠会给我安慰。哪里知道,却是他先迈过了那道门槛啊!

一九八二年十月二十八日上午七时，他去了。

这一天本在意料之中，可是我怎能相信这是事实呢！他躺在那里，但他已经不是他了，已经不是我那正当盛年的弟弟，他再也不会回答我们的呼唤，再不会劝阻我们的哭泣。你到哪里去了，小弟！自一九七四年沅君姑母逝世起⑤，我家屡遭丧事，而这一次小弟的远去最是违反常规，令人难以接受！我还不得不把这消息告诉当时也在住院的老父，因为我无法回答他每天的第一句问话："今天小弟怎么样？"我必须告诉他，这是我的责任。再没有弟弟可以依靠了，再不能指望他来分担我的责任了。

父亲为他写了挽联："是好党员，是好干部，壮志未酬，洒泪岂只为家痛；能娴科技⑥，能娴艺文，全才罕遇，招魂也难再归来！"我那惟一的弟弟，永远地离去了。

他是积劳成疾，也是积郁成疾，他一天三段紧张地工作，参加各式各样的会议。每有大型试验，他事先检查到每一个螺丝钉，每一块胶布。他是三机部科技委员会委员，他曾有远见地提出多种型号研究。有一项他任主任工程师的课题研制获国防工办和三机部科技一等奖。同时他也是623所党委委员，需要在会议桌上坦率而又让人能接受地说出自己对各种事情的意见。我常想，能够"双肩挑"，是我们五十年代到六十年代初期出来的知识分子的特点。我们是在"又红又专"的要求下长大的。当然，有的人永远也没有能达到要求，像我。大多数人则挑起过重的担子，在崎岖的、荆棘丛生的，有时是此路不通的山路上行走。那几年的批判斗争是有远期效果的。他们不只是生活艰苦，过于劳累，还要担惊受怕，心里塞满想不通的事，谁又能经受得起呢！

小弟入医院前，正负责组织航空工业部系统的一个课题组，他任主任工程师。他的一个同志写信给我说，一九八一年夏天，西安一带出奇的热，几乎所有的人晚上都到室外乘凉，只有"我们的老冯"坚持伏案看资料，"有一天晚上，我去他家汇报工作，得知他经常胃痛，有时从睡眠中痛醒，工作中有时会痛得大汗淋漓，挺一会儿，又接着做了。天啊！谁又知道这是癌症！我只淡淡地说该上医院看看。回想起来，我心里很内疚，我对不起老冯，也对不起您！"

这位不相识的好同志的话使我痛哭失声！我也恨自己，恨自己没有早想到癌症对我们家族的威胁，即使没有任何症状，也该定期检查。云山阻隔，我一直以为小弟是健康的。其实他早感不适，已去过他该去的医疗单位。区一级的说是胃下垂，县一级的说是肾游走。以小弟之为人，当然不会大惊小怪，惊动大家。后来在弟妹的催促下，乘工作之便到西安检查，才做手术。如果早一年有正确的诊断和治疗，小弟还可以再为祖国工作二十年！

往者已矣。小弟一生，从没有"埋怨"过谁，也没有"埋怨"过自己，这是他的美德之一。他在病中写的诗中有两句："回首悠悠无恨事，丹心一片向将来。"他没有恨事。他虽无可以彪炳史册的丰功伟绩⑦，却有一个普通人的认真的、勤奋的一生。历史正是由这些人写成的。

小弟白面长身，美丰仪；喜文艺，娴诗词；且工书法篆刻。父亲在挽联中说他是"全才罕遇"，实非夸张。如果他有三次生命，他的多方面的才能和精力也是用不完的；可就这一辈子，也没有得以充分地发挥和施展。他病危弥留的时间很长，他那颗丹心，那颗让祖国飞起来的丹心，顽强地跳动，不肯停息。他不甘心！

这样壮志未酬的人，不只他一个啊！

我哭小弟，哭他在剧痛中还拿着那本航空资料"想再看看"，哭他的"胃下垂"、"肾游走"；我也哭蒋筑英抱病奔波⑧，客殇成都⑨；我也哭罗健夫不肯一个人坐一辆汽车⑩！我还要哭那些没有见诸报章的过早离去的我的同辈人。他们几经雪欺霜冻，好不容易奋斗着张开几片花瓣，尚未盛开，就骤然凋谢。我哭我们这迟开而早谢的一代人！

已经是迟开了，让这些迟开的花朵尽可能延长他们的光彩吧。

这些天，读到许多关于这方面的文章，也读到了《痛惜之余的愿望》，稍得安慰。我盼"愿望"能成为事实。我想需要"痛惜"的事应该是越来越少了。

小弟，我不哭！

1982 年 11 月

（插图珍藏版《宗璞散文》，宗璞撰，北京：人民文学出版社，2007）

【注释】

① 本文最初发表于 1982 年 12 月 27 日《人民日报》。

② 父亲：即现当代著名哲学家冯友兰（1895—1990），字芝生，河南唐河人，北京大学教授，有《三松堂全集》。

③ 泪下如绠（gěng）：形容眼泪之多。绠，汲水桶上的绳索。

④ 莫文祥：曾任航空工业部部长。

⑤ 沅君：冯沅君（1900—1974），原名恭兰，字德馥，河南唐河人。现代女作家、中国古代文学研究专家。1925 年毕业于北京大学国学研究所，后留学法国巴黎大学，获文学博士学位。归国后执教于燕京大学、中山大学、东北大学。建国后任山东大学教授、副校长。与陆侃如合著《中国诗史》，另有《冯沅君创作译文集》等。

⑥ 娴（xián）：熟练。

⑦ 彪炳史册：形容伟大的业绩永垂史册。彪炳，照耀。

⑧ 蒋筑英（1938—1982）：光学专家，全国劳动模范。浙江杭州人。1956 年考入北京大学物理系。生前任中科院长春光机所副研究员、第四研究室代主任。

⑨ 客殇（shāng）成都：客死在成都。蒋筑英是在到成都出差时发急病去世的。殇，原意是未成年而死，此指英年早逝。

⑩ 罗健夫（1935—1982）：电子专家，全国劳动模范。湖南湘乡人。1956 年考入西北大学原子物理系。毕业后先后在母校及西安电子计算机技术所、骊山微电子公司工作。积劳成疾去世。

【提示】

本文通过对小弟生前、逝后大量感人肺腑的事迹的回忆，满怀激情地赞美了小弟的无私奉献精神，表达出对小弟英年早逝的无限悲恸之情和对中国知识分子的命运的由衷关注。

文章自始至终紧扣"哭"字，将抒情、叙事、写人三者融为一体，在叙事中抒情，在议论中抒情，在叙事、抒情中写人，笔触缠绵哀婉，感情真挚动人。

作者善于运用细节描写与侧面烘托的手法来写人。如作者在回忆小弟生前的事迹时，写小弟幼年时在昆明冬天不怕生冻疮、敢用冷水洗脸这一细节，就刻画出小弟活泼可爱而憨厚纯朴的形象。小弟因病逝世后，作者写了小弟周围的同志对小弟的怀念，尤其是对小弟的一个同事给作者的一封信的大段抄录，从侧面烘托出小弟忘我工作的崇高品质。

本文构思别致，结构新颖精巧。文章围绕着小弟的病逝，把现实与回忆、家庭与社会、情与理交互组接，不是单线性顺叙，而是把众多的材料分成块状，交错展现。这种将多方面的材料交叉垒积的叙写方法,使文章内容层出层新,结构错落有致,避免了单调刻板。

【思考与练习】

一、本文在写小弟的经历与事迹时,叙事结构上有什么特点?这样的结构安排有何作用?

二、本文是哭小弟的,作者为什么又要哭蒋筑英和罗健夫?

三、举例说明本文是如何运用细节描写与侧面烘托来写人物的?

卖书记

李国文

李国文(1930—　),江苏盐城人,生于上海。中国当代作家。1947年入南京国立戏剧专科学校,攻读理论编剧专业。1949年在华北革命大学学习。1954年任中国铁路总工会宣传部文艺编辑。1957年发表短篇小说《改选》,揭露官僚主义之弊,崭露头角,但也因此被错划为"右派分子"。"四人帮"覆灭后重新开始创作。1986年调至中国作家协会,任《小说选刊》主编。他的作品能深刻触及时弊,具有自己的见解与艺术特色,颇受读者好评,曾多次获奖。著有长篇小说《冬天里的春天》、《花园街五号》和中短篇小说集《第一杯苦酒》、《危楼纪事》、《没意思的故事》、《洁白的世界》等。

说来买书不容易,卖书更难。

买书,常常为买不到好书懊恼,为失之交臂而遗憾,为掏不出那么多钱而诅咒书价之暴涨,出版社之黑心。然后羡慕鲁迅先生每年的书账①,都是好几百大洋地花,而且能买到那许多有价值的书籍。现在,哪个以文字为生的作家,敢这样大手大脚地买书呢?也许有钱的个体户能一掷千金,可他们又并不需要书。于是,只好一做王小二过年之叹②,二做阿Q式的自慰③,与其现在买了将来保不准还会卖,那就多一事不如少一事了。

无论如何,买不到书,顶多是恼火骂娘而已。

可是卖书,特别是卖自己不想卖,不舍得卖的书,那种心痛,虽比不上卖儿卖女,但看到你珍藏的书、报、刊,被撕碎了包咸菜,被送进造纸厂,扔进水池子里沤泡,那滋味实在是扯心揪肝的。

其实,我不是藏书家,只不过自己悔不该做了不该做的知识分子,而且还是更不该做的作家,不能不有那么几本书而已。当然,你是个臭知识分子,你是个臭作家,你就不可能没有喜欢书籍的臭毛病。有时候读到黄裳先生的购书札记④,也是很神往的。如果口袋里的钞票除了买烧饼外,尚有余裕,未尝不想到琉璃厂去转转的⑤,找到一本你一直在找而找不到的书,那种快乐,也只有同此癖好的人才能体会。然而一想到有一天你很可能还要卖掉或者扔掉这些书的话,也就兴味索然了。尽管如此,买书之心不死,见书店而不进去,总觉得若有所失地不安,这大概就叫做毛病了。

谈起卖书,话就更长了。先后,我一共有过三次说来痛楚的卖书体验。如果按时间划分,恰巧是五十年代、六十年代和七十年代。五十年代,我把我怎么也割舍不下的一些书,带到了北京,单身汉,住集体宿舍,属于你的空间,必然是有限的。你的书塞在你的床底下,尚不至影响别人革命,一旦超越这个范围,别的革命的同志就会以革命的眼神示意你要自觉了。若是说："你都看些什么书呀？"那还算是客气的。如果说："你怎么尽看这些小资产阶级情调的书呀？"那恐怕就要有些小麻烦了。也许中国人从孔夫子开始，就生有一种诲人不倦的好习惯，特别愿意帮助人，挽救人，给人指点迷津。于是我只能诚惶诚恐地使我的书籍体积缩小，免生枝节。

共和国最初几年，真是一个充满了革命罗曼蒂克的时期，误以为美丽的幻想和憧憬，会在明天一早打开门时呈现在眼前。虽然我并不乐意精简我那可怜巴巴的百十本书，但相信暂时的失去，等到那盼着的一天，甚至会得到更多。那是我一个永远的梦，能拥有琳琅满目的几架我心爱的书籍，此生足矣！于是我把好不容易背到北京来的，解放前在上海读中学时逛四马路旧书摊上买的⑥，在南京读大学时转四牌楼或夫子庙的小书店里买的⑦，一个穷学生当然不可能买到什么珍、善本书，不过也是爱不释手的几本破书，以革命的名义淘汰了一批。

那时东安市场内⑧，即现在一进门的公厕方位，有一条买卖旧书的小胡同，鳞次栉比地排满了书摊⑨。我那些书自然不值钱的，三文两文便卖掉了。我始终遗憾，有一本外国作家的短篇小说集，书名是什么，我记不得了，作者叫什么，我也忘掉了，但那是一位南欧作家，大抵是不会错的。文笔之幽默，至今还留下深刻的印象。还能想起其中一篇的内容，描写人们怎么在知道了彗星要和地球相撞，面临大毁灭前，恣意享受人生最后一刻时的形神状态，猪宰了，牛杀了，酒喝光了，房子也给点燃了，本不爱的男女也匆忙结合了。等到那恐惧的一刻过去，人们发现自己还活着，才知道那该死的世纪末是怎样把大家坑了⑩。

以后，我再没有看到这本书的出版，所有的外国文学家辞典里，也找不到这位作家的一点线索，真不该卖掉那本书。

记得有一本三十年代编的当时名家小说，沉甸甸地，很有些分量，论斤称了，至今我也后悔不迭，要留在手边就好了，可以看到一些作家的早期作品中的离经叛道精神，和晚期为人为文不知是真是假的那种皈依正统的心态，两者之间所产生的难以置信的差距，很有些令人匪夷所思的地方。

虽然有的篇目，如郁达夫的《迟桂花》⑪，总算在很后的后来重新问世，但像叶灵凤、邵洵美、洪灵菲⑫，甚至张资平那些也曾盛极一时的作品⑬，就湮没在历史的积淀里，很不容易找到的了。我还记得似乎是沈从文的一篇把妻子典租给别人，去给人家生儿育女的凄凄苦苦的小说，嗣后再出他的集子时，也没有收进。还有一篇丁玲的短篇小说⑭，题名忘了，描写一个三十年代年轻的文化人去狎妓的故事，似乎在肮脏的亭子间里，颇委琐的场所，似乎是一个非职业性的妓女，只求快些了事。谁知这个男人对女性胴体及有关部位的崇拜⑮，却是非常弗洛伊德的⑯。那些赤裸裸的描写，应该说够大胆，和不让后人的。

八十年代初，在大连棒槌岛遇到这位前辈作家，我差一点就想请教她写的这篇刻画性心理的作品了。话到嘴边，我迟疑了，这本书我三十年前卖了，读这本书更早，是四十年前当中学生时的事了，万一记忆出了差错，岂不是惹得老前辈不愉快吗？好像这篇作品，也未再印行过，不能不说是遗憾。一篇作品能给人留下这样久远的印象，我想一定是有它的自身价值的。

当时，我卖掉这些书，倒也并不怎么心痛。

问题在于《拟情书》、《查拉图斯如是说》和其他几本《世界文库》⑰，一定要我弃之若敝屣⑬,实在难舍难分。尤其那本《拟情书》,是用草纸印刷,估计是抗日战争期间在大后方纸张匮乏情况下出版的,若保存到今天,倒不失为作家、翻译家、出版家为传播文化所作出的努力的佐证。我是在上海当时叫作吕班路的生活书店里买的,那是抗战胜利后不久的事。时至今日,这两本书也见不到。尼采的书不出,尚可理解,不知为什么,《拟情书》似乎至今未被出版社看中,或许嫌那种表达爱情的方式陈旧了些?难道爱情还有古老和现代的区分么?

我一点也没有怪罪那些过分热情帮助别人的人的意思,他们(也包括她们,女同志要偏激起来,绝对不怕矫枉过正的)在小组会上,在生活会上,在学习会上,在支部会上,就有人对我下不了狠心与过去决裂,表示痛心疾首。那时候开会是生活的主要内容,比赛谁更加革命些,则更是主要内容的内容。而革命,对某些积极分子来说,很大程度上是革别人的命。

"还有功夫去研究怎样写情书?这种小资产阶级的尾巴怎么下不了狠心一刀两断呢?"一位穿列宁服的神色严肃的女小组长语重心长地教导我:"我真难以理解你们这些知识分子,怎么感情总是不对头呢?看起来,对你们的思想改造可不是一天两天的事啊!"她那摇头的样子,使我明白,如果我不想不可救药,只好忍痛把书当破烂卖给敲小鼓的了⑲。但我纳闷,这是一定要割掉的尾巴吗?后来,我们各奔前程了,这位女同志虽然憎恶《拟情书》,但她能使两个老同志为她犯了男女关系的错误,受到处分,我就有点不甚理解了。反正我相信,不是前面的她,就是后面的她,有一个不是她,这是毫无疑问的。

如果她还健在,她能看到这篇《卖书记》,也许她会作出一个正确的答复。

第二次卖书,是六十年代饿肚子的结果了⑳,不但卖书,说来也无所谓丢人的,甚至连并不多余的衣物也变卖了,有什么办法,饿啊!辘辘饥肠光靠酱油冲汤是解决不了问题的,越喝越浮肿。夜半饿醒了,就得琢磨家中还有什么可以卖的?救命要紧,压倒一切,人到了危殆的时候,求生的欲望也益发强烈。

卖,凡能变成食物的,都可以出手。

我真感谢中国书店的收购部,当时能以六折的价钱收购完整的不脱不缺的期刊报纸,真是起到了救人一命,胜造七级浮屠的作用㉑。舍得也好,不舍得也好,我和我的妻子,为了糊这张"口",将保存了好多年的杂志,用车推到现在的西单购物中心的原来商场里的中国书店,全部卖掉了。

当时,最凄怆的莫过于那套《译文》了㉒,也就是现在的《世界文学》,当我从小车往书店柜台上装的时候,心里也说不出是什么滋味,我把朋友的一份友情也变卖了,这是我直到今天也还不能释然于怀的。

因为茅盾先生在解放后将它复刊时,适我在朝鲜前线㉓,没能及时买到,等我回国后订了这份刊物,总是以未有最初的几期为憾,像王尔德的《朵连格连的画像》就在复刊的前两期上㉔。于是我好一阵子满北京城地找,希望补成全璧。人世间的许多事情就是这样别扭,想得的得不到,想推的推不掉,人际关系也是这个道理,你把他当作至交,他却在背后干出卖你的勾当,而且令人厌恶的是,这类人言必马列,正襟危坐,其实肚子里装的龌龊,比墨斗鱼还要黑,绝对可以做到吃人不吐骨头地心毒手辣。相反,也有血性汉子,或许说些话,做些事,并不尽合你意,但在关键时刻,他的肩膀决不脱滑,使你觉得这个世界尚有好人在,真情在,否则,也着实让人绝望的了。

一九五七年，有位作家(后来证明不过是个作家混子而已，这大概也是个规律，一个作家倘写不出作品，或压根儿也不会写作品，便只好像天津三不管、北京天桥那种地痞加流氓似的靠耍嘴把式来霸占地盘。过去这样，现在也还是这样，古今同此一理)恨不能由于我写了一篇《改选》，把我送去劳改，他好立功受奖。这位写不出作品，却想吃蘸人血馒头发迹的老兄，一面假惺惺地如何如何对我表示知己，一面到处搜集材料，欲置我于死地。就是曾经将他自己的《译文》前几期让给我的这位老同学，在这位小丑作家前去向他调查我的时候，很说了几句公道话，惹得这个反右英雄回机关来破口大骂，声言凡与我有来往者，皆可打成右派云云。这样，我的老同学受我一点政治上的牵连，在那时的中国，自是意料中事。

就是他，知道我在找《译文》，便说："你要哪一期，你拿走好了！"

"你呢？"我看他书架上整整齐齐地从复刊第一期起排列着，有些不忍心。

他说："既然你喜欢……"他就是这样一位敢把心掏给你的人。

所以，当我站在中国书店的柜台前，由于生计所迫，不得不卖掉这套《译文》的时候，我犹豫了。这其中有几本杂志包含着朋友的一份心意啊！也许我应该留下来，以便将来使他那一套《译文》得以完整地保存。可是，中国书店的收购条件，必须是不缺期的才能六折，否则，就要你把书往磅秤上堆了。

原谅我吧！老同学！我太需要钱了，因为我太饿了。

后来，我从外地又回到北京来，他却由北京到外地去了，难得见面一次，话题也不免太多。但这件绝非小事的细节，我总是忘了告诉他一声。当然，他那豪爽任侠的性格，即使知道，至多也是一笑而已，才不会放在心上。去年，他因病辞世，收到他的讣告，马上想到了他那几本被我卖掉的《译文》，为未能使他了解，而成了我永远的遗憾了。其实，六十年代那最饿的日子里，他和我一样，也浮肿来着，也冲着酱油汤喝来着，想到这里，除了遗憾，更有不能释然于怀的歉意了。

第三次卖书，便是七十年代那轰轰烈烈岁月里的事了②。

如果说，五十年代卖书，只是为了割一条小资产阶级的尾巴，属于外科手术。那么，到了"文革"期间，不得不卖掉所有可能涉嫌的书籍，完全为了保全性命，是生死攸关的头等大事了。因为来抄家的狂热至极的红卫兵，要比"秀才遇到兵"的"兵"，更加"有理也说不清"的。特别对你这种板上钉钉的所谓分子之类，你若敢辩解一声，轻则呵斥，重则棍棒，然后高帽一顶，游街示众，那还不是家常便饭。

放明白些，除规规矩矩不乱说乱动外，要紧的是不能给抄家的小将们，留下任何口实，这时候，你才体会到书籍的危害性了。古籍多了，说你厚古薄今，外国书多了，说你崇洋媚外，即使你把毛著放在极恭敬的位置③，那也不行，为什么你有那么多的非马列的书？是何居心之类的话，必然跟着批过来的。上帝保佑，最佳之计，就是把所有印成汉字的东西统统肃清，"人生识字糊涂始④"，如今，连字都没有了，肯定万事大吉了。

于是除去我妻子的钢琴乐谱外，我们俩基本上将大部分书都送到废品站，卖破烂。

现在重新回过头去，想一想当时卖书的往事，说不好是喜剧呢？还是悲剧？

住宅区的废品收购站的老太太，胳膊上戴着革命造反派的红袖箍，煞有介事地一本一本地过。

"不是最后都沤烂了做手纸吗？"我妻子有点不耐烦。

"那也看有没有反动的!"这位生怕革命派的肛门受到精神污染的红色老太太②,义正词严地说。

虽然负责审查,大权在握,哪本要,哪本不要,她说了算,但识字不多的这位审查大员,还需要我一一报上书名,才决定取舍。那套二十七册的《契诃夫文集》递了过去②,她问:"哪国的?"

"俄国的。"

她不收,拨拉到一边。

"为什么?"

她眼睛一瞪,"别当我不明白,俄国就是苏联,老修的东西不收。"

同样的理由,朱生豪译的《莎士比亚全集》和一套线装本的《元曲选》③,我俩又原封不动地拉了回来。这三套书,正好封、资、修,全齐了。现在这些劫后余生的书还在我的书架上摆着,没有变成擦屁股的手纸,真得感谢那位老太太的"大义凛然"。

排在我们后边等候卖书的,是一位古稀老人。那种竹制的童车里,装得满满的,全是大部头。趁着我妻子和收购的算账的那一会儿,我问老人:"你老人家把这些分册征求意见本的《辞海》③,干吗也卖掉呢?那是工具书呀!"

"是吗?"好像他刚明白《辞海》原来是工具书似的。

"不该卖的,不该卖的!"我劝他。

他说:"我参加过这部书的部分编纂工作,不过,现在……"他反过来问我:"这种书还用得着么?"

当时,我不知该怎么回答。

但他老人家那张疑问的脸,时隔多年,我仍旧记得清清楚楚。尤其他那意味深长的话,我更是忘怀不了。他说:"印刷术是中国的四大发明之一,闻名于世。但是,秦始皇焚书呢?怎么算②?"

收购的老太太吆喝他:"老头,快推过来!快推过来!"

老人动作缓慢地把那一车书推进屋里去,那模样,真的不像是卖书,而像卖他的亲生骨肉一样。

也许从这一刻起,我才真正懂得买书不容易,卖书更难的道理。

但愿从此不卖不想卖的书,那该多好多好!

1992年4月12日

(插图珍藏版《李国文散文》,李国文撰,北京:人民文学出版社,2005)

【注释】

① 鲁迅先生每年的书账:鲁迅先生早期的《日记》里,常留有当时每年的书账,记下买了什么书,付了多少钱。

② 王小二:穷人越来越穷的意思。俗语有"王小二过年,一年不如一年"。

③ 阿Q:鲁迅著名小说《阿Q正传》中的主要人物,每以"精神胜利法"聊以自慰。

④ 黄裳(1919—):原名容鼎昌,现代学者、翻译家、藏书家,河北井陉人。写过很多购书札记、散文。有《锦帆集》等。

⑤ 琉璃厂:北京一个书店、字画专卖店等比较集中的地方。

⑥ 四马路:今上海福州路,旧时是书店集中的地方。

⑦ 四牌楼、夫子庙：原南京两个颇多小书店的地方。

⑧ 东安市场：原北京的一个大型市场，其中也有卖旧书的店铺。

⑨ 鳞次栉(zhì)比：像鱼鳞和梳子的齿那样一一紧挨着的样子。

⑩ 世纪末：原指一个世纪的末期，这里是世界末日的意思。

⑪ 郁达夫(1896—1945)：原名郁文，浙江富阳人，现代著名作家。著有中篇小说《沉沦》、散文集《屐痕处处》等。

⑫ 叶灵凤(1905—1975)：原名蕴璞，江苏南京人。邵洵美(1906—1968)：原名云龙，浙江余姚人。洪灵菲(1903—1933)：原名伦修，广东潮安人。三人都是20世纪30年代、40年代在上海从事写作的知名作家。

⑬ 张资平(1893—1959)：原名星仪，广东梅县人，现代小说家，写的多是三角恋爱之类的故事。

⑭ 丁玲(1904—1986)：原名蒋伟，字冰之，湖南临澧人，现当代著名女作家，著有小说《莎菲女士的日记》《太阳照在桑干河上》等。

⑮ 胴(dòng)体：体腔，现多指人体。

⑯ 弗洛伊德(1856—1939)：奥地利心理学家，精神分析学派创始人。他认为存在于人们潜意识中的性的本能是人的心理的基本动力，强调潜意识大多与性欲有关，当其被压抑而郁积于心时就成为"情结"。这些情结受自我的监督而不能出现在意识领域，就只能以曲折的象征的方式表现出来，"梦"就是常见的方式。这种观点对文艺创作和批评产生一定的影响，持不同意见的学者也不少。

⑰ 拟情书：古罗马奥维德著。查拉图斯如是说：德国尼采著。世界文库：20世纪30年代郑振铎主编的一套收录世界各国文学名著的丛书。

⑱ 敝屣(xǐ)：敝，破旧；屣，鞋。

⑲ 敲小鼓的：小商贩、收破烂的，以敲小鼓为号。

⑳ 饿肚子：20世纪60年代有所谓"三年自然灾害"时期。

㉑ 浮屠：佛教语，梵语音译，佛塔，也译"浮图"。

㉒ 译文：20世纪30年代在上海出版的一种专发表翻译文学作品的杂志，曾得到鲁迅大力支持。建国后初沿用旧名，后更名为《世界文学》。

㉓ 朝鲜前线：抗美援朝战争的前线。

㉔ 王尔德(Oscar Wilde, 1854—1900)：英国唯美主义作家。提出"为艺术而艺术"的主张，反对用道德公理支配艺术。著有长篇小说《道连·格雷的画像》(即文中的《朵连格连的画像》)、剧本《温德米尔夫人的扇子》《理想丈夫》《认真的重要》《莎乐美》、童话《快乐王子》等。

㉕ 轰轰烈烈：指20世纪70年代前半期"四人帮"祸国殃民几使国家濒于经济崩溃边缘的事。作者这里说的是反话。

㉖ 毛著：毛泽东主席著作的简称。主要是《毛主席语录》《毛泽东选集》一至四卷及"老三篇"(《为人民服务》《愚公移山》《纪念白求恩》)。

㉗ 人生识字糊涂始：这句话是鲁迅一篇文章的标题，原文见《且介亭杂文二编》。宋苏轼《石苍舒醉墨堂》一诗中有"人生识字忧患始，姓名粗记可以休"之句，鲁迅当是据此翻出己意。

㉘ 肛门受到精神污染：因为卖出的书多半是被沤烂了去做手纸的，故作者由此讽刺之语。

㉙ 契诃夫：见本书课文《苦恼》的作者介绍。

㉚ 莎士比亚(William Shakespeare, 1564—1616)：英国文艺复兴时期伟大戏剧家、诗人。做过剧场杂差、演员、编剧等。代表剧作有《仲夏夜之梦》《威尼斯商人》《罗密欧与朱丽叶》《哈姆雷特》《奥赛罗》《麦克白斯》《李尔王》等。元曲选：一名《元人百种曲》，元杂剧剧本集，明臧懋循编。共选杂剧一百种，其中少数为明初人之作。所收剧本经其加工整理，科白完整，并附音注，是研究元杂剧的主要选本。

㉛ 分册：指20世纪60年代新编《辞海》按学科分册印出的征求意见本，实际已可作为工具书使用。

㉜ 怎么算：秦始皇曾焚书坑儒，摧残古代丰富的文化，然而"文革"期间却曾泛滥过肯定其焚书坑儒的谬论，故文中老人有此疑问。

【提示】

本文围绕亲身经历的三次"卖书"的具体感受，从一个侧面深刻地反映出：20世纪50年代初极左思潮即已蔓延；60年代所称的"三年自然灾害"，实际上主要是由于不重生产，一味搞阶级斗争和各种政治运动，导致民生凋敝、经济严重困难所造成的物质极端贫乏；70年代的"文革"则更是一场灾难深重的浩劫。本文虽然只是从个人"卖书"这些似乎是琐屑的小事着笔,却显然能以小见大,由微知著,折射出当时人们性格被扭曲、内心充满痛苦的真实状况。启人深思,使人警觉。

作者通过"卖书"过程中的一些细节,寥寥几笔就颇生动地写出几种不同人物的精神面貌,如"左"的口头革命派,想吃蘸人血馒头谋求私利的那个"老兄",废品收购站戴着"革命造反派"红袖箍却并不知革命为何事的老太太等。既讽刺,又幽默,像喜剧,实际非常可悲。同时,作者对当时那些善良正直的人们坚守良知、坚持正义则充满敬重、感激之情。

此文思想内涵容量大,现实意义丰富,值得认真体会,深入思考。

【思考与练习】

一、作品写了三次"卖书"的经历,为什么可以说它能以小见大、由微知著?

二、当时会发生这样可悲的"喜剧",今天读来有什么启发,有什么历史教训应该吸取?

三、此文写非常沉痛的往事,多寓讽刺,笔调却比较轻松平易,且幽默可读,举重若轻。这样写是否会削弱内容的深刻性?你的感受如何?

拣麦穗①

张 洁

张洁(1937—),祖籍辽宁抚顺,生于北京。中国当代女作家。1960年毕业于中国人民大学。1978年开始文学创作。现为北京市作家协会专业作家。著有小说散文集《爱,是不能忘记的》、《方舟》,中短篇小说集《祖母绿》,长篇小说《沉重的翅膀》、《只有一个太阳》等。

在农村长大的姑娘,谁不熟悉拣麦穗这回事儿呢?

我要说的,却是几十年前拣麦穗的那段往事。

或许可以这样说,拣麦穗的时节,也许是顶能引动姑娘们的幻想的时节。

在那月残星稀的清晨,挎着一个空篮子,顺着田埂上的小路,走去拣麦穗的时候,她想的是什么呢?

等到田野上腾起一层薄雾,月亮,像是偷偷地睡过一觉,重又悄悄地回到天边,方才挎着装满麦穗的篮子,走回自家的破窑洞的时候,她想的又是什么呢?

唉,她能想什么呢?!

假如你没有在那种日子里生活过,你永远不能想象,从这一粒粒丢在地里的麦穗上,会生出什么样的幻想!

她拼命地拣呐,拣呐,一个收麦子的时节,能拣上一斗?她把这麦子换来的钱积攒起来,等到赶集的时候,扯上花布,买上花线,然后,她剪呀、缝呀,绣呀……也不见她穿,也不见她戴,谁也没和谁合计过,谁也没找谁商量过,可是等到出嫁的那一天,她们全会把这些东西,装进新嫁娘的包裹里去。

不过,当她们把拣麦穗时所伴着的幻想,一同包进包裹里去的时候,她们会突然感到那些幻想全都变了味儿,觉得多少年来,她们拣呀、缝呀、绣呀,实在是多么傻啊!她们要嫁的那个男人,和她们在拣麦穗、扯花布、绣花鞋的时候所幻想的那个男人,有着多么大的不同,又有着多么大的距离啊!但是,她们还是依依顺顺地嫁了出去,只不过在穿戴那些衣物的时候,再也找不到做它、缝它时的那种心情了。

这算得了什么呢?谁也不会为她们叹一口气,表示同情。谁也不会关心她们还曾经有过幻想。连她们自己也甚至不会感到过分地悲伤。顶多不过像是丢失了一个美丽的梦。有谁见过哪一个人会死乞白赖地寻找一个丢失的梦呢②?

当我刚刚能够歪歪咧咧地提着一个篮子跑路的时候,我就跟在大姐姐的身后拣麦穗了。

那篮子显得太大,总是磕碰着我的腿和地面,闹得我老是跌跤。我也很少有拣满一个篮子的时候,我看不见田里的麦穗,却总是看见蚂蚱和蝴蝶,而当我追赶它们的时候,拣到的麦穗,还会从篮子里重新掉回地里去。

有一天,二姨看着我那盛着稀稀拉拉几个麦穗的篮子说:"看看,我家大雁也会拣麦穗了。"然后,她又戏谑地问我:"大雁,告诉二姨,你拣麦穗做啥?"

我大言不惭地说:"我要备嫁妆哩!"

二姨贼眉贼眼地笑了,还向围在我们周围的姑娘、婆姨们眨了眨她那双不大的眼睛:"你要嫁谁嘛!"

是呀,我要嫁谁呢?我忽然想起那个卖灶糖的老汉。我说:"我要嫁那个卖灶糖的老汉!"

她们全都放声大笑,像一群鸭子一样嘎嘎地叫着。笑啥嘛!我生气了。难道做我的男人,他有什么不体面的地方吗?

卖灶糖的老汉有多大年纪了?我不知道。他脸上的皱纹一道挨着一道,顺着眉毛弯向两个太阳穴,又顺着腮帮弯向嘴角。那些皱纹,给他的脸上增添了许多慈祥的笑意。当他挑着担子赶路的时候,他那剃得像半个葫芦样的后脑勺上的长长的白发,便随着颤悠悠的扁担一同忽闪着。

我的话,很快就传进了他的耳朵。

那天,他挑着担子来到我们村,见到我就乐了。说:"娃呀,你要给我做媳妇吗?"

"对呀!"

他张着大嘴笑了,露出了一嘴的黄牙。他那长在半个葫芦样的头上的白发,也随着笑声一齐抖动着。

"你为啥要给我做媳妇呢?"

"我要天天吃灶糖哩!"

他把旱烟锅子朝鞋底上磕着:"娃呀,你太小哩。"

"你等我长大嘛!"

他摸着我的头顶说:"不等你长大,我可该进土啦。"

听了他的话,我着急了。他要是死了,那可咋办呢?我那淡淡的眉毛,在满是金黄色的茸毛的脑门上,拧成了疙瘩。我的脸也皱巴得像个核桃。

他赶紧拿块灶糖塞进了我的手里。看着那块灶糖,我又咧着嘴笑了:"你别死啊,等着我长大。"

他又乐了。答应着我:"我等你长大。"

"你家住哪哒呢③?"

"这担子就是我的家,走到哪哒,就歇在哪哒!"

我犯愁了:"等我长大,去哪哒寻你呀!"

"你莫愁,等你长大,我来接你!"

这以后,每逢经过我们这个村子,他总是带些小礼物给我。一块灶糖,一个甜瓜,一把红枣……还乐呵呵地对我说:"看看我的小媳妇来呀!"

我呢，也学着大姑娘的样子——我偷偷地瞧见过——要我娘找块碎布，给我剪了个烟荷包，还让我娘在布上描了花。我缝呀，绣呀……烟荷包缝好了，我娘笑得个前仰后合，说那不是烟荷包，皱皱巴巴的，倒像个猪肚子。我让我娘给我收了起来，我说了，等我出嫁的时候，我要送给我男人。

我渐渐地长大了。到了知道认真地拣麦穗的年龄了。懂得了我说过的那些个话，都是让人害臊的话。卖灶糖的老汉也不再开那玩笑——叫我是他的小媳妇了。不过他还是常常带些小礼物给我。我知道，他真的疼我呢。

我不明白为什么，我倒真是越来越依恋他，每逢他经过我们村子，我都会送他好远。我站在土坎坎上，看着他的背影，渐渐地消失在山坳坳里④。

年复一年，我看得出来，他的背更弯了，步履也更加蹒跚了。这时，我真的担心了，担心他早晚有一天会死去。

有一年，过腊八的前一天⑤，我约莫着卖灶糖的老汉⑥，那一天该会经过我们村。我站在村口上一棵已经落尽叶子的柿子树下，朝沟底下的那条大路上望着，等着。

那棵柿子树的顶梢梢上，还挂着一个小火柿子。小火柿子让冬日的太阳一照，更是红得透亮。那个柿子多半是因为长在太高的树梢上，才没有让人摘下来。真怪，可它也没让风刮下来，雨打下来，雪压下来。

路上来了一个挑担子的人。走近一看，担子上挑的也是灶糖，人可不是那个卖灶糖的老汉。我向他打听卖灶糖的老汉，他告诉我，卖灶糖的老汉老去了。

我仍旧站在那棵柿子树下，望着树梢上的那个孤零零的小火柿子。它那红得透亮的色泽，依然给人一种喜盈盈的感觉。可是我却哭了，哭得很伤心。哭那陌生的，但却疼爱我的卖灶糖的老汉。

后来，我常想，他为什么疼爱我呢？无非我是一个贪吃的，因为生得极其丑陋而又没人疼爱的小女孩吧？

等我长大以后，我总感到除了母亲以外，再也没有谁能够像他那样朴素地疼爱过我——没有任何希求，没有任何企望的。

真的，我常常想念他。也常常想要找到，我那个皱皱巴巴的，像猪肚子一样的烟荷包。可是，它早已不知被我丢到哪里去了。

1979 年 12 月

（《中国当代作家选集丛书·张洁》，张洁撰，北京：人民文学出版社，1993）

【注释】

① 本文最初发表于 1979 年 12 月 16 日《光明日报》。
② 死乞白赖：纠缠个没完。
③ 哪哒：哪里，什么地方。
④ 山坳坳：山沟沟。坳，洼下的地方。
⑤ 腊八：夏历十二月初八。相传佛祖在这一天成道，民间视为节日，要喝腊八粥。
⑥ 约莫：揣测，估计。

【提示】

本文是一篇情致感人的记事散文。

"文化大革命"过去不久,作者敏锐地感受到当时的人与人之间存在着某种冷漠和隔阂,这不禁使她怀念起自己幼年时与一个卖灶糖老汉之间的一段纯真情谊,于是写了这篇文章。文章描述了"我"童年时一段难忘的经历——卖灶糖老汉对"我"的疼爱,以及"我"对卖灶糖老汉的依恋,赞颂了这一老一少之间特有的纯真友谊,表现出作者对人和人之间朴素纯真的感情的向往和追求。

全文分为三部分。第一部分所写的拣麦穗姑娘的种种美丽幻想,与后面所写的内容并不是一个连续的故事,因而只能把它看作是文章主体部分(即第二、三部分)的一个铺垫。从内容上看,这一部分对后面两部分有统领作用,因为第二、第三部分所描述的"我"童年时与卖灶糖老汉的纯真情谊,就是拣麦穗姑娘的许多"美丽的梦"中的一个,从而体现出它的典型性与普遍意义。从情感气氛上看,这一部分写到的拣麦穗姑娘的"梦"的纯真和丢失的困惑,正与后面那个典型故事的情致一致,从而形成了笼罩全篇的基本情感氛围。

文章善于用个性化的对话来表现人物的个性与心理。如"我"与卖灶糖老汉的对话,一个问,一个答,一个天真烂漫,一个爽朗风趣,老少无猜,情意十分真挚。文中的行为细节描写简洁传神,如写卖灶糖老汉,每次到村子里来,从不忘记带"一块灶糖,一个甜瓜,一把红枣"等小礼物给"我",而"我"从不失时地"朝沟底下的那条大路上望着,等着";卖灶糖老汉走时,"我"都会送他好远,"站在土坎坎上,看着他的背影,渐渐地消失在山坳坳里",这些行为细节很传神地表现出一老一少感情的纯洁、真挚和深切。文中还运用了象征手法,如写到卖灶糖老汉去世时,作者花了不少笔墨描写那颗高挂在树梢上的小火柿子。这"红得透亮"的小火柿子,象征着卖灶糖老汉的美好心地和一老一少间情谊的真挚可贵。作者写那小火柿子"没让风刮下来,雨打下来,雪压下来",虽然"孤零零的",却"给人一种喜盈盈的感觉"。这其中显然是象征着对那种纯真感情的不可磨灭性的肯定,同时也渗透着作者对当时社会环境的敏锐感受。

【思考与练习】

一、本文歌颂了怎样的感情?在当时,作者为什么要歌颂这种感情?
二、本文的开头先述说拣麦穗姑娘丢失的"美丽的梦",这与后面所写的故事有什么关系?
三、找出文中人物对话描写成功的地方,分析它们对表现人物性格所起的作用。

我 与地坛(节选)①

史铁生

史铁生(1951—)，原籍河北涿州，生于北京。中国当代作家。1967年毕业于清华大学附中初中，1969年去陕西延安插队，1972年因双腿瘫痪返回北京医疗，病后致力于文学创作。1979年发表第一篇小说。后任北京作协副主席。他的作品一类是对知青生活的回忆和反思，另一类描写残疾人的心态与命运，平淡质朴，意蕴深沉，有独特的风格。主要作品有中短篇小说集《我的遥远的清平湾》、《礼拜日》、《舞台效果》、《命若琴弦》，长篇小说《务虚笔记》等。

一

我在好几篇小说中都提到过一座废弃的古园，实际就是地坛。许多年前旅游业还没有开展，园子荒芜冷落得如同一片野地，很少被人记起。

地坛离我家很近。或者说我家离地坛很近。总之，只好认为这是缘分。地坛在我出生前四百多年就坐落在那儿了，而自从我的祖母年轻时带着我父亲来到北京，就一直住在离它不远的地方——五十多年间搬过几次家，可搬来搬去总是在它周围，而且是越搬离它越近了。我常觉得这中间有着宿命的味道：仿佛这古园就是为了等我，而历尽沧桑在那儿等待了四百多年。

它等待我出生，然后又等待我活到最狂妄的年龄上忽地残废了双腿。四百多年里，它一面剥蚀了古殿檐头浮夸的琉璃，淡褪了门壁上炫耀的朱红，坍圮了一段段高墙又散落了玉砌雕栏②，祭坛四周的老柏树愈见苍幽，到处的野草荒藤也都茂盛得自在坦荡。这时候想必我是该来了。十五年前的一个下午，我摇着轮椅进入园中，它为一个失魂落魄的人把一切都准备好了。那时，太阳循着亘古不变的路途正越来越大③，也越红。在满园弥漫的沉静光芒中，一个人更容易看到时间，并看见自己的身影。

自从那个下午我无意中进了这园子，就再没长久地离开过它。我一下子就理解了它的意图。正如我在一篇小说中所说的："在人口密集的城市里，有这样一个宁静的去处，像是上帝的苦心安排。"

两条腿残废后的最初几年，我找不到工作，找不到去路，忽然间几乎什么都找不到了，我就摇了轮椅总是到它那儿去，仅为着那儿是可以逃避一个世界的另一个世界。我在那篇小说中写道："没处可去我便一天到晚耗在这园子里。跟上班下班一样，别人去上班我就摇了轮椅到这儿来。""园子无人看管，上下班时间有些抄近路的人们从园中穿过，园子里活跃一阵,过后便沉寂下来。""园墙在金晃晃的空气中斜切下一溜荫凉,我把轮椅开进去,把椅背放倒,坐着或是躺着,看书或者想事,撅一枝树枝左右拍打,驱赶那些和我一样不明白为什么要来这世上的小昆虫。""蜂儿如一朵小雾稳稳地停在半空;蚂蚁摇头晃脑捋着触须,猛然间想透了什么,转身疾行而去;瓢虫爬得不耐烦了,累了,祈祷一回便支开翅膀,忽悠一下升空了;树干上留着一只蝉蜕,寂寞如一间空屋;露水在草叶上滚动,聚集,压弯了草叶轰然坠地摔开万道金光。""满园子都是草木竞相生长弄出的响动,片刻不息。"这都是真实的记录,园子荒芜但并不衰败。

除去几座殿堂我无法进去,除去那座祭坛我不能上去而只能从各个角度张望它,地坛的每一棵树下我都去过,差不多它的每一米草地上都有过我的车轮印。无论是什么季节,什么天气,什么时间,我都在这园子里呆过。有时候呆一会儿就回家,有时候就呆到满地上都亮起月光。记不清都是在它的哪些角落里,我一连几小时专心致志地想关于死的事,也以同样的耐心和方式想过我为什么要出生。这样想了好几年,最后事情终于弄明白了:一个人,出生了,这就不再是一个可以辩论的问题,而只是上帝交给他的一个事实;上帝在交给我们这件事实的时候,已经顺便保证了它的结果,所以死是一件不必急于求成的事,死是一个必然会降临的节日。这样想过之后我安心多了,眼前的一切不再那么可怕。比如你起早熬夜准备考试的时候,忽然想起有一个长长的假期在前面等待你,你会不会觉得轻松一点?并且庆幸并且感激这样的安排?

剩下的就是怎样活的问题了。这却不是在某一个瞬间就能完全想透的,不是能够一次性解决的事,怕是活多久就要想它多久了,就像是伴你终生的魔鬼或恋人。所以,十五年了,我还是总得到那古园里去,去它的老树下或荒草边或颓墙旁,去默坐,去呆想,去推开耳边的嘈杂理一理纷乱的思绪,去窥看自己的心魂。十五年中,这古园的形体被不能理解它的人肆意雕琢,幸好有些东西是任谁也不能改变它的。譬如祭坛石门中的落日,寂静的光辉平铺的一刻,地上的每一个坎坷都被映照得灿烂①;譬如在园中最为落寞的时间,一群雨燕便出来高歌,把天地都叫喊得苍凉;譬如冬天雪地上孩子的脚印,总让人猜想他们是谁,曾在哪儿做过些什么,然后又都到哪儿去了;譬如那些苍黑的古柏,你忧郁的时候它们镇静地站在那儿,你欣喜的时候它们依然镇静地站在那儿,它们没日没夜地站在那儿从你没有出生一直站到这个世界上又没了你的时候;譬如暴雨骤临园中,激起一阵阵灼烈而清纯的草木和泥土的气味,让人想起无数个夏天的事件;譬如秋风忽至,再有一场早霜,落叶或飘摇歌舞或坦然安卧,满园中播散着熨帖而微苦的味道⑤。味道是最说不清楚的,味道不能写只能闻,要你身临其境去闻才能明了。味道甚至是难于记忆的,只有你又闻到它你才能记起它的全部情感和意蕴。所以我常常要到那园子里去。

二

现在我才想到,当年我总是独自跑到地坛去,曾经给母亲出了一个怎样的难题。

她不是那种光会疼爱儿子而不懂得理解儿子的母亲。她知道我心里的苦闷,知道不该阻止我出去走走,知道我要是老呆在家里结果会更糟,但她又担心我一个人在那荒僻的园子里整天都想些什么。我那时脾气坏到极点,经常是发了疯一样地离开家,从那园子里回来又中了魔似的什么话都不说。母亲知道有些事不宜问,便犹犹豫豫地想问而终于不敢问,因为她自己心里也没有答案。她料想我不会愿意她跟我一同去,所以她从未这样要求过,她知道得给我一点独处的时间,得有这样一段过程。她只是不知道这过程得要多久,和这过程的尽头究竟是什么。每次我要动身时,她便无言地帮我准备,帮助我上了轮椅车,看着我摇车拐出小院,这以后她会怎样,当年我不曾想过。

有一回我摇车出了小院,想起一件什么事又返身回来,看见母亲仍站在原地,还是送我走时的姿势,望着我拐出小院去的那处墙角,对我的回来竟一时没有反应。待她再次送我出门的时候,她说:"出去活动活动,去地坛看看书,我说这挺好。"许多年以后我才渐渐听出,母亲这话实际上是自我安慰,是暗自的祷告,是给我的提示,是恳求与嘱咐。只是在她猝然去世之后⑥,我才有余暇设想。当我不在家里的那些漫长的时间,她是怎样心神不定坐卧难宁,兼着痛苦与惊恐与一个母亲最低限度的祈求。现在我可以断定,以她的聪慧和坚忍,在那些空落的白天后的黑夜,在那不眠的黑夜后的白天,她思来想去最后准是对自己说:"反正我不能不让他出去,未来的日子是他自己的,如果他真的要在那园子里出什么事,这苦难也只好我来承担。"在那段日子里——那是好几年长的一段日子呵,我想我一定使母亲作过了最坏的准备了,但她从来没有对我说过"你为我想想"。事实上我也真的没为她想过。那时她的儿子还太年轻,还来不及为母亲想,他被命运击昏了头,一心以为自己是世上最不幸的一个,不知道儿子的不幸在母亲那儿总是要加倍的。她有一个长到二十岁上忽然截瘫了的儿子,这是她惟一的儿子;她情愿截瘫的是自己而不是儿子,可这事无法代替。她想,只要儿子能活下去哪怕自己去死呢也行,可她又确信一个人不能仅仅是活着,儿子得有一条路走向自己的幸福;而这条路呢,没有谁能保证她的儿子终于能找到。——这样一个母亲,注定是活得最苦的母亲。

有一次与一个作家朋友聊天,我问他学写作的最初动机是什么?他想了一会说:"为我母亲。为了让她骄傲。"我心里一惊,良久无言。回想自己最初写小说的动机,虽不似这位朋友的那般单纯,但如他一样的愿望我也有,且一经细想,发现这愿望也在全部动机中占了很大比重。这位朋友说:"我的动机太低俗了吧?"我光是摇头,心想低俗并不见得低俗,只怕是这愿望过于天真了。他又说:"我那时真就是想出名,出了名让别人羡慕我母亲。"我想,他比我坦率。我想,他又比我幸福,因为他的母亲还活着。而且我想,他的母亲也比我的母亲运气好,他的母亲没有一个双腿残废的儿子,否则事情就不这么简单。

在我的头一篇小说发表的时候,在我的小说第一次获奖的那些日子里,我真是多么希望我的母亲还活着。我便又不能在家里呆了,又整天整天独自跑到地坛去,心里是没头没尾的沉郁和哀怨,走遍整个园子却怎么也想不通:母亲为什么就不能再多活两年?为什么在她儿子就快要碰撞开一条路的时候,她却忽然熬不住了?莫非她来此世上只是为了替儿子担忧,却不该分享我的一点点快乐?她匆匆离我去时才只有49岁呀!有那么一会,我甚至对世界对上帝充满了仇恨和厌恶。后来我在一篇题为"合欢树"的文章中写道:"我坐在小公园安静的树林里,闭上眼睛,想,上帝为什么早早地召母亲回去呢?很久很久,迷迷糊糊的我听见了回答:'她心里太苦了,上帝看她受不住了,就召她回去。'我似乎得了一点安慰,睁开眼睛,看见风正从树林里穿过。"小公园,指的也是地坛。

只是到了这时候,纷纭的往事才在我眼前幻现得清晰,母亲的苦难与伟大才在我心中渗透得深彻。上帝的考虑,也许是对的。

摇着轮椅在园中慢慢走,又是雾罩的清晨,又是骄阳高悬的白昼,我只想着一件事:母亲已经不在了。在老柏树旁停下,在草地上在颓墙边停下,又是处处虫鸣的午后,又是鸟儿归巢的傍晚,我心里只默念着一句话:可是母亲已经不在了。把椅背放倒,躺下,似睡非睡挨到日没,坐起来,心神恍惚,呆呆地直坐到古祭坛上落满黑暗然后再渐渐浮起月光,心里才有点明白,母亲不能再来这园中找我了。

曾有过好多回,我在这园子里呆得太久了,母亲就来找我。她来找我又不想让我发觉,只要见我还好好地在这园子里,她就悄悄转身回去,我看见过几次她的背影。我也看见过几回她四处张望的情景,她视力不好,端着眼镜像在寻找海上的一条船;她没看见我时我已经看见她了,待我看见她也看见我了我就不去看她,过一会我再抬头看她就又看见她缓缓离去的背影。我单是无法知道有多少回她没有找到我。有一回我坐在矮树丛中,树丛很密,我看见她没有找到我;她一个人在园子里走,走过我的身旁,走过我经常呆的一些地方,步履茫然又急迫。我不知道她已经找了多久还要找多久,我不知道为什么我决意不喊她——但这绝不是小时候的捉迷藏,这也许是出于长大了的男孩子的倔强或羞涩?但这倔强只留给我痛悔,丝毫也没有骄傲。我真想告诫所有长大了的男孩子,千万不要跟母亲来这套倔强,羞涩就更不必,我已经懂了可我已经来不及了。

儿子想使母亲骄傲,这心情毕竟是太真实了。以致使"想出名"这一声名狼藉的念头也多少改变了一点形象。这是个复杂的问题,且不去管它了罢。随着小说获奖的激动逐日暗淡,我开始相信,至少有一点我是想错了:我用纸笔在报刊上碰撞开的一条路,并不就是母亲盼望我找到的那条路。年年月月我都到这园子里来,年年月月我都要想,母亲盼望我找到的那条路到底是什么。母亲生前没给我留下过什么隽永的哲言,或要我恪守的教诲⑦,只是在她去世之后,她艰难的命运,坚忍的意志和毫不张扬的爱,随光阴流转,在我的印象中愈加鲜明深刻。

有一年,十月的风又翻动起安详的落叶,我在园中读书,听见两个散步的老人说:"没想到这园子有这么大。"我放下书,想,这么大一座园子,要在其中找到她的儿子,母亲走过了多少焦灼的路。多年来我头一次意识到,这园中不单是处处都有过我的车辙,有过我的车辙的地方也都有过母亲的脚印。

三

如果以一天中的时间来对应四季,当然春天是早晨,夏天是中午,秋天是黄昏,冬天是夜晚。如果以乐器来对应四季,我想春天应该是小号,夏天是定音鼓,秋天是大提琴,冬天是圆号和长笛。要是以这园子里的声响来对应四季呢?那么,春天是祭坛上空漂浮着的鸽子的哨音,夏天是冗长的蝉歌和杨树叶子哗啦啦地对蝉歌的取笑,秋天是古殿檐头的风铃响,冬天是啄木鸟随意而空旷的啄木声。以园中的景物对应四季,春天是一径时而苍白时而黑润的小路,时而明朗时而阴晦的天上摇荡着串串杨花;夏天是一条条耀眼而灼人的石凳,或阴凉而爬满了青苔的石阶,阶下有果皮,阶上有半张被坐皱的报纸;秋天是一座青铜的大钟,在园子的西北角上曾丢弃着一座很大的铜钟,铜钟与这园子一般年纪,浑身挂满绿锈,文字已不清晰;冬天,是林中空地上几只羽毛蓬松的老麻雀。以心绪对应四季呢?春天是卧病的季节,否则人们不易发觉春天的残忍与渴望;夏天,情人们应该在这个季节里失恋,不然就似乎对不起爱情;秋天是从外面买一棵盆花回家的时候,把花搁在阔别了的家中,并且打开窗户把阳光也放进屋里,慢慢回忆慢慢整理一些发过霉的东西;冬天伴着火炉和书,一遍遍坚定不死的决心,写一些并不发出的信。还可以用艺术形式对应四季,这样春天就是一幅画,夏天是一部长篇小说,秋天是一首短歌或诗,冬天是一群雕塑。以梦呢? 以梦对应四季呢? 春天是树尖上的呼喊,夏天是呼喊中的细雨,秋天是细雨中的土地,冬天是干净的土地上的一只孤零的烟斗。

因为这园子,我常感恩于自己的命运。

我甚至现在就能清楚地看见,一旦有一天我不得不长久地离开它,我会怎样想念它,我会怎样想念它并且梦见它,我会怎样因为不敢想念它而梦也梦不到它。

(《我们活着的可能性有多少》,史铁生撰,上海:文汇出版社,2006)

【注释】

① 本文最初发表于《上海文学》1992 年第 1 期。原文共七节,这里节选的是前三节。地坛:明清皇帝祭地之坛,在北京市区北部。

② 坍圮(tān pǐ):倒塌,毁坏。

③ 亘(gèn)古:从古到今。

④ 坎坷:坑坑洼洼。

⑤ 熨(yù)帖:心里平静。

⑥ 猝(cù)然:突然。

⑦ 恪(kè)守:谨慎而恭敬地遵守。

【提示】

这是一篇记事散文。文章通过记叙"我"双腿残疾以后日日与地坛作伴的经历和母亲对"我"的无限关爱,抒写了"我"在特定的遭遇、特定的环境中对自然、人生、母爱的深切体验和深沉思索,表现出"我"在苦痛与焦灼中挣扎、奋发的坚韧性格和意志。

全文分为三个部分。第一部分(第一节)记叙"我"在双腿残废后 15 年来与地坛结下的不解之缘,抒写"我"在"荒芜但并不衰败"的环境中对人生的思考。第二部分(第二节)述说母亲对"我"的崇高母爱,表达"我"对母亲的无限痛悔、思念之情。第三部分(第三节)用多种事物比喻四季,象征"我"对自身经历酸甜苦辣和人生命运复杂多变的种种感受。作者以亲身感受和强烈的情感展示母爱的深沉,以三种方式来表现母爱:一是无声的行动描写,写母亲默送儿子去地坛,翘首伫望,焦急地寻找以及一时找不到"我"时的步履茫然而急迫……在这重复多年的无声行动中,显示母爱的伟大,使人难以忘怀。二是借"我"之口,直接写母亲的心理活动。她对残疾的儿子不断地"暗自祷告"、"自我安慰",整日"心神不定坐卧难宁"。这些直接的心理描写,把深挚的母爱写得感人肺腑。三是侧面烘托,文中反复抒写"我"对母亲思念、痛悔之情的难以遏制,从侧面烘托出母爱动人的力量。

文章在很多地方成功地运用了象征、类比手法与排比句式。作者落笔地坛,却重点抒写母爱,因为对"我"来说,地坛和母亲都是抚平创伤、焕发新生的源泉,这在整体上是一种象征性的类比。文章的第三部分,以一天中的时间来对应四季,接连用七种事物来表现对四季的不同感受,用多重排比句式,象征性地表达了"我"对人世间的认识与看法。作者将排比、类比和象征结合起来,使文章像诗一样寓意丰赡,韵味悠长。

【思考与练习】

一、本文的主题是什么? 文章开头细致介绍地坛的历史与今日的荒凉,对表现主题起了什么作用?

二、举例说说本文是通过哪些方式来展现母爱的深挚的?

三、找出本文第三节中运用比喻、排比、类比手法的句子,并说明其作用。

贝多芬百年祭①

萧伯纳

萧伯纳(George Bernard Shaw, 1856—1950),爱尔兰著名戏剧家、散文家、社会活动家。出生于都柏林。1876 年移居伦敦,以从事乐评、剧评而步入文坛。在他早先的文学生涯中,多部小说都没有成功。1885 年开始戏剧创作,陆续发表、上演了许多作品,取得突出的成就。1925 年获诺贝尔文学奖。萧伯纳的戏剧作品无论是在语言的幽默上,在艺术表现力以及创新精神上,或者是戏剧内容反映社会的深刻性上,都有着划时代的意义。除了戏剧和小说创作外,他还写有音乐和戏剧的评论著作。主要剧作有《鳏夫的房产》、《华伦夫人的职业》、《英国佬的另一个岛》、《巴巴拉少校》、《圣女贞德》、《苹果车》等,文艺论著有《易卜生主义的精华》、《道地的瓦格纳派》等。

一百年前,一位虽听得见雷声但已聋得听不见大型交响乐队演奏自己的乐曲的五十七岁的倔强的单身老人最后一次举拳向着咆哮的天空,然后逝去了,还是和他生前一直那样地唐突神灵,蔑视天地。他是反抗性的化身;他甚至在街上遇上一位大公和他的随从时也总不免把帽子向下按得紧紧的,然后从他们正中间大踏步地直穿而过。他有一架不听话的蒸汽轧路机的风度(大多数轧路机还恭顺地听使唤和不那么调皮呢);他穿衣服之不讲究尤甚于田间的稻草人:事实上有一次他竟被当做流浪汉给抓了起来,因为警察不肯相信穿得这样破破烂烂的人竟会是一位大作曲家,更不能相信这副躯体竟能容得下纯音响世界最奔腾澎湃的灵魂。他的灵魂是伟大的;但是如果我使用了最伟大的这种字眼,那就是说比韩德尔的灵魂还要伟大②,贝多芬自己就会责怪我;而且谁又能自负为灵魂比巴赫的还伟大呢③?但是说贝多芬的灵魂是最奔腾澎湃的那可没有一点问题。他的狂风怒涛一般的力量他自己能很容易控制住,可是常常并不愿去控制,这个和他狂呼大笑的滑稽诙谐之处是在别的作曲家作品里都找不到的。毛头小伙子们现在一提起切分音就好

贝多芬木刻像　　　[英国]洛克作

像是一种使音乐节奏成为最强而有力的新办法；但是在听过贝多芬的第三星昂诺拉前奏曲之后，最狂热的爵士乐听起来也像"少女的祈祷"那样温和了④，可以肯定地说我听过的任何黑人的集体狂欢都不会像贝多芬的第七交响乐最后的乐章那样可以引起最黑最黑的舞蹈家拼了命地跳下去，而也没有另外哪一个作曲家可以先以他的乐曲的阴柔之美使得听众完全融化在缠绵悱恻的境界里，而后突然以铜号的猛烈声音吹向他们，带着嘲讽似地使他们觉得自己是真傻。除了贝多芬之外谁也管不住贝多芬；而疯劲上来之后，他总有意不去管住自己，于是也就成为管不住的了。

这样奔腾澎湃，这种有意的散乱无章，这种嘲讽，这样无顾忌的骄纵的不理睬传统的风尚——这些就是使得贝多芬不同于十七和十八世纪谨守法度的其他音乐天才的地方。他是造成法国革命的精神风暴中的一个巨浪。他不认任何人为师，他同行里的先辈莫扎特从小起就是梳洗干净⑤，穿着华丽，在王公贵族面前举止大方的。莫扎特小时候曾为了蓬巴杜夫人发脾气说⑥："这个女人是谁，也不来亲亲我，连皇后都亲我呢。"这种事在贝多芬是不可想象的，因为甚至在他已老到像一头苍熊时，他仍然是一只未经驯服的熊崽子。莫扎特天性文雅，与当时的传统和社会很合拍，但也有灵魂的孤独。莫扎特和格鲁克之文雅就犹如路易十四宫廷之文雅⑦。海顿之文雅就犹如他同时的最有教养的乡绅之文雅⑧。和他们比起来，从社会地位上说贝多芬就是个不羁的艺术家，一个不穿紧腿裤的激进共和主义者。海顿从不知道什么是嫉妒，曾称呼比他年轻的莫扎特是有史以来最伟大的作曲家，可他就是吃不消贝多芬。莫扎特是更有远见的，他听了贝多芬的演奏后说："有一天他是要出名的"，但是即使莫扎特活得长些，这两个人恐也难以相处下去。贝多芬对莫扎特有一种出于道德原因的恐怖。莫扎特在他的音乐中给贵族中的浪子唐璜加上了一圈迷人的圣光⑨，然后像一个天生的戏剧家那样运用道德的灵活性又回过来给莎拉斯特罗加上了神人的光辉⑩，给他口中的歌词谱上了前所未有的就是出自上帝口中都不会显得不相称的乐调。

贝多芬不是戏剧家；赋予道德以灵活性对他来说就是一种可厌恶的玩世不恭。他仍然认为莫扎特是大师中的大师（这不是一顶空洞的高帽子，它的的确确就是说莫扎特是个为作曲家们欣赏的作曲家，而远远不是流行作曲家）；可是他是穿紧腿裤的宫廷侍从，而贝多芬却是个穿散腿裤的激进共和主义者；同样地海顿也是穿传统制服的侍从。在贝多芬和他们之间隔着一场法国大革命，划分开了十八世纪和十九世纪。但对贝多芬来说莫扎特可不如海顿，因为他把道德当儿戏，用迷人的音乐把罪恶谱成了像德行那样奇妙。如同每一个真正激进共和主义者都具有的，贝多芬身上的清教徒性格使他反对莫扎特⑪，固然莫扎特曾向他启示了十九世纪音乐的各种创新的可能。因此贝多芬上溯到韩德尔，一位和贝多芬同样倔强的老单身汉，把他作为英雄。韩德尔瞧不上莫扎特崇拜的英雄格鲁克，虽然在韩德尔的《弥赛亚》里的田园乐是极为接近格鲁克在他的歌剧《奥菲阿》里那些向我们展示出天堂的原野的各个场面的⑫。

因为有了无线电广播，成百万对音乐还接触不多的人在他百年祭的今年将第一次听到贝多芬的音乐。充满着照例不加选择地加在大音乐家身上的颂扬话的成百篇的纪念文章将使人们抱有通常少有的期望。像贝多芬同时的人一样，虽然他们可以懂得格鲁克和海顿和莫扎特，但从贝多芬那里得到的不但是一种使他们困惑不解的意想不到的音乐，而且有时候简直是听不出是音乐的由管弦乐器发出来的杂乱音响。要解释这也不难。十八世纪的音乐都是舞蹈音乐。舞蹈是由动作起来令人愉快的步子组成的对称样式;舞蹈音乐是不跳舞也听起来令人愉快的由声音组成的对称的样式。因此这些乐式虽然起初不过是像棋盘那样简单,但被展开了,复杂化了,用和声丰富起来了,最后变得类似波斯地毯,而设计像波斯地毯那种乐式的作曲家也就不再期望人们跟着这种音乐跳舞了。要有神巫打旋子的本领才能跟着莫扎特的交响乐跳舞。有一回我还真请了两位训练有素的青年舞蹈家跟着莫扎特的一阕前奏曲跳了一次,结果差点没把他们累垮了。就是音乐上原来使用的有关舞蹈的名词也慢慢地不用了,人们不再使用包括萨拉班德舞、巴万宫廷舞、加伏特舞和快步舞等等在内的组曲形式,而把自己的音乐创作表现为奏鸣曲和交响乐,里面所包含的各部分也干脆叫做乐章,每一章都用意大利文记上速度,如快板、柔板、谐谑曲板、急板等等。但在任何时候,从巴赫的序曲到莫扎特的《天神交响乐》,音乐总呈现出一种对称的音响样式给我们以一种舞蹈的乐趣来作为乐曲的形式和基础。

可是音乐的作用并不止于创造悦耳的乐式。它还能表达感情。你能去津津有味地欣赏一张波斯地毯或者听一曲巴赫的序曲,但乐趣只止于此;可是你听了《唐璜》前奏曲之后却不可能不发生一种复杂的心情,它使你心理有准备去面对将淹没那种精致但又是魔鬼式的欢乐的一场可怖的末日悲剧;听莫扎特的《天神交响乐》最后一章时你会觉得那和贝多芬的第七交响乐的最后乐章一样[13],都是狂欢的音乐;它用响亮的鼓声奏出如醉如狂的旋律,而从头到尾又交织着一开始就有的具有一种不寻常的悲伤之美的乐调,因之更加沁人心脾。莫扎特的这一乐章又自始至终是乐式设计的杰作。

但是贝多芬所做到了的一点,也是使得某些与他同时的伟人不得不把他当做一个疯人,有时清醒就出些洋相或者显示出格调不高的一点,在于他把音乐完全用作了表现心情的手段,并且完全不把设计乐式本身作为目的。不错,他一生非常保守地(顺便说一句,这也是激进共和主义者的特点)使用着旧的乐式;但是他加给它们以惊人的活力和激情,包括产生于思想高度的那种最高的激情,使得产生于感觉的激情显得仅仅是感官上的享受,于是他不仅打乱了旧乐式的对称,而且常常使人听不出在感情的风暴之下竟还有什么样式存在着了。他的《英雄交响乐》一开始使用了一个乐式(这是从莫扎特幼年时一个前奏曲里借来的),跟着又用了另外几个很漂亮的乐式;这些乐式被赋予了巨大的内在力量,所以到了乐章的中段,这些乐式就全被不客气地打散了;于是,从只追求乐式的音乐家看来,贝多芬是发了疯了,他抛出了同时使用音阶上所有单音的可怖的和弦。他这么做只是因为他觉得非如此不可,而且还要求你也觉得非如此不可呢。

以上就是贝多芬之谜的全部。他有能力设计最好的乐式;他能写出使你终身享受不尽的美丽的乐曲;他能挑出那些最干燥无味的旋律,把它们展开得那样引人,使你听上一百次也每回都能发现新东西:一句话,你可以拿所有用来形容以乐式见长的作曲家的话来形容他;但是他的病症,也就是不同于别人之处在于他那激动人的品质,他能使我们激动,并把他那奔放的感情笼罩着我们。当伯辽滋听到一位法国作曲家因为贝多芬的音乐使他听了很不舒服而说[14]:"我爱听了能使我入睡的音乐"时,他非常生气。贝多芬的音乐是使你清醒的音乐;而当你想独自一个静一会儿的时候,你就怕听他的音乐。

懂了这个,你就从十八世纪前进了一步,也从旧式的跳舞乐队前进了一步(爵士乐,附带说一句,就是贝多芬化了的老式跳舞乐队),不但能懂得贝多芬的音乐而且也能懂得贝多芬以后的最有深度的音乐了。

（周珏良　译）

（《外国散文百年精华》，北京：人民文学出版社，2004）

【注释】

① 贝多芬（Ludwig van Beethoven，1770—1827）：德国作曲家，维也纳古典乐派代表人物之一，其创作对近代西方音乐有深远的影响。主要作品有《第 3 交响曲（英雄）》、《第 5 交响曲（命运）》、《第 6 交响曲（田园）》、《第 9 交响曲（合唱）》，钢琴奏鸣曲《悲怆》、《月光》、《热情》，及小提琴协奏曲 1 部、钢琴协奏曲 5 部等。

② 韩德尔：通译"亨德尔"（Georg Friedrich Händel，1685—1759），德国出生的作曲家，后加入英国籍。主要作品有管弦乐《水上音乐》、《皇家焰火音乐》，清唱剧《以色列人在埃及》、《弥赛亚》、《参孙》等。

③ 巴赫（Johann Sebastian Bach，1685—1750）：德国作曲家，其最高成就是复调音乐。主要作品有管弦乐《勃兰登堡协奏曲》，室内乐《赋格的艺术》、《音乐的奉献》，钢琴曲《平均律钢琴曲集》，清唱剧《约翰受难曲》、《马太受难曲》等。

④ 爵士乐：一种音乐名称，所含成分有西非的节奏、欧洲的和声以及美国福音歌的唱法。19 世纪末在美国南方几个州形成，1900 年左右在新奥尔良开始兴盛，主要由黑人音乐家表演。随后在各个时期发展出多种风格，有迪克西兰爵士、大乐队爵士、芝加哥爵士、摇摆乐、布基沃基、比博普等。

⑤ 莫扎特（Wolfgang Amadeus Mozart，1756—1791）：奥地利作曲家，维也纳古典乐派代表人物之一，自幼天才颖异，被视为神童。主要作品有《第 39 交响曲》、《第 40 交响曲》、《第 41 交响曲（朱庇特）》，歌剧《费加罗的婚姻》、《唐璜》、《魔笛》，及小提琴协奏曲 5 部、钢琴协奏曲 27 部等。

⑥ 蓬巴杜夫人（1721—1764）：一译"庞巴杜夫人"，当时法国国王路易十五的情妇，是一位侯爵夫人，巴黎社交界的名人。

⑦ 格鲁克（Christoph Willibald von Gluck，1714—1787）：原籍波希米亚的德国作曲家，后定居维也纳。主要作品有歌剧《奥菲欧与尤丽迪茜》、《伊菲姬尼在奥利德》、《阿尔米德》、《伊菲姬尼在陶利德》，芭蕾舞剧《唐璜》等。路易十四（Louis XIV，1638—1715）：法国国王，1643 年至 1715 年在位，是法国历史上著名的"太阳王"。

⑧ 海顿（Franz Joseph Haydn，1732—1809）：奥地利作曲家，维也纳古典乐派代表人物之一。主要作品有《伦敦交响曲》12 首，清唱剧《创世纪》、《四季》、《圣哉弥撒曲》、《管乐队弥撒曲》等。

⑨ 唐璜：中世纪西班牙传说中的贵族青年，通常是一个蔑视道德，喜欢引诱妇女的花花公子形象，许多欧洲文艺作品以他为主人公。

⑩ 莎拉斯特罗：莫扎特的歌剧《魔笛》中的一个角色，身份是大祭司，由男低音饰唱。

⑪ 清教徒：基督教新教中的一派，16 世纪起源于英国。因主张清洗天主教旧制及其繁琐仪文，过勤俭清洁的生活，故称。

⑫ 弥赛亚：亨德尔谱曲的清唱剧名，琴能斯据《圣经》作词。弥赛亚，希伯来文原意是"受膏者"，指上帝所派遣者，基督教用来指救世主。奥菲阿：通译"奥菲欧"，即格鲁克曲的歌剧《奥菲欧与尤丽迪茜》。

⑬ 天神天交响乐：即莫扎特的《第 41 交响曲》，又名《朱庇特交响曲》，朱庇特是罗马神话中的主神。

⑭ 伯辽滋：通译"柏辽兹"（Hector Berlioz，1803—1869），法国作曲家，致力于浪漫主义的标题音乐创作。主要作品有《幻想交响曲》、《葬礼与凯旋交响曲》，中提琴与乐队的《哈罗尔德在意大利》，戏剧交响曲《罗密欧与朱丽叶》，戏剧性康塔塔《浮士德的惩罚》等。

【提示】

　　萧伯纳早年就是从音乐评论入手而登上文坛的，所以，当他在七十岁上，在他的文学生涯臻于高峰的时候，回首谈论他所熟悉的音乐领域，谈论音乐世界的伟人，当然是驾轻就熟,得心应手。

这篇文章的要点,结尾的几句话基本讲清楚了,所谓了解西方音乐发展的历史,知道贝多芬音乐的价值所在,知道贝多芬在音乐史上所起到的作用。但是这篇文章的写作有许多值得注意的地方,这是因为,作者并没有从一开始就直奔主题,就贝多芬与音乐和音乐史的关系来谈论,而是从贝多芬的人格特征说起,展示贝多芬在性格上的反抗特征,具体到音乐的创作之中,贝多芬也就几乎是顺理成章地要反抗传统,独辟蹊径,要走出一条音乐的新路子来。另外,作者注意将贝多芬和作为他前辈的一些伟大的音乐家比较,比如巴赫,比如海顿,比如莫扎特,尤其是后者,萧伯纳花了大量的篇幅去介绍莫扎特的性格、音乐特点,甚至用细节来描摹莫扎特的形象,凡此,作者的目的都是希望通过比较、对照和分析批评,将贝多芬的真正特立独行的一面,真正突破传统,为音乐注入新的内容的实际情况,条分缕析地告诉我们。

这篇文章举出了大量的例证,以说明贝多芬音乐创作的价值,同时作者在分析中也使用了各种音乐术语,这一方面使我们懂得贝多芬的真正的作用,一方面也使我们知道浮泛的谈论没有作用,做某一批评工作,那就必须对这一门艺术有实际的了解认识,所以在写作的时候才可以左右逢源,才能够将谈论的对象讲清楚。这篇文章在这一方面可以给我们许多启示。

音乐的世界是充满想象的世界,音乐的批评也同样容易在充满想象的世界里徜徉,所以,我们看萧伯纳的文章,文字浓郁,意象突出,我们在阅读时往往受到作者优美文字的感染,心情也不禁激动起来。

【思考与练习】

一、在作者的笔下,贝多芬是什么样的一种性格?作者对贝多芬这一性格的谈论使用了哪些文学手法?作者为什么对贝多芬的性格做那么多的分析谈论?

二、文章在接近末尾时有这么一句话:"贝多芬的音乐是使你清醒的音乐;而当你想独自一个静一会儿,你就怕听他的音乐。"请就这一句话谈谈贝多芬音乐的意义所在。

学文例话
（一）

记叙文的阅读与写作

记事、写人、记游、状物等类的散文，都属于记叙文。记叙文以记叙为主，间以描写、抒情和议论，是一种形式多样、笔墨灵活的文体。阅读和写作记叙文，要注重整体构思，善于抓住传神细节，并将真挚情感蕴涵在笔墨之中。

一

整体构思要着重解决好散与聚的问题。散与聚相反相成，不能偏废，须有散有聚、散而能聚方好。一般说来，散文都是"立意以聚之"。"意在笔先"，有了好的立意，选择材料就有了目标，组织材料就有了主心骨，文章也就有了灵魂。立意的要诀，则在于写自己最有感受的东西。心里有的东西，文章里才能有，打动过自己的东西，才能打动别人，好文章都是亲身感受并有独特感受的产物。《我与地坛》笔致精细深微，是基于作者对自身遭遇的独到体验和感悟；《哭小弟》悲情凄怆难抑，是由于作者心中翻腾着一代知识分子"迟开而早谢"的可悲命运；《二月兰》对人生感喟颇多，是由于作者心中郁积着太多的不平和无奈；《拣麦穗》呼唤纯真童心，是由于作者痛感"文革"期间人性的扭曲和真情的失落。真体验深感受方出好文章，这是古今定律。若能在此基础上更进一层，像《张中丞传后叙》那样，力排俗议，让被污损的英姿重新放出光彩；像《都江堰》那样，超越崇拜长城的流行观念，而重新开掘都江堰的现代人文品格，悟到别人未立之意，写出前人未道之理，就为文章的散而能聚抢占了最富凝聚力的精神制高点。

散文的种类繁多，不同题材，不同形式，有着不同的意聚特点，须酌情处理，灵活对待。《纪念傅雷》写得十分短小精悍，主要成功之处就在于立意集中而精到。作者被傅雷因不堪凌辱而以死抗争的惊人行为所震动，感悟到一个"怒"字，并联想到傅雷以往的几次"怒"，从而形成了以三次"怒"为线索的整体构想，没有再增添任何枝蔓。这个"怒"字，不仅饱含着人们长期压抑着的对"文革"的愤懑情绪，而且很切合傅雷一贯的个性特点；不仅体现着儒家所提倡的具有浩然之气的刚直品德，而且也是当时知识分子中最难得见到的东西。这样以"怒"字聚焦而又一石多鸟的立意，写出来自然也就集中而又丰赡了。生活是多层面的，意也是多层面的，因此立意要有纲有目，做到能纲举目张。《哭小弟》中，小弟的事迹、品格多方多面，但聚焦于无私奉献精神就显得杂而不乱；小弟的命运坎坎坷坷，但聚焦于"迟开早谢"就特别令人扼腕；像小弟那样的知识分子很多，从哭小弟进而哭蒋筑英、罗健夫，就从痛悼小弟中升华出普遍的社会意义。意有时是复杂难言、多元难辨的，要尽力保持它固有的原生朦胧态，过于单一、明晰，反而会失去真味和丰润。《我与地坛》中，既有对自然的亲和细察，也有对人生的冷峻思索；既有对博大无私的母爱的无限崇敬，也有对自己不能报答于万一的深切痛悔；既有遭遇不幸后的苦痛、绝望、软弱，也有焦灼中的挣扎、奋发、坚韧。特别是那些一般人在一般情况下难以细察的微妙，难以体验的情愫，难以感悟的奥秘，也都渗透在那细腻而精致的描述之中。在这里，原生态就是深微，朦胧感就是耐人寻味。理性和概念并不是真的万能，文学艺术的特有功能，或许就在它能够弥补理性和概念的不足。

聚，意味着文章要凝神如一、集中鲜明；散，意味着文章思路和材料要纵横驰骋、丰富多彩。散与聚本是矛盾的、对立的、相互排斥的，但在艺术领域内却是相生相长的，即散得愈开而聚得愈紧，审美的成色就愈高。《都江堰》是一篇游记，记叙了游观水流、瞻仰二王庙、过横江索桥的全过程，做到了景全游尽，而且还对比长城，叙述造坝过程，插叙李冰父子的生平事迹，描述石像的出没历史，说古论今，思路跌宕，笔墨潇洒，可谓极尽"开"的能事；同时，文章又处处聚焦于都江堰的文化内涵，从"只知贡献的乡间母亲"，到"庄丽的驯顺"，再到"冰清玉洁的政治纲领"，直至结尾的"贴近了大地，贴近了苍生"，全文四部分都能紧扣"扎扎实实造福于民"的人文精神，文心集中，思理一贯，可谓极尽"合"的能事。既能大开，又能大合，这就是散与聚相辅相成的理想境界。

初学写作的人，往往有一个粘滞不化的毛病：叙事必此事，写人必此人，绘景必此景，状物必此物，思路打不开，总是在一条羊肠小道上行走，平铺直叙，总是不能使精气神跳荡起来。其实，许多艺术手段的运用，正是破解这一弊端的良方妙药。《始得西山宴游记》是写游西山的所见所感，却花了近一半篇幅去写游其他山的无聊、乏味，这是用铺垫手法把游西山后"心凝形释"的感受反衬得更加突出。《都江堰》开掘水利工程的人文精神，却多处涉笔长城，这是通过对比把都江堰的现代意义反衬得更加鲜明。《哭小弟》多处宕开笔墨，写探病者众多，朋友来信赞叹，父亲写挽联痛悼，这是用侧面描写手法来烘托小弟的无私奉献精神；《我与地坛》既细描地坛，又刻画母亲，似不相干，但实质上地坛也是母亲，两者都是"我"抚平创伤、焕发新生的源泉，这是在更深层意味上的象征性关联；《冯谖客孟尝君》是歌颂冯谖，但开头却极力铺陈他再三弹铗而歌、反复要求优厚待遇的"小人"行径，这种藏锋试主的先抑后扬手法，既反托了他为孟尝君"营就三窟"的深谋远虑风采，又平添了行文一波三折的引人情趣。显然，铺垫、对比、侧写、象征、先抑后扬等种种表现手法，都有一个共同特点，那就是"正面攻不上侧面攻"、"对面着笔"、"言在此而意在彼"、"曲尽其妙"，而驱动这些手法的内在机杼，则还是散与聚、开与合的辩证规律。

二

对材料的选取、剪裁，最重要的是要抓住重大事件中的关键环节进行艺术加工。"整体构思确定之后，细节就决定一切"，这是最有见地的写作名言。

一般说来，散文中的重大事件都是真实的，而其中的不少具体环节却是想象加工出来的。因此，作者的主要功力，是体现在细节加工上；如果细节加工欠妥，重大事件也会是贫瘴的。《冯谖客孟尝君》抓住了烧债券市义、设计使孟尝君复位、请先王祭器立庙三件大事，《段太尉逸事状》抓住了勇服郭晞、仁愧焦令谌、拒收朱泚贿赂三件大事，都是慧眼识珠，但最成功之处还在于其中的细节加工。作者对冯谖烧债券市义过程的描述，呈现出一系列意想不到的环节：讨债变成烧债券，还敢假借孟尝君的名义；买物品变成"市义"，还说是孟尝君最缺少的；孟尝君"不说"，不知后面会发生什么事；直至一年后孟尝君被罢职还乡时，"民扶老携幼，迎君道中"，才见出"市义"的真正效力。这样的艺术加工，不仅把冯谖的深谋远虑出挑得特别充分，而且抓住了读者，步步引人入胜。段太尉勇服郭晞，先写郭晞军卒横行乡里，再写节度使"戚不敢言"，再写"晞一营大噪，尽甲"，再写段太尉"解佩刀"，只"选老躄者一人扶马"而往，再写被"甲者"挡在门外，再写他以诙谐言辞令"甲者愕"，最后才说服郭晞，使之谢罪改过。如此层层铺垫，步步进逼，极尽精工细作之能事，段太尉的过人胆识自然也就渲染得淋漓尽致了。

记事写人，不论事件大小，不论情节曲直，都应当有几个或动人心弦、或耐人寻味、或光彩夺目的闪亮细节。《垓下之围》中，如果只有霸王别姬的场面，而没有"虞兮虞兮"的悲歌，英雄末路无可奈何的心情就难以那么动人；如果只有东城快战的经过，而没有"天之亡我"的反复呼告，项羽至死不悟的心态就难以充分展现；如果只有拔剑自刎，而没有耻见江东父老的诉说和将宝马赠给乌江亭长的言辞举动，就无以披露项羽性格中知耻重义的一面。《张中丞传后叙》写南霁云，虽然只有突围求援一事，但由于作者抓住了不忍独食、慷慨陈辞、抽刀断指、箭射浮图几个激情澎湃的细节，又用"一座大惊，皆感激为云泣下"来侧面烘托，用贺兰进明的妒贤不救对比反衬，南霁云忠贞刚烈、嫉恶如仇的性格就显得格外夺目。《哭小弟》中的小弟形象，自始至终都是由一个个细节累积起来的：小时候冬天用冷水洗脸，马上要动手术了还要先去开个会，卧床不起还要材料来"想再看看"，医院门口挤满争着给他献血的人，带病检查每一个螺丝钉、胶布，病痛得常常大汗淋漓，病危了还怕惊动别人……只有这样写，才是朴实的无私奉献，才是真正的平凡伟大。"历史正是由这些人写成的"，作者没有夸大。

写景状物，则要抓住景物的特点，并在描绘中紧紧扣合所要表达的主要旨意。《始得西山宴游记》只写西山高大特立的一面，其他特点概不涉及，而且是选取站在山顶扫描的视角，突出四面远眺、一览众山小的感受，又用游览其他山时的无可看、无所感来铺垫反托，处处都是为了彰显作者独立不阿的人格。柳宗元当时官场失意，他是在寻求自宽自励的精神支撑点。《赤壁赋》抓住泛舟夜游的特色，以明月、江水、清风贯穿始终，写景、抒情、议论，大悲、大喜、大醉，天地心、古今意、人生理，均出入其中，编织之精致，融合之贴切，均可巧夺天工。苏轼当时因"乌台诗案"而下狱、遭贬，仕途绝望，心情郁闷，他是在自由自在的清风明月中，寻求精神解脱，探视新的适意自然的审美化人生道路。当然，不同的心理状态，应有不同的景物色调与之相合。《我与地坛》中，景物繁多而色彩纷纭，情绪错杂而意绪朦胧，读来确有"嘈嘈切切错杂弹，大珠小珠落玉盘"之感，而这恰与轮椅上"我"当时的复杂心境谐和一致："忽然间几乎什么都找不到了"，"面对那些和我一样不明白为什么要来这世上的小昆虫"，我不知道自己"为什么活"、"怎样活"……像这种因突遭不幸而神情恍惚、茫然四顾的心态，如果作者或读者硬要写景条分缕析、情志集中明朗，那就必定会"复凿七窍而混沌死"了。

象征是一种相似性连类生发，象征性散文的写作关键，在于突出几个生发点，让读者能够充分联想到所要表达的东西。《二月兰》是整体性象征，寓意若即若离，比较朦胧，但由于作者突出了二月兰多不被人注意的朴实、紫气直冲霄汉的气势、把花开遍大地的勇气和无喜无惧的恒定品性，就使读者较容易地联想到平凡、高蹈、勇毅、坚韧的人格，并产生很多遐想。《瓦尔登湖》中的"蚁群大决战"，是象征人类战争，整个场面描写十分精彩，而最令人震撼的却是几处细节描写：红蚂蚁已经"身首异处"，但"蚂蚁头却仍死咬往对方不放"；黑蚂蚁将两个红蚂蚁的脑袋"挂在它身体的两侧"，作为"战利品"，"一瘸一拐地爬过窗台"；军乐队"排成方阵，威武雄壮地高奏凯歌"；"蚂蚁们都大呼着'为上帝而战!'"，"没有一个雇佣兵不是为真理而斗争"。看蚂蚁，想人类，战争的残酷实在令人发指，好战者的狂热实在令人震惊，战争的宣言实在虚伪之极，战争的神圣实在令人恶心!《都江堰》多的是局部象征，其中几处对比性象征则是文章的亮点：长城是"僵硬的雕塑"，"摆出一副老资格等待人们修缮"，都江堰是"灵动的生活"，"只知贡献的乡间母亲"，这是两种文化品格的象征；"手拿一把长锸"，与"铁戟钢锤反复辩论"，用今天的话来说，这是以阶级斗争为纲与以经济建设为中心两条路线长期斗争的象征；"绘制水系图谱"与热衷"金杖玉玺"，这是为民造福与争权夺利两种行政心态的象征。这类亮点，使整个文章充满思辨理趣，具有尖锐的现实针砭意义。

三

"贯一为拯乱之药。"（《文心雕龙》）最好的拯乱之药就是以真情灌注全文。以情动人，是写作记叙文的要领之一。情感既是写作的动力，也是行文的内在线索；既是文章的重要内涵，也是文章感染力的源泉。情感本身虽然看不见、摸不着，但它却渗透在文章的整体建构、人事描述、行文笔调、语言运用之中。

一篇散文，实际上有两个层面：表层是具象的景物人事，内里是一股滚动着的情感流。内在情感流是割不断、也不可割断的文章命脉。表层的景物人事可以打破时空限制呈现种种不同的组合样式，但内在情感流却必须遵循心理活动、情感流动、情绪涨落的规律。抒情散文《听听那冷雨》的思绪时空不断转换，大陆、美国、台湾、古代、昨天、今天、江南、春雨、云山，像长长短短的电影蒙太奇镜头，交叉而来，重叠而去，让人目不暇接，理不出头绪。其实头绪是有的，那就是刻骨铭心的思乡情怀。这一情怀剪不断，理还乱，四处奔突，冲到那里，笔墨就落在那里，无法条理，也无须规范。然而这正是思乡情怀的特点，体现出文章外在物象推移与内在情感流动的统一；而且人在情绪高涨时，理智就会暂时退居幕后，文章表层物象的无序跳荡，就更能见出内在情怀的激昂。这正是艺术表现方法对心理规律的尊重。记事写人散文也有这种情况。《哭小弟》全文以"哭"贯穿始终，心情十分哀痛、悲愤，情绪相当激动，故而思绪不受时空限制，整篇文章好像是故意把小弟的生平事迹、病亡过程和人们的悼念，切成了许多碎片，然后再随着心情的起伏，自由地将它们交叉累积起来。其实这正是笔随情走，以情思引领叙事；情到笔到，表层的散漫中自有内里的严谨；用法而不见法，更见出水到渠成、结体自然之妙。《赤壁赋》虽然也是以作者的情感流程为线索，但它却不是像《哭小弟》那样以一种情感贯彻到底，而是让情感不断地转折、变化：先写泛舟长江之乐，再写生命短暂之悲，最后则归结于适意自然之喜。而这一情感变化的实质，则是一个自我精神解脱过程的合理演绎。不同的作品当然有着不同的情感融贯特点，但它们都要合乎一定的心理规律，否则就会落下"不合情理"的诟病。

文章的笔调,是文章内在情感流的外在显现形态,也是作者当时创作情态的自然流泻。一定的文章,一定的情致,就应当有一定的笔调;换一种笔调,就可能不是这种情致,从而也就会变成另一篇文章。《我与地坛》是回忆性散文,情感复杂而隐曲,所以笔调是幽幽倾诉,舒缓往复,像小河流水,汩汩突突,日夜低吟。《张中丞传后叙》是为英雄辩诬,义愤填膺,所以笔调慷慨激昂,一上来就是"大弦嘈嘈如急雨"。《报刘一丈书》是揭露权奸丑陋嘴脸,内心充满厌恶情绪,所以采用了漫画式嘲讽笔调。此外,像《西湖七月半》的讽世蔑俗式调侃,《别赋》的哀婉悱恻式美感,《都江堰》的思辨色彩,《拣麦穗》的童真情趣等等,也都是各具特色的合情合意笔调。写作散文的一大难关,就在于要同时掌握多种笔调,以便于应对各种文体、各种内容、各种形式,而这种能力的培养,却不是讲讲道理就能奏效的,须靠自己长期的阅读体验和写作磨炼。但有一点可以肯定,那就是在阅读和写作时,要能够暂时忘记眼前的现实存在,而进入一种特定的神思空间和情致状态,让想象在这个空间里"梦游",让这种情致抚摸、拥抱"梦游"中的一切景物人事,乃至将身心熔化在特定情境之中,与其中的人物同观、同想、同哭、同笑。这叫做设身处地、进入脚色。或许在这样的心理状态中,合情合意的笔调会自动生成、自由流动,那当然是写作的最佳状态、理想境界。

笔调体现在语言的运用之中。一定的笔调应当有一定的语言特色,而一定的语言特色则有一定的表现功能。这里最值得重视的是个语感问题。"少焉,月出于东山之上,徘徊于斗牛之间。白露横江,水光接天。纵一苇之所如,凌万顷之茫然。浩浩乎如冯虚御风,而不知其所止;飘飘乎如遗世独立,羽化而登仙。"《赤壁赋》的这种骈散相间、音韵错落如行云流水的语言,正与作者当时泛舟江上的轻松愉悦心情和谐一致。"譬如那些苍黑的古柏,你忧郁的时候它们镇静地站在那儿,你欢喜的时候它们依然镇静地站在那儿,它们没日没夜地站在那儿从你没有出生一直站到这个世界上又没了你的时候。"《我与地坛》多用这种曲曲折折、委委婉婉的长句,恰与当时作者起起伏伏、幽幽怨怨的情致相辅相成。语言的节奏、旋律,也就是内在情感的节奏、旋律,这是语感的实质。但它的具体体现,却是十分复杂的。用长句还是短句,用排比还是对偶,用比喻还是借代,用韵还是不用韵,乃至用单音节词还是用双音节词,用平声字还是用仄声字,用逗号还是用分号,等等,都关系到语言的情调和美感。语感是一种直觉,难以理喻,全靠多读多写来潜移默化。《听听那冷雨》的语感颇佳,值得反复阅读。特别是作者创造性地运用了大量叠词,如"湿湿"、"腾腾"、"细细密密"、"滂滂沱沱"、"滴滴点点滴滴"、"清清爽爽新新"、"淅沥淅沥淅沥"、"忐忑忑忑忐忑忐忑"等等,或用以延伸时空,或突出事物质性,或用以强化动感,或加浓声响色彩,或用以制造氛围,或渲染绵绵情思,语言的灵动多姿,承载着意境的丰赡氤氲,令人确有"五步一楼,十步一阁,步步莲花,字字珠玉"之叹。

召公谏厉王弭谤①

《国语》

厉王虐②，国人谤王。召公告王曰："民不堪命矣③。"王怒。得卫巫④，使监谤者⑤。以告⑥，则杀之。国人莫敢言，道路以目⑦。

王喜。告召公曰："吾能弭谤矣，乃不敢言！"

召公曰："是障之也⑧。防民之口，甚于防川。川壅而溃⑨，伤人必多；民亦如之。是故为川者决之使导⑩，为民者宣之使言⑪。故天子听政，使公卿至于列士献诗⑫，瞽献曲⑬，史献书⑭，师箴⑮，瞍赋⑯，矇诵⑰，百工谏⑱，庶人传语⑲，近臣尽规⑳，亲戚补察㉑，瞽史教诲㉒，耆艾修之㉓；而后王斟酌焉。是以事行而不悖㉔。民之有口，犹土之有山川也，财用于是乎出。犹其原隰之有衍沃也㉕，衣食于是乎生。口之宣言也，善败于是乎兴㉖。行善而备败㉗，其所以阜财用衣食者也㉘。夫民虑之于心而宣之于口，成而行之㉙，胡可壅也？若壅其口，其与能几何㉚？"

王弗听。于是国人莫敢出言。三年，乃流王于彘㉛。

（《国语集解》修订本，徐元诰集解，北京：中华书局，2002）

【注释】

① 本文选自《国语·周语上》。召公：一作"邵公"，即召穆公，名虎，时为周厉王的卿士。弭谤：消弭民间对帝王的各种议论指责，即以政治高压手段压制思想言论自由。

② 厉王：即周厉王，名胡，公元前878年即位。

③ 民不堪命：意为老百姓无法忍受（厉王）的暴政。命：指厉王暴虐的各种政令。

④ 卫巫：来自卫国的巫者。

⑤ 使监谤者：让卫巫去监视发表意见的百姓。

⑥ 以告：即"以之告"，省略介词宾语"之"字。指（卫巫）把议论者告知厉王。

⑦ 道路以目：百姓在路上相遇，不敢讲话，只能彼此默默以目示意。

⑧ 障：阻拦。意为暂时阻挡，并未彻底制止。

⑨ 川壅而溃：筑堤坝防河水，水易于壅塞，会导致溃堤。

⑩ 为川者：（善于）治水的人。决之使导：排除壅障

之物，使河水畅流。

⑪ 为民者：（善于）治理国家、统治民众的人。宣之使言：引导老百姓讲话。

⑫ 公卿、列士：朝廷各级官员。献诗：从民间采集对帝王讽谏的诗篇（歌谣）送给帝王看。

⑬ 瞽：盲人乐师。无目为瞽。曲：乐曲，指反映民间呼声的作品。

⑭ 史：史官。书：史书典籍，指可供借鉴历史经验的书籍。

⑮ 师：少师，位低于太师的乐官。箴（zhēn）：寓有警戒作用的文辞，类似现在的警句、格言、座右铭。

⑯ 瞍（sǒu）：盲人。无眸子为瞍。赋：不歌而诵。

⑰ 矇：盲人。有眸子而失明为矇。诵：不讲究声调节奏的诵读。

⑱ 百工：有专门技艺侍奉君主的人。

⑲ 庶人：老百姓。传语：间接地反映意见。

⑳ 近臣：最接近帝王的大臣。尽规：(经常)向帝王进言规劝。尽，同"进"。

㉑ 亲戚：帝王宗室成员。补察：弥补帝王过失，监督帝王行为是非。

㉒ 教诲：(用礼仪礼法对帝王)教育、引导。

㉓ 耆艾：分别指六十岁、五十岁的长者，这里代指帝王的师傅。修：戒饬，警告，提醒。

㉔ 悖：逆，违背。

㉕ 原隰(xí)衍沃：分别指不同的土地类型：宽阔平坦、低洼潮湿、地势低而平、有河流可资灌溉。

㉖ 善败：(国家政事)的好坏。于是乎兴：由此而体现出来。

㉗ 行善：凡民众认为好的，就推行。备败：凡民众认为坏的，就防范。

㉘ 阜：增加，增多。

㉙ 成而行之：考虑成熟之后自然(必然)流露(表达)出来。

㉚ 与能几何：有多少人来辅助你(帝王)呢？与，在此作"助"解。

㉛ 流：流放、放逐。彘(zhì)：晋地，在今山西霍县境内。据史书记载，厉王流彘在公元前842年。

【提示】

本文中召公"防民之口，甚于防川"的一段议论，形象、生动，富有启发性和说服力，且闪烁着民本思想的光华。可叹的是，周厉王却一点也听不进去，而且历代的反动统治者，仍不断地步周厉王的后尘。这一史实表明，从理论上解决问题并不太难，而真正付诸实践并非易事。然而即使如此，召公的意见仍值得今人重视，厉王的教训也值得汲取。

【思考与练习】

一、召公为什么认为"防民之口，甚于防川"？

二、周厉王拒谏的深层次原因是什么？给今人留下了怎样的历史教训？

【辑评】

召公所谏，语语格言。细看当分四段。第一段言止谤有害；第二段言听政全赖民言，斟酌而行；第三段言民之有言，实人君之利；第四段言民之言，非孟浪而出，皆几经裁度，不但不可壅，实不能壅者。回抱防川之意，融成一片，惊健绝伦。(清·林云铭《古文析义》)

谏词只"天子听政"一段在道理上讲，其余俱在利害上讲。而正意又每与喻意夹写，笔法新警异常。至前后叙次处，描写王与国人，以及起伏照应之法，更极精细。最是《国语》中道炼文字。(清·余诚《重订古文释义新编》)

齐桓晋文之事①

《孟子》

孟子(约前 372—约前 289),名轲,字子舆,邹(今山东邹城南)人,战国时期著名思想家,儒家学派的主要代表。他是孔子之孙子思的再传弟子,行齐、宋、滕、魏等国,以其主张游说诸侯。曾任齐宣王客卿。孟子继承孔子的学说,把孔子"仁"的理念发展为"仁政"思想,提倡"王道",主张"性善论",对后世有深远的影响。

《孟子》一书是儒家的经典,一般认为是孟子及其弟子万章等撰。《汉书·艺文志》著录十一篇,今传本七篇。宋代,《孟子》与《论语》及《礼记》的《大学》、《中庸》篇合为《四书》。

齐宣王问曰②:"齐桓、晋文之事可得闻乎③?"孟子对曰:"仲尼之徒无道桓、文之事者④,是以后世无传焉,臣未之闻也。无以⑤,则王乎⑥?"

曰:"德何如则可以王矣?"曰:"保民而王⑦,莫之能御也⑧。"曰:"若寡人者,可以保民乎哉?"曰:"可。"曰:"何由知吾可也?"曰:"臣闻之胡龁曰⑨:王坐于堂上,有牵牛而过堂下者,王见之,曰:'牛何之⑩?'对曰:'将以衅钟⑪。'王曰:'舍之! 吾不忍其觳觫⑫,若无罪而就死地。'对曰:'然则废衅钟与?'曰:'何可废也? 以羊易之。'——不识有诸⑬?"曰:"有之。"曰:"是心足以王矣⑭。百姓皆以王为爱也⑮,臣固知王之不忍也。"

王曰:"然。诚有百姓者⑯。齐国虽褊小⑰,吾何爱一牛? 即不忍其觳觫,若无罪而就死地,故以羊易之也。"曰:"王无异于百姓之以王为爱也⑱。以小易大,彼恶知之⑲? 王若隐其无罪而就死地⑳,则牛羊何择焉?"

王笑曰:"是诚何心哉? 我非爱其财而易之以羊也。宜乎百姓之谓我爱也㉑。"曰:"无伤也㉒,是乃仁术也㉓,见牛未见羊也。君子之于禽兽也,见其生不忍见其死,闻其声不忍食其肉。是以君子远庖厨也㉔。"

王说㉕,曰:"《诗》云:'他人有心,予忖度之㉖。'夫子之谓也㉗。夫我乃行之,反而求之,不得吾心。夫子言之,于我心有戚戚焉㉘。此心之所以合于王者,何也?"曰:"有复于王者曰㉙:'吾力足以举百钧㉚,而不足以举一羽;明足以察秋毫之末㉛,而不见舆薪㉜。'则王许之乎㉝?"曰:"否。""今恩足以及禽兽,而功不至于百姓者,独何与㉞? 然则一羽之不举,为不用力焉;舆薪之不见,为不用明焉;百姓之不见保㉟,为不用恩焉。故王之不王,不为也,非不能也。"

曰:"不为者与不能者之形㊱,何以异?"

曰:"挟太山以超北海㊲,语人曰'我不能',是诚不能也;为长者折枝㊳,语人曰'我不能㊴',是不为也,非不能也。故王之不王,非挟太山以超北海之类也;王之不王,是折枝之类也。老吾老,以及人之老㊵;幼吾幼,以及人之幼㊶,天下可运于掌。《诗》云:'刑于寡妻,至于兄弟,以御于家邦㊷。'言举斯心加诸彼而已。故推恩足以保四海㊸,不推恩无以保妻子㊹。古之人所以大过人者,无他焉,善推其所为而已矣。今恩足以及禽兽,而功不至于百姓者,独何与?权㊺,然后知轻重;度㊻,然后知长短。物皆然,心为甚。王请度之!抑王兴甲兵㊼,危士臣,构怨于诸侯,然后快于心与?"

王曰:"否。吾何快于是?将以求吾所大欲也㊽。"曰:"王之所大欲,可得闻与?"王笑而不言。曰:"为肥甘不足于口与㊾?轻暖不足于体与㊿?抑为采色不足视于目与?声音不足听于耳与?便嬖不足使令于前与(51)?王之诸臣皆足以供之,而王岂为是哉?"曰:"否。吾不为是也。"曰:"然则王之所大欲可知已:欲辟土地(52),朝秦、楚(53),莅中国而抚四夷也(54)。以若所为,求若所欲,犹缘木而求鱼也。"

王曰:"若是其甚与(55)?"曰:"殆有甚焉(56)。缘木求鱼,虽不得鱼,无后灾。以若所为,求若所欲,尽心力而为之,后必有灾。"曰:"可得闻与?"曰:"邹人与楚人战(58),则王以为孰胜?"曰:"楚人胜。"曰:"然则小固不可以敌大,寡固不可以敌众,弱固不可以敌强。海内之地,方千里者九(59),齐集有其一(60)。以一服八,何以异于邹敌楚哉?盖亦反其本矣(61)。今王发政施仁,使天下仕者皆欲立于王之朝,耕者皆欲耕于王之野,商贾皆欲藏于王之市(62),行旅皆欲出于王之涂,天下之欲疾其君者,皆欲赴愬于王。其若是,孰能御之?"

王曰:"吾惛(63),不能进于是矣。愿夫子辅吾志,明以教我。我虽不敏,请尝试之。"

曰:"无恒产而有恒心者(65),惟士为能。若民(67),则无恒产,因无恒心。苟无恒心,放辟邪侈,无不为已(68)。及陷于罪,然后从而刑之,是罔民也(69)。焉有仁人在位,罔民而可为也?是故明君制民之产,必使仰足以事父母,俯足以畜妻子,乐岁终身饱(70),凶年免于死亡,然后驱而之善(71),故民之从之也轻(72)。今也制民之产,仰不足以事父母,俯不足以畜妻子,乐岁终身苦,凶年不免于死亡。此惟救死而恐不赡(73),奚暇治礼义哉(74)?王欲行之,则盍反其本矣?五亩之宅(75),树之以桑,五十者可以衣帛矣。鸡豚狗彘之畜,无失其时(76),七十者可以食肉矣。百亩之田,勿夺其时,八口之家可以无饥矣。谨庠序之教(77),申之以孝悌之义(78),颁白者不负戴于道路矣(79)。老者衣帛食肉,黎民不饥不寒,然而不王者,未之有也。"

(《孟子正义》,清焦循正义,北京:中华书局,1987)

【注释】

① 本文选自《孟子·梁惠王上》。
② 齐宣王:齐国国君,田氏,名辟疆。
③ 齐桓公:齐国国君,名小白。晋文公:晋国国君,名重耳。他们在春秋时先后称霸,为"春秋五霸"中的两位。
④ 道:说。
⑤ 以:通"已"。无以,犹言"不得已"。
⑥ 王(wàng):用作动词,指统治天下。
⑦ 保:安。
⑧ 御:阻挡。
⑨ 胡龁(hé):人名,齐国的一位臣子。
⑩ 之:动词,到……去。

⑪ 衅钟:古代杀牲以血涂钟行祭。衅,血祭。
⑫ 觳觫(hú sù):恐惧战栗的样子。
⑬ 识:知道。诸:"之乎"的合音。
⑭ 是:代词,这种。
⑮ 爱:吝啬,吝惜。
⑯ 诚:的确,确实。
⑰ 褊(biǎn)小:狭小。
⑱ 异:奇怪。
⑲ 恶(wū):怎么。
⑳ 隐:可怜,怜悯。
㉑ 宜:应当。乎:这里表感叹。
㉒ 无伤:没有损害,此处意为没有什么关系。

82

㉓ 仁术:仁道,即实施仁政的途径。
㉔ 远:远离。庖厨:厨房。
㉕ 说:通“悦”,高兴。
㉖ “他人”二句:引自《诗经·小雅·巧言》。忖度(cǔn duó),揣测,推测。
㉗ 夫子:古代对男子的敬称。
㉘ 戚戚:心动的样子。
㉙ 复:告。
㉚ 钧:古时重量单位,三十斤为一钧。
㉛ 明:视力。秋毫之末:秋日禽兽新长出的细绒毛,比喻极为微细的东西。
㉜ 舆:车。薪:柴。
㉝ 许:同意。
㉞ 独:却。
㉟ 见保:被安抚。
㊱ 形:具体的表现。
㊲ 挟:夹在胳膊之下。太山:即泰山。北海:指渤海,因在齐之北,故称。
㊳ 折枝:历来有三种解释:一是折取树枝;二是枝通“肢”,向老者弯腰行礼;三是按摩搔痒。
㊴ 语(yù):告诉。
㊵ “老吾老”句:第一个“老”字用作动词,敬爱;第二、三个“老”字为名词,指老人。
㊶ “幼吾幼”句:第一个“幼”字用作动词,爱护;第二、三个“幼”字为名词,指幼儿。
㊷ “刑于”三句:引自《诗经·大雅·思齐》。刑,通“型”,此处用作动词,示范。寡妻,寡德之妻,为谦称,即嫡妻。御,治理。
㊸ 推:推广。四海:犹言天下。
㊹ 妻子:妻子和子女。
㊺ 权:秤砣,此处用作动词,称重量。
㊻ 度(duó):度量。
㊼ 抑:还是。兴甲兵:指发动战争。
㊽ 所大欲:最想得到的东西。
㊾ 肥甘:美味的食物。
㊿ 轻煖:又轻又暖的衣服。煖,同“暖”。
(51) 便嬖(pián bì):君主左右受宠幸的小臣。
(52) 辟土地:扩大领土。辟,开辟。
(53) 朝秦、楚:使秦、楚入朝称臣。
(54) 莅:临。中国:相对于四夷而言,指黄河流域周王朝所统治的区域,即中原地带。抚:安抚。四夷:指当时的少数民族,是古人对四方外族的蔑称。
(55) 若:如此,这样的。
(56) 若是其甚:“其甚若是”的倒装,有这样严重吗?是,此,指缘木而求鱼。甚,厉害。
(57) 殆:只怕。
(58) 邹:小国名,即邾,占有今山东费县、邹城、滕州、济宁、金乡一带。战国时为楚所灭。
(59) 方千里者九:谓海内有九个方圆千里的地域。有人认为指九州。
(60) 集:汇集。
(61) 盖:同“盍”,何不。反:同“返”。本:根本,此处指仁政。下文“盍反其本矣”一句,意同。
(62) 藏:囤积。
(63) 疾:痛恨。
(64) 愬:通“诉”。赴愬,跑来告诉。
(65) 惛:同“昏”,思想混乱。
(66) 恒产:指能够长久维持生活的产业,比如田地、树木等。恒,常。
(67) 若:至于。
(68) 已:通“矣”。
(69) 罔民:即对人民张开罗网,也就是陷民于罪的意思。罔,通“网”,此处用作动词,张网。
(70) 乐岁:丰年。
(71) 驱:驱使,督促。之:动词,到。
(72) 轻:容易。
(73) 赡:足。
(74) 奚:何,哪里。
(75) 五亩:合现在一亩二分多。宅:宅院。一对夫妇受宅五亩,田百亩,是当时儒家的理想。
(76) 无:通“毋”,不要。
(77) 庠序:古代的学校。
(78) 申:重复,反复进行。
(79) 颁白:头发半白。颁,通“斑”。

【提示】

孟子在孔子“仁”的基础上,进一步发展出重民、亲民的理想,明确地指出:“民为贵,社稷次之,君为轻。”(《孟子·尽心下》)在此基础上,孟子广泛地向当时的王者推行他的“仁政”学说。他说:“仁者无敌。”(《孟子·梁惠王上》)又说:“得道者多助,失道者寡助。寡助之至,亲戚畔之;多助之至,天下顺之。”(《孟子·公孙丑下》)规劝他们要亲民、爱民,只有这样,天下才能长治久安。孟子的民本思想是中国传统文化的宝贵思想资源。

本文是孟子向齐宣王宣扬自己的王道理论，是其民本思想的具体体现。开始，齐宣王向他打听齐桓、晋文之事，实际上就是想得到"称霸"天下的方法。孟子巧妙地把"霸道"的话题引到"王道"上来，鲜明地提出了"保民而王，莫之能御"的观点。然后就围绕着这个论点，引类譬喻，列举事实，最后得出结论：只有行仁政，才能服天下。否则，就会事与愿违，"缘木而求鱼"。同时，孟子提出了具体的建议：其一，给民以"恒产"，即固定的产业，这样才使民有"恒心"，要使他们"仰足以事父母，俯足以畜妻子"。其次，赋税徭役要有定制，要"不违农时"，要使百姓"不饥不寒"。可见，孟子讲的仁政，并非是空泛的仁义道德，而是有着实实在在的经国济民的内容。

在艺术特点上，善于辩论是《孟子》的一大特色。这也是战国时期的时代特征在文学上的烙印。《孟子》的辩论娴熟地运用了逻辑推理（如类比推理）的方法，循循善诱，因势利导，巧妙地把对方引入自己预设的结论之中，从而使对方心悦诚服。善于运用比喻、寓言等方式是孟子散文的又一大特色，诚如赵岐所言："孟子长于譬喻。"（赵岐《孟子章句·题辞》）运用形象、生动的比喻去说明抽象的道理，增添了文章的趣味性，具有很强的说服力。如本文"以若所为，求若所欲，犹缘木而求鱼"，生动形象地揭示出欲以"霸道"去达到"辟土地，朝秦、楚，莅中国而抚四夷"的目的是绝不可能的。孟子散文的另一个特点，是大量使用排比、叠句等修辞手法，使其文形成气势磅礴、畅达雄辩的风格。这一风格的形成也与其个人的人格修养有密切的关系，如他自己所说："吾善养吾浩然之气。"（《孟子·公孙丑上》）。在语言上，孟子散文明白晓畅，简洁凝练，不事辞藻，对后世文章语言影响很大。

【思考与练习】

一、谈谈你对孟子"仁政"思想的理解。

二、孟子散文的艺术特点是什么？

三、孟子思想在哪些方面是对孔子思想的发扬光大？

【附录】

孟子曰："桀、纣之失天下也，失其民也；失其民者，失其心也。得天下有道：得其民，斯得天下矣。得其民有道：得其心，斯得民矣。得其心有道：所欲与之聚之，所恶勿施，尔也。民之归仁也，犹水之就下，兽之走圹也。故为渊驱鱼者，獭也；为丛驱爵者，鹯也；为汤、武驱民者，桀与纣也。……"（《孟子·离娄上》）

孟子曰："民为贵，社稷次之，君为轻。是故得乎丘民而为天子，得乎天子为诸侯，得乎诸侯为大夫。诸侯危社稷，则变置。牺牲既成，粢盛既絜，祭祀以时，然而旱干水溢，则变置社稷。"（《孟子·尽心下》）

秋水（节选）①

庄子（约前 369—前 286），名周，宋国蒙（今河南商丘东北）人。战国中期著名思想家，道家学派的代表人物之一，后世与老子并称"老庄"。出身贫寒，曾借粟度日，一度担任过蒙地的漆园吏。楚威王闻其贤名，以厚礼聘任相职，但他不愿就官，终生穷困。庄子发展了老子"道法自然"的思想，主张顺应自然，提倡无为而无不为，提出"心斋"、"坐忘"等理论。既有合理因素，也有消极成分。

《庄子》，亦称《南华经》，是道家学派的经典。《汉书·艺文志》著录五十二篇，今本收文三十三篇，凡内篇七，外篇十五，杂篇十一。一般认为内篇是庄子自撰，外、杂篇是庄子的门人和后学所撰。这些文章大都构思精巧，想象丰富，文笔恣肆，词藻瑰丽，并多采用寓言形式，善作连类比喻，富有浪漫色彩。《庄子》一书，对后人的人生观、文艺观和文艺创作，都产生了深远影响。

秋水时至②，百川灌河③。泾流之大④，两涘渚崖之间⑤，不辩牛马⑥。于是焉河伯欣然自喜⑦，以天下之美为尽在己⑧。顺流而东行，至于北海，东面而视，不见水端⑨。于是焉河伯始旋其面目⑩，望洋向若而叹曰⑪："野语有之曰⑫：'闻道百，以为莫己若者⑬。'我之谓也⑭。且夫我尝闻少仲尼之闻而轻伯夷之义者⑮，始吾弗信。今我睹子之难穷也⑯，吾非至于子之门则殆矣⑰，吾长见笑于大方之家⑱。"

秋水图　宋·马远作

北海若曰："井蛙不可以语于海者⑲，拘于虚也⑳；夏虫不可以语于冰者，笃于时也㉑；曲士不可以语于道者㉒，束于教也㉓。今尔出于崖涘㉔，观于大海，乃知尔丑㉕，尔将可与语大理矣㉖。天下之水，莫大于海：万川归之，不知何时止而不盈㉗；尾闾泄之㉘，不知何时已而不虚㉙；春秋不变，水旱不知。此其过江河之流㉚，不可为量数。而吾未尝以此自多者㉛，自以比形于天地㉜，而受气于阴阳，吾在于天地之间，犹小石小木之在大山也。方存乎见少，又奚以自多㉞！计四海之在天地之间也，不似礨空之在大泽乎㉟？计中国之在海内㊱，不似稊米之在大仓乎㊲？号物之数谓之万㊳，人处一焉㊴；人卒九州㊵，谷食之所生㊶，舟车之所通㊷，人处一焉㊸。此其比万物也㊹，不似豪末之在于马体乎㊺？五帝之所连㊻，三王之所争㊼，仁人之所忧㊽，任士之所劳㊾，尽此矣！伯夷辞之以为名㊿，仲尼语之以为博。此其自多也，不似尔向之自多于水乎？"

（《庄子集释》，清郭庆藩集释，北京：中华书局，1961）

【注释】

① 本文节选自《庄子》的《秋水》篇（属"外篇"部分）。原文由七部分组成，这里节选的是第一部分。
② 时：按时，此指按季节。
③ 灌：注入。河：黄河。
④ 泾（jīng）流：水流。
⑤ 两涘（sì）：岸的两边。涘，水边，河岸。渚（zhǔ）崖：河渚岸边。渚，水中小洲。
⑥ 辩：通"辨"，辨别，识别。
⑦ 河伯：黄河之神。
⑧ 尽在己：全都集中在自己这里。
⑨ 端：边，尽头。
⑩ 旋其面目：改变了他（原先欣然自喜）的面容。旋，转，转变。
⑪ 望洋：连绵词，仰视的样子。若：即海若，海神。
⑫ 野语：俗语，谚语。
⑬ 莫己若："莫若己"的倒装。
⑭ 我之谓：也是倒装，即"谓我"。
⑮ 尝闻：曾经听说。少仲尼之闻：小看孔子（字仲尼）的学识。轻伯夷之义：轻视伯夷的义行。伯夷，商代诸侯孤竹君的长子，与其弟叔齐互让君位，逃亡到周。周武王伐商纣王时，伯夷、叔齐两人叩马谏阻，认为以臣伐君是不义之举。商亡后，伯夷兄弟不食周粟，最终饿死在首阳山。
⑯ 子：你，本指海神若，这里借指整个北海。难穷：难以穷尽。
⑰ 殆（dài）：危险。
⑱ 大方之家：明白大道理的人。

⑲ 以：与。
⑳ 拘于虚：眼界受居处环境狭小的局限。拘，受拘束，受局限。虚，同"墟"，狭小的居处。
㉑ 笃：固，拘限。时：时令季节。
㉒ 曲士：乡曲之士，指见识浅陋之人。
㉓ 束于教：受所受教育的限制。束，束缚，限制。
㉔ 尔：你。
㉕ 丑：鄙陋。
㉖ 大理：大道理。
㉗ 盈：满。
㉘ 尾闾：神话中排泄海水的地方。泄：排泄。
㉙ 已：停止。虚：空虚。
㉚ 其：代指大海的容量。过：超过。
㉛ 自多：自我夸耀。多，赞美。
㉜ 比形：存身。比，列。形，身形。
㉝ 方：正。存乎见少：存有自己见识很少的想法。
㉞ 奚以：何以，怎么。
㉟ 礨（lěi）空：蚁穴，小孔穴。
㊱ 中国：古指中原地区。
㊲ 稊（tí）米：一种稗草的籽粒。
㊳ 号：称。
㊴ 人处一：谓人类只是天下万物中的一类。
㊵ 人卒：人众。
㊶ 生：生长。
㊷ 通：通过，到达。
㊸ 人处一：谓个人只是天下人中的一个。
㊹ 其：代指人。
㊺ 豪末：毫毛的末梢。豪，通"毫"。

㊻ 五帝:指传说中上古的黄帝、颛顼(zhuān xū)、帝喾(kù)、尧、舜。一说指伏羲、神农、黄帝、尧、舜。所连:所连续统治的。

㊼ 三王:指夏启、商汤、周武王。所争:所争夺的。

㊽ 仁人:崇尚仁的人。

㊾ 任士:以天下为己任的贤能之士。劳:劳心劳力。

㊿ 尽此:尽于此。

51 辞之:指辞让君位。以为名:凭此获得名声。

52 语之:指谈说天下。以为博:凭此显示知识渊博。

53 其:代指伯夷、孔子。

54 向:刚才。

【提示】

这篇文章通过寓言形式揭示了一个道理:在广袤无垠的宇宙中,个人的认识和作为都要受到种种主客观条件的制约,因而是十分有限的。文章旨意虽或有无所作为、消极虚无之嫌,但其合理内核,却能启迪人们不可囿于个人有限的识见而自满自足。

《庄子》文章善于把抽象的哲理化为具体的形象而令人自悟,本文非常典型地体现出这一特点。首先,在整体构思上,虚构一个河神与海神对话的寓言故事,以此展开说理,阐明文章主旨。其次,在文章展开说理之前,先设置了一段对河水与海景的描写,以具体景物的比照来陪衬河神与海神不同的认识境界,形象地渲染文章的主旨。再次,通过援譬设喻的手段来揭示所欲阐述的深微玄奥的哲理,而且所用比喻往往连类而及,层见叠出,使抽象的结论寓于形象的比喻之中,引人联想,发人深思。

作为一篇论说文,本文的论证方法也颇具特色,以由小到大、再由大到小的逐层推进,使结论自然地凸现出来,令人折服。在修辞方面,作者把大量的排比句与反诘句配合运用,造成文章滔滔莽莽的气势,强化了说理的力量。

【思考与练习】

一、本文揭示了什么道理?这种道理在客观上有何意义?

二、本文是怎样把抽象的哲理化为具体的形象的?

三、举例说明本文善于援譬设喻的特点。

【辑评】

芴漠无形,变化无常。死与,生与,天地并与,神明往与!芒乎何之,忽乎何适?万物毕罗,莫足以归。古之道术有在于是者,庄周闻其风而悦之。以谬悠之说,荒唐之言,无端崖之辞,时恣纵而不傥,不以觭见之也。以天下为沈浊,不可与庄语,以卮言为曼衍,以重言为真,以寓言为广。独与天地精神往来,而不敖倪于万物,不谴是非,以与世俗处。其书虽瑰玮而连犿,无伤也;其辞虽参差而诙诡,可观。(《庄子·天下》)

老、庄之作,管、孟之流。盖以立意为宗,不能以文章为本。(南朝梁·萧统《文选序》)

文章蹊径好尚,自庄、列出而一变;《淮南子》连类喻义,本诸《易》与《庄子》。(清·刘熙载《艺概·文概》)

大同①

《礼记》

《礼记》，又称《小戴礼记》或《小戴记》。内容基本上是孔子弟子及其再传、三传弟子所记的先秦至汉初儒家关于礼仪教化的论述。相传是西汉宣帝时戴圣所辑，今传本为东汉郑玄注本，共四十九篇。《礼记》是儒家的主要经典之一，与《周礼》、《仪礼》合称"三礼"，为后人研究古代礼制文明及早期儒家思想提供了十分重要的文献资料。其中的《大学》、《中庸》两篇，在宋代与《论语》、《孟子》合为《四书》。

昔者仲尼与于蜡宾②，事毕，出游于观之上③，喟然而叹④。仲尼之叹，盖叹鲁也。言偃在侧⑤，曰："君子何叹⑥?"孔子曰："大道之行也⑦，与三代之英⑧，丘未之逮也⑨，而有志焉。

"大道之行也，天下为公。选贤与能⑩，讲信修睦，故人不独亲其亲，不独子其子，使老有所终，壮有所用，幼有所长，矜寡孤独废疾者⑪，皆有所养。男有分⑫，女有归⑬。货恶其弃于地也⑭，不必藏于己，力恶其不出于身也⑮，不必为己。是故谋闭而不兴⑯，盗窃乱贼而不作⑰，故外户而不闭，是谓大同⑱。

"今大道既隐，天下为家，各亲其亲，各子其子，货力为己，大人世及以为礼⑲。城郭沟池以为固⑳，礼义以为纪㉑。以正君臣，以笃父子，以睦兄弟，以和夫妇，以设制度，以立田里㉒，以贤勇知㉓，以功为己㉔。故谋用是作㉕，而兵由此起。禹、汤、文、武、成王、周公，由此其选也㉖。此六君子者，未有不谨于礼者也。以著其义㉗，以考其信㉘，著有过㉙，刑仁讲让㉚，示民有常。如有不由此者，在势者去㉛，众以为殃，是谓小康。"

（《礼记集解》，清孙希旦集解，北京：中华书局，1989）

【注释】

① 本文节选自《礼记·礼运》，篇名为编者所拟。
② 仲尼：孔子的字。蜡(zhà)：古代国君或诸侯的年终祭祀仪式。宾：陪祭的人。
③ 观(guàn)：门阙，指宗庙殿宇前面的大门楼。
④ 喟然：叹息声。
⑤ 言偃：字子游，孔子弟子。
⑥ 君子：指孔子。
⑦ 大道：与道家哲学本体之"道"不同，此指儒者理

想的大公无私的尧、舜时代。
⑧ 三代之英：指夏禹、商汤与周之文王、武王。英，英杰。
⑨ 未之逮：没赶上好时代。逮，及。
⑩ 与(與)：通"举(舉)"，推举。
⑪ 矜(guān)：同"鳏"，鳏夫，无妻者。寡：寡妇，无夫者。孤：孤儿，失父母抚养者。独：孤老，无子女供养者。疾废：残疾人。

⑫ 分:职分,职业。

⑬ 归:出嫁有家。

⑭ 货:财物。

⑮ 身:自身,自己。

⑯ 谋闭而不兴:阻塞阴谋而不使其发生。兴,起。

⑰ 乱贼:叛乱与贼害。

⑱ 大同:此指"大道之行,天下为公"的平等和谐理想世界。

⑲ 世及以为礼:指古代世卿世禄制度,把血缘世袭作为礼法制度而遵行。

⑳ 沟池:此指护城河及壕沟。

㉑ 纪:秩序纲纪。

㉒ 以正君臣:规范端正君臣上下的关系。

㉓ 以立田里:为乡里立规矩。立,规范。

㉔ 以贤勇知:以勇敢和有智慧的人为贤。知,通"智"。

㉕ 以功为己:为自己而建功立业。

㉖ 谋:此指阴谋。用是:因此。作:起。

㉗ 由此其选也:指被历史选中脱颖而出。

㉘ 以著其义:以表彰合乎礼义之事。著,显露。

㉙ 考:考察。

㉚ 著有过:揭露过失。

㉛ 刑仁讲让:以仁义为典范,提倡谦逊礼让。刑,通"型",典型。

㉜ 在埶者去:统治者被废黜。埶,"势"的古字。

【提示】

　　文章虽托名孔子与学生言偃的问答,但实际反映了春秋战国至汉初儒家的思想。春秋战国时代,天下大乱,礼崩乐坏,人民生活痛苦不堪。因此,儒家向往的"大同"理想,正是对于大动荡的混乱现实的一种强烈反拨。

　　"大同"的内容丰富,其中当然也包括了对于国家、民族大一统的热烈追求,这正是秦汉时期人们对于传统儒家理论的新思考。文章分三段。首段孔子"叹鲁",为什么?过去人们说是周礼尽在鲁国,现在礼制分崩离析,社会动荡不安,鲁尚如此,遑论其余!声声叹息,隐约见到了现实的黑暗与人们的不安。这才引出了第二段对于"大同"世界的理想追求。"大道之行也,天下为公",这是一个没有人压迫人、人剥削人的公平社会,权力、财富归于国家全民公有,人人平等,社会太平。幼有所长,老有所养,男女尽力,各尽所能,社会健康发展,夜不闭户而盗贼不作。这是一幅多么美妙的理想蓝图,其思想的超前性可见一斑。可惜在那个时代只是个难以实现的梦想,所以只能退求其次。这又引出了最后一段对于"小康"社会的描述。"小康"社会虽然不是最高理想,但通过礼制的建设与推行,儒者认为是可以实现的。这与天下为公的"大同"世界虽有距离,但却可在现实生活中去具体争取。"小康"衬托了"大同"理想的完美。对"大同"社会的理想追求,道出了中华民族的心声。直到近现代的康有为、孙中山和共产主义者,都在为实现这一社会理想而努力,于此可见其思想影响之深远。

　　文章铺张扬厉,多用排比,气势宏伟而激情跃出于字里行间,其章法脉络,首尾相应而环环相扣。

【思考与练习】

一、过去理想的大同社会与今天我们正在建设的小康社会有何异同,有何关系?

二、大同社会是古代的理想世界,今天如何评价这种理想?今后怎样才能实现?要具有哪些条件?

三、本文在语言表达上有何特点?

谏^{逐客书}①

李 斯

李斯(？—前208年)，战国时楚国上蔡(今河南上蔡)人。秦著名政治家。青年时代受学于荀子。学成，到秦国游说，得到秦王政的赏识，拜为客卿。秦统一六国后，官至丞相。秦二世时，被赵高陷害，腰斩于咸阳，夷灭三族。李斯留下的著述不多，主要有《谏逐客书》、《论统一书》、《行督责书》和《自罪书》等，大都被收入《史记·李斯列传》。

臣闻吏议逐客，窃以为过矣②。

昔缪公求士③，西取由余于戎④，东得百里奚于宛⑤，迎蹇叔于宋⑥，来丕豹、公孙支于晋⑦，此五子者，不产于秦，而缪公用之，并国二十，遂霸西戎。孝公用商鞅之法⑧，移风易俗，民以殷盛，国以富彊⑨，百姓乐用，诸侯亲服，获楚、魏之师⑩，举地千里，至今治彊。惠王用张仪之计⑪，拔三川之地⑫，西并巴、蜀⑬，北收上郡⑭，南取汉中⑮，包九夷⑯，制鄢、郢⑰，东据成皋之险⑱，割膏腴之壤，遂散六国之从⑲，使之西面事秦，功施到今⑳。昭王得范睢㉑，废穰侯㉒，逐华阳㉓，彊公室㉔，杜私门，蚕食诸侯，使秦成帝业。此四君者，皆以客之功。由此观之，客何负于秦哉？向使四君却客而不内㉕，疏士而不用，是使国无富利之实，而秦无彊大之名也。

今陛下致昆山之玉㉖，有随、和之宝㉗，垂明月之珠，服太阿之剑㉘，乘纤离之马㉙，建翠凤之旗㉚，树灵鼍之鼓㉛。此数宝者，秦不生一焉，而陛下说之㉜，何也？必秦国之所生然后可，则是夜光之璧不饰朝廷，犀象之器不为玩好㉝，郑、卫之女不充后宫，而骏良駃騠不实外厩㉞，江南金锡不为用，西蜀丹青不为采。所以饰后宫充下陈、娱心意说耳目者㉟，必出于秦然后可，则是宛珠之簪㊱，傅玑之珥㊲，阿缟之衣㊳，锦绣之饰不进于前，而随俗雅化㊴，佳冶窈窕，赵女不立于侧也。夫击瓮叩缶㊵，弹筝搏髀而歌呼呜呜快耳者㊶，真秦之声也；郑卫桑间㊷，昭虞武象者㊸，异国之乐也。今弃击瓮叩缶而就郑卫，退弹筝而取昭虞，若是者何也？快意当前，适观

法鞅君说
嬖商秦

90

而已矣④。今取人则不然，不问可否，不论曲直，非秦者去，为客者逐。然则是所重者在乎色乐珠玉，而所轻者在乎人民也，此非所以跨海内、制诸侯之术也。

臣闻地广者粟多，国大者人众，兵彊则士勇。是以太山不让土壤⑤，故能成其大；河海不择细流，故能就其深⑥；王者不却众庶，故能明其德。是以地无四方，民无异国，四时充美，鬼神降福，此五帝三王之所以无敌也⑥。今乃弃黔首以资敌国⑧，却宾客以业诸侯⑩，使天下之士退而不敢西向，裹足不入秦，此所谓藉寇兵而赍盗粮者也⑩。

夫物不产于秦，可宝者多；士不产于秦，而愿忠者众。今逐客以资敌国，损民以益仇，内自虚而外树怨于诸侯，求国无危，不可得也。

（《史记》，西汉司马迁撰，南朝宋裴骃集解，唐司马贞索隐，唐张守节正义，北京：中华书局，1959）

【注释】

① 本文选自《史记·李斯列传》。
② 窃：私自，自谦之词。过：错误。
③ 缪公：秦穆公，秦国君，春秋五霸之一。公元前659年至前621年在位。
④ 由余：晋国人，流亡于戎。后奉戎王命出使秦国，被秦穆公设计收买。穆公用由余之谋伐戎，并国二十，开地千里。
⑤ 百里奚：楚国宛（今河南南阳）人。初仕虞国，晋灭虞后，他以战俘身份作为晋献公女儿的陪嫁奴仆入秦。后出走宛地，秦穆公闻其贤，用五张羊皮赎回，并拜其为相。
⑥ 蹇叔：本是岐（今陕西岐山）人，客居于宋国。因百里奚的推荐，秦穆公以厚币接他入秦任上大夫。
⑦ 丕豹：晋大夫丕郑子。其父被杀，遂自晋奔秦。公孙支：岐州人，居于晋。他们西入秦国后，分别被穆公任为大将和大夫。
⑧ 孝公：秦孝公，秦国君，公元前361年至前338年在位。商鞅：姓公孙，名鞅，卫国人。入秦，劝秦孝公变法，使秦国力大盛。
⑨ 彊：同"强"。
⑩ 获楚、魏之师：指商鞅于公元前340年率秦军大破魏军，继而又战胜楚军。
⑪ 惠王：秦惠王，秦国君，公元前337年至前311年在位。张仪：魏国人，西入秦，被惠王任为相。张仪提出了用"连横"瓦解东方六国"合纵"的谋略。
⑫ 三川之地：指韩国之洛阳一带。三川，黄河、洛水、伊水。
⑬ 巴、蜀：战国时期的两个小国，分别在今四川省的东部和西部。公元前316年，秦灭蜀。
⑭ 上郡：郡名，战国魏文侯置，后为秦所夺，治肤施（今陕西榆林东南）。
⑮ 汉中：郡名，战国楚怀王置，在汉水中游。公元前312年，秦大破楚军而占取之，移治南郑（今陕西汉中东）。
⑯ 九夷：这里泛指散居在当时楚国境内的若干少数民族。
⑰ 鄢、郢（yān yǐng）：楚国先后建都的地方。鄢，今湖北宜城南。郢，今湖北荆州江陵区西北。本句指公元前280年至277年秦攻取大片楚地事。
⑱ 成皋：又名虎牢，军事要地，在今河南荥阳西北。
⑲ 六国之从（zòng）：战国时齐、楚、赵、魏、韩、燕六国的抗秦联盟。从，通"纵"，即合纵。
⑳ 施（yì）：延，延续。
㉑ 昭王：秦昭王，秦国君，公元前306年至前251年在位。范雎：魏国人，入秦后被昭王拜为相。
㉒ 穰（ráng）侯：即魏冉，封于穰，故称穰侯。
㉓ 华阳：华阳君，名芈（mǐ）戎。魏冉和华阳君都是秦昭王的母亲宣太后的弟弟，专权骄横。
㉔ 公室：王室，朝廷。
㉕ 向使：当初假使。内（nà）：同"纳"，接纳。
㉖ 昆山之玉：昆仑山北麓（今新疆和田地区）所产的良玉。
㉗ 随、和之宝：随侯珠，和氏璧，都是有名的珍宝。
㉘ 太阿：宝剑名，相传为春秋时吴国的欧冶子、干将所铸。
㉙ 纤离：古代骏马名。
㉚ 翠凤之旗：用翠凤的羽毛装饰的旗。
㉛ 灵鼍（tuó）之鼓：用灵鼍皮蒙的鼓。鼍，俗名猪婆龙，即扬子鳄。

㉜ 说(yuè)：通"悦"。

㉝ 犀象之器：用犀牛角和象牙制成的器物。

㉞ 駃騠(jué tí)：骏马。

㉟ 下陈：指君王诸侯的姬侍。

㊱ 宛珠：宛地(靠近汉水)出产的珍珠。

㊲ 傅玑之珥(ěr)：镶着珠玑的耳饰。珥，耳环。

㊳ 阿缟(gǎo)：东阿县(今属山东)出产的白绢。

㊴ 随俗雅化：娴雅变化而能通俗。

㊵ 击瓮叩缶(fǒu)：敲打瓦罐瓦盆。

㊶ 捭髀(bì)：拍着大腿。

㊷ 郑卫桑间：指郑、卫两国的民乐民歌。

㊸ 昭虞武象：昭一作"韶"，韶虞，相传是虞舜时的

乐曲名。武象，相传为周武王时的舞曲名。

㊹ 适观：适合观赏。

㊺ 太山：即泰山。让，辞，拒绝。

㊻ 就：成就，完成。

㊼ 五帝：《史记》以黄帝、颛顼、帝喾、尧、舜为五帝。三王：三代之王，即夏禹、商汤、周文王与周武王。

㊽ 黔首：秦代对百姓的称呼。黔，黑。

㊾ 业诸侯：使诸侯成就功业。业，这里用作动词。

㊿ 藉寇兵：借给贼寇武器。赍(jī)盗粮：送给强盗粮食。

【提示】

秦始皇初年，李斯被拜为客卿。当时，由于客卿在秦国的发展影响了原有贵族的权势，秦国贵族于是借韩国派水工郑国为秦国开渠以阴谋消耗秦国力量的事件，一概否定客卿仕秦的功绩与用心，并奏请秦王逐客。于是秦王下逐客令，李斯也在被逐之列。李斯有感于这一政策的重大失误，及时向秦王上了这篇《谏逐客书》。

在书中，李斯历叙秦国四代君主都以客卿致富强而成霸业的历史事实，表明客卿并不负秦，秦国历来也并不却客。还列举种种珍宝器物虽不产于秦，都能为秦王所用，说明用人与使物也理应统一，切不可重物而轻人。进而指出逐客"非所以跨海内、制诸侯之术也"。文章正反对比，利害对举，既能晓之以理，又能动之以情，富有说服力。

臣子向君主进谏，历代并不乏人，但大都因批"逆鳞"而遭惨败。李斯的这篇谏书却能为秦王接纳，使其收回成命，并恢复了李斯的官职，这在历史上确为凤毛麟角。其中应有多方面的原因，但与李斯在谏书中不为客说，专为秦谋；详述纳客之功，略论逐客之过的论说策略；重于事实明理，轻于据理力争的论说方法，有极大关系。

作为一篇谏书，本文除了观点明确外，还具有婉转的措辞与犀利的语锋完美结合的显著特点。而词采缤纷的大肆铺陈，以及气势充沛的排比句式，也极大地增强了文章的说服力。

【思考与练习】

一、这篇文章意在论逐客之过，作者不直斥秦王逐客之非，而用很大篇幅详叙秦国历代君主的纳客之功，这是出于何种考虑？

二、文章的中心议题是客卿问题，但作者始终不谈客卿的利益，却处处从秦国的危亡着眼，为秦王的统一大业着想，你认为作者在策略上有何高明之处？

三、清李兆洛在《骈体文钞》中尊本文为"骈体之祖"，你认同这一说法吗？请结合文本略作阐析。

四、阅读本篇，对于不同国家、民族、地区之间建立一种海纳百川的科学人才观，有何历史的启示意义？

【辑评】

文章用意庸,易起人厌;须出人意表,方为高手。如李斯《谏逐客书》,借人扬己,以小喻大,另是一种巧思。能打破此等关窍,下笔自惊世骇俗矣。(明·归有光《文章指南》)

细玩行文,落笔时胸中必有一段无因见逐、不能自平之气。故不禁其拉杂错综,忽而正说,忽而倒说,忽而复说,莫可端倪。如此所以为佳。(清·林云铭《古文析义》)

李斯既亦在逐中,若开口便直斥逐客之非,宁不适以触人主之怒,而滋之令转甚耶,妙在绝不为客谋,而通体专为秦谋。语意由浅入深,一步紧一步,此便是游说秘诀。……意最真挚,笔最曲折,语最委婉。而段落承接,词调字句,更无不各具其妙。(清·余诚《重订古文释义新编》)

旁罗处,层叠敲击。到正写,又妙在不粘。风雨发作,光怪变现。笔势如生蛇不受捕捉。(清·浦起龙《古文眉诠》)

何氏义门谓此文只"昔"字、"今"字对照两大段,前举先世之典,以事证;后就秦王一身,以物喻。即小见大,于人情尤易通晓。可谓道着。何义门又谓汉以后文字不能如此驰骋。实则文章逐时代而迁移,李斯富于才,此篇为切己之事,故言之精切。实则仍是策士之词锋,不能不如此炫其神通以骇人也。(林纾《古文辞类纂选》)

此书历来传诵,至其命意为后世张本开宗,则似未有道者。二西之学入华,儒者辟佛与夫守旧者斥新知,诃为异端,每以来自异域耳。为二学作护法者,立论每与此书似响之应、若符之契。(钱钟书《管锥编》)

过秦论(上)①

贾 谊

贾谊(前200—前168),洛阳(今河南洛阳东)人。西汉著名政治家、文学家。也是最早的汉赋作家之一。十八岁时就以文才出名。二十岁被汉文帝召为博士。一年后升为太中大夫。他对当时政治提出了改革的建议,遭到周勃等权贵的忌妒、毁谤,被贬为长沙王的太傅。后人因称其为贾长沙、贾太傅。文帝七年(前175),他被召回长安,任梁怀王的太傅。文帝虽仍赞赏他的博学,但对于他多次上疏陈述的政治主张并不采纳。后来梁怀王骑马摔死,他悲泣自责,忧闷而死。贾谊的作品,《汉书·艺文志》著录有文五十八篇,赋七篇。其文见现存的《新书》,亦名《贾子》。

秦孝公据崤函之固②,拥雍州之地③,君臣固守以窥周室④,有席卷天下,包举宇内,囊括四海之意,并吞八荒之心⑤。当是时也,商君佐之⑥,内立法度,务耕织,修守战之具,外连衡而斗诸侯⑦。于是秦人拱手而取西河之外⑧。

孝公既没,惠文、武、昭襄蒙故业⑨,因遗策⑩,南取汉中,西举巴、蜀,东割膏腴之地,北收要害之郡。诸侯恐惧,会盟而谋弱秦,不爱珍器重宝肥饶之地⑪,以致天下之士⑫,合从缔交⑬,相与为一⑭。当此之时,齐有孟尝,赵有平原,楚有春申,魏有信陵⑮,此四君者,皆明智而忠信,宽厚而爱人,尊贤而重士,约从离衡⑯,兼韩、魏、燕、赵、宋、卫、中山之众⑰。于是六国之士,有宁越、徐尚、苏秦、杜赫之属为之谋⑱;齐明、周最、陈轸、召滑、楼缓、翟景、苏厉、乐毅之徒通其意⑲;吴起、孙膑、带佗、倪良、王廖、田忌、廉颇、赵奢之伦制其兵⑳。尝以十倍之地,百万之师,叩关而攻秦㉑。秦人开关延敌㉒,九国之师,逡巡而不敢进㉓。秦无亡矢遗镞之费,而天下已困矣。于是从散约败,争割地而赂秦。秦有余力而制其弊,追亡逐北㉔,伏尸百万,流血漂橹㉕;因利乘便,宰割天下,分裂山河。彊国请服,弱国入朝。延及孝文王、庄襄王㉖,享国之日浅,国家无事。

及至始皇,奋六世之余烈㉗,振长策而御宇内㉘,吞二周而亡诸侯㉙,履至尊而制六合㉚,执敲朴而鞭笞天下㉛,威振四海。南取百越之地,以为桂林、象郡㉜,百越之君,俛首系颈㉝,委命下吏。乃使蒙恬北筑长城而守藩篱㉞,却匈奴七百余里,胡人不敢南下而牧马,士不敢弯弓而报怨。于是废先王之道,焚百家之言,以愚黔首,堕名城,杀豪杰,收天下之兵,聚之咸阳,销锋镝㉟,铸以为金人十二,以弱天下之民。然后践华为城㊱,因河为池㊲,据亿丈之高,临不测之渊以为固。良将劲弩,守要害之处;信臣精卒,陈利兵而谁何㊳。天下已定,始皇之心,自以为关中之固,金城千里㊴,子孙帝王万世之业也。

始皇既没,余威震于殊俗㊵。然陈涉瓮牖绳枢之子㊶,氓隶之人㊷,而迁徙之徒也㊸。

才能不及中人,非有仲尼、墨翟之贤,陶朱、猗顿之富㊺,蹑足行伍之间,而俛起阡陌之中,率疲弊之卒,将数百之众,转而攻秦;斩木为兵,揭干为旗,天下云合响应,赢粮而景从㊻。山东豪俊并起而亡秦族矣。

且夫天下非小弱也;雍州之地,殽函之固,自若也。陈涉之位,非尊于齐、楚、燕、赵、韩、魏、宋、卫、中山之君也;鉏櫌棘矜㊼,非铦于钩戟长铩也㊽;适戍之众,非抗于九国之师也;深谋远虑,行军用兵之道,非及乡时之士也㊾。然而成败异变,功业相反,何也?试使山东之国与陈涉度长絜大㊿,比权量力,则不可同年而语矣。然秦以区区之地,致万乘之势,序八州而朝同列,百有余年矣;然后以六合为家,殽函为宫;一夫作难而七庙堕(51),身死人手,为天下笑者,何也?仁义不施,攻守之势异也。

(《新书校注》,汉贾谊撰,阎振益、钟夏注,北京:中华书局,2000)

【注释】

① 本文选自贾谊《新书》卷一。原文一般分为上、中、下三篇,这里选的是上篇。“过秦”的“过”,是过失、过错的意思,这里用作动词,“过秦”就是指责秦国的过失。

② 秦孝公:秦国的国君,名渠梁,公元前361年至前338年在位。崤函:崤山和函谷关。崤,亦作“殽”。

③ 雍州:古九州之一,今陕西、甘肃、青海一带。

④ 窥周室:暗暗地计划吞并周朝。窥,窥伺,偷看,意谓寻找机会吞并他国。

⑤ 八荒:八方荒远的地方。

⑥ 商君:商鞅。

⑦ 连衡:也作“连横”,是当时外交斗争的一种策略。斗诸侯:使诸侯自相斗争。

⑧ 拱手:两手相合,指毫不费力。

⑨ 惠文、武、昭襄:秦国的三位国君惠文王、武王、昭襄王。惠文王名驷,是孝公的儿子;武王是惠文王的儿子,昭襄王是武王的异母弟。蒙:有承接的意思。

⑩ 因:沿袭。

⑪ 不爱:不吝惜。

⑫ 致:招纳。

⑬ 合从:也作“合纵”,是六国联合共同对付秦国的策略。

⑭ 相与为一:互相援助,成为一体。

⑮ “齐有”四句:孟尝,孟尝君,齐国的公子,姓田名文。平原,平原君,赵国的公子,名胜。春申,春申君,姓黄名歇。信陵,信陵君,魏国的公子,名无忌。

⑯ 约从离衡:相约为合从,离散秦国的连衡策略。

⑰ 韩、魏、燕、赵、宋、卫、中山:《史记·秦始皇本纪》“燕”后有“楚、齐”二字。

⑱ 宁越:赵人。徐尚:宋人。苏秦:周人,是当时的“合从长”。杜赫:周人。

⑲ 齐明:东周臣。周最:东周君的儿子。陈轸:楚人。召滑:楚臣。楼缓:魏相。翟景:魏人。苏厉:苏秦之弟。乐毅:燕将。

⑳ 吴起:卫人。孙膑:齐将。带佗:楚将。倪良、王廖:都是当时的兵家。田忌:齐将。廉颇、赵奢:都是赵将。

㉑ 叩关:指攻打函谷关。

㉒ 延敌:引敌人进来。延,引进。

㉓ 逡巡:徘徊,行而不进。

㉔ 亡:逃跑。此指败逃的敌军。北:溃败,此指败走的敌军。

㉕ 橹:盾牌。

㉖ 孝文王:秦国国君,昭襄王的儿子,在位只有三天就死了。庄襄王:孝文王的儿子,在位三年就死了。

㉗ 六世:指孝公、惠文王、武王、昭襄王、孝文王、庄襄王六代。余烈:遗留下来的功业。

㉘ 振:挥动。策:马鞭子。御:驾御,统治。

㉙ 吞二周:吞并西周和东周。秦昭襄王五十一年(前256)灭西周,秦庄襄王元年(前249)灭东周。

㉚ 履至尊:登上帝位。六合:天地四方,指天下。

㉛ 敲朴:刑具,短的叫敲,长的叫朴。

㉜ 百越:古代越族居住在江、浙、闽、粤各地,各部族各有名称,而统称百越,也叫百粤。

㉝ 桂林、象郡:秦所置的二郡,都在今广西境内。

㉞ 俛首:低头,表示服从。俛,同“俯”。系颈:颈上系绳,表示投降。
㉟ 蒙恬:秦将。始皇时领兵三十万北逐匈奴,修筑万里长城。
㊱ 锋镝(dí):泛指兵器。锋,刀尖;镝,箭头。
㊲ 践华为城:依凭着华山当作城。
㊳ 因河为池:顺沿着黄河当作池(护城河)。
㊴ 谁何:指盘诘查问,系将代词用作动词。
㊵ 金城:坚固的城池。
㊶ 殊俗:不同的风俗,指边远的地区。
㊷ 瓮牖(yǒu)绳枢:以破瓮作窗户,以草绳系户枢,形容家里穷。
㊸ 氓:民。隶:奴隶。
㊹ 迁徙之徒:被征发的人,指陈涉被征发戍守渔阳而言。
㊺ 陶朱:春秋时越国的范蠡。他帮助越王勾践灭吴后,离开越国,跑到陶,自称陶朱公。他善于经营生计,后人常以“陶朱”为富人的代称。猗顿:春秋时鲁国人。他向陶朱公学致富之术,大畜牛羊于猗氏(今山西临猗一带)南部,积累了很多的财物。
㊻ 赢粮:担着粮食。赢,担负。景从:如影随形地跟着。景,同“影”。
㊼ 鉏耰(yōu)棘矜(jīn):鉏,“锄”。耰,锄柄。棘,同“戟”。矜,戟柄。
㊽ 铦(xiān):锋利。钩戟:有钩的戟。长铩(shā):长矛。
㊾ 乡(xiàng)时:先前。乡,同“向”。
㊿ 度长絜(xié)大:量量长(短),比比大(小)。絜,衡量。
51 七庙:天子的宗庙。周制天子祀祖立七庙。

【提示】

《过秦论》是西汉政治家贾谊的一篇力作,意在警戒当世之君臣记取秦朝覆亡的历史教训,如作者在《过秦论》的下篇里引野谚所作说明:“前事之不忘,后之师也。”创作意图十分明确。

作者总结秦朝灭亡的教训,却先从秦国的强盛说起。文章以抗秦六国的雄厚实力作为反衬,用铺陈夸张之笔着力渲染了秦国孝公以来六代君主的开拓功业和秦始皇统一六国的赫赫威势。这既为写秦朝日后的覆亡作铺垫,也为揭示主题蓄势。而正是这个“金城千里”,似乎造就了“帝王万世之业”的强大秦国,面对陈涉“斩木为兵,揭竿为旗”的数百“疲弊之卒”,居然不堪一击而迅即覆亡。秦王朝终于由极盛走向了极衰,由万世之业的幻想变成二世而亡的现实,这形成了一种巨大的历史反差。反差促使人们反思,文章连用两个“何也”,发人深省,促使人们从中认识到导致强秦覆亡的最终原因是“仁义不施”。这既是对秦王朝覆亡所作的历史总结,也是为汉王朝的长治久安提供历史借鉴。

文章熔政论性与文学性于一炉,作者善于运用排比与对偶等多种表现手段铺陈渲染,纵横论析,感情充沛,辞锋犀利,文势闳肆,富于节奏,确有一唱三叹之致。前人以为“此等笔力,即求之西汉中,亦不易得也”,确为的评。

【思考与练习】

一、《谏逐客书》一发端,便提出文章主题;《过秦论》一直到文章最后,才揭示主题。试比较两者在表达上有何不同效果?这与文类的不同有何内在关系?

二、金圣叹认为《过秦论》“前半有说六国时,此只是反衬秦;后半有说秦时,此只是反衬陈涉”。请分析本文在反衬手法运用上有何独到成就?

三、前人指出,贾谊作陈涉与强秦之比,有卵石之异。但文章的最后结局居然是卵能碎石,作者力图用这种意想不到的艺术效果来揭示何种思想?

四、对于秦国的兴亡,贾谊用“仁义不施,攻守之势异也”进行了历史的总结,今天我们重读这篇千古名文,有何新的借鉴意义?

【辑评】

"过秦论"者,论秦之过也。秦过只是末句"仁义不施"一语便断尽。此通篇文字,只看得中间"然而"二字一转。未转之前,重叠只是论秦如此之强;既转以后,重叠只是论陈涉如此之微。通篇只得二句文字:一句只是以秦如此之强,一句只是以陈涉如此之微。至于前半有说六国时,此只是反衬秦;后半有说秦时,此只是反衬陈涉,最是疏奇之笔。(清·金圣叹《天下才子必读书》)

《过秦论》乃论秦之过。三篇中而此篇最为警健。秦之过,止在结语"仁义不施"而"攻守之势异"二句。通篇全不提破,千回万转之后,方徐徐说出便住。从来古文无此作法。尤妙在论秦之强处,重重叠叠,说了无数才转入陈涉,又将陈涉之弱处,重重叠叠说了无数,再转入六国。然后以秦之能攻不能守处作一问难,迫出正意。段段看来,都是到山穷水尽之际得绝处逢生之妙。(清·林云铭《古文析义》)

《过秦论》者,论秦之过也。秦过只是末"仁义不施"一句便断尽,从前竟不说出。层次敲击,笔笔放松,正笔笔鞭紧,波澜层折,姿态横生,使读者有一唱三叹之致。(清·吴楚材等《古文观止》)

通篇俱是写仁义不施,而攻守势异。……其文平铺直叙中,自具纵横驰骤,向背往来。"且夫"以下是议论。其实叙事内原带有议论;议论内亦兼有叙事。变化错综,不可端倪。至段落之长短相间,承接之虚实相生,句调之整齐参差相杂,更觉笔墨到处皆妙。难尽述,读者当一一细心领取。(清·余诚《重订古文释义新编》)

俗解通篇四分之三,笔统说作秦强,全无曲势,末句攻守二字,又如赘疣。予自少疑之。岂知前要托高九国,与后捺低陈涉相照。托高则以一当九,难矣。而秦反远攻;捺低则以暴击弱,易矣。而秦惟恃守,恰将九国之众,陈涉之微,分头激射,两路拶逼,如此夹出后段,加倍精彩。藏曲于直,故得势。而结尾两言,更字字落实。神物无方,固未易识。(清·浦起龙《古文眉诠》)

谏太宗十思疏①

魏　徵

魏徵(580—643),字玄成,巨鹿下曲阳(今河北晋县)人。唐初著名政治家。隋末参加瓦岗义军。后归唐。唐太宗即位,任为谏议大夫。贞观三年(629),以秘书监参与朝政。迁侍中,封郑国公。卒谥文贞。以敢于直言进谏著称,屡劝唐太宗居安思危、举贤任能、戒奢爱民,于贞观之治功绩卓著。他去世后,唐太宗亲自撰写碑文,称:"人以铜为镜,可以正衣冠;以古为镜,可以见兴替;以人为镜,可以知得失。魏徵殁,朕亡一镜矣!"魏徵曾撰写《隋书》的序论和《梁书》、《陈书》、《北齐书》的总论,论列史实以简明正确为旨归,时称"良史"。有《魏徵集》,已佚。《全唐文》存其文三卷,《全唐诗》存其诗一卷。

臣闻求木之长者②,必固其根本;欲流之远者,必浚其泉源③;思国之安者,必积其德义④。源不深而望流之远,根不固而求木之长,德不厚而思国之理,臣虽下愚⑤,知其不可,而况于明哲乎⑥!人君当神器之重⑦,居域中之大⑧,将崇极天之峻⑨,永保无疆之休⑩。不念居安思危,戒奢以俭⑪,德不处其厚,情不胜其欲⑫,斯亦伐根以求木茂,塞源而欲流长也。

凡百元首⑬,承天景命⑭,莫不殷忧而道著⑮,功成而德衰。有善始者实繁,能克终者盖寡⑯。岂取之易而守之难乎⑰?昔取之而有余,今守之而不足,何也?夫在殷忧必竭诚以待下,既得志则纵情以傲物⑱;竭诚则吴越为一体⑲,傲物则骨肉为行路⑳。虽董之以严刑㉑,振之以威怒㉒,终苟免而不怀仁㉓,貌恭而不心服。怨不在大㉔,可畏惟人㉕,载舟覆舟㉖,所宜深慎㉗,奔车朽索㉘,其可忽乎㉙!

君人者㉚,诚能见可欲则思知足以自戒㉛,将有作则思知止以安人㉜,念高危则思谦冲而自牧㉝,惧满溢则思江海下百川㉞,乐盘游则思三驱以为度㉟,忧懈怠则思慎始而敬终㊱,虑壅蔽则思虚心以纳下㊲,想谗邪则思正身以黜恶㊳,恩所加则思无因喜以谬赏㊴,罚所及则思无因怒而滥刑㊵。总此十思㊶,弘兹九德,简能而任之㊸,择善而从之㊹,则智者尽其谋,勇者竭其力,仁者播其惠㊺,信者效其忠㊻,文武争驰,君臣无事,可以尽豫游之乐,可以养松、乔之寿㊼,鸣琴垂拱㊽,不言而化㊾。何必劳神苦思,代下司职㊿,役聪明之耳目㉑,亏无为之大道哉!

(《贞观政要》,唐吴竞撰,上海:上海古籍出版社,1978)

【注释】

① 本文选自《贞观政要·君道》,亦见于《旧唐书·　魏徵传》。今常见的《古文观止》本则颇有删削。

谏:劝谏。太宗:唐太宗李世民。疏:奏疏,封建时代臣子向君主陈述意见的一种文体。

② 固:使……稳固。本:根。

③ 浚(jùn):疏通。

④ 德义:恩德和道义。

⑤ 下愚:最愚笨的人。

⑥ 明哲:贤明而有智慧的人。

⑦ 人君:君主。当:担当,掌握。神器:帝位。

⑧ 居域中之大:语本《老子》:"道大,天大,地大,王亦大。域中有四大,而王居其一焉。"居,占据。域中,天地间。

⑨ 崇:尊崇。极天:至天,达于天。语本《诗经·大雅·崧高》:"崧高维岳,骏极于天。"峻:崇高,高贵。

⑩ 无疆:没有边际。休:福。

⑪ 戒奢以俭:戒除奢侈而崇尚节俭;以,而。一说,用厉行节俭来革除奢侈;以,用。

⑫ 不胜其欲:制伏不住他的欲望。

⑬ 凡百:所有一切。元首:指帝王。

⑭ 承天景命:承受上天的大命。古人认为封建帝王是承受天命而登位的。景,大。

⑮ 殷:深。一说通"慇",忧貌。

⑯ 克终:善终。

⑰ 之:指天下。

⑱ 傲物:骄傲自大,看不起别人。

⑲ 吴越:吴国和越国是春秋时两个势不两立的敌对诸侯国。

⑳ 骨肉:借指亲属。行路:路人。

㉑ 董:督责。

㉒ 振:震动,震慑。

㉓ 苟:暂且。免:指避免犯罪。

㉔ 怨不在大:语出《尚书·康诰》:"怨不在大,亦不在小。"孔颖达疏云:"人之怨不在事大,或由小事而起;虽由小事而起,亦不恒在事小,因小至大。"此则说明,不管事大事小,凡是能使民众怨恨的事都不可做。

㉕ 惟:为,是。人:民众。

㉖ 载舟覆舟:语本《荀子·王制》:"君者舟也,庶人者水也。水则载舟,水则覆舟。"载,托起。

㉗ 宜:应当。

㉘ 奔车朽索:用朽烂的绳子驾驭飞奔的马车。典出《尚书·五子之歌》:"予临兆民,懍乎若朽索之驭六马。"

㉙ 其:岂,难道。忽:轻忽,怠慢。

㉚ 君人:做民众的君主。这里君是动词。

㉛ 可欲:指能引起自己喜好的东西。

㉜ 有作:有所兴建,指建造宫殿之类的大工程。知止:知道适可而止。语本《老子》:"知止不殆。"(殆,危险)安人:使民众得到安宁。

㉝ 谦冲:谦虚。自牧:自我修养。

㉞ 满溢:指骄傲自满。江海下百川:江海的地势比所有的河流都低下。语本《老子》:"江海所以能为百谷王者,以其善下之,故能为百谷王。"下百川,下于百川,比百川低下。

㉟ 盘游:游乐,这里指出猎。三驱:打猎时,只围其三面,使被围的禽兽可以逃去一些。不忍把禽兽完全捕杀,这是古人所谓好生之德。度:限度。

㊱ 慎始而敬终:从开始到终了都非常慎重。语出《左传·襄公二十五年》:"慎始而敬终,终以不困。"敬,在这里与"慎"同义。

㊲ 壅:指耳朵被堵塞。蔽:指眼睛被蒙蔽。纳下:听取下面的意见。

㊳ 谗:讲坏话陷害别人。邪:行为不正。正身:端正自己的言行。黜:罢斥。恶:指奸邪之徒。

㊴ 无:通"毋",不要。谬赏:错误地赏赐。

㊵ 滥刑:过度地施加刑罚。

㊶ 总:这里有全部掌握、全面养成之意。

㊷ 弘:弘扬,发扬光大。兹:此。九德:古代的九种美德,说法不一,这里泛指国君应当具有的德行。

㊸ 简:选,挑选。能:有才能的人。

㊹ 善:指品德高尚的人。从:听从,信任。

㊺ 播:广施。惠:仁爱,恩德。

㊻ 信者:忠诚的人。

㊼ 松、乔:赤松子与王子乔的并称,两人都是传说中的仙人。

㊽ 鸣琴:指无为而治。典出《吕氏春秋·察贤》:"宓子贱治单父,弹鸣琴,身不下堂而单父治。"垂拱:垂衣拱手,意思是无须亲自动手做事。

㊾ 化:治。

㊿ 司职:行使职权。

[51] 役:驱使。聪明:视觉、听觉非常敏锐。

【提示】

唐太宗在创业之时,奋发进取,严于律己;但立国之后,不免自矜功业,舍勤俭而求奢

"鸣琴垂拱，不言而化。"
鼓琴图　　元·王振鹏作

侈。魏徵此文，写于贞观十一年(637)，旨在提醒、儆戒唐太宗居安思危，戒奢以俭、积聚德义以顺应民心，使天下长治久安。

文章观点鲜明，论述畅达。开篇即提出"思国之安者，必积其德义"的中心论点，而后的文字即紧紧围绕这一中心展开。文章各个部分之间关联紧密，因果分明，具有令人信服的逻辑力量。

作者善于运用正反对举的方法来援事说理，进行对比论证，论述简捷扼要，而事理昭然，是非、得失、利害等相形益彰。此外，文中还多用比喻、排比、对偶等修辞，化抽象为具体，化深奥为浅显，不仅使文章的说理显得生动可感，也使文章的句式显得整饬而便于记诵。

【思考和练习】

一、结合本文的中心论点，说明国家安定、积聚德义、获取人心、厉行"十思"四者之间的内在逻辑联系。

二、以第一、二段为例，说明本文所采用的正反对举的论证方法。

三、认知文中语意相反相成的对偶句。

【辑评】

此魏公贞观十一年之疏。以"思"字作骨，意谓人君敢于纵情傲物，不积德义以致失人心者，皆坐未之思耳。思曰睿，睿作圣，故有"十思"之目。若约言之，总一居安思危而已。十三年五月，复有《十渐不克终》之疏，非魏公不敢为此言，非太宗亦不能纳而用之。千古君臣，令人神往。文虽平实，当与三代谟训并垂，原不待以奇幻见长也。(清·林云铭《古文析义》)

以文论，总冒总收，有埋伏，有发挥，有线索，反正宕跌，不使直笔，排雄厚，不尚单行，最合时墨；以理论，忧盛危明，善始虑终，虽古大臣谟诰，不过如此。疏上太宗即纳，此魏公所以称贤相，而贞观之治，亦几于古也。(清·李扶九《古文笔法百篇》)

吊古战场文①

李 华

李华(715—766),字遐叔,赵州赞皇(今属河北)人。唐文学家。开元二十三年(735)进士及第。天宝初举博学宏词,授南和尉。历官秘书省校书郎、右补阙、检校吏部员外郎。以病辞官归。为盛唐时期的著名古文家,与萧颖士齐名,并称"萧李",为韩愈、柳宗元古文运动的先驱。有《李遐叔文集》。

浩浩乎平沙无垠②,敻不见人③。河水萦带④,群山纠纷⑤。黯兮惨悴⑥,风悲日曛⑦。蓬断草枯⑧,凛若霜晨⑨。鸟飞不下,兽挺亡群⑩。亭长告余曰⑪:"此古战场也。常覆三军⑫,往往鬼哭,天阴则闻。"伤心哉!秦欤汉欤?将近代欤⑬?

吾闻夫齐魏徭戍⑭,荆韩召募⑮,万里奔走,连年暴露⑯。沙草晨牧⑰,河冰夜渡。地阔天长,不知归路。寄身锋刃,腷臆谁诉⑱?秦汉而还,多事四夷⑲;中州耗斁⑳,无世无之。古称戎夏㉑,不抗王师㉒。文教失宣㉓,武臣用奇㉔;奇兵有异于仁义,王道迂阔而莫为㉕。

呜呼噫嘻!吾想夫北风振漠,胡兵伺便㉖。主将骄敌,期门受战㉗。野竖旄旗㉘,川回组练㉙。法重心骇㉚,威尊命贱㉛。利镞穿骨㉜,惊沙入面。主客相搏,山川震眩;声折江河,势崩雷电。至若穷阴凝闭㉝,凛冽海隅㉞,积雪没胫,坚冰在须。鸷鸟休巢,征马踟蹰㉟。缯纩无温㊱,堕指裂肤㊲。当此苦寒,天假强胡㊳,凭陵杀气,以相剪屠㊵。径截辎重,横攻士卒。都尉新降㊶,将军复覆没。尸填巨港之岸㊷,血满长城之窟。无贵无贱,同为枯骨,可胜言哉㊸!鼓衰兮力尽,矢竭兮弦绝,白刃交兮宝刀折,两军蹙兮生死决㊹。降矣哉终身夷狄,战矣哉暴骨沙砾㊺。鸟无声兮山寂寂,夜正长兮风淅淅,魂魄结兮天沉沉㊻,鬼神聚兮云幂幂㊼。日光寒兮草短,月色苦兮霜白。伤心惨目,有如是耶?

"万里奔走,连年暴露。"

吾闻之:牧用赵卒⑱,大破林胡⑲,开地千里,遁逃匈奴。汉倾天下⑳,财殚力痛㉑。任人而已,其在多乎㉒?周逐猃狁㉓,北至太原,既城朔方㉔,全师而还。饮至策勋㉕,和乐且闲,穆穆棣棣㉖,君臣之间。秦起长城,竟海为关㉗,荼毒生人㉘,万里朱殷㉙。汉击匈奴㉚,虽得阴山,枕骸遍野,功不补患。

苍苍蒸民㉛,谁无父母?提携捧负,畏其不寿。谁无兄弟?如足如手;谁无夫妇?如宾如友。生也何恩㉜,杀之何咎㉝?其存其没,家莫闻知。人或有言,将信将疑。悁悁心目㉞,寝寐见之。布奠倾觞㉟,哭望天涯。天地为愁,草木凄悲。吊祭不至,精魂无依。必有凶年㊱,人其流离㊲。

呜呼噫嘻!时耶命耶?从古如斯。为之奈何?守在四夷㊳。

(《唐文粹》,宋姚铉编,《四部丛刊》缩印本,上海:商务印书馆,1936)

【注释】

① 本文约作于唐天宝末年。古战场:李华曾奉使朔方(今雁北一带),目睹了北方古战场的景象,不满于开元、天宝年间唐玄宗骄侈好战,边将邀功求赏,以致边衅不断、人民伤亡惨重的情况,写下此文。文中所谓古战场,表面是泛指,其实乃指当时北方边境。

② 无垠:无边无际。

③ 敻(xiòng):辽远。

④ 萦带:环绕。

⑤ 纠纷:纠集纷乱。

⑥ 黯兮:黯然,心神沮丧。惨悴:凄伤。

⑦ 曛(xūn):日色昏黄。

⑧ 蓬(péng):多年草本植物,枯后根断,随风乱飞,因而又名飞蓬。

⑨ 凛:寒冷。

⑩ 挺:快速奔走。亡:失。

⑪ 亭长:地方小吏,管治安等事。亭,乡以下的行政单位。

⑫ 常:通"尝",曾经。三军:泛指军队。

⑬ 将:抑或,还是。

⑭ 徭戍:徭役征戍。

⑮ 荆:楚国。

⑯ 暴(pù)露:露宿野外,受烈日炙烤、风雨吹打。暴,同"曝"。

⑰ 沙草:沙漠草原。

⑱ 膈(bì)臆:苦闷的心情。

⑲ 事:指战事,战争。四夷:四方的少数民族。夷与下文的"戎"、"狄"等都是古代汉族统治者对四方少数民族的辱称。

⑳ 中州:中原。耗斁(dù):消耗破坏。

㉑ 戎夏:此指四方各族及中原人民。

㉒ 不抗王师:古人以为,天子以礼乐教化安天下,其军队乃仁义之师,有征无战,天下都不能抵抗。

㉓ 文教:指古代君主用以统治天下的典章制度、礼乐教化等。失宣:没有得到反复不停的宣扬、提倡。

㉔ 用奇:用奇兵诡计。奇,奇诡,出其不意。

㉕ 王道:以仁义治天下的法则。莫为:无人实施。

㉖ 胡兵:指西、北方少数民族的军队。伺便:犹言趁便,乘机。

㉗ 期门受战:到敌人袭至军营才被动应战。期门,营门。

㉘ 旄旗:古代用牦牛尾做竿饰的旗子。

㉙ 川:平川,原野。组练:组甲被练,古代军士所穿的两种衣甲。代指军队。

㉚ 法重:军法严峻。

㉛ 命贱:指士兵心里害怕触犯军法,只得拼死作战。

㉜ 镞(zú):箭头。

㉝ 至若:至于。穷阴:极其阴沉的云气。凝闭:凝聚闭合。

㉞ 海隅:海角。海,瀚海,沙漠。

㉟ 踟蹰:徘徊不前。

㊱ 缯纩(zēng kuàng):指衣服。缯,丝织品。纩,丝绵。

㊲ 堕指:手指都被冻掉。

㊳ 天假:指老天给敌人以可乘之机。假,借给。

㊴ 凭凌:横行,猖獗。

㊵ 剪屠:杀戮。

㊶ 都尉:比将军级别略低的军官。

㊷ 巨港:大河。

㊸ 胜(shēng)言:尽言。

㊹ 蹙(cù):迫近,逼近。

㊺ 暴(pù)骨:暴露尸骨,指死于郊野。

㊻ 魂魄结:死者的阴魂集结。沉沉:昏暗无光。

㊼ 幂(mì)幂:云气浓密貌。

㊽ 牧用赵卒:据《史记·廉颇蔺相如列传》记载,战国末年,赵良将李牧守雁门郡(今山西宁武、代县一带),大破匈奴,降服林胡,匈奴首领单于遁逃,其后十余年未敢犯赵边城。

㊾ 林胡:古代北方的一个游牧民族。

㊿ 汉倾天下:据《史记·匈奴列传》记载,汉初,刘邦率兵出击匈奴,中计被围,结和亲之约,每年向匈奴奉纳财物以求边境安定,但边患始终未除。

(51) 殚(dān):竭,尽。痡(pū):疲倦,衰竭。

(52) 其:岂,难道。

(53) 周逐猃狁(xiǎn yǔn):周宣王时,北方少数民族猃狁进犯,尹吉甫率兵击之,将其驱逐至太原而班师。见《诗经·小雅·六月》。猃狁,北方少数民族,即匈奴的前身。

(54) 太原:在今宁夏固原一带,一说在今甘肃平凉。

(55) 城:筑城。朔方:北方。

(56) 饮至:古代军队出征凯旋,还至宗庙告祭,饮酒庆贺。策勋:把功勋写在简策上。

(57) 穆穆棣棣:形容仪态端庄美好,娴雅安和。

(58) 竟海为关:长城东端直至山海关,已临海,故云。竟,至。

(59) 荼(tú)毒生人:残害人民。

(60) 朱殷(yān):指鲜血。朱,红色。殷,赤黑色。

(61) 汉击匈奴:据《史记·匈奴列传》记载,汉武帝时,卫青、霍去病北征匈奴,控制了今河套地区及北阴山山脉一带,但汉军亦死亡数万。

(62) 苍苍:众多貌。蒸民:众民。蒸,同"烝",众。

(63) 恩:指君王的恩德。

64 咎:罪过。

65 悁(juān)悁:忧闷的样子。

66 布奠:设祭。觞(shāng):酒杯。

67 凶年:荒年。古时战争之后,必有荒年。

68 其:将,将要。

69 守在四夷:语出《左传·昭公二十三年》:"古者天子,守在四夷。"意谓施仁政,行王道,那么四方边境的外族都会为天子守卫国土,就可以免于战争。

【提示】

　　边患不靖,是中国古代长期存在的一个重大问题。作者由凭吊古战场,回顾边患历史,体察人民苦难,有针对性地尖锐指出:边战不息的原因,有时也在本国帝王好战,边将邀功,"多事四夷",致使士卒牺牲累累,百姓流离失所。因此,作者主张,为政应重在宣文教,施仁义,行王道,睦邻友好,得"守在四夷"之效。所言未必尽当,但用心可贵,精神可嘉。

　　文章从描绘古战场的悲凉景色入手,以"常覆三军"作为行文纲领,展开对边战的历史回顾和场景描绘,突出描述不义之战的残酷性、危害性和古战场阴森惨淡的景象、气氛,以揭示不义之战的根由是某些帝王、边将的"多事四夷",而"多事四夷"的根由在"文教失宣",从而归结出应施仁政、行王道的主旨。纲目清晰,次第井然。

　　作者想象丰富,描述亦见功力。无论是"声折江河,势崩雷电"的总体描述,还是"利镞穿骨,惊沙入面"的细致摹写,都可谓简洁生动。"河水萦带,群山纠纷"两句尤为警策。在描述古战场悲凉肃杀之景象的同时,作者还倾注进了悲怆沉痛的情感,将惨淡之景与惨痛之情融汇一体,读来令人惨恻不已。

　　文章以四言为主,语多骈偶,且段段用韵,给人以整饬匀称的美感。"吾闻夫"、"吾想夫"、"至若"、"吾闻之"等散句的提顿、勾勒,又使文章时见舒展和流畅。

【思考与练习】

一、本文主旨是否"在守不在战"?

二、有人以为,本文对战争的看法有失偏颇,情调也太凄伤。你的看法如何?

三、联系作品实际,具体分析本文的抒情与写景是如何密切交融以共同表达作品主旨的。

【辑评】

　　人但惊其字句组练,不知其只是极写亭长口中"尝覆三军"一句,先写未覆时,次补写欲覆未覆时,次写已覆之后。(清·金圣叹《天下才子必读书》)

　　通篇主意在守不在战,守则以仁义,乃孔孟之旨也。但用赋体为文,段段用韵,感慨悲凉之中,自饶风韵,故尔人人乐诵,且可为穷兵者炯戒,可为战场死者吐气,读者无不叹息,真古今至文也。(清·李扶九《古文笔法百篇》)

【附录】

己亥岁二首(其一)

曹　松

泽国江山入战图,生民何计乐樵苏?
凭君莫话封侯事,一将功成万骨枯。

五 代史伶官传序^①

欧阳修

欧阳修(1007—1072),字永叔,号醉翁、六一居士,吉州吉水(今属江西)人。北宋著名文学家、史学家。天圣八年(1030)进士。授西京推官,入朝为馆阁校勘。庆历三年(1043)任谏官,为人耿直,敢于谏诤,支持范仲淹等开明派的政治革新,被诬贬知滁州。晚年官至枢密副使、参知政事。卒谥文忠。欧阳修是北宋诗文革新运动的领袖,主张文章应"明道"、"致用"、"事信"、"言文",反对宋初浮艳文风,倡导效法韩愈,在散文与诗词创作、文学批评诸方面都有很高成就,尤以散文著称,是古文"唐宋八大家"之一。有《欧阳文忠公集》、《新五代史》和《新唐书》(与宋祁合撰)等。

呜呼!盛衰之理,虽曰天命,岂非人事哉!原庄宗之所以得天下,与其所以失之者,可以知之矣。

世言晋王之将终也^②,以三矢赐庄宗而告之曰^③:"梁^④,吾仇也;燕王吾所立^⑤,契丹与吾约为兄弟^⑥,而皆背晋以归梁。此三者,吾遗恨也。与尔三矢^⑦,尔其无忘乃父之志^⑧!"庄宗受而藏之于庙^⑨,其后用兵,则遣从事以一少牢告庙^⑩,请其矢^⑪,盛以锦囊,负而前驱,及凯旋而纳之^⑫。

方其系燕父子以组^⑬,函梁君臣之首^⑭,入于太庙,还矢先王,而告以成功,其意气之盛,可谓壮哉!及仇雠已灭^⑮,天下已定,一夫夜呼,乱者四应^⑯,苍皇东出,未及见贼而士卒离散^⑰,君臣相顾,不知所归,至于誓天断发,泣下沾襟^⑱,何其衰也!岂得之难而失之易欤?抑本其成败之迹^⑲,而皆自于人欤?《书》曰^⑳:"满招损,谦得益^㉑。"忧劳可以兴国,逸豫可以亡身^㉒,自然之理也。

故方其盛也,举天下之豪杰,莫能与之争;及其衰也,数十伶人困之,而身死国灭^㉓,为天下笑。夫祸患常积于忽微^㉔,而智勇多困于所溺^㉕,岂独伶人也哉!作《伶官传》。

(《新五代史》,宋欧阳修撰,北京:中华书局,1974)

【注释】

① 本文是欧阳修所著《新五代史》中《伶官传》的序文。伶官:古代宫廷乐官。这里指五代后唐庄宗李存勖(xù)(885—926)时供奉内廷并授有官职的伶人。

② 晋王:指李存勖的父亲李克用。李克用(856—908),沙陀人,本朱邪氏,唐朝赐姓李,初曾占据云州(治今山西大同),后为唐军所败,流亡鞑靼。中和元年(881)受召参与镇压黄巢起义。攻破长安,受封为晋王。将终:临死。

③ 矢:箭。

④ 梁:指后梁太祖朱温。朱温(852—912),宋州砀山(今属安徽)人,唐朝末年参加黄巢起义军,黄巢建立大齐政权,他任同州防御使。后叛变降唐,赐名全忠,与李克用等合兵镇压黄巢起义军。天复元年(901)封梁王,后篡唐自立,国号梁。他曾企图杀害李克用,因而两家结下世仇,互相攻伐。

⑤ 燕王:指刘仁恭。刘仁恭本为燕将,李克用支持他夺取幽州,并保举他为卢龙节度使,所以说"吾所立"。后叛李克用归附朱温,朱封他的儿子刘守光为燕王。这里称刘仁恭为燕王,是追叙之辞。

⑥ 契丹:北方少数民族。这里指契丹族首领耶律阿保机。约为兄弟:李克用曾与阿保机结拜兄弟,约定合力攻梁,不久阿保机背约,与梁通好,共同反晋。

⑦ 尔:你。

⑧ 乃父:你的父亲。此为李克用自称。

⑨ 庙:太庙,帝王的祖庙。

⑩ 从事:官名,这里泛指一般属吏。少牢:旧时用猪、羊各一头祭祀,叫少牢。告:祭告。

⑪ 请:敬语,"取出"之意。

⑫ 纳:放回。

⑬ 方:当。系燕父子以组:用绳索捆绑燕王父子。公元913年,李存勖攻破幽州,俘获刘仁恭父子,押回太原,斩首献于太庙。系,捆缚。燕父子,指刘仁恭与刘守光。组,绳索。

⑭ 函梁君臣之首:把梁王君臣的首级装在匣子里。

公元923年,李存勖攻破大梁,梁末帝朱友贞(朱全忠之子)及其部将皇甫麟自杀,李砍其首级,装匣献于太庙。函,木匣,这里作动词用。梁君臣,指朱友贞与皇甫麟。

⑮ 仇雠(chóu):仇敌。

⑯ "一夫"二句:公元926年,驻扎在贝州的军士皇甫晖发动兵变,周围驻军纷纷响应,李存勖派成德军节度使李嗣源前往平乱,李嗣源也叛变称帝,反攻后唐京城洛阳。一夫,指皇甫晖。

⑰ "苍皇"二句:李存勖闻变,匆促率军东进,至万胜镇,闻李嗣源已占据大梁(今河南开封),就引兵折返洛阳,所率二万余人叛逃殆尽。苍皇,同"仓皇"。

⑱ "至于"二句:李存勖率部至洛阳附近的石桥,君臣对泣,部将百余人拔刀断发,向天立誓,表示效忠。

⑲ 抑:还是。本:探究。

⑳ 书:即《尚书》,儒家主要经典之一。

㉑ "满招损"二句:《尚书·大禹谟》原文为"满招损,谦受益"。

㉒ 逸豫:安乐。

㉓ "数十"二句:李存勖灭梁后,纵情声色,朝政日非。宠信伶人郭从谦等人,郭乘机作乱,李存勖中流矢而死。李克用养子李嗣源即帝位,后唐国号虽不变,但已名存实亡,所以说"国灭"。

㉔ 忽微:指非常小的数。忽和微都是古代极小的度量单位名。

㉕ 溺:沉湎而无节制。

【提示】

这是一篇论证严密的史论。

作者从后唐庄宗李存勖艰苦创业、统一中原,又骄纵享乐、身死国灭的典型事例中,提炼出这样一个重要史学观点:"盛衰之理,虽曰天命,岂非人事哉!"认为一个国家政权的兴盛和衰败,主要取决于人事。这一观点具有普遍的警戒意义,反映了作者清醒的历史意识,这也是前人固有的忧患意识在宋初历史条件下的复现。

在论证时,以"成败由人"为中心,先极赞庄宗创业时意气之"壮",再感叹他失败时形势之"衰",通过盛与衰、兴与亡、得与失、成与败的鲜明对比映衬,突现庄宗先盛后衰这一历史悲剧的根由所在,不仅令人信服,而且使文章意脉前后贯通,抑扬有致。

本文的写作意在劝谏宋朝统治者以史为鉴,莫蹈覆辙,所以虽以议论为主,但融入了浓厚的抒情意味。行文中时而以唱叹起笔,使人警醒,如开头的"呜呼";时而推出与主旨相关的警戒性断语,而且两两比并,正反相形,如"满招损,谦得益","忧劳可以兴国,逸豫可以亡身","夫祸患常积于忽微,而智勇多困于所溺";时而又出以感慨淋漓之句,多置于文章的筋络关键之处,如"岂非人事哉!""可谓壮哉!""何其衰也!""岂独伶人也哉!"这些都增强了这篇史论的艺术感染力。

【思考与练习】

一、本文总结了后唐庄宗身死国灭的历史教训,对我们认识历史、社会和人生有什么启迪?

二、文章是如何用对比手法进行论证的? 读了本文,你对自己写作论说文时运用对比手法有什么心得?

三、文章的抒情意味体现在哪些地方? 有什么作用? 在反复诵读中加以体味。

【辑评】

只是一低一昂法,妙于前幅,点缀又秾至。(清•金圣叹《天下才子必读书》)

写庄宗之盛,以形其衰,允堪垂戒。(清•储欣《唐宋八大家类选》)

抑扬顿挫,得《史记》神髓。《五代史》中第一篇文字。(清•沈德潜《唐宋八家文读本》)

起手一提,已括全篇之意。次一段叙事,中、后只是两扬两抑。低昂反复,感慨淋漓,直可与史迁相为颉颃。(清•吴楚材等《古文观止》)

叙唐庄宗处,倏而英俊,倏而衰飒。凭吊欷歔,虽尺幅短章,有萦回无尽之意。(清•李扶九《古文笔法百篇》引清张文瑞语)

原君①

黄宗羲

黄宗羲(1610—1695)，字太冲，号南雷，学者称梨洲先生，浙江余姚人。明末清初著名思想家、史学家、文学家。明诸生。其父黄尊素为东林党重要成员，受魏忠贤迫害而死，遗命宗羲师从著名学者刘宗周。清军南下，黄宗羲举义军进行抗清斗争，曾被南明鲁王任命为左副都御史。后从事著述，屡次坚拒清朝官府的征聘。后人将他与顾炎武、王夫之并称"清初三大思想家"。著有《明夷待访录》、《宋元学案》、《明儒学案》、《南雷文定》、《南雷诗历》等，编有《明文海》。今人编有《黄宗羲全集》。

有生之初②，人各自私也，人各自利也。天下有公利而莫或兴之③，有公害而莫或除之。有人者出，不以一己之利为利，而使天下受其利；不以一己之害为害，而使天下释其害④。此其人之勤劳，必千万于天下之人。夫以千万倍之勤劳，而己又不享其利，必非天下之人情所欲居也⑤。故古之人君，量而不欲入者⑥，许由、务光是也⑦；入而又去之者⑧，尧、舜是也⑨；初不欲入而不得去者，禹是也⑩。岂古之人有所异哉？好逸恶劳，亦犹夫人之情也。

后之为人君者不然。以为天下利害之权皆出于我，我以天下之利尽归于己，以天下之害尽归于人，亦无不可。使天下之人不敢自私，不敢自利，以我之大私为天下之公⑪；始而惭焉，久而安焉，视天下为莫大之产业，传之子孙，受享无穷。汉高帝所谓"某业所就，孰与仲多"者⑫，其逐利之情，不觉溢之于辞矣。

此无他，古者以天下为主，君为客，凡君之所毕世而经营者⑬，为天下也。今也以君为主，天下为客，凡天下之无地而得安宁者，为君也。是以其未得之也，屠毒天下之肝脑⑭，离散天下之子女，以博我一人之产业⑮，曾不惨然，曰："我固为子孙创业也。"其既得之也，

许由洗耳　明·陈洪绶作

敲剥天下之骨髓，离散天下之子女，以奉我一人之淫乐，视为当然，曰："此我产业之花息也[16]。"然则为天下之大害者，君而已矣。向使无君[17]，人各得自私也，人各得自利也。呜呼！岂设君之道固如是乎？

古者天下之人爱戴其君，比之如父，拟之如天，诚不过也。今也天下之人怨恶其君，视之如寇雠[18]，名之为独夫[19]，固其所也[20]。而小儒规规焉以君臣之义无所逃于天地之间[21]，至桀、纣之暴[22]，犹谓汤、武不当诛之[23]，而妄传伯夷、叔齐无稽之事[24]，乃兆人万姓崩溃之血肉[25]，曾不异夫腐鼠[26]。岂天地之大，于兆人万姓之中，独私其一人一姓乎[27]？是故武王，圣人也；孟子之言[28]，圣人之言也。后世之君，欲以如父如天之空名，禁人之窥伺者[29]，皆不便于其言，至废孟子而不立[31]，非导源于小儒乎？

虽然，使后之为君者果能保此产业，传之无穷，亦无怪乎其私之也。既以产业视之，人之欲得产业，谁不如我？摄缄縢，固扃鐍[32]，一人之智力，不能胜天下欲得之者之众。远者数世，近者及身，其血肉之崩溃，在其子孙矣。昔人愿世世无生帝王家[33]，而毅宗之语公主[34]，亦曰："若何为生我家！"痛哉斯言！回思创业时，其欲得天下之心，有不废然摧沮者乎[35]？是故明乎为君之职分，则唐虞之世，人人能让，许由、务光非绝尘也[36]；不明乎为君之职分，则市井之间，人人可欲，许由、务光所以旷后世而不闻也[37]。然君之职分难明，以俄顷淫乐[38]，不易无穷之悲，虽愚者亦明之矣！

（《黄宗羲全集》一，清黄宗羲撰，杭州：浙江古籍出版社，2005）

【注释】

① 本文为《明夷待访录》中的第一篇。《明夷待访录》写于清康熙二年（1663），清乾隆间被列为禁书。"明夷"是《周易》六十四卦之一。原君：推究做君主的道理。

② 有生之初：人类社会开始的时候。

③ 莫或兴之：没有人去兴办它。

④ 释：去掉，免除。

⑤ 居：居其位，处于那个地位，指做君主。

⑥ 量：考虑。入：指就君之位，做君主。

⑦ 许由：尧时高士。传说尧想把天下让给他，他不受，尧又召他为九州长，他不愿闻，跑到颍水边去洗耳。务光：商代高士。相传汤以天下让给他，他不肯接受，负石自沉于水。

⑧ 去：离开，指放弃君位。

⑨ 尧：上古的著名君主，号陶唐氏，名放勋，史称唐尧，死后由舜继位。舜：上古的著名君主，姚姓，或作妫姓，号有虞氏，名重华，史称虞舜。

⑩ 禹：夏代开国君主。因治水有功，舜想把天下给他，他起初不愿接受，舜死后才作了君主。

⑪ 私：私欲。公：公利。

⑫ 某业所就，孰与仲多：我今天所成就的这份家业，与老二相比，谁多呢？仲，排行第二，此指刘

邦的二哥。据《史记·高祖本纪》记载，汉高祖九年（198）未央宫建成，刘邦在大殿中宴诸侯群臣，向他的父亲敬酒时说了这话。

⑬ 毕世：终生，一辈子。

⑭ 屠毒：杀害，毒害。肝脑：代指生命。

⑮ 博：获取。

⑯ 花息：利息。

⑰ 向使：假使。

⑱ 寇雠：仇敌。《孟子·离娄下》："君之视臣如土芥，则臣视君如寇雠。"

⑲ 独夫：贪暴无道得不到人民拥护的统治者。

⑳ 所：宜，适宜。

㉑ 小儒：指目光短浅的俗儒。规规焉：拘谨地。逃：逃避。

㉒ 桀、纣：历史上两个著名的暴君，桀是夏代的最后一个君主，被商汤推翻；纣是商代最后一个君主，被周武王推翻。

㉓ 汤：商朝的建立者成汤，又称武汤、武王、天乙、成汤。武：西周的建立者周武王，姬姓，名发。不当诛之：据《史记·儒林传》记载，汉景帝时，黄生与辕固生辩论，说汤、武伐桀、纣是弑君。

㉔ 伯夷、叔齐：商朝诸侯孤竹君的两个儿子。无稽

之事：据传周武王伐纣时，伯夷、叔齐曾拦住他的马头，极力劝阻，认为臣不当伐君。商亡后他们不食周粟，隐居首阳山，采薇而食，终于饿死。无稽，无可查考。

㉕ 兆人：亿万人民。

㉖ 腐鼠：喻轻贱的东西。语出《庄子·秋水》："于是鸱得腐鼠，鹓雏过之，仰而视之，曰：'嚇！'"

㉗ 私：偏爱。

㉘ 孟子之言：指《孟子·梁惠王下》中的一段话："齐宣王问曰：'汤放桀，武王伐纣，有诸？'孟子对曰：'于传有之。'曰：'臣弑其君可乎？'曰：'贼仁者谓之贼，贼义者谓之残，残贼之人，谓之一夫。闻诛一夫纣矣，未闻弑君也。'"

㉙ 窥伺：偷看，等待机会，指伺机夺取君位。

㉚ 不便于其言：感到孟子的话不利于他们的统治。

㉛ 废孟子而不立：宋神宗元丰七年（1084）孔庙配享增入孟子，明洪武五年（1372）太祖朱元璋因不满《孟子》"民为贵，君为轻"一章，下诏去掉了孔庙里的孟子牌位。又在洪武二十三年、二十

七年下诏修订《孟子》，凡书中含有民本思想的章节，都予删除。

㉜ "摄缄縢"二句：用绳子捆紧，用锁锁牢。语见《庄子·胠箧》。摄，收紧。缄，扎束器物的绳子。縢（téng），绳子。扃（jiōng），关钮。鐍（jué），锁钥。

㉝ 昔人：指南朝宋顺帝刘准。据《资治通鉴·齐纪一》记载，顺帝升明三年（479），萧道成迫其下诏禅位，宋顺帝在被逼出宫时，"泣而弹指曰：'愿后身世世勿复生帝王家！'宫中皆哭"。

㉞ 毅宗：明朝崇祯皇帝。南明时谥思宗，后改谥毅宗。《明史·公主传》："长平公主……城陷，帝入寿宁宫，主牵帝衣哭。帝曰：'汝何故生我家！'以剑挥斫之，断左臂。"

㉟ 废然摧沮（jǔ）：颓丧气馁的样子。

㊱ 绝尘：超绝尘俗。

㊲ 旷后世而不闻：谓后代再没有听到有这样的人。旷，空，绝。

㊳ 俄顷：片刻。

【提示】

在古代的封建社会，君权神授天经地义，不可移易，而效忠君王则是臣民至死不能违背的伦理观念。黄宗羲这篇文章仿韩愈《原道》、《原毁》等立题，从探究人君的职分入手，激烈抨击了封建帝王"视天下为莫大之产业，传之子孙"的"家天下"思想，揭露他们"屠毒天下之肝脑"、"敲剥天下之骨髓"、"离散天下之子女"以满足一己私欲的罪恶，并从理论上驳斥了腐儒盲目忠君的荒谬。尽管作者未能从社会制度上认识产生封建暴君的渊源，而只是在肯定君主制的前提下提出变革独裁的改良愿望，但是，文章敢于反对专制、挑战君权的胆识，"天下为主，君为客"的主张，则光彩烨烨，标志了古代民本思想向现代民主意识的转进，具有划时代的意义。

文章以简朴流畅的语言阐述观点，并从历史传说和经典史籍中援引事例予以论证，取精用宏，体现出作者学识的渊深与思想之敏锐。尤其是作者举出被历代儒者奉为圣明的孟子斥责残贼独夫的言论作为依据，来驳斥腐儒盲目忠君的荒谬，以子之矛攻子之盾，显得简明扼要，中肯痛快。

【思考与练习】

一、本文的主要观点是什么？这在当时有何进步意义？

二、文中运用的对比方法，对凸显主旨有什么作用？

【辑评】

此等论调，由今日观之，固甚普通、甚肤浅，然在二百六七十年前，则真极大胆之创论也。（梁启超《清代学术概论》）

中国人失掉自信力了吗①

鲁 迅

鲁迅(1881—1936)，原名周樟寿，字豫山，后改名周树人，字豫才。浙江绍兴人。中国现代伟大的文学家、思想家、革命家。幼年受过诗书经传的传统文化教育，也接触过底层农民生活。1898年考入南京江南水师学堂，后改入陆师学堂附设矿务铁路学堂，开始接受西方文化教育，信奉达尔文的进化学说。1902年赴日本留学，初学医，后弃医从文。1909年8月回国，先后在杭州、绍兴任教。1912年应蔡元培邀请，在南京临时政府任佥事，5月随政府迁居北平。1918年用笔名"鲁迅"在《新青年》杂志上发表第一篇白话文小说《狂人日记》。1920年起，先后在北京大学、北京女子师范大学、厦门大学、中山大学任教。1927年10月，定居上海，开始了"左翼"十年的战斗生活。这一时期，他的思想由进化论发展到阶级论，他由革命民主主义者转变为倾向马克思主义的革命家，成为中国文化革命的巨人。因积劳成疾，1936年10月19日逝世于上海。鲁迅一生文学创作近四百万字，翻译五百多万字，古籍整理六十多万字。代表作有小说集《呐喊》、《彷徨》，杂文集《坟》、《且介亭杂文》，散文集《朝花夕拾》，散文诗集《野草》等。他的著作已译成英、日、俄、法、德等五十多种文字，介绍到世界各地。新编《鲁迅全集》18卷2005年由人民文学出版社出版。

从公开的文字上看起来：两年以前，我们总自夸着"地大物博"，是事实；不久就不再自夸了，只希望着国联②，也是事实；现在是既不夸自己，也不信国联，改为一味求神拜佛③，怀古伤今了——却也是事实。

于是有人慨叹曰：中国人失掉自信力了④。

如果单据这一点现象而论，自信其实是早就失掉了的。先前信"地"，信"物"，后来信"国联"，都没有相信过"自己"。假使这也算一种"信"，那也只能说中国人曾经有过"他信力"，自从对国联失望之后，便把这他信力都失掉了。

失掉了他信力，就会疑，一个转身，也许能够只相信了自己，倒是一条新生路，但不幸的是逐渐玄虚起来了。信"地"和"物"，还是切实的东西，国联就渺茫，不过这还可以令人不久就省悟到依赖它的不可

靠。一到求神拜佛，可就玄虚之至了，有益或是有害，一时就找不出分明的结果来，它可以令人更长久的麻醉着自己⑤。

中国人现在是在发展着"自欺力"。

"自欺"也并非现在的新东西，现在只不过日见其明显，笼罩了一切罢了。然而，在这笼罩之下，我们有并不失掉自信力的中国人在。

我们从古以来，就有埋头苦干的人，有拼命硬干的人，有为民请命的人，有舍身求法的人，……虽是等于为帝王将相作家谱的所谓"正史"⑥，也往往掩不住他们的光耀，这就是中国的脊梁。

这一类的人们，就是现在也何尝少呢？他们有确信，不自欺；他们在前仆后继的战斗，不过一面总在被摧残，被抹杀，消灭于黑暗中，不能为大家所知道罢了。说中国人失掉了自信力，用以指一部分人则可，倘若加于全体，那简直是诬蔑。

要论中国人，必须不被搽在表面的自欺欺人的脂粉所诓骗，却看看他的筋骨和脊梁。自信力的有无，状元宰相的文章是不足为据的，要自己去看地底下。

九月二十五日

（新编《鲁迅全集》第六卷，鲁迅撰，北京：人民文学出版社，2005）

【注释】

① 本文写于 1934 年 9 月 25 日，最初发表于 1934 年 10 月 20 日《太白》半月刊第一卷第三期，署名公汗。后由作者编入《且介亭杂文》。

② 国联："国际联盟"的简称，第一次世界大战后于 1920 年成立的国际政府间组织。它标榜以"促进国际合作，维持国际和平与安全"为宗旨，实际上是英、法等大国控制并为其利益服务的工具。1946 年 4 月正式宣告解散。"九一八"事变后，蒋介石即在南京发表讲话，声称"暂取逆来顺受态度，以待国联公理之判决"。国民党政府也多次向国联申诉，要求制止日本帝国主义的侵略，但国联采取了袒护日本的立场。它派出的调查团到我国东北调查后，在发表的《国联调查团报告书》中，竟认为日本在中国的东北有特殊地位，说它对中国的侵略是"正当而合法"的。

③ 求神拜佛：当时一些国民党官僚和"社会名流"，

以祈祷"解救国难"为名，多次在一些大城市举办"时轮金刚法会"、"仁王护国法会"。

④ 失掉自信力：当时舆论界曾有过这类论调，如 1934 年 8 月 27 日《大公报》社评《孔子诞辰纪念》中说："民族的自尊心与自信力，既已荡焉无存，不待外侮之来，国家固早已濒于精神幻灭之域。"

⑤ "一到"五句：作者在《且介亭杂文·附记》中说："《中国人失掉自信力了吗》也是写给《太白》的。凡是对于求神拜佛，略有不敬之处，都被删除，可见这时我们的'上峰'正在主张求神拜佛。现仍补足，并用黑点为记，聊以存一时之风尚耳。"

⑥ 正史：清高宗诏定从《史记》到《明史》共二十四部纪传体史书为正史，即二十四史。梁启超在《中国史界革命案》中说："二十四史非史也，二十四姓之家谱而已。"

【提示】

本文通过对"中国人失掉了自信力"的论点的驳斥，揭示了中国人并没有失掉自信力的深刻道理，颂扬了"民族脊梁"们坚韧不拔的意志。

鲁迅的杂文善于条分缕析，层层论证，最后水到渠成地得出深刻的结论，本文亦不例外。第一部分概述悲观论（中国人失掉了自信力）产生的背景，树立起批驳的靶子，随后沿着自信力——他信力——自欺力的发展方向逐层推进论述,最后辩证地指出:中国自古以来就有"并不失掉自信力"的人,他们才是民族的脊梁和希望。文章有破有立,环环相扣,论证严密,精辟有力。

　　寓逻辑性于形象性之中是本文的艺术特色之一。这主要表现在两方面:一是比喻形象,如"脊梁"、"筋骨"之类,非常贴切准确;二是语言形象,如"他信力"、"自欺力",借助模拟的修辞手段,信手拈来,却如神来之笔,使文风变得俏皮而不失庄重,锐利而别有风趣。

【思考与练习】

一、本文中的"我们"、"中国人"有时指"一部分人",有时指"全体",结合当时的政治背景,谈谈文中"我们"、"中国人"在前后文中发生的意义变化。

二、试分析本文的驳论结构。

三、指出文中所用的比喻及其表达作用。

容忍与自由①

胡 适

胡适（1891—1962），初名嗣穈，学名洪，字适之，安徽绩溪人。中国现代著名学者、思想家、诗人。1910年留学美国，就读于康奈尔大学和哥伦比亚大学。受赫胥黎、杜威思想影响较大。1917年回国后，任北京大学教授，宣扬民主、科学，倡导反封建的新文化运动，发表《文学改良刍议》、《文学进化观念与戏剧改良》等文章，率先从事白话新诗与文学史的写作，成为五四新文学运动的一位主要代表人物。1928年后，发起人权运动，以自由主义反对国民党政府的专制独裁②。后曾任驻美大使、北京大学校长及台湾"中央研究院"院长。胡适在中国哲学史、文学史、古典小说和古籍整理等各个领域的研究工作中，都有重要成果。主要著作有《尝试集》、《白话文学史》、《中国哲学史大纲》、《中国章回小说考证》、《胡适文存》等。

十七八年前，我最后一次会见了母校康耐尔大学的史学大师布尔先生（George Lincoln Burr）。我们谈到英国史学大师阿克顿（Lord Acton）一生准备要著作一部"自由之史"，没有完成他就死了。布尔先生那天谈话很多，有一句话我至今没有忘记。他说："我年纪越大，越感觉到容忍（tolerance）比自由还更重要。"

布尔先生死了十多年了，他这句话我越想越觉得是一句不可磨灭的格言。我自己也有"年纪越大，越觉得容忍比自由还更重要"的感想。有时我竟觉得容忍是一切自由的根本：没有容忍，就没有自由。

我十七岁的时候（1908）曾在《竞业旬报》上发表几条"无鬼丛话"，其中有一条是痛骂小说《西游记》和《封神榜》的，我说：

> 《王制》有之③："假于鬼神时日卜筮以疑众④，杀。"吾独怪夫数千年来之掌治权者，之以济世明道自期者⑤，乃懵然不之注意⑥，惑世诬民之学说得以大行，遂举我神州民族投诸极黑暗之世界！……

这是一个小孩子很不容忍的"卫道"态度⑦。我那时候已是一个无鬼论者，所以发出那样摧除迷信的狂论，要实行《王制》（《礼记》的一篇）的"假于鬼神时日卜筮以疑众，杀"的一条经典。

我在那时候当然没有梦想到说这话的小孩子在十五年后（1923）会很热心的给《西游记》作两万字的考证！我在那时候当然更没有想到那个小孩子在二三十年后还时时留心搜求可以考证《封神榜》的作者的材料！我在那时候也完全没有想想《王制》那句话的历史

意义。那一段《王制》的全文是这样的：

析言破律⑧，乱名改作⑨，执左道以乱政⑩，杀。作淫声异服奇技异器以疑众⑪，杀。行伪而坚⑫，言伪而辩⑬，学非而博⑭，顺非而泽以疑众⑮，杀。假于鬼神时日卜筮以疑众，杀。此四诛者，不以听⑯。

我在五十年前，完全没有懂得这一段话的"诛"正是中国专制体制下禁止新思想、新学术、新信仰、新艺术的经典的根据。我在那时候抱着"破除迷信"的热心，所以拥护那"四诛"之中的第四诛："假于鬼神时日卜筮以疑众，杀。"我当时完全没有想到第四诛的"假于鬼神……以疑众"和第一诛的"执左道以乱政"的两条罪名都可以用来摧残宗教信仰的自由。我当时也完全没有注意到郑玄注里用了公输般作"奇技异器"的例子⑰，更没有注意到孔颖达《正义》里举了"孔子为鲁司寇七日而诛少正卯"的例子来解释"行伪而坚，言伪而辩，学非而博，顺非而泽以疑众，杀"⑱。故第二诛可以用来禁绝艺术创作的自由，也可以用来"杀"许多发明"奇技异器"的科学家。故第三诛可以用来摧残思想的自由，言论的自由，著作出版的自由。

我在五十年前引用了《王制》第四诛，要"杀"《西游记》、《封神榜》的作者。那时候我当然没有梦想到十年之后我在北京大学教书时就有一些同样"卫道"的正人君子也想引用《王制》的第三诛，要"杀"我和我的朋友，当年我要"杀"人，后来人要"杀"我；动机是一样的：都是因为动了一点正义的火气，就失掉容忍的度量了。

我自己叙述五十年前主张"假于鬼神时日卜筮以疑众，杀"的故事，为的是要说明我年纪越大，越觉得"容忍"比"自由"还更重要。

我到今天还是一个无神论者，我不信有一个有意志的神，我也不信灵魂不朽的说法。

我自己总觉得，这个国家、这个社会、这个世界，绝大多数人信神的，居然能有这雅量，能容忍我的无神论，能容忍我这个不信神不信灵魂不灭的人，能容忍我在国内和国外自由发表我的无神论的思想，从没有人因此用石头掷我，把我关在监狱里，或把我捆在柴堆上用火烧死。我在这个世界里居然享受了四十多年的容忍与自由。我觉得这个国家、这个社会、这个世界对我的容忍态度是可爱的，是可以感激的。

所以我自己总觉得我应该用容忍的态度来报答社会对我的容忍。所以我自己不信神，但我能诚心的谅解一切信神的人，也能诚心的容忍并且敬重一切信仰有神的宗教。

我要用容忍的态度来报答社会对我的容忍，因为我年纪越大，我越觉得容忍的重要意义。若社会没有这点容忍的气度，我决不能享受四十多年的大胆怀疑的自由，公开主张无神论的自由了。

在宗教自由史上，在思想自由史上，在政治自由史上，我们都可以看见容忍的态度是最难得、最稀有的态度。人类的习惯是喜同而恶异的，总不喜欢和自己不同的信仰、思想、行为。这就是不容忍的根源。不容忍只是不能容忍和我自己不同的新思想和新信仰。一个宗教团体总相信自己的宗教信仰是对的，是不会错的，所以它总相信那些和自己不同的宗教信仰必定是错的，必定是异端，邪教。一个政治团体总相信自己的政治主张是对的，是不会错的，所以它总相信那些和自己不同的政治见解必定是错的，必定是敌人。

一切对异端的迫害，一切对"异己"的摧残，一切宗教自由的禁止，一切思想言论的被压迫，都由于这一点深信自己是不会错的心理。因为深信自己是不会错的，所以不能容忍任何和自己不同的思想信仰了。

试看欧洲的宗教革新运动的历史。马丁·路德（Martin Luther）和约翰·高尔文（John Calvin）等人起来革新宗教⑲，本来是因为他们不满意于罗马旧教的种种不容忍，种种不自由。但是新教在中欧、北欧胜利之后，新教的领袖们又都渐渐走上了不容忍的路上去，也不容许别人起来批评他们的新教条了。高尔文在日内瓦掌握了宗教大权，居然会把一个敢独立思想、敢批评高尔文的教条的学者塞维图斯（Servetus）定了"异端邪说"的罪名，把他用铁链锁在木桩上，堆起柴来，慢慢的活烧死。这是1553年10月23日的事。

这个殉道者塞维图斯的惨史，最值得人们的追念和反省。宗教革新运动原来的目标是要争取"基督教的人的自由"和"良心的自由"。何以高尔文和他的信徒们居然会把一位独立思想的新教徒用慢慢的火烧死呢？何以高尔文的门徒（后来继任高尔文为日内瓦的宗教独裁者）柏时（Beze）竟会宣言"良心的自由是魔鬼的教条"呢？

基本的原因还是那一点深信我自己是"不会错的"的心理。像高尔文那样虔诚的宗教改革家，他自己深信他的良心确是代表上帝的命令，他的口和他的笔确是代表上帝的意志，那么他的意见还会错吗？他还有错误的可能吗？在塞维图斯被烧死之后，高尔文曾受到不少人的批评。1554年，高尔文发表一篇文字为他自己辩护，他毫不迟疑地说："严厉惩治邪说者的权威是无可疑的，因为这就是上帝自己的说话。……这工作是为上帝的光荣的战斗。"

上帝自己的说话，还会错吗？为上帝的光荣作战，还会错吗？这一点"我不会错"的心理，就是一切不容忍的根苗。深信我自己的信念没有错误的可能（infallible），我的意见就是"正义"，反对我的人当然都是"邪说"了。我的意见代表上帝的意旨，反对我的人的意见当然都是"魔鬼的教条"了。

这是宗教自由史给我们的教训：容忍是一切自由的根本；没有容忍"异己"的雅量，就不会承认"异己"的宗教信仰可以享受自由。但因为不容忍的态度是基于"我们的信念不会错"的心理习惯，所以容忍"异己"是最难得、最不容易养成的雅量。

在政治思想上，在社会问题的讨论上，我们同样的感觉到不容忍是常见的，而容忍总是很稀有的。我试举一个死了的老朋友的故事作例子。四十多年前，我们在《新青年》杂志上开始提倡白话文学的运动，我曾从美国寄信给陈独秀⑳，我说：

> 此事之是非，非一朝一夕所能定，亦非一二人所能定。甚愿国中人士能平心静气与吾辈同力研究此问题。讨论既熟，是非自明。吾辈已张革命之旗，虽不容退缩，然亦决不敢以吾辈所主张为必是而不容他人之匡正也。

独秀在《新青年》上答我道：

> 鄙意容纳异议，自由讨论，固为学术发达之原则，独于改良中国文学当以白话为正宗之说，其是非甚明，必不容反对者有讨论之余地；必以吾辈所主张者为绝对之是，而不容他人之匡正也。……

我当时就觉得这是很武断的态度。现在四十多年之后，我还忘不了陈独秀这一句话，我还觉得这种"必以吾辈所主张者为绝对之是"的态度是很不容忍的态度，是最容易引起别人的恶感，是最容易引起反对的。

我曾说过，我应该用容忍的态度来报答社会对我的容忍。现在常常想，我们还得戒律自己:我们若想别人容忍谅解我们的见解,我们必须先养成能够容忍谅解别人的见解的度量。至少至少我们应该戒约自己决不可"以吾辈所主张者为绝对之是"。我们受过实验主义的训练的人,本来就不承认有"绝对之是",更不可以"以吾辈所主张者为绝对之是"。

(《中国新文学大系(1949—1976)》杂文卷,上海:上海文艺出版社,1997)

【注释】

① 本文原刊于台湾省出版的《自由中国》1959 年 3 月 16 日第 20 卷第 6 期。

② 1958 年 4 月,胡适任台湾"中央研究院"院长时,与雷震共同创办《自由中国》杂志,触犯了国民党政府的专制统治,雷震被捕,杂志也被勒停。1961 年 11 月,胡适在美国国际开发总署主办的亚东区科学教育会议上作了 25 分钟的讲演,又被批判围剿,指责他"贬低中国古老文明,力主向西方现代文明看齐",因而病倒。1962 年 2 月 24 日,"中央研究院"召开院士会议期内,在最后一次酒会上致开幕词,他说道:"我去年讲了 25 分钟的话,引起'围剿',不要去管它,那是小事体,小事体。我挨了 40 多年的骂,从来不生气,并且欢迎之至……"此时他突然发病,摔倒,心脏一下子就停止跳动,溘然逝世。上面这些话就成为他最后表明自己心迹的语言。在此之前,于 20 世纪 50 年代中期,中国大陆也进行过批判胡适思想的运动。

③ 王制:儒家经典《礼记》中的一篇。《礼记》亦称《小戴记》或《小戴礼记》,内容是秦汉以前各种礼仪论著的选集,相传是西汉戴圣所编纂。内容有 49 篇,包括著名的《礼运》《学记》《乐记》《大学》《中庸》《王制》等篇在内,是研究中国古代社会情况、儒家学说、典章文物制度的要籍。

④ 假于鬼神:假借鬼神的名义。时日卜筮(shì)以疑众:经常用卜筮的迷信举动来摇惑群众。卜,用火灼龟甲以测吉凶,后也指用其他方法测吉凶。筮,用蓍草占卦。

⑤ 以济世明道自期者:期望自己能够成为裨补时艰、阐明大道理的人,即有心于关怀世事的志士仁人。

⑥ 懵(měng)然:糊里糊涂,不明事理的样子。

⑦ 卫道:保卫自己所信其实未必都对的道理。一般含有贬义。

⑧ 析言破律:剖析言辞破坏法律。

⑨ 乱名改作:变乱名物擅改制度。

⑩ 左道:邪道,不正之道。

⑪ 淫声:放荡的音乐。奇技异器:奇异怪诞的技术与器物。

⑫ 行伪而坚:行为虚伪却坚执不改。

⑬ 言伪而辩:言论虚伪却能说会道。

⑭ 学非而博:学识不正却大肆夸口。

⑮ 顺非而泽:依顺错误而巧于修饰。

⑯ 不以听:对犯了这四种该杀之罪的人,应决然杀掉,不必再审问、听取什么意见。

⑰ 郑玄(127—200):字康城,北海高密(今属山东)人,东汉著名经学家,曾为《礼记》作注,注中曾举了公输般作奇技异器的例子解释经文。公输般:春秋时鲁国人,公输氏,名般,亦作班、盘,通称鲁班。古代建筑大匠,被后代奉为木工的祖师,创造过多种非常奇巧的工具。

⑱ 孔颖达(574—648):字冲远,冀州衡水(今属河北)人,唐经学家,曾撰《礼记正义》,举了传说孔子杀少正卯的例子解释经文。少正卯相传是孔子同时代的人。《荀子·宥坐》最早载有这件事,说孔子于鲁国摄政,朝七日而杀少正卯,说孔子因少正卯兼有上述《王制》里的四诛等罪恶,不可不杀。似真有其事。清代学者考证,多否定孔子诛少正卯其人其事,认为《论语》《春秋》《左传》等重要经传中都未见记载,与孔子的思想与行为皆不合,非孔子所能为,也非孔子所需为。

⑲ 马丁·路德(Matin Luther, 1483—1546):16 世纪欧洲宗教改革运动的发起者,基督教新教路德宗的创始人,德国人。1517 年,发表《95 条论纲》,揭开宗教改革的序幕。反对教皇对各国教会的控制,要求建立适合君主专制的新的教会和教义,深得市民上层和一部分德国诸侯的支持。约翰·高尔文(Jean Galvin, 1509—1564):通译"加尔文",16 世纪欧洲宗教改革家,基督教新教加尔文宗的创始人,法国人。受马丁·路德影响,1533 年改信新教,1541 年后长期定居日内瓦,建立新教教会,废除主教制,

代之以长老制，在日内瓦建成政教合一的神权体制，成为一个宗教独裁者，其主张与信条适合资产阶级激进派的要求。后曾以异端罪名处死西班牙科学家塞维图斯(1511—1553)等多人。

⑳ 陈独秀(1879—1942)：字仲甫，安徽怀宁十里铺（今属安庆）人。早年留学日本。1915年起主编《新青年》杂志，1917年任北京大学文科学长，积极提倡民主与科学、文学革命，反对封建主义，是五四新文化运动的主要代表人物之一。五四运动后，他接受和宣传马克思主义，1920年发起组织中国共产党。1921年，他被选为中央局书记、总书记。大革命后期，被党内认为犯了右倾投降主义错误，1929年被开除出党。1932年，被国民党政府逮捕，1937年6月出狱，1942年在四川江津逝世。

【提示】

本文反复要说明的道理，就是"没有容忍，就没有自由"。作者根据他一生的深切体验，道出："年纪越大，越觉得容忍比自由还更重要。"自由，当然是目的，但作者有时"竟觉得容忍是一切自由的根本"。如果人与人之间彼此对无法完全避免的种种差异与不同都绝不容忍，一定要别人完全认同也即顺从于自己的一切思想言行，那么怎么能行呢？即使有强人所难、迫人就范的威权，也是绝不能持久，终究要失败的。封建专制主义的终于失败，就是一个最明白的例子。特别在思想学术领域，各种不同的信念之间，通过平等善意的沟通、交流、讨论，可以互补、融会、各自调整、改善的因素和可能很多，而且随着当前多元化、全球化的趋势越来越明显，这种因素和可能已越来越多。过去那种非此即彼，总以为自己所信的一定不会错，别人所信的一定是可恶甚至荒谬的异端邪说，因而导致互相残酷斯杀，无所不用其极，实际是非常不幸的，无助于人类社会在和平与发展中迅速获得更大的进步。现在我们都已体会到"有容乃大"的真理，无论要做成什么大事业、大规划、大作品，都要有"海纳百川"的雅量，融贯古今中外一切科学的知识，调动尽可能多人们的工作积极性，团结一切可以团结的人以增加社会的凝聚力，共同生活在一个活泼、生动、愉快的、互相促进的、有利于创造的良好环境中，才有最多实现的可能。我们现在都拥护"百花齐放，百家争鸣"这个方针，对极端武断的态度，"必以吾辈所主张者为绝对之是"的态度，也就是很不容忍的态度，是非常必要的纠正。

作者与陈独秀同是倡导五四新文化运动和文学革命的主要代表。作者在当时就觉得陈的态度很武断。四十多年后，虽然五四新文化运动和文学革命的巨大成绩早已著在史册，但痛定思痛，仍要提出这个问题，表明他长期以来对这个问题的深刻感受，留告后人，很有启发意义。全文从古到今，从中到外，从讲历史到讲自己亲身的感受体会，反复讲明所持的信念，剖切详明，明白清楚。这是他一贯倡导的文风。

【思考与练习】

一、胡适为什么要引用《礼记·王制》"四诛"的全文？通过对"四诛"的现代阐释，胡适巧妙地阐明了自己的什么思想？

二、胡适为什么要将中国古代的"四诛"与西方的宗教迫害并列为例？

三、胡适是在怎样的历史背景下提出"容忍比自由还更重要"的论断的？他所提倡的"容忍"与他所追求的"自由"，各自的内涵是什么？（提示：可参阅胡适的同名演说词，演说词《容忍与自由》原载1959年12月1日《自由中国》第21卷第11期，见欧阳哲生编《胡适文集》第12卷《胡适演讲集》，北京大学出版社1998年版）

118

吃饭①

钱钟书

钱钟书(1910—1998),字默存,号槐聚,江苏无锡人。中国现代著名学者、小说家。1933年清华大学外文系毕业。1935年与作家、翻译家杨绛结婚,然后同赴英国留学。在牛津大学英国语文系攻读两年,又到法国巴黎大学进修法国文学一年,于1938年归国。先后担任过西南联大外文系教授、湖南兰田师范学院英语系主任、上海暨南大学外语系教授、中央图书馆英文总纂、清华大学外文系教授等。1953年起,任文学研究所(先后属北京大学、中国科学院哲学社会科学学部、中国社会科学院)研究员。1982年任中国社会科学院副院长。钱钟书在国内外学术界享有很高声誉,他的小说和散文都具有机智隽永的独特风格。有学术著作《谈艺录》、《管锥编》、《七缀集》,长篇小说《围城》,短篇小说集《人·兽·鬼》,散文集《写在人生边上》,以及《槐聚诗存》、《宋诗选注》、《宋诗纪事补正》等。

吃饭有时很像结婚,名义上最主要的东西,其实往往是附属品。吃讲究的饭事实上只是吃菜,正如讨阔佬的小姐,宗旨倒并不在女人。这种主权旁移,包含着一个转了弯的、不甚素朴的人生观。辨味而不是充饥,变成了我们吃饭的目的。舌头代替了肠胃,作为最后或最高的裁判。不过,我们仍然把享受掩饰为需要,不说吃菜,只说吃饭,好比我们研究哲学或艺术,总说为了真和美可以利用一样。有用的东西只能给人利用,所以存在;偏是无用的东西会利用人,替它遮盖和辩护,也能免于抛弃。柏拉图《理想国》②里把国家分成三等人,相当于灵魂的三个成分;饥渴吃喝等嗜欲是灵魂里最低贱的成分,等于政治组织里的平民或民众。最巧妙的政治家知道怎样来敷衍民众,把自己的野心装点成民众的意志和福利;请客上馆子去吃菜,还顶着吃饭的名义,这正是舌头对肚子的借口,仿佛说:"你别抱怨,这有你的份! 你享着名,我替你出力去干,还亏了你什么?"其实呢,天知道——更有饿瘪的肚子知道——若专为充肠填腹起见,树皮草根跟鸡鸭鱼肉差不了多少! 真想不到,在区区消化排泄的生理过程里还需要那么多的政治作用。

古罗马诗人波西蔼斯(Persius)曾慨叹说,肚子发展了人的天才,传授人以技术(Magister artisingeni que largitor venter)。这个意思经拉柏莱发挥得淋漓尽致,《巨人世家》卷三有赞美肚子的一章③,尊为人类的真主宰、各种学问和职业的创始和提倡者,鸟飞,兽走,鱼游,虫爬,以及一切有生之类的一切活动,也都是为了肠胃。人类所有的创造和活动(包括写文章在内),不仅表示头脑的充实,并且证明肠胃的空虚。饱满的肚子最没用,那时候的头脑,迷迷糊糊,只配做痴梦;咱俩有一条不成文的法律:吃了午饭睡中觉,就是有力的证据。我们通常把饥饿看得太低了，只说它产生了乞丐、盗贼、娼妓一类的东西，忘记了它也启发过思想、技巧，还有"有饭大家吃"的政治和经济理论。德国古诗人白洛柯斯（B. H. Brockes）做赞美诗，把上帝比作"一个伟大的厨师父"（der grosse Speisemeister），做饭给全人类吃，还不免带些宗教的稚气。弄饭给我们吃的人，决不是我们真正的主人翁。这样的上帝，不做也罢。只有为他弄了饭来给他吃的人，才支配着我们的行动。譬如一家之主，并不是赚钱养家的父亲，倒是那些乳臭未干、安坐着吃饭的孩子；这一点，当然做孩子时不会悟到，而父亲们也决不甘承认的。拉柏莱的话较有道理。试想，肚子一天到晚要我们把茶饭来向它祭献，它还不是上帝是什么？但是它毕竟是个下流不上台面的东西，一味容纳吸收，不懂得享受和欣赏。人生就因此复杂起来。一方面是有了肠胃而要饭去充实的人，另一方面是有饭而要胃口来吃的人。第一种人生观可以说是吃饭的；第二种不妨唤作吃菜的。第一种人工作、生产、创造，来换饭吃。第二种人利用第一种人活动的结果，来健脾开胃，帮助吃饭而增进食量。所以吃饭时要有音乐，还不够，就有"佳人"、"丽人"之类来劝酒；文雅点就开什么销寒会、销夏会，在席上传观书法名画；甚至赏花游山，把自然名胜来下饭。吃的菜不用说尽量讲究。有这样优裕的物质环境，舌头像身体一般，本来是极随便的，此时也会有贞操和气节了；许多从前惯吃的东西，现在吃了仿佛玷污清白，决不肯再进口。精细到这种田地，似乎应当少吃，实则反而多吃。假使让肚子作主，吃饱就完事，还不失分寸。舌头拣精拣肥，贪嘴不顾性命，结果是肚子倒楣受累，只好忌嘴，舌头也像鲁智深所说"淡出鸟来"。这诚然是它馋得忘了本的报应！如此看来，吃菜的人生观似乎欠妥。

"甚至赏花游山，把自然名胜来下饭。"

不过，可口好吃的菜还是值得赞美的。这个世界给人弄得混乱颠倒，到处是磨擦冲突，只有两件最和谐的事物总算是人造的：音乐和烹调。一碗好菜仿佛一支乐曲，也是一种一贯的多元，调和滋味，使相反的分子相成相济，变作可分而不可离的综合。最粗浅的例像白煮蟹和醋、烤鸭和甜酱，或如西菜里烤猪肉（roast pork）和苹果泥（apple sauce）、渗鳖鱼和柠檬片，原来是天涯地角、全不相干的东西，而偏偏有注定的缘分，像佳人和才子、母猪和癞象，结成了天造地设的配偶、相得益彰的眷属。到现在，他们亲热得拆也拆不开。在调味里，也有来伯尼支（Leibniz）的哲学所谓"前定的调和"（Harmonia Praestabilita），同时也有前定的不可妥协，譬如胡椒和煮虾蟹、糖醋和炒牛羊肉，正如古音乐里，商角不相协，徵羽不相配。音乐的道理可通于烹饪，孔子早已明白，

《论语》记他在齐闻《韶》，"三月不知肉味"④。可惜他老先生虽然在《乡党》一章里颇讲究烧菜，还未得吃道三昧，在两种和谐里，偏向音乐。譬如《中庸》讲身心修养，只说"发而中节谓之和"，养成音乐化的人格，真是听乐而不知肉味人的话。照我们的意见，完美的人格，"一以贯之"的"吾道"，统治尽善的国家，不仅要和谐得像音乐，也该把烹饪的调和悬为理想。在这一点上，我们不追随孔子，而愿意推崇被人忘掉的伊尹⑤。伊尹是中国第一个哲学家厨师，在他眼里，整个人世间好比是做菜的厨房。《吕氏春秋·本味篇》记伊尹以至味说汤⑥，把最伟大的统治哲学讲成惹人垂涎的食谱。这个观念渗透了中国古代的政治意识，所以自从《尚书·说命》⑦起，做宰相总比为"和羹调鼎"，老子也说"治国如烹小鲜"。孟子曾赞伊尹为"圣之任者"，柳下惠为"圣之和者⑧"；这里的文字也许有些错简。其实呢，允许人赤条条相对的柳下惠该算是个放"任"主义者；而伊尹倒当得起"和"字——这个"和"字，当然还带些下厨上灶、调和五味的涵意。

吃饭还有许多社交的功用，譬如联络感情、谈生意经等等，那就是"请吃饭"了。社交的吃饭种类虽然复杂，性质却极为简单。把饭给有饭吃的人吃，那是请饭；自己有饭可吃而去吃人家的饭，那是赏面子。交际的微妙不外乎此。反过来说，把饭给与没饭吃的人吃，那是施食；自己无饭可吃而去吃人家的饭，赏面子就一变而为丢脸。这便是慈善救济，算不上交际了。至于请饭时客人数目的多少，男女性别的配比，我们改天再谈。但是趣味洋溢的《老饕年鉴》(Almanachdes Gourmands)里有一节妙文，不可不在此处一提。这八小本名贵稀罕的奇书在研究吃饭之外，也曾讨论到请饭的问题。大意说：我们吃了人家的饭该有多少天不在背后说主人的坏话，时间的长短按照饭菜的质量而定；所以做人应当多多请客吃饭，并且吃好饭，以增进朋友的感情，减少仇敌的毁谤。这一番议论，我诚恳地介绍给一切不愿彼此成为冤家的朋友，以及愿意彼此变为朋友的冤家。至于我本人呢，恭候诸君的邀请，努力奉行猪八戒对南山大王手下小妖说的话："不要拉扯，待我一家家吃将来。"

(《钱钟书集·写在人生边上》，钱钟书撰，北京：三联书店，2002)

【注释】

① 本文写于 1941 年后，选自作者的散文集《写在人生边上》。

② 理想国：古希腊著名哲学家柏拉图(Platon，前427—前347)所著，在《理想国》中柏拉图阐述了自己的道德、政治和教育理论，竭力为贵族奴隶主统治下的社会秩序辩护。

③ 巨人世家：文艺复兴时期法国著名文学家拉伯雷(Francois Rabelais，约 1494—1553)所撰长篇小说，通译《巨人传》。作品取材于中世纪民间传说，共五卷，主要描写巨人卡冈都亚和他的儿子庞大固埃的故事，尖锐讽刺、抨击社会现实，反映出个性解放的要求。本文中的"拉伯莱"即拉伯雷。

④ 三月不知肉味：语见《论语·述而》："子在齐闻

韶，三月不知肉味。曰：'不图为乐之至于斯也。'"

⑤ 伊尹：商初大臣，名伊，尹是官名，一说名挚。传为奴隶出身，原为有莘氏女的陪嫁之臣，汤用为"小臣"，后来任以国政，帮助汤攻灭夏桀。汤去世后，历佐卜丙、仲壬二王。仲壬死后，其侄太甲当立，伊尹篡位自立，放逐太甲。七年后，太甲潜回，把他杀死。

⑥ 吕氏春秋：又名《吕览》，共二十六卷，分编为十二纪、八览、六论。为战国末秦国吕不韦集合门客共同编写，汇合先秦各派学说，为秦国统一天下、治理国家提供思想武器。

⑦ 尚书：亦称《书》《书经》，儒家主要经典之一。中国上古历史文件和部分追述古代事迹著作的

汇编,相传由孔子编选而成。今通行的《尚书》中《今文尚书》为真,《古文尚书》则为后人伪作。

⑧ 柳下惠:春秋时鲁国大夫,展氏,名获,食邑在柳下,谥惠,曾任士师。以守礼而"坐怀不乱"著称。

【提示】

　　这是一篇嘲讽世情时弊、闪烁智慧光芒的绝妙文章。作者借人生最常见的吃饭为题,巧设妙喻,探幽发微,把人们司空见惯的一些现象揭示得矛盾百出、淋漓尽致。在世人眼中,吃饭原不过是人生最基本的生存欲望,别无深意,可在钱钟书笔下,却另有所图:"吃饭有时很像结婚,名义上最主要的东西,其实往往是附属品。吃讲究的饭事实上只是吃菜,正如讨阔佬的小姐,宗旨倒并不在女人。"在作者看来,名为吃饭,实为吃菜,舌头代替了肠胃,辨味当成了充饥,这岂非"主权旁移"? 为了给吃饭进一步增添情趣,人们又每每以音乐侑宴,佳人劝酒,书画传情,名胜助兴,在区区消化排泄的生理过程里,竟然要创造这样优裕的物质环境,这里享受又掩饰成为需要。至于把吃饭变成了"请饭",广泛运用于社交场合,成了一种增进朋友感情,减少仇敌毁谤的交际手段,这更是吃饭功用的微妙延伸。正是透过这种名与实的背离,主与次的颠倒,手段与目的的互相掩饰,作者将隐藏于吃饭背后的世态人心揭露得入木三分。

　　文章笔调犀利,语言幽默,或旁征博引,或侃侃而谈,文风如行云流水,汪洋恣肆。奇思妙想和真知灼见俯拾即是,生活哲理与人情世态交融一体,深刻的思辨与丰富的联想密切结合。使人读来,既洞达世情,又切中时弊,在会心微笑之余,获得深刻的启迪和无限的快意。

　　此文横说竖说,触处生辉,日常生活中都蕴含至理,可见深入生活、扩大见闻之重要。作者的许多学问,也从"洞明世事"中来。

【思考与练习】

一、"我们吃了人家的饭该有多少天不在背后说主人的坏话,时间的长短按照饭菜的质量而定;所以做人应当多多请客吃饭,并且吃好饭,以增进朋友的感情,减少仇敌的毁谤。"试就文中的这一番议论,结合时弊进行分析。

二、有人说钱钟书是那种"含笑谈真理的人",请以本文为例,体认作者这种别具一格的散文。

我的世界观①

阿尔伯特·爱因斯坦

阿尔伯特·爱因斯坦(Albert Einstein, 1879—1955),美国物理学家,20世纪最伟大的科学家之一。生于德国乌尔姆镇。1900年毕业于苏黎世工业大学,加入瑞士籍。1913年返回德国,任柏林大学教授。1921年获得诺贝尔物理学奖。1933年希特勒上台后,他因其犹太人身份受到迫害,赴美国任普林斯顿高级研究所教授。1940年加入美国籍。20世纪初的15年中,他提出了一系列的科学理论,断言物质和能量的相当性,给空间、时间和引力都赋予了新概念,因而名闻天下。他所建立的相对论成为现代物理学的理论基础之一。爱因斯坦作为人类历史上一位杰出的科学家、创新天才,其伟大之处不仅在于他杰出的科学成就,也在于他恢宏的胸襟和崇高的人格。热爱真理,追求正义,深切关怀社会进步,是他无穷探索、一生奋斗的精神动力。除科学研究外,他还留下有许多对政治、社会、人生感悟的文字,同样给世人以巨大而深刻的影响。有《爱因斯坦全集》。

我们这些总有一死的人的命运是多么奇特呀!我们每个人在这个世界上都只作一个短暂的逗留;目的何在,却无所知,尽管有时自以为对此若有所感。但是,不必深思,只要从日常生活就可以明白:人是为别人而生存的——首先是为那样一些人,他们的喜悦和健康关系着我们自己的全部幸福;然后是为许多我们所不认识的人,他们的命运通过同情的纽带同我们密切结合在一起。我每天上百次地提醒自己:我的精神生活和物质生活都依靠着别人(包括生者和死者)的劳动,我必须尽力以同样的分量来报偿我所领受了的和至今还在领受着的东西。我强烈地向往着俭朴的生活,并且时常为发觉自己占用了同胞的过多劳动而难以忍受。我认为阶级的区分是不合理的,它最后所凭借的是以暴力为根据。我也相信,简单淳朴的生活,无论在身体上还是在精神上,对每个人都是有益的。

爱因斯坦木刻像　　佚名作

我完全不相信人类会有那种在哲学意义上的自由②。每一个人的行为,不仅受着外界的强迫,而且还要适应内心的必然。叔本华说③:"人虽然能够做他所想做的,但不能要他所想要的。"这句话从我青年时代起,就对我是一个真正的启示;在我自己和别人生活面临困难的时候，它总是使我们得到安慰，并且永远是宽容的源泉。这种体会可以宽大为怀地减轻那种容易使人气馁的责任感，也可以防止我们过于严肃地对待自己和别人；它还导致一种特别给幽默以应有地位的人生观。

要追究一个人自己或一切生物生存的意义或目的，从客观的观点看来，我总觉得是愚蠢可笑的。可是每个人都有一定的理想，这种理想决定着他的努力和判断的方向。就在这个意义上，我从来不把安逸和享乐看作是生活目的本身——这种伦理基础，我叫它猪栏的理想。照亮我的道路，并且不断地给我新的勇气去愉快地正视生活的理想，是善、美和真。要是没有志同道合者之间的亲切感情，要不是全神贯注于客观世界——那个在艺术和科学工作领域里永远达不到的对象，那末在我看来，生活就会是空虚的。人们所努力追求的庸俗的目标——财产、虚荣、奢侈的生活——我总觉得都是可鄙的。

我对社会正义和社会责任的强烈感觉，同我显然的对别人和社会直接接触的淡漠，两者总是形成古怪的对照。我实在是一个"孤独的旅客"，我未曾全心全意地属于我的国家，我的家庭，我的朋友，甚至我最接近的亲人；在所有这些关系面前，我总是感觉到有一定距离并且需要保持孤独——而这种感受正与年俱增。人们会清楚地发觉，同别人的相互了解和协调一致是有限度的，但这不足惋惜。这样的人无疑有点失去他的天真无邪和无忧无虑的心境；但另一方面，他却能够在很大程度上不为别人的意见、习惯和判断所左右，并且能够不受诱惑要去把他的内心平衡建立在这样一些不可靠的基础之上。

我的政治理想是民主主义。让每一个人都作为个人而受到尊重，而不让任何人成为崇拜的偶像。我自己受到了人们过分的赞扬和尊敬，这不是由于我自己的过错，也不是由于我自己的功劳，而实在是一种命运的嘲弄。其原因大概在于人们有一种愿望，想理解我以自己的微薄绵力通过不断的斗争所获得的少数几个观念，而这种愿望有很多人却未能实现。我完全明白，一个组织要实现它的目的，就必须有一个人去思考，去指挥，并且全面担负起责任来。但是被领导的人不应当受到强迫，他们必须有可能来选择自己的领袖。在我看来，强迫的专制制度很快就会腐化堕落。因为暴力所招引来的总是一些品德低劣的人，而且我相信，天才的暴君总是由无赖来继承，这是一条千古不易的规律。就是这个缘故，我总是强烈地反对今天我们在意大利和俄国所见到的那种制度。像欧洲今天所存在的情况，使得民主形势受到了怀疑，这不能归咎于民主原则本身，而是由于政府的不稳定和选举制度中与个人无关的特征。我相信美国在这方面已经找到了正确的道路。他们选出了一个任期足够长的总统，他有充分的权力来真正履行他的职责。另一方面，在德国的政治制度中，我所重视的是，它为救济患病或贫困的人作出了比较广泛的规定。在人生的丰富多彩的表演中，我觉得真正可贵的，不是政治上的国家，而是有创造性的、有感情的个人，是人格；只有个人才能创造出高尚的和卓越的东西，而群众本身在思想上总是迟钝的，在感觉上也总是迟钝的④。

讲到这里，我想起了群众生活中最坏的一种表现，那就是使我厌恶的军事制度。一个人能够洋洋得意地随着军乐队在四列纵队里行进，单凭这一点就足以使我对他轻视。他所以长了一个大脑，只是出于误会；单单一根脊髓就可满足他的全部需要了。文明国家的这种罪恶的渊薮，应当尽快加以消灭。由命令而产生的勇敢行为，毫无意义的暴行，以及在爱国主义名义下一切可恶的胡闹，所有这些都使我深恶痛绝⑤！在我看来，战争是多么卑鄙、下流！我宁愿被千刀万剐，也不愿参预这种可憎的勾当。尽管如此，我对人类的评价还是十分高的,我相信,要是人民的健康感情没有被那些通过学校和报纸而起作用的商业利益和政治利益蓄意进行败坏,那末战争这个妖魔早就该绝迹了。

我们所能有的最美好的经验是奥秘的经验。它是坚守在真正艺术和真正科学发源地上的基本感情。谁要是体验不到它,谁要是不再有好奇心也不再有惊讶的感觉,他就无异于行尸走肉,他的眼睛是迷糊不清的。就是这样奥秘的经验——虽然掺杂着恐怖——产生了宗教。我们认识到有某种为我们所不能洞察的东西存在,感觉到那种只能以其最原始的形式为我们感受到的最深奥的理性和最灿烂的美——正是这种认识和这种情感构成了真正的宗教感情;在这个意义上,而且也只是在这个意义上,我才是一个具有深挚的宗教感情的人。我无法想象一个会对自己的创造物加以赏罚的上帝,也无法想象它会有像在我们自己身上所体验到的那样一种意志⑥。我不能也不愿去想象一个人在肉体死亡以后还会继续活着;让那些脆弱的灵魂,由于恐惧或者由于可笑的唯我论,去拿这种思想当宝贝吧!我自己只求满足于生命永恒的奥秘,满足于觉察现存世界的神奇的结构,窥见它的一鳞半爪,并且以诚挚的努力去领悟在自然界中显示出来的那个理性的一部分,即使只是其极小的一部分,我也就心满意足了。

(《爱因斯坦文集》第三卷,[美国]爱因斯坦撰,许良英、赵中立、张宜三编译,北京:商务印书馆,1979)

【注释】

① 本文最初发表于1930年,原题《我的信仰》。

② 哲学意义上的自由:有些哲学家认为,哲学意义上的自由,与"必然"相对,组成辩证法的一对范畴。"必然"指客观事物的规律,自由指人们对必然的认识和对客观世界的改造。人们未认识客观规律时,处于盲目受它支配的地位,没有真正的自由。自由与必然是辩证的统一。

③ 叔本华(1788—1860):德国哲学家,唯意志论者。曾在柏林大学任教。致力于柏拉图、康德哲学的研究。认为意志是宇宙的本质。

④ 个人:这里所指的个人,是指"有创造性的、有感情的个人,是人格",不是平庸、无情的个人;所指的群众,是指"在思想上总是迟钝的,在感觉上也总是迟钝的"庸众。

⑤ 深恶痛绝:以上这段议论,是作者对当时意大利墨索里尼、德国希特勒法西斯专制势力正企图掀起战争暴力和其他种种暴行的严厉斥责。

⑥ 无法想象:这表明作者怀有的并不是一般意义上的宗教感情,而是深刻关怀人类福祉的那种挚爱之情。

【提示】

文章开头就明白宣告:人是应当为别人而生存的,首先是为那些其喜悦和健康关系着我们自己的全部幸福的人,然后是为许多虽不相识,但他们的命运却通过同情的纽带同我们密切结合在一起的人。他说自己每天上百次地提醒自己,他的精神生活与物质生活都依靠着别人的劳动,包括生者和死者,自己必须尽力报偿他们。他相信简单淳朴的生活对每个人都有益。这是他世界观、人生观的基础和核心。

他说,叔本华"人虽然能够做他所想做的,但不能要他所想要的"这两句话,从青年时代起对他就是一个真正的启示。在生活困难时使他得到安慰,并且永远是宽容的源泉。应该尽量做想做的,不能要所想要的,这是他基于社会群体意识的严格自律。

每个人都要有一定的理想,它决定着自己努力和判断的方向。他从来不把安逸和享乐看作生活目的本身。他的道路是追求善、美和真。他觉得追求财产、虚荣、奢侈的生活是可鄙的。

他有高尚的理想，鄙视世俗的享受。他认为自己未曾全心全意地属于自己的国家、家庭、朋友，甚至最接近的亲人；在这些关系面前，他总感到有一定距离并且需要保持孤独，因为这样能够在很大程度上不为别人的意见、习惯和判断所左右。他有更高的追求，并因此而坚持独立思考。

他的政治理想是民主主义。他认为强迫的专制制度很快就会腐化堕落，天才的暴君总是由无赖来继承，这是一条千古不易的规律。他强烈反对当时在意大利的法西斯专制和俄国所见到的那种制度。他认为真正可贵的，是有创造性的、有感情的个人，是人格。他深恶痛绝毫无意义的暴行，绝不愿意参预卑鄙、下流的战争。他在政治上崇尚民主，在人格上追求有创造性的、有感情的自由。

他高度评价人类对"奥秘"的勇于探索精神，坚守真正艺术和真正科学发源地上的基本感情。他是一个具有深挚的宗教感情的人——一定要为人类和社会尽力，创造出高尚的和卓越的东西。科学精神与人文精神在他身上得到了真正的高度统一。

这是爱因斯坦在谈自己世界观方面最有代表性也最著名的一篇文章，清纯朴实，深刻锐利，坦诚自然，明白无疑。只有像他这样的伟人，才写得出如此举重若轻、永垂不朽的名文。

【思考与练习】

一、爱因斯坦对人类的贡献无论在科学研究上还是社会进步上都是非常伟大的，请结合他这篇文章谈谈你的体会。

二、爱因斯坦认为只要从日常生活就可以明白"人是为别人而生存的"，因此每一个人都必须对别人尽力有所报偿，你觉得他这样说也这样做是否有得也有失？

三、自然科学家关心政治，也以追求真善美作为自己的理想，这对科学研究有无副作用，是否浪费精力和时间？文要学点理，理要学点文，这能有什么益处？文、理能够渗透、互补吗？

我有一个梦想①

马丁·路德·金

马丁·路德·金(Martin Luther King, Jr, 1929—1968),美国著名的黑人民权运动领袖。生于佐治亚州亚特兰大,先后获得神学学士学位与哲学博士学位。20 世纪 50 年代,金在阿拉巴马州浸礼会教堂任牧师时,开始领导当地黑人的维权斗争。随后他组织南方基督教领袖联合会,成为迅速扩展的民权运动的领导人。1964 年被授予诺贝尔和平奖。1968 年当他指导田纳西州孟菲斯的罢工斗争时遇刺身亡。1986 年 1 月,美国总统里根签署法令,规定每年 1 月份的第三个星期一为"马丁·路德·金纪念日"。

一百年前,一位伟大的美国人签署了解放黑奴宣言②,今天我们就是在他的雕像前集会。这一庄严宣言犹如灯塔的光芒,给千百万在那摧残生命的不义之火中受煎熬的黑奴带来了希望。它之到来犹如欢乐的黎明,结束了束缚黑人的漫漫长夜。

然而一百年后的今天,我们必须正视黑人还没有得到自由这一悲惨的事实。一百年后的今天,在种族隔离的镣铐和种族歧视的枷锁下,黑人的生活备受压榨。一百年后的今天,黑人仍生活在物质充裕的海洋中一个穷困的孤岛上。一百年后的今天,黑人仍然萎缩在美国社会的角落里,并且意识到自己是故土家园中的流亡者。今天我们在这里集会,就是要把这种骇人听闻的情况公之于众。

就某种意义而言,今天我们是为了要求兑现诺言而汇集到我们国家的首都来的。我们共和国的缔造者起草宪法和独立宣言的气壮山河的词句时③,曾向每一个美国人许下了诺言。他们承诺给予所有的人以生存、自由和追求幸福的不可剥夺的权利。

就有色公民而论,美国显然没有实践她的诺言。美国没有履行这项神圣的义务,只是给黑人开了一张空头支票,支票上盖着"资金不足"的戳子后便退了回来。但是我们不相信正义的银行已经破产。我们不相信,在这个国家巨大的机会之库里已没有足够的储备。因此今天我们要求将支票兑现——这张支票将给予我们宝贵的自由和正义的保障。

我们来到这个圣地也是为了提醒美国，现在是非常急迫的时刻。现在决非侈谈冷静下来或服用渐进主义的镇静剂的时候。现在是实现民主诺言的时候。现在是从种族隔离的荒凉阴暗的深谷攀登种族平等的光明大道的时候。现在是向上帝所有的儿女开放机会之门的时候。现在是把我们的国家从种族不平等的流沙中拯救出来，置于兄弟情谊的磐石上的时候。

如果忽然忽视时间的迫切性和低估黑人的决心，那么，这对美国来说，将是致命伤。自由和平等的爽朗秋天如不到来，黑人义愤填膺的酷暑就不会过去。1963 年并不意味着斗争的结束，而是开始。有人希望，黑人只要撒撒气就会满足，如果国家安之若素，毫无反应，这些人必会大失所望的。黑人得不到公民的权利，美国就不可能有安宁或平静。正义的光明的一天不到来，叛乱的旋风就将继续动摇这个国家的基础。

但是对于等候在正义之宫门口的心急如焚的人们，有些话我是必须说的。在争取合法地位的过程中，我们不要采取错误的做法。我们不要为了满足对自由的渴望而抱着敌对和仇恨之杯痛饮。我们斗争时必须永远举止得体，纪律严明。我们不能容许我们的具有崭新内容的抗议蜕变为暴力行动。我们要不断地升华到以精神力量对付物质力量的崇高境界中去。

现在黑人社会充满着了不起的新的战斗精神，但是我们却不能因此而不信任所有白人。因为我们的许多白人兄弟已经认识到，他们的命运与我们的命运是紧密相连的，他们今天参加游行集会就是明证。他们的自由与我们的自由是息息相关的。我们不能单独行动。

当我们行动时，我们必须保证向前进。我们不能向后退。现在有人问热心民权运动的人："你们什么时候才能满足？"

只要黑人仍然遭受警察难以形容的野蛮迫害，我们就绝不会满足。

只要我们在外奔波而疲乏的身躯不能在公路旁的汽车旅馆和城里的旅馆找到住宿之所，我们就绝不会满足。

只要黑人的基本活动范围只是从少数民族聚居的小贫民区转移到大贫民区，我们就绝不会满足。

只要密西西比仍然有一个黑人不能参加选举④，只要纽约有一个黑人认为他投票无济于事，我们就绝不会满足。

不！我们现在并不满足，我们将来也不满足，除非正义和公正犹如江海之波涛，汹涌澎湃，滚滚而来。

我并非没有注意到，参加今天集会的人中，有些受尽苦难和折磨；有些刚刚走出窄小的牢房；有些由于寻求自由，曾在居住地惨遭疯狂迫害的打击，并在警察暴行的旋风中摇摇欲坠。你们是人为痛苦的长期受难者。坚持下去吧，要坚决相信，忍受不应得的痛苦是一种赎罪。

让我们回到密西西比去，回到阿拉巴马去⑤，回到南卡罗来纳去⑥，回到佐治亚去⑦，回到路易斯安那去⑧，回到我们北方城市中的贫民区和少数民族居住区去，要心中有数，这种状况是能够也必将改变的。我们不要陷入绝望而不能自拔。

朋友们，今天我对你们说，在此时此刻，我们虽然遭受种种困难和挫折，我仍然有一个梦想。这个梦想是深深扎根于美国的梦想中的。

我有一个梦想,有一天这个国家会站起来,讲出这个真理——"我们相信人类在上帝面前是平等的,这是显而易见的真理。"

我有一个梦想,从前奴隶的后嗣和奴隶主的后嗣,有一天,可以在佐治亚州红色的山峦上,平起平坐,兄弟相称。

我有一个梦想,即如蒸发着热气的密西西比州、蒸发着不平等的热气、蒸发着欺压者的热气,有一天,将会转化为自由公义的绿洲。

我有一个梦想,有一天,再没人以肤色来评价我的孩子,而单单看重品格内涵,因为他们将活在一个平等的国家,再没有种族歧视。

今日,我有一个梦想。

我有一个梦想,南部阿拉巴马州,素来充斥着恶毒的种族歧视者,以及他们的总督,嘴唇经常滴下否定和干预的话。有一天,就在南部阿拉巴马州,黑人的男孩女孩,和白人的男孩女孩,可以无拘无束地手牵着手,情同手足。

今日,我有一个梦想。

我有一个梦想。有一天,一切山洼都要填满,大小山岗都要削平,高高低低的要改为平坦,崎崎岖岖的必成为平原,上帝的荣耀必然显现,凡有血气的,必一同看见。

这是我们的希望,这是我们回南部去时要带回的信心。凭借这信心,我们能够把绝望的大山,凿成希望的石块;凭借这信心,我们能够将我们国家吵耳的纷争,转化为歌颂手足深情的优美交响乐章;凭借这信心,我们可以一起工作、一起祈祷、一起挣扎、一起为自由奋斗,因为我们深深知道有一天会一同获得自由。

将会有这样的一天。这样的一天,神的儿女将会带着新意歌唱:"我的祖国,一片自由温馨的土壤,属于你的,我要歌唱,这是我先祖逝去的地方,是客旅踩过骄傲足迹的地方,群山各处,让自由高响。"

要是美国要真的成为伟大的国家,这些必须实现。让自由响自新罕布什尔高耸的山巅⑨,让自由从纽约的雄峰响起,让自由响自宾夕法尼亚的亚力恒山⑩!

让自由响自科罗拉多山岭的雪顶⑪!

让自由响自加利福尼亚弯曲的山丘⑫!

岂仅如此,让自由响自佐治亚州的山岭!让自由响自田纳西的山岭⑬!

让自由响自密西西比的大山、小山。从群山的四处,让自由响起。

当我们容许自由响起,响遍大村庄、小村落、每州每城,我们会加速看见那天的来临,所有神的儿女,白人黑人,犹太人外邦人,基督徒天主教徒,都手牵着手,同声歌唱那古老的黑人灵歌⑭:"自由了!自由了!感谢全能天父,我们终获自由!"

（许立中译）

（《我有一个梦想:马丁·路德·金告诉我们》,〔美〕马丁·路德·金撰,霍玉莲编纂,王婷等译,北京:中央编译出版社,2001）

【注释】

① 1963 年 8 月 23 日,马丁·路德·金组织了美国历史上影响深远的"自由进军"运动。他在华盛顿的林肯纪念堂前向 25 万人发表了著名的演说《我有一个梦想》,这篇演讲又称《向华盛顿

进军演说词》。

② 一位伟大的美国人：指林肯（Abraham Lincoln，1809—1865），共和党人，美国第16任总统。他在任的1863年1月颁布了解放黑人奴隶的《解放宣言》，领导了对南方奴隶制度的战争，并最终维护了联邦统一。

③ 宪法和独立宣言：美国宪法制订于1787年，独立宣言发表于1776年。

④ 密西西比：美国南部的一个州，州首府杰克逊。是黑人占人口比例最高的州之一。

⑤ 阿拉巴马：美国南部的一个州，州首府蒙哥马利。

⑥ 南卡罗来纳：美国东南部的一个州，州首府哥伦比亚。南北战争首先在此打响。

⑦ 佐治亚：美国东南部的一个州，州首府亚特兰大。

⑧ 路易斯安那：美国南部的一个州，州首府巴吞鲁日，主要城市新奥尔良被称为美国爵士乐之都。

⑨ 新罕布什尔：美国东北部的一个州，州首府康考特。州内有名山华盛顿峰及怀特山脉。1776年1月5日，首先宣告独立，反抗英国，州箴言便是："不自由，毋宁死！"

⑩ 宾夕法尼亚：美国东北部的一个州，州首府哈立斯堡。

⑪ 科罗拉多：美国中部的一个州，州首府丹佛。

⑫ 加利福尼亚：美国西南部的一个州，州首府萨克拉门托。

⑬ 田纳西：美国东南部的一个州，州首府纳什维尔。

⑭ 黑人灵歌：一种黑人宗教歌曲。

【提示】

这是一篇境界高远、大气磅礴、情真意切的演讲词。

面对着几十万反抗歧视与压迫的黑人兄弟，面对着他们愤怒、激昂的面孔，金博士不是简单地诉说苦难或是煽动仇恨，而是站到历史的制高点上，回首二百年前美国建国时的理想，回首一百年前废奴先驱者的理想，从而使自己的诉求获得更重大的普世价值；同时他又展望未来，用诗一样的语言描绘了自己的梦想。这个梦想既包括了对现实权利的争取，也包括了白人、黑人亲如兄弟的共同家园的构建。当他充满激情地呼喊着"群山各处，让自由高响"的时候，他就把听众带到了崇高的、理想的精神境界。

被压迫者的抗争是困难的、危险的，需要参加者有大无畏的勇气和不屈不挠的意志。金博士的演讲词就表现出这样的豪情与气魄。他用一连串的排比句鼓舞与会者，他用振聋发聩的声音宣誓："我们现在并不满足，我们将来也不满足，除非正义和公正犹如江海之波涛，汹涌澎湃，滚滚而来。"他还把自己放到与"美国"对话的地位，告诫这个国家摒弃错误，走到正确的道路上来。这样的气魄、气势必然给听众以巨大的信心和力量。

金博士的演讲又是非常注意说服力与感召力的。他用"兑现支票"的比喻来说明黑人诉求的正当性；他谆谆切切地说明斗争中理性与非暴力的重要；他对深处苦难中的同胞表达诚挚的同情，并激励他们坚持自己正义的抗争。这些都是用十分亲切的、诚恳的、通俗的语言说出，没有丝毫居高临下的训诫感觉，使听众感受到他的情深意切。

从技巧的角度看，这也是演讲词中的杰作。演讲词不同于一般的书面文章，它要求有强烈的现场感，要求能够控制、调动听众的情绪。金博士的这篇讲稿堪称这方面的典范。他用"让我们"、"朋友们，今天我对你们说"这样的语句使自己同听众融为一体；用"只要"、"只要"和"我有一个梦想"、"我有一个梦想"的大段排比鼓动起全场的热烈气氛；又通过在大段的热情激烈的话语之间适度穿插"但是对于"、"我并非没有注意到"一类内容，调节演讲的节奏，使得演讲者与听众的情绪一浪高过一浪地推向顶峰。

【思考与练习】

一、从内容与情绪两个角度,分析这篇演讲词的层次结构。

二、谈谈你对非暴力抗争观念的看法。

三、用演讲的语气诵读"朋友们,今天我对你们说"到篇末的部分。

学 文 例 话
（二）

议论文的阅读与写作

论点、论据、论证是议论文的三大要素。一篇好的议论文,应当是观点深邃而有创见,论据典型而具张力,论证严谨而富启迪。

一

人类的精神财富,是在历史的长河中,由一系列大大小小的创见积淀而成的。没有创见,就没有发展。评价议论文,首先要看它有没有创见;写作议论文,首先要在观点上有自己的独到之处。古今议论笔墨,浩如烟海,但大多已经或即将被时间冲走、湮没,只有少量精品能够存活。有创见者存,无创见者亡,这是历史的无情选择。

创新,需要有洞穿历史的深邃眼光。孔子的"仁者爱人"、"克己复礼",孟子的"民为邦本"、"民贵君轻",是面对着春秋战国时期群雄争霸的血雨腥风而创辟的新政治理念。当时虽被讥为迂腐,却终究成为中国两千多年封建统治的圭臬,即使是最狂妄的暴君,也不敢公开抗拒它的权威。然而当原始儒学的民本思想被一步步阉割为维护封建专制政体的统治术之时,面对日趋腐朽、万马齐喑的社会现实,黄宗羲又以其一篇《原君》,一针见血地揭示出皇权专制"以天下为一己之私"的实质,将传统的民本思想推向了近代民主意识。这一预示着社会政体必将发生根本变革的创见,在当时确属石破天惊之响。创新就是发展。当我们今天进一步用"以人为本"来替代"以民为本"的观念时,那就意味着要从根本上涤除官与民长期被隔断、被对立、被倒置的痼疾,而真正民主、公平、和谐的现代社会,或许正是从这里孕育出来的。

创新,需要过人的胆识。和而不同是中华传统精神文明的精华。早在先秦时期,"和为贵"、"致中和"、"中庸之道"、"中和之美"、"执两用中"等哲理名言的出现和流行,就标志着这一社会人生普遍理念的基本成熟。但在先秦以后漫长的文化专制时代,和而不同的呼声却几近绝迹。偶有涉及者,也只是重复"声一无听"、"味一无果"、"物一无文"的轻音熟调,或隔靴搔痒,不敢触及政治,或片面强调"和",抹煞"不同"的真义。这是为什么?值得深思。重读一下《国语》的《史伯对桓公问》吧,他一上来就把和而不同推上了政治舞台,将周王室衰微的原因,归结为"去和而取同",强调包容着对立面的"不同",才是"和"的真谛,并进而得出一个振聋发聩的结论:"和实生物,同则不继。"说得更明白些就是:和则生,同则亡。像这样逆反"喜同恶异"的人类普遍心理,直接呼唤"和则生、同则亡"的社会政治律令,是一切专制主义者所不愿听、乃至惧怕的,这就是过人的胆识。多元并立,多样共存,是自然常态,社会常规,人生常道,偏执"非此即彼"、"你死我活"的狭隘道行,社会人生就永无宁日。只有在促进各个"不同"要素自身充分发展的基础上,去追求"和"的合理程度和理想状态,才是天地胸襟,人间正道。当前,见之于和平外交、和谐社会以及亲和自然的科学发展观,不正是以人为本、和而不同新理念不断落到实处的体现吗?

过人胆识,需要有开阔的心胸和眼界,让心灵在天地间无羁无碍地飞得更高、想得更远。人的思路总是不同程度地被困囿在低层次空间打转,而不能上升到更普遍的义理,这是创造精神被窒息的主要原因。在这方面,倒应当好好向庄子学习。庄子的《秋水》(节选),主旨是张扬"宇宙无限而人的认识有限"的普世理念,要人们放开眼量看世界、看宇宙,不要自我张大,也不要神化圣贤。庄子"少仲尼之闻而轻伯夷之义",不是坐井观天,而是翱翔太空回望地球,看到的只是一个蓝色的小皮球而已。这一高远的立足点和眼量,显然对狂妄的自我中心主义、人类中心主义以及其他种种中心主义,有很大的杀伤力。由此,我们可以联想到罗素《如何避免愚蠢的见识》一文的结语:"在茫茫宇宙中一个小小角落的一颗小小星球的生命史上,人类仅仅是一个短短的插曲,而且说不定宇宙中其他地方还有一些生物,他们优越于我们的程度,不亚于我们优越于水母的程度。"也可以联想到爱因斯坦在《我的世界观》中对我们的告诫:"我们认识到有某种为我们所不能洞察的东西存在。"所谓"客观世界",那是个"在艺术和科学工作领域里永远达不到的对象"。还可以联想到胡适在《容忍与自由》中对"绝对之是"的否定:"我们受过实验主义训练的人,本来就不承认有'绝对之是',更不可以'以吾辈所主张者为绝对之是'。"站得愈高,看得愈远。如果轻率地将庄子的《秋水》钉死在"相对主义"、"虚无荒诞"的绞刑架下,那么,这些大科学家、大学问家也都是虚无主义、消极人生吗?

二

演绎和归纳,是议论文的两种基本论说方法。

演绎法是一个由一般到个别的论说过程,它从一般原理出发,经过一定的逻辑推演,从而得出一个关于个别情况的结论。推演过程的逻辑关系,主要有形式逻辑、事理逻辑和辩证逻辑之分。形式逻辑有三段论、假言推理、选言推理等诸多种类,以三段论最为常见。三段论由大前提、小前提和结论三部分构成,是从一个概念联系着的两个前提推导出结论的演绎过程。例如,庄子在《秋水》中认为孔孟之道既"轻"又"小",就是一个三段式推论:文章所极力张扬的"宇宙无限而人的认识有限"的理念是大前提,"孔孟是人"则是一个不言自明的小前提,两者一结合就得出"孔孟之道也十分有限"的结论。再如,胡适在《容忍与自由》中认为:"喜同恶异"是人类的普遍心理,有了这种心理就不能容忍,不能容忍就要党同伐异、消灭异己,要消灭异己大家就谁也没有自由,所以作者得出的最终结论,就是"没有容忍就没有自由"。这里就包含着一连串的三段式推论。显然,任何论说都必须遵循一定的形式逻辑,否则论证就不能成立。

但是,议论文的思理是否有深度,是否有创见,却不取决于形式逻辑,而主要取决于内在事理逻辑是否严谨和思维方法是否辩证。事理逻辑是事物之间的必然联系,它是形式逻辑能否成立的内在依据。在《齐桓晋文之事章》中，当孟子看到齐宣王对一条即将被杀的牛产生了深切的恻隐之心时，就认为他可以实行仁政，因为恻隐之心是走向仁政的心理通道，这其间就有一个当权者的心理特征与政治之间的事理逻辑关系。孟子把孔子侧重于人格修养的仁学，发展为社会政治的王道理想，恐怕正是这一事理逻辑关系的升华。可以说，一个重大事理逻辑的发现，往往能发人长思深省，预示着一个新的学说的创辟；而一篇好的论说文，就应当力求具有这种富含创新张力的逻辑内核。史伯将和而不同与国家兴亡联系起来，庄子将孔孟之道与宇宙无限联系起来，爱因斯坦将"宗教感情"与深不可测的天地奥秘联系起来，利奥波德将消灭狼群与人类能否继续生存联系起来（《像山那样思考》），朱光潜将审美与人生联系起来（《慢慢走，欣赏啊！》），等等，其中就都包蕴着丰富而深邃的事理逻辑关系。

至于辩证逻辑，那是更高层次的思维方式，非通达事理逻辑者是难以得其一二的。老子说："天下皆知美之为美，斯恶已；皆知善之为善，斯不善已。"这简短的两个论断中，充满有无相生、强弱相成、祸福相依、美丑相形等诸多对立统一的辩证规律，是思想方法狭隘偏执者无论如何也想不到、想不通和难以接受的。在人们多以"容忍"为妥协投降、纵奸容恶的时候，胡适断定"没有容忍就没有自由"，在人们多以自己的主张为"绝对正确"的时候，胡适断定"绝对之是是根本不存在"的，这是颇具胆识的；而这胆识之中，就包容着许多辩证思维因素：一味地强调斗争哲学，结果会发现自己就坐在火山口上；一味地"喜同恶异"，总难免自己也成为被排斥的"异己"；一味地标榜"完全正确"，本身就证明着真理已经离他而去。当今，人类面临着日益恶化的生存环境，要建设一个以人为本、多元并存、持续发展的和谐社会，恐怕单讲二元对立观念是远远不够的，须借助更加灵动的辩证思维，对诸多长期以来占统治地位的流行思想进行反思，并在反思中提出与时俱进的新见解、新理念。

归纳法是由个别到一般的论证方法，它是通过列举、分析若干实例或分论点，来归纳证明具有更普遍意义的结论。所有理论，归根结底都是从实践中来，并且还要回到实践中去的，所以用事实说话的例证法，是最常见也最可靠的论说途径。当然，例证要精心选择，只有典型性强者，才更有说服力。贾谊《过秦论》，通篇都是铺陈史实，几乎不用逻辑推理，结论也只有结尾处"仁义不施，而攻守之势异也"两句，但古今叫绝，皆赞其说理透辟有力，为什么？主要是由于秦以暴政灭亡的历史事实，是中国历史上最突出最典型的，只要把史实摆足说透，无须逻辑推演，其因"仁义不施"而速亡的深层义理就和盘托出了。这是事实胜于雄辩的典范文例。

胡适的《容忍与自由》，则主要是通过分析典型实例来讲道理。先选择三个论据，然后围绕着这三个论据进行论说，让事实和论理交融一体，不仅避免了思路贫乏、论说枯燥的弊端，而且收到了论据发人深省、说理深入透彻的效果。首先，三个实例分居学术、宗教、政治三大领域，视野开阔，特征鲜明，本身就具有充分的涵盖面和强劲的冲击力、启示力和说服力。其次，在分析这三个例据时，又依次意指"容忍是自由的前提"、"喜同恶异是不能容忍的心理根源"和"绝对之是根本不存在"三个分论点，层层推进，步步深入，把"没有容忍就没有自由"的总论点阐发得十分具体、精到。再次，作者先从自己的教训说起，坦诚地进行自我反思，拉近了与读者的心灵距离，极具亲和力。而全文不摆理论架势，平易出之，剀切道来，则呈现出一种胸有成竹、透彻于心，而后返璞归真、深入浅出的境界。可以说，《容忍与自由》既善于摆事实，又善于讲道理，尽现大家风范。

三

比较,包括对比和类比,不仅是有效的论证方法,而且是充满理趣智慧和审美意味的表达手段。

没有比较,就没有是非、好坏,这是常识。而作为一种论证方法,对比的主要功效,则是使对比双方的特征都更加鲜明突出。庄子《秋水》连用"小石小木之在大山"、"礨空之在大泽"、"稊米之在大仓"、"豪末之在马体"四个小与大的对比,将"宇宙无限而人的认识有限"的道理彰显得分外鲜明;萧伯纳的《贝多芬百年祭》,则是通过与莫扎特等人的对比,将贝多芬反抗传统、独辟蹊径的音乐创作精神反衬得更加突出。

如果仔细分析一下就会发现,对比不仅有反衬作用,还能生发出新的意义。例如孟子说:"狗彘食人食而不知检,涂有饿莩而不知发。"(《寡人之于国也》)前一句是说有些人穷奢极欲,富得挥霍无度,后一句是说有些人饿死路旁,穷得无法生存,而将两者并置起来一对比,就升华出一个新的关系意义:当时社会贫富悬殊、阶级对立到了极点,甚至隐含着由于统治者不顾下层百姓死活,因而社会动荡、统治基础极不牢固的深意。事物的意义不仅在于自身,更多的是在于它与其他事物的关系之中,对比就是揭示同类事物之间某种关系意义的有效途径。

还应当进一步看到,对比双方的差距愈大,对比愈强烈,效果就愈好。这是个对比的成色问题。因此,当我们运用对比方法的时候,不仅要精心选择对比对象,而且要通过种种手段来强化对比的力度。《过秦论》只用事实说话而不用逻辑推理照样说理透辟的原因,除了前面所说的秦朝速亡的史实典型外,更重要的还在于它的强劲对比手法。全文铺陈史实,并非面面俱到,而是"千回万叠只是论秦如此之强,又千回万叠只是论陈涉如此之微"(过珙语),这就集中笔墨强化了一个落差极大的强与弱的对比;然而如此之强者却被如此之弱者一击而亡,这就不能不令读者深思,从而更加深刻地体会到秦政之残暴不仁、不得人心到了何种程度。愈渲染秦王之强,愈渲染陈涉之弱,对比就愈强烈,主旨也就愈加鲜明强劲,这显然是《过秦论》的主要艺术匠心所在。

从心理学上看,类比是一种相似性同构联想,是一种与逻辑推理完全不同的思维方式。它打破了人们习惯上对事物进行按种按类划分的科学分类方法,而在非同种非同类的事物间进行形态上或性质上的相似联结,从而开启了一个更加广阔更加自由的类比思维新空间。类比思维是艺术思维的基础,比喻、比拟、象征,乃至寓言、童话、动漫,都是类比思维的产物。因此,作为论证方法,类比不仅有说理功能,而且能给议论文增添诸多审美性特色。《齐桓晋文之事章》中用"缘木求鱼"来比喻实行霸道不能取得天下,《召公谏厉王弭谤》中用"防民之口,甚于防川"来说明压制民众舆论的艰难,《谏太宗十思疏》中用"载舟覆舟,所宜深慎"来彰显民众力量的巨大,都是通过类比方法来阐明事理,不仅寓意贴切警策,而且形象生动空灵。这类比喻所以能成为流传至今的成语、格言,道理就在这里。

对那些正面论说有难度的论题,类比方法往往更有奇效。在《秋水》中,宇宙的无限性和人的认识的有限性,若正面入手,恐怕是老虎吃天无从下口的,于是庄子就虚构了一个河伯与海若对话的寓言故事,用大海与河水的不同景观来象喻宽阔与狭隘两种不同的精神境界,以类比见义,就显得运重若轻,得心应手。有人说,庄子是用寓真于诞的文学艺术表现方法,来阐发出真入玄的天地人生至理,见识是相当精到的。钱钟书的《吃饭》,更是一篇以类比见义、连类生发、层出不穷的妙文。作者从吃饭说到结婚，说到艺术，说到政治，从美味说到音乐，说到和而不同，说到治国，都是经由对不同事物的相似性联想展开的。从"吃饭"实质变成吃菜，连类到"讨小姐"实质变成讨钱，连类到用"追求真和美"来掩饰追名逐利，连类到用"弄饭给大家吃"来掩饰让大家弄饭给他吃，眼光锐利，思理独到，情调冷峻，笔锋讥诮，处处洋溢着理趣的机敏和智慧。从"一碗好菜仿佛一支乐曲"，到"天造地设的配偶、相得益彰的眷属"，到"整个人世间好比是做菜的厨房"，到"把最伟大的统治哲学讲成惹人垂涎的食谱"，广征博引，巧喻连珠，任性而发，出奇制胜，看似信手拈来，却处处妙笔生花。阅读《吃饭》，咀嚼重重叠叠的类比，犹如跟随一个哲思泉涌的导游，饱览光怪陆离的世态人情，景点目不暇接，观感美不胜收。

蒹葭①

《诗经》

《诗经》是我国最早的一部诗歌总集,收录周初至春秋中叶的诗歌三百零五篇。原名《诗》,或"诗三百",汉以后始称为《诗经》。约编成于春秋中叶,相传由孔子删定。汉代传《诗》的有鲁、齐、韩、毛四家,魏晋以后三家诗皆亡佚,唯毛诗得以通行,即今本。《诗经》分为"风"、"雅"、"颂"三部分:"风"有《周南》、《召南》等十五国风,一百六十篇,多为民歌;"雅"有《大雅》、《小雅》,一百零五篇,多为贵族、士大夫所作;"颂"有《周颂》、《鲁颂》、《商颂》,四十篇,是用于宗庙祭祀的诗。在内容上,《诗经》相当广泛地反映了当时社会的经济状况、政治矛盾、意识形态和风俗习尚,不少民间创作还揭露了统治阶层的剥削丑行,反映了下层人民的生活和感情。在艺术上,《诗经》以四言为主,节奏简约明快;常用重章叠句,情致回环往复;多用比兴手法,意蕴丰赡含蓄。《诗经》重在反映并表现现实社会生活的创作传统和赋、比、兴等艺术表现手法的灵活交叉运用,对后世文学艺术产生了深远影响。

蒹葭苍苍②,白露为霜③。
所谓伊人④,在水一方⑤。
溯洄从之⑥,道阻且长。
溯游从之⑦,宛在水中央⑧。

蒹葭萋萋,白露未晞⑨。
所谓伊人,在水之湄⑩。
溯洄从之,道阻且跻⑪。
溯游从之,宛在水中坻⑫。

蒹葭采采,白露未已⑬。
所谓伊人,在水之涘⑭。
溯洄从之,道阻且右⑮。
溯游从之,宛在水中沚⑯。

(《诗经注析》,程俊英、蒋见元注析,北京:中华书局,1991)

【注释】

① 本诗选自《诗经·秦风》，《秦风》有诗十首，《蒹葭》是第四首。秦：周朝时诸侯国名，在今陕西中部和甘肃东部一带。蒹葭(jiān jiā)：芦苇。
② 苍苍：繁盛的样子。后两章"萋萋"、"采采"义同。
③ 为：指凝结成。
④ 伊人：这个人。指诗人所追寻的人。
⑤ 一方：那一边。
⑥ 溯洄：逆流而上。从之：追寻他。
⑦ 溯游：顺流而下。
⑧ 宛：宛然，真好像。
⑨ 晞(xī)：干。
⑩ 湄：岸边，水与草交接之处。
⑪ 跻(jī)：升，高。
⑫ 坻(chí)：水中小洲，小岛。
⑬ 未已：此指露水尚未被阳光蒸发掉。
⑭ 涘(sì)：水边。
⑮ 右：迂回曲折。
⑯ 沚(zhǐ)：水中的沙滩。

【提示】

《蒹葭》是《诗经》中历来备受赞赏的抒情诗。诗分三章，每章首两句借景起兴，三、四句点明主题：隔河企望、追寻"伊人"；后四句描述追寻境况：一是道阻且长，二是幻象迷离，两者皆以"伊人"不可得为旨归。全诗流溢着诗人对"伊人"的真诚向往、执著追求以及追寻不得的失望、惆怅心情。

意境朦胧、含蕴不尽是这首诗的主要特点。"伊人"不坐实，且飘忽不定、幻象丛生，给人以扑朔迷离、悠渺难测之感，引人遐想。有人认为这是一首招贤诗，"伊人"指隐居的贤人；有人认为这是一曲怀念情人的恋歌，"伊人"指意中人；两说皆可通。其实，只要把"在水一方"视作一种象征，它就涵容了世间各种可望而不可即的人生境遇，这样，贤才难觅、情人难得的怅惘，乃至前途渺茫、理想不能实现的失望等等心灵的回响，也就都可能从《蒹葭》的意境中得到回应。

本诗所采用的重章叠句形式，不仅有回环往复、一唱三叹之美，而且有层层推进、步步深化诗歌意境的作用。白露之"为霜"、"未晞"、"未已"，体现了时间的推移，暗示了追求时间的漫长与追求者的执著；"伊人""在水一方"、"在水之湄"、"在水之涘"，体现了空间的转移，暗示了追寻对象的飘忽难觅。虽然只用了几个字来表现，但其间的微妙变化和幽深意蕴却十分耐人寻味。

【思考与练习】

一、你认为《蒹葭》的中心意象是什么？这一意象有何象征意义？
二、以《蒹葭》为例，请你谈谈对诗歌中存在的"朦胧美"有何看法。

【辑评】

言秋水方盛之际，所谓伊人者，乃在水一方，上下求之而皆不可得。然不知其何所指也。（宋·朱熹《诗集传》）

"在水之湄"一句已了。重加"溯洄"、"溯游"，两番摹拟，所以写其深企愿见之状。于是乎"在"字上加一"宛"字，遂觉点睛欲飞，入神之笔。（清·姚际恒《诗经通论》）

曰"伊人"，曰"从之"，曰"宛在"，玩其词，虽若可望而不可即；味其意，实求之而不远，思之而即至者。（清·方玉润《诗经原始》）

湘夫人①

屈 原

屈原(约前340—约前278),名平,字原,又自称名正则,字灵均,楚人。战国时期的伟大诗人。出身贵族,学识渊博,善于辞令。初辅佐楚怀王,曾任左徒、三闾大夫。对外他主张联齐抗秦,对内则举贤授能,改革政治,变法图强。但屡受保守势力诽谤、打击。遂遭楚怀王疏远,又被楚顷襄王放逐。最终因痛心国势日益危殆,理想无法实现,自投汨罗江而死,表现出了对腐恶誓死抗争的精神。屈原留存下来的作品,研究者一般认为可以确定的有《离骚》、《九歌》(十一章)、《天问》和《九章》(九章),另《远游》、《卜居》、《渔父》、《招魂》、《大招》是否为其所作有争议。这些篇章揭露了统治集团的腐朽、污浊,表现了作者进步的政治思想、高尚的人格情操、热爱祖国的真挚感情和刚强不屈的斗争精神。作品中采用大量神话传说,构思奇特,想象丰富,文辞华丽,充满了积极的浪漫主义精神。

《楚辞》,是西汉刘向编纂的一部收录"骚体"(以《离骚》得名)作品的总集,收入屈原的全部作品(包括今人存疑者),另有宋玉之作及西汉淮南小山、东方朔、严忌、王褒、刘向等人辞赋,共十六篇(按:《九歌》、《九章》之类皆视为一篇)。东汉时王逸作《楚辞章句》,补入己作一篇,成十七篇,后王本成为定本。《楚辞》与《诗经》是中国古典诗歌的两大源头。

帝子降兮北渚②,目眇眇兮愁予③。
嫋嫋兮秋风④,洞庭波兮木叶下⑤。
登白薠兮骋望⑥,与佳期兮夕张⑦。
鸟何萃兮蘋中⑧?罾何为兮木上⑨?
沅有茝兮醴有兰⑩,思公子兮未敢言⑪。
荒忽兮远望⑫,观流水兮潺湲⑬。
麋何食兮庭中⑭?蛟何为兮水裔⑮?
朝驰余马兮江皋⑯,夕济兮西澨⑰。
闻佳人兮召予,将腾驾兮偕逝⑱。
筑室兮水中,葺之兮荷盖⑲。
荪壁兮紫坛⑳,匊芳椒兮成堂㉑。
桂栋兮兰橑㉒,辛夷楣兮药房㉓。
罔薜荔兮为帷㉔,擗蕙櫋兮既张㉕。
白玉兮为镇㉖,疏石兰兮为芳㉗。
芷葺兮荷屋㉘,缭之兮杜衡㉙。

139

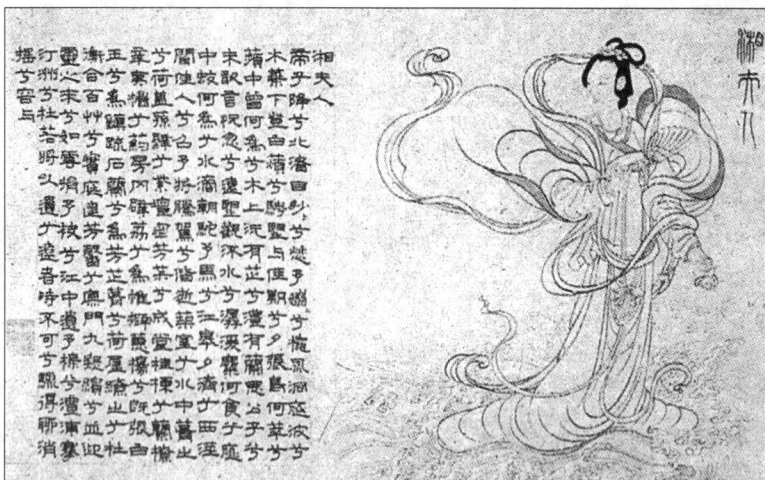

九歌图·湘夫人　　　元·张渥作

合百草兮实庭㉟，建芳馨兮庑门㊱。
九嶷缤兮并迎㉜，灵之来兮如云㉝。
捐余袂兮江中㉞，遗余褋兮醴浦㉟。
搴汀洲兮杜若㊱，将以遗兮远者㊲。
时不可兮骤得，聊逍遥兮容与㊳。

（《楚辞补注》，西汉刘向辑，东汉王逸章句，宋洪兴祖补注，北京：中华书局，1983）

【注释】

① 本诗选自屈原的《九歌》。湘夫人：传说中湘水神的配偶。《九歌》中另有《湘君》一篇，旧时注释有两种说法，一是湘君是湘水神，湘夫人是舜的两个妃子娥黄、女英；二是湘君是舜的正妃娥皇，湘夫人是舜的次妃女英。

② 帝子：指湘夫人。娥皇、女英都是帝尧的女儿，故称。降：降临。北渚(zhǔ)：指水洲的北岸。渚，水中的小块陆地。

③ 目眇(miǎo)眇：望眼欲穿之貌。愁予：使我愁苦不已。

④ 嫋(niǎo)嫋：指风长而弱的样子。

⑤ 洞庭：洞庭湖。

⑥ 登：原本无此字，据所引一本补。白蘋(fán)：一种近水生的秋草。蘋，一本作"蘋"，非。骋望：极目远眺。

⑦ 佳期：一本"佳"下有"人"字。夕张：张罗安排晚间的约会。

⑧ 何：原本无，据所引一本补。萃：聚集。蘋：一种水草。

⑨ 罾(zēng)：用木或竹条作支架的捕鱼网具。以上两句比喻所愿不得而失其所。

⑩ 沅：沅江，在今湖南省。芷(zhǐ)：即白芷，一种香草。醴：一本作"澧"，即澧江，也在今湖南境内。

⑪ 公子：指湘夫人。

⑫ 荒忽：同"恍惚"，渺茫不分明状，或思极而神迷状。

⑬ 潺湲(chán yuán)：水慢慢地流动。

⑭ 麋：麋鹿。庭：庭院。

⑮ 蛟：蛟龙。水裔(yì)：水边。

⑯ 皋(gāo)：水边高地。

⑰ 西澨(shì)：西岸。澨，水边。

⑱ 腾驾：驾起车奔驰。偕逝：同往。

⑲ 葺(qì)：用草覆盖屋顶。荷盖：指荷叶覆成的屋顶。

⑳ 荪壁：以一种名为荪的香草饰壁。紫坛：以一种名贵的贝壳紫贝砌坛。

㉑ 播(bō)：同"播"，散播。

㉒ 桂栋:以桂木做栋梁。兰橑:以木兰木做屋椽。兰,此指木兰,一种香草,又名杜兰。

㉓ 辛夷楣:以辛夷木的花装饰门楣。辛夷,一种香木,开花如笔头,有木笔之称。药房:以白芷装饰房间。药,即白芷。

㉔ 罔薜荔:用薜荔藤串成花网。罔,通"网"。薜荔,一种蔓生的藤本植物。

㉕ 擗蕙榯(miǎn):掰开蕙草铺设屋檐板。擗,分开,一本作"辟"。蕙,一种香草。榯,屋檐板,或谓帐顶;一本作"櫋",屋檐。张:设置。

㉖ 镇:镇席的器具。

㉗ 疏:分布,陈列。石兰:一种香草。

㉘ 芷葺兮荷屋:指在荷叶屋顶上又加盖了一层芷草。

㉙ 缭:围绕。杜衡:一种香草。衡,一本作"蘅",义同。

㉚ 合:集中。实:充实,装满。

㉛ 建:陈设,布置。庑门:走廊和大门。

㉜ 九嶷:九嶷山,在今湖南宁远东南,据传为舜的安葬之地。

㉝ 灵:神。

㉞ 捐:丢弃。袂(mèi):衣袖,代指上衣。

㉟ 遗:舍弃。褋(dié):罩衣,或谓贴身之衣。浦:水滨。

㊱ 搴(qiān):拔。汀洲:水中的小洲。杜若:一种香草。

㊲ 遗(wèi):投赠。远者:远来者。

㊳ 聊:权且。容与:从容自得的样子。

【提示】

《湘君》和《湘夫人》描写并歌颂了传说中湘水的一对配偶之神的爱情故事。在这首《湘夫人》中,以男神(湘君)的口吻,抒发了对于湘夫人刻骨铭心般的思念之情,把一个美丽的神话传说故事描写得更加幽婉感人。全诗表达的对于纯洁爱情的渴望,其实也象征着人们对于美好生活的追求。

整篇作品情感深沉,如诉如泣,语言华赡,意象丰富,在修辞上又多用比喻手法和排比句式,典型地反映了楚辞的浪漫主义的风格特色。这一切对于后世的中国诗歌创作,产生了深刻而积极的影响。

【思考与练习】

一、湘君对湘夫人的思念之情有几个层次?

二、全诗的浪漫主义色彩主要表现在哪些方面?

【辑评】

文字有江湖之思,起于楚辞。"袅袅兮秋风,洞庭波兮木叶下",模写无穷之趣如在目前,后人多仿之者。(宋·吴子良《荆溪林下偶谈》)

叙物以言情,谓之赋。余谓《楚辞·九歌》最得此诀。如"袅袅兮秋风,洞庭波兮木叶下",正是写出"目眇眇兮愁予"来;"荒忽兮远望,观流水兮潺湲",正是写出"思公子兮未敢言"来。俱有"目击道存,不可容声"之意。(清·刘熙载《艺概》)

陌上桑①

汉乐府

乐府原为音乐官署名称，始于秦代，汉武帝刘彻时扩充为大规模的机构。其主要任务是采集民间歌辞予以配乐，以及将文人歌功颂德之诗制谱，以供统治者祭祀和朝会宴饮时演奏使用。后代将乐府所采集、创作的乐歌，直接称作"乐府"，于是乐府便由官署的名称变为带有音乐性的诗体名称。"汉乐府"即是汉代的乐府诗。根据宋代郭茂倩所编《乐府诗集》的分类，汉乐府大抵保存于郊庙歌辞、鼓吹曲辞、相和歌辞之中。汉乐府民歌是汉乐府的精华。

汉乐府继承了《诗经》以来的现实主义传统，其优秀作品真实、广泛、深刻地反映了当时的社会现实，具有浓郁的生活气息。叙事性是其基本艺术特色。成功之作往往能够通过人物的语言和行动塑造出个性鲜明的形象，语言朴素而富有感情。汉乐府在形式上打破了《诗经》的四言格式，采用杂言和五言，长短随意，整散不拘，是一种具有口语化特色的新体诗。特别是其中的五言诗，为汉代民间首创，后来经过文人加工，成为中国诗歌的主要形式。汉乐府对中国古典诗歌的发展具有深远的影响。

日出东南隅，照我秦氏楼。秦氏有好女，自名为罗敷②。罗敷喜蚕桑，采桑城南隅。青丝为笼系③，桂枝为笼钩④。头上倭堕髻⑤，耳中明月珠⑥。缃绮为下裙⑦，紫绮为上襦⑧。行者见罗敷，下担捋髭须⑨。少年见罗敷，脱帽著帩头⑩。耕者忘其犁，锄者忘其锄。来归相怨怒⑪，但坐观罗敷⑫。

使君从南来⑬，五马立踟蹰⑭。使君遣吏往，问是谁家姝⑮？"秦氏有好女，自名为罗敷⑯。""罗敷年几何？""二十尚不足，十五颇有余⑰。""使君谢罗敷，宁可共载不⑱？"罗敷前置辞⑲："使君一何愚⑳！使君自有妇，罗敷自有夫。

东方千余骑㉑，夫婿居上头㉒。何用识夫婿㉓？白马从骊驹㉔。青丝系马尾，黄金络马头㉕。腰中鹿卢剑㉖，可直千万余㉗。十五府小吏㉘，二十朝大夫㉙。三十侍中郎㉚，四十专城居㉛。为人洁白晰，鬑鬑颇有须㉜。盈盈公府步㉝，冉冉府中趋㉞。坐中数千人，皆言夫婿殊㉟。"

（《乐府诗集》，宋郭茂倩编，北京：中华书局，1979）

【注释】

① 此诗题名，在《宋书·乐志》中为《艳歌罗敷行》，　在《玉台新咏》中为《日出东南隅行》，在《乐府诗

集》卷二十八则为《陌上桑》,属《相和歌辞·相
和曲》。

② 罗敷:古代美女名,汉代常作为美女的泛称。如
《孔雀东南飞》中也有一个美而贤的东家女,自
名为"秦罗敷"。

③ 青丝:青色丝绳。笼:篮子。系:指篮上的系绳。

④ 笼钩:篮子上的把手。

⑤ 倭(wǒ)堕髻:同"髲髻",古代妇女发髻名,是东
汉后期开始流行的一种时髦发式。据晋崔豹
《古今注》说,倭堕髻是"堕马髻之余形"。

⑥ 明明珠:宝珠。《楚辞·九章·涉江》:"被明月
兮佩宝璐。"

⑦ 缃(xiāng):杏黄色。绮(qǐ):有花纹的丝织品。

⑧ 襦(rú):短袄。

⑨ 下担:放下担子。捋(lǚ)原作"将",据《玉台新
咏》改。

⑩ 著:戴。帩(qiào)头:束头发的纱巾。

⑪ 来归:归来。

⑫ 坐:因为。

⑬ 使君:东汉时对太守的称呼。

⑭ 五马:五匹马,汉代太守驾车套五匹马。踟蹰
(chí chú):徘徊不前。

⑮ 姝(shū):美丽,这里指美丽的女子。

⑯ "秦氏"二句:为吏人询问后对太守的答词。

⑰ "二十"二句:为吏人再问后对太守的答词。

⑱ "使君"二句:为吏人代太守向罗敷的问话。谢,
问。宁可,可不可。共载,同乘一辆车,这里指
嫁给太守。不(fǒu),同"否"。

⑲ 前:走上前。置辞:同"致辞",答话。

⑳ 一何:多么。

㉑ 东方:指丈夫居官的地方。千余骑(jì):指众多
的骑马的随从。这里是夸张地写丈夫的随从之
盛,以示官位之高。

㉒ 夫婿:丈夫。上头:前列。

㉓ 何用:用什么。识:识别,辨认。

㉔ 从骊驹:小黑马跟在罗敷丈夫所骑白马的后面。
从骊(lí)驹,黑色的少壮之马。

㉕ 络:笼住。

㉖ 鹿卢剑:把柄为玉制辘轳形的剑。鹿卢,同"辘
轳"。

㉗ 直:通"值",价值。千万余:指千万余钱,这是夸
张的说法。

㉘ 十五:指年龄,十五岁。以下"二十"、"三十"、
"四十"仿此。府小史:太守府中的低级官员。

㉙ 朝大夫:朝廷上的大夫。大夫为汉代官职名。

㉚ 侍中郎:官名,按汉代官制是一种加官,即在原
官上特加荣衔。享有这种荣衔的官员可以出入
宫禁,侍从皇帝左右,地位特殊。

㉛ 专城居:即出任一地为太守。太守可以说是一
城之主,故说"专城居"。专,擅,此含"据有"
之义。

㉜ 鬑(lián)鬑:须发稀疏的样子。

㉝ 盈盈:此指走路时的美妙体态、姿势。公府:
官府。

㉞ 冉冉:缓慢的样子,此指走路时步子舒泰沉着。
趋:小步快行。

㉟ 殊:特殊,这里指出众。

【提示】

这首民歌将民间流行的"赞美女"、"桑林戏"、"夸女婿"三大主题融为一体,塑造了一
个既美丽又聪明的采桑女形象,表现出"爱美之心人皆有之"的民俗风情。

诗分三段,第一段写罗敷的美貌,第二段写罗敷的坚拒,第三段写罗敷的夸夫,内容层
次清晰。全诗集中刻画采桑女秦罗敷美丽、坚贞而且聪明机智、能说会道的性格特征,形
象鲜明生动。

此诗描写罗敷美貌,并没有直接描绘其容颜,而是通过夸饰其服饰和用具之美以及观
看者的反应来侧面烘托渲染,效果极佳。这种民歌中常用的表现手法,不仅给读者留下了
丰富的想象余地,而且也增添了诗歌的喜剧气氛。

"夸夫"一段,罗敷编造出一个才貌双全、有钱有势的夫婿来,是为了蔑视并吓退那个
居心叵测的太守。这种巧妙的斗争艺术,不仅充分地表现出罗敷的聪明机智和能说会道,
而且使全诗平添了几分诙谐色彩。

本诗鲜明地体现了民歌特有的趣味和风调。

【思考与练习】

一、分析归纳罗敷的性格特征。

二、诗中哪些地方采用了侧面描写方法？有何艺术效果？

三、试说明"夸夫"一节的构思特点与作用。

四、这首诗鲜明地体现出民歌哪些特有的风调？

饮 酒（其五）①

陶渊明

陶渊明(365—427)，字元亮，一说名潜，字渊明，号靖节先生，浔阳柴桑(今江西九江西南)人。东晋著名诗人。据传其曾祖为东晋名臣陶侃，后家道中落。他先后担任过江州祭酒、镇军参军、彭泽县令等小官，因不满官场黑暗，辞官归隐。从此躬耕自资，直至贫病而卒。陶渊明是中国最早大量创作田园诗的诗人。其诗质朴自然，冲和平淡，对唐以后的诗歌有很大影响。部分作品表达愤世嫉俗之情，呈现出"金刚怒目"的一面。有《陶渊明集》。

结庐在人境②，而无车马喧③。
问君何能尔④，心远地自偏⑤。
采菊东篱下，悠然见南山⑥。
山气日夕佳⑦，飞鸟相与还⑧。
此中有真意⑨，欲辩已忘言⑩。

（《陶渊明集》，东晋陶渊明撰，逯钦立注，北京：中华书局，1979）

【注释】

① 陶渊明《饮酒》诗共二十首，本篇为第五首，当写于其归隐之后不久。题为《饮酒》，据诗序说，是因为这组诗都写于酒醉之后，实际上是借以述怀，取其坦率不受拘束之意。

② 结庐：建造住宅，这里是居住的意思。人境：人世间。

③ 车马喧：指世俗交往的喧扰。

④ 君：指作者自己。何能尔：为什么能够这样。

⑤ 心远：心志高远不受尘俗的干扰。地自偏：指住地尽管处于喧闹之中，也能像在偏僻安静之处一样。

⑥ 悠然：闲适自得的样子。南山：当是泛指。一说指柴桑以南的庐山。

⑦ 山气：指山中景象、气息。日夕：傍晚。

⑧ 相与还：结伴而归。

⑨ 此：既指山中景象，也指作者的隐逸生活。真意：人生的真正意义。

⑩ 辩：辩说，一作"辨"，辨明，亦通。忘言：忘记该怎么说才好。另一层言外之意是，既已领略到真意，也就不必用语言来辩说了。

【提示】

这是一首备受赞誉的田园诗。

此诗主要描摹诗人弃官归隐田园后的悠然自得心态，体现出陶渊明决心摒弃浑浊的世俗功名后归真反朴，陶醉在自然界中，乃至步入得"真意"而忘言境界的人生态度和生命体验。

　　此诗以"心远"纲领全篇，并分三层揭示"心远"的内涵。首四句写身居"人境"而精神超脱世俗的虚静忘世心态。中四句写静观周围景物而沉浸自然韵致的物化忘我心态。最后两句又深进一层，写"心"在物我浑化中体验到了难以言传的生命真谛。

　　此诗意境从虚静忘世，到物化忘我，再到得意忘言，层层推进，是陶渊明归隐后适意自然人生哲学和返璞归真诗歌风格最深邃、最充分的体现。王国维在《人间词话》中说："无我之境，以物观物，故不知何者为我，何者为物。"这首诗就是陶渊明"以物观物"所创造的"无我之境"的代表作。

渊明采菊图　　清·张风作

【思考与练习】

一、有人说"这首诗表现了陶渊明弃官
　　归隐后的喜悦心情"，你以为如何？为什么？

二、为什么说"心远"二字是全篇纲领？

三、简析诗中所体现的"忘世"、"忘我"、"忘言"三层心态。

四、谈谈你对"此中有真意"句的理解。

【辑评】

　　"采菊东篱下，悠然见南山"，因采菊而见山，境与意会，此句最有妙处。近岁俗本皆作"望南山"，则此一篇神气都索然矣。（宋·苏轼《东坡题跋》）

　　王荆公在金陵作诗，多用渊明诗中事，至有四句全使渊明诗者。且言其诗有奇绝不可及之语。如"结庐在人境，而无车马喧。问君何能尔，心远地自偏"，由诗人以来无此句也。然则渊明趋向不群，词彩精拔，晋宋之间，一人而已。（宋·范正敏《遁斋闲览》）

　　渊明诗类多高旷，此首尤为兴会独绝，境在寰中，神游象外，远矣。得力在起四句，奇绝妙绝，以下便可一直写去。（清·温汝能《陶诗汇评》）

春 江花月夜①

张若虚

张若虚,扬州(今属江苏)人。初唐诗人。官兖州兵曹。与贺知章、包融、张旭并称"吴中四士"。《全唐诗》仅录存其诗二首,这首《春江花月夜》素享盛名,近代王闿运曾评为"孤篇横绝,竟为大家"。

春江潮水连海平,海上明月共潮生。
滟滟随波千万里②,何处春江无月明。
江流宛转绕芳甸③,月照花林皆似霰④。
空里流霜不觉飞⑤,汀上白沙看不见⑥。
江天一色无纤尘,皎皎空中孤月轮。
江畔何人初见月?江月何年初照人?
人生代代无穷已⑦,江月年年望相似。
不知江月待何人,但见长江送流水。
白云一片去悠悠⑧,青枫浦上不胜愁⑨。
谁家今夜扁舟子?何处相思明月楼⑩?
可怜楼上月徘徊⑪,应照离人妆镜台⑫。
玉户帘中卷不去⑬,捣衣砧上拂还来⑭。
此时相望不相闻,愿逐月华流照君⑮。
鸿雁长飞光不度⑯,鱼龙潜跃水成文⑰。
昨夜闲潭梦落花⑱,可怜春半不还家⑲。
江水流春去欲尽,江潭落月复西斜。
斜月沉沉藏海雾,碣石潇湘无限路⑳。
不知乘月几人归,落月摇情满江树。

(《乐府诗集》,宋郭茂倩编纂,北京:中华书局,1979)

【注释】

① 春江花月夜:乐府旧题,属《清商曲辞·吴声歌曲》,相传创自南朝陈后主陈叔宝。
② 滟滟:波光闪烁的样子。
③ 芳甸:花草丛生的原野。
④ 霰(xiàn):细密的雪珠。
⑤ 流霜:比喻月光悄悄泻满大地。

⑥ 汀:水中或水边平地,此指江畔沙滩。

⑦ 无穷已:没有止尽。已,止。

⑧ 白云:此喻指游子。

⑨ 青枫浦:一名双枫浦,故址在今湖南浏阳境内。此指离别场所。不胜(shēng):禁不起,受不了。

⑩ "谁家"二句:"谁家"、"何处",互文见义。扁(piān)舟子,指飘泊江湖的游子。明月楼,指思妇的闺楼。

⑪ 月徘徊:指月影缓缓移动。

⑫ 妆镜台:梳妆台。

⑬ 玉户:指思妇居室。

⑭ 捣衣砧(zhēn):捣衣时的垫石。

⑮ 逐:追随。月华:月光。

⑯ 鸿雁:此指信使。《汉书·苏武传》记有鸿雁为被扣留匈奴的苏武传递书信之事。光不度:谓鸿雁飞得再远,也不能逾越月光。

⑰ 鱼龙:此处偏义在鱼,指鱼书。古诗《饮马长城窟行》:"客从远方来,遗我双鲤鱼。呼儿烹鲤鱼,中有尺素书。"文:通"纹",波纹;又有双关义,指文字。

⑱ 闲潭:平和、幽静的水潭。

⑲ 可怜:可惜。怜,原作"非",据《全唐诗》改。

⑳ 碣石潇湘:此处借指天南地北。碣石,山名,故址在今河北省。潇湘,水名,在今湖南省。

【提示】

这首七言古诗描绘了春江花月夜的幽美景色,并由此生发出对宇宙与人生关系的思索和对游子思妇在明月今宵里天各一方的惋惜。尽管不无青春苦短的伤感,但叹息轻微,其中仍交织着对生命的留恋、对青春的珍惜、对"人生代代无穷已"的欣慰。尽管也有夫妇别离的哀愁,然而写来柔婉似水,笔致缠绵,悠悠相思中饱和着脉脉温情,含蕴着对重逢的美好企盼。

本诗绘景相当出色。作者以月光统摄群象,描绘了潮水、波光、花林、沙滩、夜空、白云、青枫、闺阁、镜台、海雾等一系列景象,如铺展开一幅春江花月夜的水墨长轴,画面清丽,意趣盎然。

在描绘景物的同时,作者还往往借此以引发、渲染、暗示、寓托思妇的离怀别愁,融入诗人自己对美景常在而人生不再、明月长圆而人情难圆的感怀,使画意、诗情、哲理交相融会,令人思索不尽。

本诗语言优美自然,声韵和谐流荡,结构也很有特色。作者一面以明月初升到坠落的过程作为全诗起止的外在线索,一面又以月亮为景物描写的主体和抒写离情别绪的依托,使全诗显得神气凝聚,浑然一体。

【思考与练习】

一、有人认为,这首诗的情感基调是"哀而不伤",请谈谈你的感受和认识。

二、"月光"是否是全诗的灵魂？为什么？

三、本诗哪些地方用了暗示手法？

【辑评】

张若虚《春江花月夜》流畅婉转，出刘希夷《白头翁》上。（明·胡应麟《诗薮》）

浅浅说去，节节相生，使人伤感，未免有情，自不能读，读不能厌。将"春江花月夜"五字，炼成一片奇光，分合不得，真化工手。（明·钟惺、谭元春《唐诗归》）

句句翻新，千条一缕，以动古今人心脾，灵愚共感。其自然独绝处，则在顺手积去，宛尔成章，令浅人言格局、言提唱、言关锁者，总无下分口在。（清·王夫之《唐诗评选》）

唐人有"春江花月夜"一题，同时张若虚、张子容皆赋之。若虚凡二百五十二言，子容仅三十言，长短各极其妙，增减一字不得，读此可悟相体裁衣之法。（清·宋长白《柳亭诗话》）

前半见人有变易，月明常在，江月不必待人，惟江流与月同无尽也。后半写思妇怅望之情，曲折三致。题中五字安放自然，犹是王、杨、卢、骆之体。（清·沈德潜《唐诗别裁集》）

燕歌行① 并序

高 适

高适(702—765),字达夫,渤海蓨(今河北景县南)人。唐著名诗人。早年生活困顿,仕途失志,常混迹于市井,甚至"以求丐自给"。天宝八年(749),经人举荐,中有道科,授封丘县尉,因不能忍受"拜迎官长心欲碎,鞭挞黎庶令人悲"的痛苦,弃官而去。后客游河西,为河西节度使哥舒翰掌书记。安史之乱平息后,得到唐肃宗的重用,历任淮南、西川节度使等职,官至散骑常侍,封渤海县侯。高适半生潦倒,其诗自叹遭遇的篇章较多,对民生疾苦也有所反映。他是盛唐边塞诗的代表作家,与岑参并称"高岑",所作边塞诗数量虽不多,却揭露出当时军旅中的多种矛盾,较为深刻地反映了社会现实。其诗以七言歌行见长,笔墨老成,风格雄放。有《高常侍集》。

开元二十六年,客有从元戎出塞而还者②,作《燕歌行》以示,适感征戍之事,因而和焉。

汉家烟尘在东北③,汉将辞家破残贼④。
男儿本自重横行⑤,天子非常赐颜色⑥。
摐金伐鼓下榆关⑦,旌旆逶迤碣石间⑧。
校尉羽书飞瀚海⑨,单于猎火照狼山⑩。
山川萧条极边土,胡骑凭陵杂风雨⑪。
战士军前半死生⑫,美人帐下犹歌舞。
大漠穷秋塞草腓⑬,孤城落日斗兵稀。
身当恩遇恒轻敌⑭,力尽关山未解围。
铁衣远戍辛勤久⑮,玉箸应啼别离后⑯。
少妇城南欲断肠⑰,征人蓟北空回首⑱。
边庭飘飖那可度⑲,绝域苍茫更何有⑳?
杀气三时作阵云㉑,寒声一夜传刁斗㉒。
相看白刃血纷纷,死节从来岂顾勋㉓?
君不见沙场征战苦,至今犹忆李将军㉔。

(《高适集校注》,唐高适撰,孙钦善注,上海:上海古籍出版社,1984)

【注释】

① 《燕歌行》：汉乐府《相和歌辞·平调曲》旧题。燕(yān)：今河北省一带地区,这里泛指东北边塞。这首诗作于唐玄宗开元二十六年(738)。

② 元戎：军事统帅,此指张守珪(？—739),《又玄集》《才调集》等"元戎"径作"御史大夫张公"。当时,河北节度副大使张守珪部为反叛的奚人所败,张隐匿败绩,谎报军功,诗人得悉真情,写了这首诗,寓讽刺、感慨之意。

③ 汉家：汉朝,这里借指唐朝。烟尘：指发生战争。开元十八年(730)以后的数年里,唐与东北契丹、奚的战争连年不绝,所以说"烟尘在东北"。

④ 汉将：指代唐将。残贼：凶暴的敌人。残,凶残。

⑤ 本自：本来就是。横行：指为国效劳,驰骋疆场,英勇杀敌。

⑥ 非常：特别。赐颜色：赏脸,器重,厚加礼遇。

⑦ 摐(chuāng)金伐鼓：敲锣击鼓,指行军。古代军中以鸣金击鼓为进退信号。摐,敲击。金,指军中所用的铜锣之类乐器。伐,击。下：出。榆关：山海关,在今河北秦皇岛市,为通往东北的要隘。

⑧ 旌旆(jīng pèi)：泛指军中各种旗帜。旌,竿头上饰有羽毛的旗。旆,大旗。碣石：山名,在今河北昌黎西北。

⑨ 校尉：武官名,位次于将军。羽书：插有羽毛的信,指军中紧急文书。瀚(hàn)海：大沙漠。

⑩ 单(chán)于：本是匈奴部落酋长的称号,这里借指侵扰唐帝国的契丹、奚等部族的首领。猎火：打猎时燃起的火光,这里借指战火。古代北方

游牧部族在发动战争之前,常常举行大规模的打猎活动作为军事演习。狼山：在今内蒙古中西部乌特拉后旗南部,为阴山山脉最西段。按：此诗中地名多系泛指。

⑪ 凭陵：凭借暴力进行侵扰。

⑫ 半死生：死生各半,形容伤亡惨重。

⑬ 穷秋：深秋。腓(féi)：草木衰病枯萎。《诗经·小雅·四月》："秋日凄凄,百卉俱腓。"

⑭ 身当：身受。恩遇：皇帝的恩德和厚遇。恒：常常,总是。

⑮ 铁衣：铁甲,借指出征的战士。

⑯ 玉箸(zhù)：玉制的筷子,比喻眼泪。

⑰ 少妇：泛指出征战士的妻室。城南：长安城南。长安宫廷在城北,住宅区在城南。这里指少妇的住处。

⑱ 蓟(jì)北：蓟州之北,泛指北部边塞地区。唐代蓟州治所在今天津蓟县。

⑲ 边庭：边境。飘飖：同"飘摇",动荡不安。

⑳ 绝域：指人烟稀少、环境荒凉的塞外。

㉑ 三时：指晨、午、晚,即一整天。一说指春、夏、秋三季。阵云：战云。

㉒ 刁斗：古代军中值宿巡更时敲击的铜器,白天用来煮饭。

㉓ 死节：指为国牺牲。顾：顾及,关心。勋：功劳。

㉔ 李将军：指西汉名将李广(？—前119)。《史记·李将军列传》："……广之将兵,乏绝之处,见水,士卒不尽饮,广不近水;士卒不尽食,广不尝食。宽缓不苛,士以此爱乐为用。"

【提示】

　　这首诗的写作缘起虽然与讽刺张守珪军中之事有关系,但其思想内涵却不局限于此,而是概括了开元年间唐军将士戍边生活的多个方面。重点在于揭露军中官兵苦乐悬殊,抨击将帅腐败无能且不恤士卒,对长期浴血苦战的广大士兵则寄予深切同情。就思想内容的丰富及深刻而言,这首诗可谓盛唐边塞诗的压卷之作。

　　全诗可分为四个部分。开头八句为第一部分,写边关告急,唐军奉命出师增援。"山川萧条"以下八句为第二部分,写战斗进程及结果,其中"战士"两句揭明战斗失利的原因,笔墨极为沉痛。"铁衣远戍"以下四句为第三部分,写战斗结束后唐军士兵的思乡怀亲之情,幽怨凄楚。最后八句为第四部分,写戍边生活的紧张艰苦及士卒们不怕牺牲但希望得到体恤的心情,刻画出他们丰富而复杂的内心世界。

　　诗人善于描摹边塞的自然环境和渲染战地生活的气氛,真实地再现了士卒们丰富的内心情感。思绪起伏转折,笔底波澜翻滚,有概括的叙述,有具体的描写,有悲愤填膺的抒情,有感慨万端的议论。笔调时而雄迈高亢,时而苍凉深沉。诗的音韵、节奏也随之纡徐

变化,内容、声情和谐统一。

"战士军前半死生,美人帐下犹歌舞"为历来传诵的警句。诗人只是陈述事实,并未下评语加以褒贬,但旨意显豁,对比鲜明,艺术效果十分强烈。与杜甫"朱门酒肉臭,路有冻死骨"(《自京赴奉先县咏怀五百字》)的名句有异曲同工之妙。

【思考与练习】

一、本篇所描写的征战生活有哪些具体内容?

二、"至今犹忆李将军"的言外之意是什么?

三、为什么在战斗结束以后,作者还花费许多笔墨去描写士兵们的心理活动?

四、为何说"战士军前半死生,美人帐下犹歌舞"两句诗精警深刻?

五、有人说"大漠穷秋寒草腓,孤城落日斗兵稀"两句意境苍凉悲壮,请谈谈你的体会。

【辑评】

金戈铁马之声,有玉磬鸣球之节,非一意抒写以为悲壮也。(明·邢昉《唐风定》)

词浅意深,铺排中即为诽刺,此道自《三百篇》来,至唐而微,至宋而绝……(清·王夫之《唐诗评选》)

七言古中时带整句,局势方不散漫。若李、杜风雨分飞,鱼龙百变,又不可以一格论。(清·沈德潜《唐诗别裁集》)

"汉家"四句起,"拟金"句接,"山川"句换,"大漠"句换,"铁衣"句转,收指李广以讽。(清·方东树《昭昧詹言》)

宣州谢朓楼饯别校书叔云①

李　白

李白(701—762),字太白,号青莲居士,祖籍陇西成纪(今甘肃静宁西南),隋末其先人迁碎叶城(今吉尔吉斯斯坦北部托克马克附近)。唐代伟大的诗人。五岁时,随父迁居绵州昌隆(今四川江油)。二十五岁离蜀远游,天宝初应召入京,供奉翰林,一年后遭谗离去,从此漫游各地。安史乱起,参加永王李璘幕府。李璘被肃宗诛杀,他以"附逆"罪名遭流放。遇赦后寓居当涂(今属安徽),困穷而终。李白的诗歌充满浪漫色彩,感情奔放豪迈,想象奇特丰富,词采瑰伟绚丽,风格飘逸自然,有"诗仙"之誉,与杜甫并称"李杜"。其作品中,对光明的向往与对黑暗的抨击,构成强烈对比,表现出正直、傲岸的性格。诗作体裁尤以古体、绝句见长。有《李太白集》。

弃我去者昨日之日不可留,
乱我心者今日之日多烦忧。
长风万里送秋雁,对此可以酣高楼②。
蓬莱文章建安骨③,中间小谢又清发④。
俱怀逸兴壮思飞⑤,欲上青天览明月⑥。
抽刀断水水更流,举杯消愁愁更愁。
人生在世不称意⑦,明朝散发弄扁舟⑧。

(《李太白全集》,唐李白撰,清王琦注,北京:中华书局,1977)

【注释】

① 唐玄宗天宝十二载(753),李白从汴州梁园(故址在今河南开封)到宣州(治今安徽宣城),本篇作于逗留宣州期间。谢朓楼:一名北楼,又称谢公楼。南齐著名诗人谢朓任宣城太守时所建。唐懿宗咸通年间,改名为叠嶂楼。校书:秘书省校书郎的省称。叔云:李白的族叔李云。题名一作《陪侍御叔华登楼歌》。

② 此:指上句所写的长风秋雁的景色。酣(hān):指畅饮。

③ 蓬莱文章:指汉代的文章。汉代官家著述和藏书之所名东观,学者有"老氏藏书室,道家蓬莱山"之语,故称。因唐人多以蓬山、蓬阁指秘书省,李云是秘书省的校书郎,所以这里用"蓬莱文章"也暗指李云的文章,赞美李云的文章风格刚健。建安骨:建安风骨,指东汉末建安年间(顺延至三国魏初)以曹操、曹丕、曹植父子三人及建安七子孔融、陈琳、王粲、徐幹、阮瑀、应场、刘桢为代表的刚健遒劲的诗文风格。

④ 中间:指从建安到唐之间的南齐时代。小谢:即谢朓(464—499),字玄晖,陈郡阳夏(今河南太

康）人，南朝齐梁间著名诗人。世称南朝宋谢灵运为大谢，而称谢朓为小谢。清发：清新秀逸。这句暗中以自己的诗歌与谢朓（小谢）相比。

⑤ 逸兴：高远的兴致。壮思：豪壮的情思。

⑥ 览：通"揽"，摘取。

⑦ 不称意：不如意。

⑧ 散发：古人束发戴冠，而散发就是不束发、不戴

冠，有狂放不羁和隐逸不仕的意思。弄扁(piān)舟：驾小舟泛游于江湖之上，指出世隐居。《史记·货殖列传》："范蠡既雪会稽之耻，乃喟然而叹曰：'计然之策七，越用其五而得意。既已施于国，吾欲用之家。'乃乘扁舟浮于江湖。"

【提示】

本诗名为"饯别"，却重在咏怀。对饯别情景，诗人仅以"长风万里送秋雁，对此可以酣高楼"两句带过，而以大量笔墨抒写自己对理想的追求及其在现实的沉重压抑下心烦意乱、愁怀不解而想归隐江湖的意愿。其中不无躲避现实的因素，确也表现出作者有志难伸、怀才不遇、不甘屈服于现实和命运、又不知路在何方的内心痛苦。

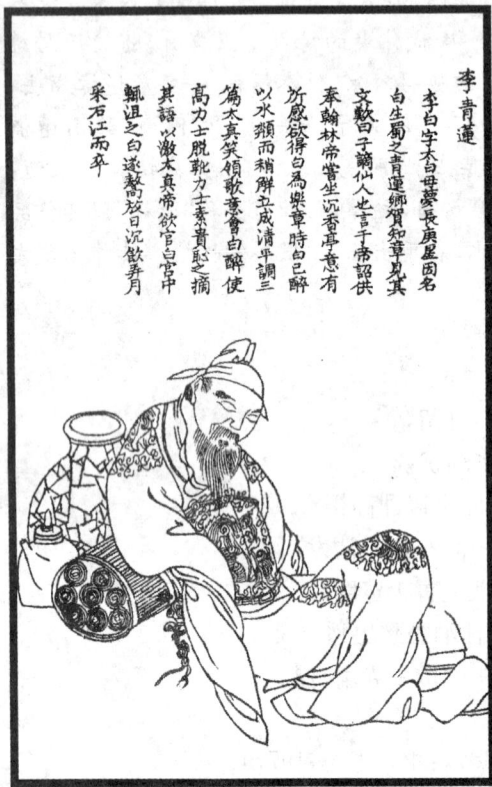

这首抒情诗在艺术表现上的一个显著特点是作者情感活动的变化急遽，不可端倪。起首即波澜突起，以两个排偶长句一气鼓荡，喷射出胸中的抑郁之气。三、四两句却陡作折转，写即席所见的清秋景色及由此而激发的逸兴豪情。五、六、七、八四句顺势而下，描绘主客双方的才气兴致，情思激越。末四句突然又一落千丈，由"欲上青天览明月"的逸兴壮思折回现实人生的牢骚困顿，直抒胸中的苦闷与激愤。整首诗的情感活动起止无端，断续无迹，大起大落，变化剧烈，生动体现出李白抒情诗的艺术个性。

本诗体裁属七古，语言奔放自然似脱口而出，全无拘束。开头两个长句多用虚字，且句读近似散文，却仍给人以一气流走的感觉，实开韩愈"以文为诗"的先河。

【思考与练习】

一、为何说本诗生动体现了李白抒情诗的艺术个性？

二、概括本诗的情感内容。

三、本诗的语言表达有什么特点？

【辑评】

厌世多艰，兴思远引，韵清气秀，蓬蓬起东海，蓬蓬起西海。异质快才，自足横绝一世。

（明·周敬、周珽《唐诗选脉会通评林》）

此篇三韵两转,而起结别是一法。起势豪迈如风雨之骤至。(清·王尧衢《古唐诗合解》)

此中格调,太白从心中化出。(清·沈德潜《唐诗别裁集》)

遥情飙竖,逸兴云飞,杜甫所谓"飘然思不群"者,此矣。千载而下,犹见酒间岸异之状,真仙才也。(清·清高宗弘敕编《唐宋诗醇》)

起二句,发兴无端。"长风"二句,落入,如此落法,非寻常所知。"抽刀"二句,仍应起意为章法。"人生"二句,言所以愁。(清·方东树《昭昧詹言》)

又 呈吴郎①

杜 甫

杜甫(712—770),字子美,原籍襄阳(今湖北襄樊襄阳区),自其曾祖时迁居巩县(今河南巩义)。唐代伟大的诗人。天宝六年(747)应进士举,未第,遂客居都城长安。曾住杜陵附近之少陵,故世称杜少陵。安史之乱期间,他历经离乱,备尝艰辛。先寄身于秦川、同谷等地,后携妻儿入蜀,辗转飘泊于梓州、阆州、夔州诸地近十年。大历间离蜀东归,不久即病逝于湘江舟中。在蜀时曾得西川节度使严武的举荐,得授检校工部员外郎职衔,后世因称其为杜工部。杜甫是唐代,也是中国古代最重要的诗人之一。他出身于世代"奉儒守官"之家,对国家命运和民生疾苦非常关注。半生流离失所的苦难经历,使他得以深入社会,真切认识现实黑暗和百姓苦难。他的众多优秀诗篇,深刻地反映了唐王朝由盛转衰过程中的社会风貌和时代苦难,被后人誉为"诗史"。他的诗在艺术上达到炉火纯青的境界,五古、七古、五律、七律各体皆长,绝句亦有特色,以沉郁顿挫的风格、千锤百炼的语言、精细老成的诗律被后世推为"诗圣",与李白并称"李杜"。有《杜少陵集》。

堂前扑枣任西邻,无食无儿一妇人。
不为困穷宁有此②,只缘恐惧转须亲③。
即防远客虽多事④,便插疏篱却甚真⑤。
已诉征求贫到骨⑥,正思戎马泪沾巾⑦。

(《杜诗详注》,唐杜甫撰,清仇兆鳌注,北京:中华书局,1979)

【注释】

① 呈:呈送,尊敬的说法。这是用诗写的一封信,杜甫以前写过《简吴郎司法》,这是又一首,所以说"又呈"。吴郎是来自忠州的一位司法(州政府的军事参谋),是杜甫的晚辈姻亲,暂住夔州。杜甫腾出自己靠近城市的住宅瀼西草堂给吴郎居住,草堂前有枣树,西邻是一贫穷寡妇,杜甫在时听任她打枣。吴郎搬入后,在枣树周围围起篱笆,其用意自然是防止寡妇再来打枣。杜

甫得知以后,便以诗代简,婉言相劝。
② 宁有此:哪会这样做。此,指贫妇人打枣这件事。
③ 只缘:正因。转须亲:反而应该亲切对待。
④ 远客:指吴郎。多事:指那位贫妇多此一举。
⑤ 却甚真:指像是真的不让贫妇来打枣。
⑥ 征求:官府征收赋税。
⑦ 戎马:指战争。

【提示】

这是一首以诗代简之作。通过劝说吴郎不要阻止老妇人打枣这件小事,体现诗人仁民爱物、心忧天下的博大胸怀。

前两联诗人自述从前对扑枣邻妇的态度和理由。诗人首先现身说法,用实际行动来启发对方;接着,交代了邻妇的悲惨处境:"无食无儿",两个"无"字,颇具反复唱叹之致,写出这位老妇人凄惨辛酸的生活境况,不由得使人心生怜悯,作者这样说,是为了感化吴郎。颔联紧接首联,说老妇人如果不是因为穷得万般无奈,又何至于去打人家的枣呢?正因为她担心遭到主人的斥责而心存恐惧,所以对她就更应当和气亲近。"宁有此"包含无限哀怜,"转须亲"暗示吴郎对老妇人所应抱有的态度。

颈联两句上下一气,相互关联,以迂曲的方式劝说吴郎。作者本意是劝说吴郎,希望他体恤老妇的难处,任其前来打枣,却先从承认老妇"多事"入手,措辞极其委婉,可谓煞费苦心。尾联由近及远,借老妇人的哭诉,指出当时广大人民困穷的社会根源:战乱。诗人想到战乱中更多流离失所的人们,忧伤至极,不禁热泪沾襟。

"即防远客虽多事,便插疏篱却甚真。"

这首诗体现了诗人对饱受战乱之苦的下层人民的深切关怀与热爱。他从西邻老妇一人的苦况,想到普通百姓水深火热的生活;从表达对老妇的同情扩展而为对时局艰难的忧虑。正是这种以小见大、推己及人、无时无刻不关心黎民疾苦的崇高精神,使得这首诗在千载以后读来,仍能感动人心。

全诗夹叙夹议,娓娓道来,特别是中间两联,深得含蓄婉曲之致。语言方面,诗中多用虚词作为转接,如"不为"、"只缘"、"已诉"、"正思",以及"即"、"便"、"虽"、"却"等,句法别致,富于散文意味,与盛唐七律常格不同,而能别开生面。

【思考与练习】
一、结合中间两联体会诗人在批评吴郎时措辞的委婉与艺术性。
二、这首诗揭示了当时怎样的社会现实,诗人对当时社会现实持何种态度?
三、前人评此诗"语淡而意厚",请就此进行分析。

【辑评】

此亦一简,本不成诗。然直写情事,曲折明了,亦成诗家一体。大家无所不有,亦无所不可也。(明·王嗣奭《杜臆》)

此章告以恤邻之道也。……"无食无儿一妇人"句,中含四层哀矜意;通章皆包摄于此。○此诗是直写性情,唐人无此格调。然语淡而意厚,蔼然仁者痌瘝一体之心,真得《三百篇》神理者。(清·仇兆鳌《杜诗详注》)

鹊桥仙^①

秦 观

纤云弄巧^②，飞星传恨^③，银汉迢迢暗度^④。金风玉露一相逢^⑤，便胜却、人间无数。柔情似水，佳期如梦，忍顾鹊桥归路^⑥。两情若是久长时，又岂在、朝朝暮暮^⑦！

(《海海居士长短句》，宋秦观撰，徐培均校注，上海，上海古籍出版社，1985)

【注释】

① 鹊桥仙：词调名。调名本韩鄂《岁华纪丽》引《风俗通》："织女七夕当渡河，使鹊为桥。"七夕，即夏历七月七日的晚上，是中国的传统节日，俗称乞巧节，民间有在七夕向织女星乞求智巧的习俗。宗懔《荆楚岁时记》："是夕，人家妇女结彩缕，穿七孔针，或以金银鍮石为针，陈瓜果于庭中乞巧。"此词即歌咏牛郎织女相会的故事。

② 纤云弄巧：秋云多变，故云。织女能巧织云锦，旧时女子有"乞巧"的风俗，这里又语涉双关。

③ 飞星：流星。

④ 银汉：银河，天河。度：通"渡"，指牛郎、织女在七夕渡天河相会。《文选·曹植〈洛神赋〉》李善注："牵牛为夫，织女为妇，织女、牵牛之星，各处河鼓之旁，七月七日乃得一会。"

⑤ 金风玉露：秋风白露，指秋天。

⑥ 忍顾：不忍回顾。

⑦ 朝朝暮暮：谓朝夕相守。

【提示】

古代歌咏牛郎织女爱情悲剧故事的七夕诗词不可胜数，大多感叹两人会少别多。此词虽也运用这一题材，但能自出机杼，化故为新，一反相思离别的缠绵感伤，表示出"两情若是久长时，又岂在朝朝暮暮"的新颖见解，这在古代同类作品中殊不多见。

古人忌以议论入词，此词却将写景、抒情与议论说理熔为一炉。全词以情景为辅弼，以议论点明题旨。上片写相会，从离别之恨、相思之苦写起，借景传情，接着出以议论："金风玉露一相逢，便胜却人间无数。"赞颂了相会之珍贵、爱情之圣洁。下片写离别，两情依依,骤又分离,继"柔情似水"的即景设喻之后,本可沿"忍顾鹊桥归路"的情绪抒写临别凄伤,然而作者却凭空转折,奔进而出"两情若是久长时,又岂在朝朝暮暮"的结语,格调高亢地揭示了人间爱情的真谛,使人耳目一新,成为全篇的点睛之笔。

全词用象征手法,以天上双星,暗喻人间男女。"弄巧"写织女手艺精巧,"传恨"写流星传递情愫,"暗度"写牛、女踽踽夜行,"忍顾"写两人一步三顾,都描绘出人的神貌,充满人的情意。此词意境深婉,言理而有理趣,淡语而有兴味。

【思考与练习】

一、这首词表达了怎样的恋爱观?请谈谈你的感想。

二、词中是如何扣合牛女双星传说来抒发人间真情的?

三、为什么说这首词能化故为新?

【辑评】

相逢胜人间,会心之语。两情不在朝暮,破格之谈。七夕歌以双星会少别多为恨,独少游此词谓"两情若是久长"二句,最能醒人心目。(明·吴从先《草堂诗余隽》载明·李攀龙批语)

七夕以双星会少别多为恨,独谓情长不在朝暮,化臭腐为神奇。(明·沈际飞《草堂诗余正集》)

凡咏古题,须独出心裁,此固一定之论。少游以坐党被谪,思君臣际会之难,因托双星以写意,而慕君之念,婉恻缠绵,令人意远矣。(清·黄苏《蓼园词选》)

"金风玉露一相逢,便胜却、人间无数。"

【附录】

辛未七夕

李商隐

恐是仙家好别离,故教迢递作佳期。
由来碧落银河畔,可要金风玉露时?
清漏渐移相望久,微云未接过来迟。
岂能无意酬乌鹊,唯与蜘蛛乞巧丝。

沈园二首①

陆　游

陆游(1125—1210),字务观,号放翁,越州山阴(今浙江绍兴)人。南宋著名诗人。出生第二年即逢"靖康之变"(1126),年轻时就立下"上马击狂胡"的壮志。绍兴二十四年(1154)应试礼部,因名列秦桧之孙秦埙之前,被秦桧除名。孝宗即位,赐进士出身,历任镇江、隆兴通判,不久因支持张浚北伐而落职。乾道六年(1170)入蜀任夔州通判。后曾入王炎、范成大幕,共谋恢复大计。光宗时官礼部郎中。后被劾去职,归里闲居十二年。嘉泰二年(1202)受召修撰实录,次年以宝章阁待制致仕。陆游生平作诗近万首,与尤袤、杨万里、范成大并称"南宋四大家"。其诗题材广阔,现实性强,洋溢着浓烈的战斗激情和悲愤情绪。也有表现日常生活情趣的作品。他早年受江西诗派熏陶,后又取法李白、杜甫,终于自成一家。其诗风格多样,以雄浑豪放为主,想象丰富,语言明快。有《渭南文集》、《剑南诗稿》。

　　城上斜阳画角哀②,沈园非复旧池台。
　　伤心桥下春波绿,曾是惊鸿照影来③。

　　梦断香消四十年④,沈园柳老不吹绵⑤。
　　此身行作稽山土⑥,犹吊遗踪一泫然⑦。

(《剑南诗稿校注》,宋陆游撰,钱仲联校注,上海:上海古籍出版社,1985)

【注释】

① 沈园:故址在今浙江绍兴禹迹寺南。陆游初娶表妹唐婉为妻,但婚后三年,因陆母不满唐婉,夫妻被迫离异。唐婉另嫁赵士程,家有沈园,陆游曾在园中与唐婉不期而遇,后唐婉抑郁而死。宋宁宗庆元五年(1199)秋天,作者重游沈园,感伤往事,乃作此诗。

② 画角:有彩画的军中乐器。

③ 惊鸿:喻唐婉当年体态的优美轻盈。典出曹植《洛神赋》:"翩若惊鸿,婉若游龙。"

④ 梦断:梦醒。香消:指唐婉亡故。四十年:陆游作此诗与上次在沈园遇见唐婉,相距四十四年,"四十"是举其成数。

⑤ 不吹绵:柳絮不再飞扬。

⑥ 行:即将。稽山:会稽山,在今浙江绍兴东南。

⑦ 吊:凭吊。泫(xuàn)然:流泪的样子。

【提示】

　　这两首悼亡诗,是一个七十五岁的老人对发生在四十多年前的一场爱情悲剧的惨痛回味。老诗人故地重游,触景生情,于是和泪命笔,寄托哀思。

　　第一首诗回忆与唐婉离异后在沈园邂逅的往事,写物是人非之悲。诗用借景言情的手法,以斜阳暗淡、画角哀鸣来渲染气氛,眼中之色、耳中之声无不凄凉哀怨,于是触动诗人的伤心情怀。第三句"伤心"二字由眼前景象转入回忆,第四句借桥下春波当年曾映照过唐婉身影,展现出深藏诗人心底那翩若惊鸿的美好形象。

　　第二首诗表达对唐婉坚贞不渝的感情,写刻骨铭心之思。诗用反衬笔法,以"柳老不吹绵"——草木无情,来反衬自己四十年不变、至老弥坚的一往深情。自己将化为会稽山上的一抔黄土,仍要凭吊遗踪,泫然泪下,这是何等坚执的情感抒发!

"曾是惊鸿照影来。"
明·张灵作

【思考与练习】

一、《沈园》(其一)是如何借景言情,来表达对往事的感伤的?

二、《沈园》(其二)是如何运用反衬笔法,来表达诗人对爱情的忠贞不渝的?

【辑评】

　　无此绝等伤心事,亦无此绝等伤心之诗。就百年论,谁愿有此事? 就千秋论,不可无此诗。(陈衍《宋诗精华录》)

【附录】

钗 头 凤

陆　游

　　红酥手,黄縢酒,满城春色宫墙柳。东风恶,欢情薄。一怀愁绪,几年离索。错,错,错。　　春如旧,人空瘦。泪痕红浥鲛绡透。桃花落,闲池阁。山盟虽在,锦书难托。莫,莫,莫。

161

贺新郎①

辛弃疾

辛弃疾

辛弃疾(1140—1207),字幼安,号稼轩,历城(今山东济南)人。南宋著名词人。二十二岁时在北方参加耿京领导的抗金义军,后渡江南归宋廷。初授江阴签判,后官湖北、湖南、江西安抚使等。他坚持北伐,但始终不被信任。曾先后进呈《美芹十论》、《九议》等奏章,陈述恢复大计,均未被采纳。淳熙八年(1181)落职,此后除一度出任福建提点刑狱、安抚使外,长期在江西农村闲居。嘉泰三年(1203)起知绍兴府,兼浙东安抚使,又知镇江府。终抱恨以殁。辛弃疾词今存六百多首,题材广泛,意境深远,手法多样,善于用典。他把爱国抱负和满腔忧愤倾注到词作中,形成了雄奇豪壮、苍凉沉郁的风格,是南宋豪放词派的主要代表。有《稼轩长短句》。

同父见和再用韵答之②

老大那堪说。似而今、元龙臭味③,孟公瓜葛④。我病君来高歌饮,惊散楼头飞雪。笑富贵、千钧如发⑤。硬语盘空谁来听⑥?记当时、只有西窗月。重进酒,换鸣瑟。　　事无两样人心别。问渠侬、神州毕竟⑦,几番离合⑧?汗血盐车无人顾⑨,千里空收骏骨⑩。正目断、关河路绝。我最怜君中宵舞⑪,道男儿到死心如铁。看试手,补天裂⑫。

(《稼轩词编年笺注》增订本,宋辛弃疾撰,邓广铭笺注,上海:上海古籍出版社,1993)

【注释】

① 贺新郎:词调名,又名《金缕曲》、《贺新凉》等。

② 同父:陈亮(1143—1194)的字,一作同甫。他是南宋著名的学者、文学家,永康(今属浙江)人,人称龙川先生。南宋绍熙四年(1193)进士第一,授签书建康判官厅公事,未及赴任而卒。他才气超迈,提倡事功之学,力主抗战而反对与金和议。有《龙川文集》、《龙川词》。辛弃疾原有赠送陈亮的《贺新郎》(把酒长亭说),陈亮步韵以和,见[附录]。辛弃疾读后,又作此词再和。

③ 元龙:东汉末陈登的字。据《三国志·魏书·张

邈传附陈登传》载,许汜在刘备面前不满陈登"湖海之士,豪气不除",埋怨自己去见陈,陈竟"久不相与语,自上大床卧,使客卧下床"。刘备便说:"君有国士之名,今天下大乱,……望君忧国忘家有救世之意,而君求田问舍,言无可采。是元龙所讳也,何缘当与君语?"意谓求田问舍之私,志士所耻。臭(xiù)味:气味。此句表示词人与陈亮情意相投。

④ 孟公:西汉著名游侠陈遵的字。据《汉书·游侠传》:"遵嗜酒,每大饮,宾客满堂,辄关门,取客

车辖投井中,虽有急,终不得去。"瓜葛:指关系或共同之处。

⑤ 千钧如发:视千钧之重如毛发之轻。

⑥ 硬语盘空:唐韩愈《荐士》诗有"横空盘硬语,妥帖力排奡"之句,这里借喻不合当政者所好的言论文章之慷慨激烈。

⑦ 渠侬:吴语方言,他(她)。高德基《平江记事》:"盖以乡人自称曰'吾侬'、'我侬',称他人曰'渠侬',问人曰'谁侬'。"

⑧ 离合:离指国家分裂,合指天下统一。

⑨ 汗血盐车:据《汉书·武帝纪》记载,汗血是出自西域大宛的纯种良马,其汗如血,日行千里。另据《战国策·楚策》载,老骥驾着运盐的马车上

太行山,"蹄申膝折","中阪迁延,负辕而不能上,伯乐遭之,下车攀而哭之"。这里将两个典故合在一起。

⑩ 收骏骨:据《战国策·燕策》载,燕昭王即位后欲招天下贤士,郭隗劝他用千金求千里马,结果仅得马骨,但天下人从此知道了昭王的心意,不久燕国便得到了千里马,随后名将乐毅也来投奔。

⑪ 中宵舞:《晋书·祖逖传》:"逖与司空刘琨俱为司州主簿,情好绸缪,共被同寝。中夜,闻荒鸡鸣,蹴琨觉曰:'此非恶声也。'因起舞。"

⑫ 补天裂:古代神话有女娲炼五色石以补天裂的故事,见《淮南子·览冥训》。

【提示】

这首词作于淳熙十六年(1189)春。当时,陈亮自东阳(今属浙江)来到信州拜访辛弃疾,留十日,并约朱熹到紫溪(今江西铅山南)聚首,共商恢复大计。但朱熹因事未能成行。陈亮等朱未到,遂辞归东阳。在辛、陈同游鹅湖(今铅山东北)之后,辛弃疾作《贺新郎》(把酒长亭说)追赠陈亮,正巧陈来信索词,所以辛词小序中说"心所同然者如此,可发千里一笑"。陈亮因此步韵和词一首。读陈和作后,辛弃疾情不自禁地同原韵和答又作此篇。时作者年近半百,落职闲居,蹉跎岁月,恢复无望,理想成空。因而借同志唱和,来抒发英雄失意的一腔悲愤之情。

上片即景叙事而情在其中。"老大那堪说",开篇即以沉郁之语直抒胸怀。以下巧用即景叙事艺术,追忆鹅湖之会的豪饮高歌。元龙、孟公皆为豪爽慷慨之士,并都姓陈,以比陈亮。在抗战爱国方面,辛、陈是意气相投的同志。"笑富贵,千钧如发",见其人格之高洁。但"硬语盘空谁来听"?

闻鸡起舞

换来的只有孤月窥窗。下片则纯运赋体而直抒胸臆。神州的几番离合,千里汗血马的累死盐车之下,令人无限悲恨。"正目断、关河路绝",表面上状眼前大雪封山之景,骨子里却是叹中原恢复之难。但作者并非一味悲痛失落,"我最怜君中宵舞",有力地刻画了一个以天下为己任的爱国志士形象;"看试手,补天裂",篇末自有惊人语,正见其英雄本色。

此词的特点是"以文为词",用典甚多,但如盐著水,了无窒碍,丰富了作品的情感和形

象,读来觉笔力千钧,浑化无迹。全词既有深刻的现实思考,同时又呈现豪爽飞动的浪漫情怀,在沉郁中见出豪壮,奏出了时代的黄钟大吕之音。

【思考与练习】

一、分别说明词中所用典故的涵义,并细味稼轩词"以文为词"的艺术特色。

二、谈谈词中描写到的自然景物,怎样才呈现出浓厚强烈的主观色彩的?

三、对辛稼轩的词作,过去读过一些么? 读过此词,有何感想?

【辑评】

稼轩不平之鸣,随处辄发,有英雄语,无学问语。(周济《介存斋论词杂著》)

北宋词多就景叙情,……至稼轩、白石一变而为即事叙景。(周济《介存斋论词杂著》)

【附录】

贺新郎
寄辛幼安和见怀韵

陈 亮

老去凭谁说? 看几番、神奇臭腐,夏裘冬葛。父老长安今余几? 后死无仇可雪。犹未燥、当时生发。二十五弦多少恨,算世间、那有平分月。胡妇弄,汉宫瑟。 树犹如此堪重别。只使君、从来与我,话头多合。行矣置之无足问,谁换妍皮痴骨? 但莫使、伯牙弦绝。九转丹砂牢拾取,管精金只是寻常铁。龙共虎,应声裂。

［般涉调］哨遍①

睢景臣

睢景臣,字景贤,扬州(今属江苏)人,元戏曲家、散曲家。生卒年不详。钟嗣成《录鬼簿》谓大德七年(1303)曾与之在杭州相见,并称道他"心性聪明,酷嗜音律"。朱权《太和正音谱》评其散曲"如凤管秋声"。撰有杂剧《屈原投江》等三种,均佚,今存套曲三篇收在《太平乐府》等散曲集中。

高祖还乡②

社长排门告示③,但有的差使无推故④。这差使不寻俗⑤。一壁厢纳草也根⑥,一边又要差夫,索应付。又言是车驾,都说是銮舆⑦,今日还乡故。王乡老执定瓦台盘⑧,赵忙郎抱着酒胡芦⑨。新刷来的头巾,恰糨来的绸衫⑩,畅好是妆幺大户⑪。

【耍孩儿⑫】 瞎王留引定火乔男女⑬,胡踢蹬吹笛擂鼓⑭。见一彪人马到庄门⑮,匹头里几面旗舒⑯:一面旗白胡阑套住个迎霜兔⑰,一面旗红曲连打着个毕月乌⑱。一面旗鸡学舞⑲,一面旗狗生双翅⑳,一面旗蛇缠胡芦㉑。

【五煞㉒】 红漆了叉,银铮了斧㉓。甜瓜苦瓜黄金镀㉔。明晃晃马镫枪尖上挑㉕,白雪雪鹅毛扇上铺。这几个乔人物,拿着些不曾见的器杖,穿着些大作怪衣服。

【四煞】 辕条上都是马,套顶上不见驴。黄罗伞柄天生曲。车前八个天曹判㉖,车后若干递送夫。更几个多娇女,一般穿着,一样妆梳。

【三煞】 那大汉下的车,众人施礼数。那大汉觑得人如无物。众乡老展脚舒腰拜,那大汉那身着手扶㉗。猛可里抬头觑,觑多时认得,险气破我胸脯。

【二煞】 你须身姓刘,你妻须姓吕。把你两家儿根脚从头数:你本身做亭长耽几盏酒㉘,你丈人教村学读几卷书。曾在俺庄东住,也曾与我喂牛切草,拽坝扶锄㉙。

【一煞】 春采了桑,冬借了俺粟。零支了米麦无重数。换田契强秤了麻三秤,还酒债偷量了豆几斛㉚。有甚胡突处㉛?明标着册历㉜,见放着文书。

【尾㉝】 少我的钱差发内旋拨还㉞,欠我的粟税粮中私准除㉟。只道刘三谁肯把你揪捽住㊱?白什么改了姓更了名唤作汉高祖㊲!

(《太平乐府》,元杨朝英编,《历代散曲汇纂》影印本,杭州:浙江古籍出版社,1998)

【注释】

① 般涉调：这套散曲的共同宫调名。哨遍：这套散曲第一支曲子的曲牌名，也作"稍遍"。

② 高祖：汉高祖刘邦。他出身微贱，登基后衣锦还乡，历来传为美谈，在元代更成为杂剧与散曲的热门题材。

③ 社：古代类似保、甲一类的社会单位。元代农村以五十户为一社，设社长管理赋税等。排门告示：挨户通知。

④ 但有的：所有的。无推故：不得借故推脱。

⑤ 不寻俗：不寻常。

⑥ 一壁厢：一边。纳草也根：交纳粮草。根，当为"粮"字之误。

⑦ 銮舆：皇帝的车驾。

⑧ 乡老：指乡邻中的头面人物。

⑨ 忙郎：村人的通称。

⑩ 糨（jiàng）：旧时洗衣，用非常稀薄的面糊上浆，使其挺括。

⑪ 畅好是：正好是。妆幺大户：冒充的阔人。

⑫ 耍孩儿：曲牌名。

⑬ 王留：元杂剧中年轻农民的泛称。火：同"伙"。乔：装模作样，稀奇古怪。

⑭ 胡踢蹬：胡乱地，胡闹。

⑮ 彪：当作"彪"，旧戏曲、小说里，一队称一彪。

⑯ 匹头里：劈头，当头。

⑰ 胡阑：圆环。迎霜兔：指月中玉兔。此指仪仗队中的月旗。

⑱ 曲连：圆圈。毕月乌：指日中金乌。古人以二十八宿中的毕宿及七曜中的月曜与乌鸟相配，故

⑲ 鸡学舞：指凤。

⑳ 狗生双翅：指飞虎。

㉑ 蛇缠胡芦：指龙。

㉒ 煞：曲牌名，用于套数，多连用几支，以逆序计数。

㉓ 银铮：镀银。

㉔ 甜瓜苦瓜：指仪仗队中的金瓜锤。

㉕ 马鞭枪尖上挑：指仪仗队中的朝天镫。

㉖ 天曹判：天界的判官，此指驾前侍卫。

㉗ 那（nuó）身：挪身。那，同"挪"。

㉘ 亭长：刘邦起兵前曾作泗水亭长。秦制，十里为亭，十亭为乡。耽：迷恋，沉湎。

㉙ 填：当为"愰"字之误。愰，牵引犁、耙等农具的畜力单位。又《雍熙乐府》本此字作"杷（pá）"，一种一端有齿的长柄农具，用以聚拢、耙梳谷物或整地。

㉚ 斛：十斗。

㉛ 胡突：糊涂。

㉜ 册历：账簿。

㉝ 尾：也叫"尾声"，曲牌名，放在一套曲子的末尾，故称。

㉞ 差发：元代抵赋税、充徭役的款项。旋：马上。

㉟ 私准除：暗地扣除。

㊱ 刘三：刘邦排行第三，故称。揪捽（zuó）：拉扯。

㊲ 白什么：平白地为什么。这里表示主人公对刘邦身份一无所知，是调侃语。

【提示】

这是一篇诙谐而又辛辣的讽刺喜剧作品。

刘邦出身微贱，后成帝王。后世有人故意把他神化，愚弄人民，有所谓"真龙天子"、"天命攸归"的"美谈"。本文却借平民百姓之口，对刘邦尽情调侃、嘲讽，表现出对帝王的轻蔑。在封建专制统治下，作者有这种见识和勇气，确属难能可贵。

作品由八支曲子构成，分为四个层次：第一支【哨遍】曲为一层，写车驾到来前乡里的忙乱；【耍孩儿】至【四煞】为第二层，写农民眼中的銮舆仪仗；【三煞】至【一煞】为第三层，写农民认出刘邦面目后的心理活动，借此揭露刘邦微贱时的无赖行为；最后一层是【尾】，以讥笑刘邦改姓更名"唤作汉高祖"，把整部喜剧推向高潮。

在表现手法上，本篇独出心裁，完全立足于平民百姓的主观视角，从而化神圣庄严为荒唐滑稽，产生出强烈的反讽效果。在描写乡民心理活动时，步步递进：先是对乡里头面人物反常的忙乱感到困惑，继而对"乔男女"、"大作怪衣服"产生好奇，接下来自以为看破了真相，半是愤怒半是挖苦，最后归于对"改了姓更了名"的指责。无知、误解与真实情况

杂糅在一起,使读者看到了一个活灵活现的普通乡民的心理世界;而在这个似乎充满扭曲变形的世界里,却显露出了汉高祖的真实面目。作者巧妙地使变形与真实相反相成,在调侃、幽默中透出犀利的批判锋芒。

【思考与练习】

一、作品通过乡民的主观视角描写汉高祖还乡场面,出现了哪些"误解"? 这样描写的特殊效果是什么? 此文突出的意义是什么?

二、作品中的刘邦是个怎样的人?

三、作者对乡民所持的态度是怎样的?

【辑评】

维扬诸公,俱作《高祖还乡》套数,惟公【哨遍】制作新奇,皆出其下。(元·钟嗣成《录鬼簿》)

"也曾与我喂牛切草,拽坝扶锄。"

金缕曲①

纳兰性德

纳兰性德(1655—1685)，原名成德，字容若，号楞伽山人，满洲正黄旗人。清初著名词人。他的父亲明珠官武英殿大学士，权倾朝野。他于康熙十四年(1675)考中进士，初授三等侍卫，后升至一等侍卫，经常随清圣祖巡幸远近。但他无意功名，酷爱读书，多结交知名文士。纳兰性德很有文学天才，工诗文，而尤以填词著称，与阳羡词派领袖陈维崧、浙西词派领袖朱彝尊鼎足清初词坛。可惜英年早逝。有《通志堂集》、《纳兰词》。

赠梁汾②

德也狂生耳③。偶然间、缁尘京国④，乌衣门第⑤。有酒惟浇赵州土⑥，谁会成生此意⑦？不信道、遂成知己。青眼高歌俱未老⑧，向樽前、拭尽英雄泪。君不见，月如水。

共君此夜须沉醉。且由他、蛾眉谣诼⑨，古今同忌。身世悠悠何足问，冷笑置之而已。寻思起、从头翻悔。一日心期千劫在⑩，后身缘、恐结他生里⑪。然诺重⑫，君须记。

【注释】

① 金缕曲：词调名，又名《贺新郎》、《贺新凉》等。据顾贞观在和词中的附注"岁丙辰，容若二十有二，乃一见即恨识余之晚。阅数日，填此词为余题照"，可知此词作于康熙十五年丙辰。

② 梁汾：纳兰性德的好友顾贞观。贞观(1637—1714)字华峰，号梁汾，无锡人，也是当时的著名词人，以高标格、重义气著称。有《弹指词》。

③ 德：作者名中有"德"字，故以之自称。狂生：狂放的人。

④ 缁(zī)尘：黑色尘土，比喻名利场的污染。

⑤ 乌衣门第：贵族门第。因东晋王、谢两大望族聚居在建康(今南京)乌衣巷，故称。

⑥ "有酒"句：这是唐诗人李贺《浩歌》诗中的成句。赵州土，指战国赵平原君赵胜(？—前251)的坟墓。平原君有礼贤下士的美名。

⑦ 成生：作者自称，他原名成德。

⑧ 青眼：表示尊敬。本指双眼平视能见黑眼珠，因《世说新语·简傲》曾记载三国魏末诗人阮籍(210—263)对鄙俗之人以白眼相对，对投缘之人则以青眼相对，后世遂用为典故。

⑨ 蛾眉谣诼：语本《楚辞·离骚》："众女嫉余之蛾眉兮，谣诼谓余以善淫。"蛾眉，以蚕蛾细长而弯曲的触须比喻女子姣好的眉毛。《诗经·卫风·硕人》："螓首蛾眉，巧笑倩兮。"谣诼，中伤。

⑩ 心期：彼此心中相期许。千劫：极言时间之长、变化之大。劫，本佛教用语，指世界毁灭一次再重新开始的一个周期。

⑪ 后身缘：转世再生时重逢的缘分。佛教以前世、今世、来世为三世，谓来世之身为"后身"。

⑫ 然诺：许诺。重：郑重。

（《纳兰词笺注》修订本，清纳兰性德撰，张草纫笺注，上海：上海古籍出版社，2003）

【提示】

作者鄙视名利场而喜欢结交饱学超俗之士，与顾贞观交情最深。顾贞观仕途失意，只任过内阁中书等微职。但作者把他视为知己，不仅平等相待，而且在他以及他的友人遇到麻烦时都尽力帮助。如顾的好友吴汉槎获罪流放，顾填词寄怀，纳兰读后深受感动，倾力相助，终使吴得赦而归。此事成为清初广泛流传的士林佳话，足见两人的肝胆相照和作者对朋友的云天高义。

纳兰性德本是写情高手，最擅小令，以"缠绵婉约"、"哀感顽艳"著称，而此作风格迥异，在他的全部作品中当属"另类"。这首词的突出特点是情感直露、奔放，使一个"狂生"的形象跃然纸上，可谓狂态可掬。不过，直露却不浅薄，究其原因有三：第一，眼界高，气势足，大有睥睨一世之概。第二，善用顿挫。如上片由开篇的"狂生"转入"谁会"的落寞，再转为"青眼高歌"的昂扬，继而跌入"英雄泪"的感慨，最后以"月如水"宕开一笔，一气贯穿而又跌宕有致。第三，用典恰切。读者由典故自然联想到屈原、阮籍、李贺和平原君，从而使作品表达的人生态度具有了历史的厚重感。

【思考与练习】

一、具体分析这首词表达情感直露而不浅薄的特点。

二、说一说词中几处用典的含义及作用。

【辑评】

顾梁汾舍人，风神俊朗，大似过江人物。无锡严荪友诗："曈曈晓日凤城开，才是仙郎下直回。绛蜡未消封诏罢，满身清露落宫槐。"其标格如许。画《侧帽投壶图》，长白成容若题《贺新凉》一阕于上云云。词旨嵚崎磊落，不窜坡老、稼轩，都下竞相传写，于是教坊歌曲间，无不知有《侧帽词》者。（清·彭孙遹《词藻》）

纳兰容若成德，深于情者也，固不必刻画《花间》，俎豆《兰畹》，而一声《河满》，辄令人怅惘欲涕。情致与《弹指》最近，故两人遂成莫逆。读两家短调，觉阮亭脱胎温李，犹费拟议。其中赠寄梁汾《贺新凉》、《大酺》诸阕，念念以来生相订交，情至此，非金石所能比坚。（清·谢章铤《赌棋山庄词话》）

【附录】

金缕曲
酬容若见赠次原韵

顾贞观

且住为佳耳。任相猜、驰笺紫阁，曳裾朱第。不是世人皆欲杀，争显怜才真意。容易得、一人知己。惭愧王孙图报薄，只千金、当酒平生泪。曾不直，一杯水。　　歌残击筑心逾醉。忆当年、侯生垂老，始逢无忌。亲在许身犹未得，侠烈今生已已。但结记、来生休悔。俄顷重投胶在漆，似旧曾、相识屠沽里。名预籍，石函记。

咏史①

龚自珍

龚自珍(1792—1841),一名巩祚,字璱人,号定庵,浙江仁和(今杭州)人。清著名学者、文学家和启蒙思想家。嘉庆二十三年(1818)中举人。任内阁中书。道光九年(1829)成进士。历官宗人府主事、礼部主客司主事。终因屡触时忌,于道光十九年辞官南归。不久暴卒于江苏丹阳云阳书院。龚自珍是嘉庆、道光间提倡通经致用的今文经学派的重要学者,主张改革弊政,抵御外侮,曾积极支持林则徐禁鸦片烟。诗、文、词各体兼长,其诗善抒感慨,议论纵横,想象丰富,豪放瑰丽。有《龚自珍全集》。

金粉东南十五州②,万重恩怨属名流③。
牢盆狎客操全算④,团扇才人踞上游⑤。
避席畏闻文字狱⑥,著书都为稻粱谋⑦。
田横五百人安在⑧?难道归来尽列侯⑨!

（《龚自珍全集》,清龚自珍撰,上海:上海古籍出版社,1999)

田横五百士　　徐悲鸿作

【注释】

① 本篇作于道光五年(1825)十二月。作者当时因守母丧离官寓居昆山,目睹东南富庶地区,坏人当道,政治黑暗,而不少知识分子在清廷高压政策的钳制下,又养成了苟安自保的风习;所谓"名流",不是流连声色,便热衷于勾心斗角,争名逐利。作者在诗中对此表达了他的愤慨和讽刺。

② 金粉:古代妇女化妆用的铅粉。此借指景象繁华。十五州:泛指长江下游地区。

③ 万重恩怨:指所谓"名流"在声色和名利场中彼此猜忌争夺,恩怨重重。

④ 牢盆:古代煮盐器具。这里借指盐商。狎(xiá)客:权贵豪富豢养的亲近的清客。

⑤ 团扇:圆扇,古代宫妃、歌妓常手执白绢团扇。才人:宫中女官。《宋书·后妃传》:"晋置才人,爵视千石以下。"此处"团扇才人"是对轻薄文人的贬称。

⑥ 避席:古人席地而坐,为表示恭敬或畏惧离席而起。文字狱:指清廷迫害知识分子的一种冤狱,

故意在作者诗文中摘取字句,罗织成罪。康熙、雍正、乾隆三朝文字狱尤为惨酷。

⑦ 稻粱谋:本指鸟类寻觅食物,转指人们为衣食奔走。杜甫《同诸公登慈恩寺塔》:"君看随阳雁,各有稻粱谋。"

⑧ 田横(?—前202):秦末狄县(今山东高青东南)人,楚汉战争中自立为齐王。刘邦登帝位后,他带领五百多人逃入海岛。刘邦招降说:"田横来,大者王,小者乃侯耳!不来,且举兵加诛焉。"他不得已从命,来到离洛阳三十里处,终觉向刘邦称臣为大耻,遂自刎而死。岛上五百人听到田横已死,也都自杀。见《史记·田儋列传》。此处借用田横门客的故事讽刺清统治者惯于欺骗,指出当时有些士大夫趋炎附势,没有骨气,实无益处。

⑨ 列侯:爵位名。汉制,王子封侯,称诸侯;异姓功臣受封,称列侯。

【提示】

诗人客居昆山,身处东南金粉之地,目睹盘踞要津、把持权柄的都是些无才无德的官僚政客,与无志无行的幸臣。而广大士子则在高压专制统治之下,畏避文网,明哲保身,成为苟且偷安、无筋无骨的碌碌庸夫。对于这种昏暗现实与萎靡士风,作者感慨良多,愤作此诗。诗篇借历史上田横殉难的典故作结,正是表达了诗人对当时社会骨鲠忠贞之士日渐消亡的深深悲哀。此诗题为"咏史",实为讽今。诗人以深邃的史识、警策的语言,撕下了"盛世"的面纱,把清王朝统治的腐朽本质及其没落趋势,清晰地揭示给人们,具有醒世与警世的艺术力量。全诗造语凝重,属对工切,境界开阔,寓理精辟,读来有骨力铮铮之感。

【思考和练习】

一、"避席"一联,后人视作警句,请你谈谈对这两句诗的理解。

二、诗篇为何要引用历史上田横和他五百部下殉难的典故?诗人的言外之意是什么?

北方①

艾 青

　　艾青(1910—1996)，原名蒋海澄，浙江金华人。中国现当代著名诗人。1928年入学国立西湖艺术学院绘画系。次年赴法国勤工俭学。1932年回国后即投入革命文艺运动，并致力于诗歌创作。后赴延安，曾任《诗刊》主编。抗战胜利，任华北联合大学文艺学院副院长等职。建国后任《人民文学》副主编。1979年当选为中国作家协会副主席。艾青的诗歌创作与现实紧密结合，及时而强烈地传达了时代的呼唤和人民的心声。在艺术上，则追求深沉的审美意象和提倡自由流动的形式，推动了中国现代新诗的发展，在现当代诗坛有较大影响。先后出版了二十多本诗集，主要有《大堰河》、《北方》、《向太阳》、《火把》、《归来的歌》等。

一天，
那个科尔沁草原上的诗人②
对我说：
"北方是悲哀的。"

不错
北方是悲哀的。
从塞外吹来的
沙漠风，
已卷去北方的生命的绿色
与时日的光辉
——一片暗淡的灰黄
蒙上一层揭不开的沙雾；
那天边疾奔而至的呼啸
带来了恐怖
疯狂地
扫荡过大地；
荒漠的原野
冻结在十二月的寒风里，
村庄呀，山坡呀，河岸呀，

颓垣与荒冢呀

都披上了土色的忧郁……

孤单的行人，

上身俯前

用手遮住了脸颊，

在风沙里

困苦地呼吸

一步一步地

挣扎着前进……

几只驴子

——那有悲哀的眼

　　和疲乏的耳朵的畜生，

载负了土地的

痛苦的重压，

它们厌倦的脚步

徐缓地踏过

北国的

修长而又寂寞的道路……

那些小河早已枯干了

河底也已画满了车辙，

北方的土地和人民

在渴求着

那滋润生命的流泉啊！

枯死的林木

与低矮的住房

稀疏地，阴郁地

散布在灰暗的天幕下；

天上，

看不见太阳，

只有那结成大队的雁群

惶乱的雁群

击着黑色的翅膀

叫出它们的不安与悲苦，

从这荒凉的地域逃亡

逃亡到

绿荫蔽天的南方去了……

北方是悲哀的。

而万里的黄河

汹涌着混浊的波涛
给广大的北方
倾泻着灾难与不幸；
而年代的风霜
刻画着
广大的北方的
贫穷与饥饿啊。

而我
——这来自南方的旅客，
却爱这悲哀的北国啊。
扑面的风沙
与入骨的冷气
决不曾使我咒诅；
我爱这悲哀的国土，
一片无垠的荒漠
也引起了我的崇敬。
——我看见
我们的祖先
带领了羊群
吹着笳笛
沉浸在这大漠的黄昏里；
我们踏着的
古老的松软的黄土层里
埋有我们祖先的骸骨啊，
——这土地是他们所开垦。
几千年了
他们曾在这里
和带给他们以打击的自然相搏斗，
他们为保卫土地
从不曾屈辱过一次，
他们死了
把土地遗留给我们——
我爱这悲哀的国土，
它的广大而瘦瘠的土地
带给我们以淳朴的言语
与宽阔的姿态，
我相信这言语与姿态
坚强地生活在大地上

永远不会灭亡；
我爱这悲哀的国土，
　　古老的国土
——这国土
养育了我所爱的
世界上最艰苦
与最古老的种族。

　　　　　　　　一九三八年二月四日　潼关③

（《艾青全集》第一卷，艾青撰，石家庄：花山文艺出版社，1994）

【注释】

① 本诗写于 1938 年，最早收入 1939 年出版的诗集《北方》。
② 科尔沁草原上的诗人：指端木蕻良（1912—1996），原名曹京平，辽宁昌图人，现代作家，1933 年创作了长篇小说《科尔沁旗草原》。科尔沁为蒙古旧部名，明末归附后金（后改国号为清），所属有科尔沁左翼前、中、后旗与右翼前、中、后旗，在今内蒙古东部，这一带的草原被称为"科尔沁草原"。
③ 潼关：县名，今属陕西，著名的古关潼关在县城东北，历来为军事要地。

【提示】

　　本诗写于 1938 年 2 月。当时，艾青正和萧红、萧军、聂绀弩、端木蕻良、张仃等一批文化界朋友，应聘赴山西民族革命大学执教，旅经陕西潼关。诗人目睹战争阴云笼罩下北国大地一派荒凉、阴郁和纷乱的景色，心灵受到极大震动。一位朋友感叹"北方是悲哀的"，更触发了他的思绪，他便满怀深情地吟唱出对北国大地和人民的悲哀、同情和挚爱；同时也表达了全民族追求进步、渴望光明的理想主义情怀。在诗篇中，"土地"成了最醒目、最富于象征意义的意象。"我爱这悲哀的国土"的诗句，更成为贯穿全诗、重复叠现、回肠荡气的主旋律。

　　诗作为了创造北国大地的鲜明意象，特别从现代绘画等艺术中借鉴了许多手法，出色地运用光线、色彩和声音，来描绘场景，营造氛围，喻示情怀，从而极大地丰富了诗作的表现力和艺术美。

　　诗人出于对诗的散文美的自觉追求，还成功地运用了新体自由诗的形式。整首诗既没有固定的诗节、诗行和字数，也没有明显的韵脚与限制，显得无拘无束、自由挥洒。但细加玩味，全诗却充满着诗的旋律、诗的意境、诗的韵味，既表现了诗意的生活，又抒写了生活的诗意。

"万里的黄河
汹涌着混浊的波涛……"

【思考与练习】

一、艾青《北方》一诗的主旋律是什么,诗人是如何加以表现的?

二、艾青提倡"诗的散文美",请结合本诗,谈谈你对这一命题的理解与评价。

三、艾青原是一位画家,对于色彩和光线的使用特别敏感,请你说明在本诗中诗人是如何运用声、光、色来创造诗歌意象的?

【辑评】

这集子是我在抗日战争后所写的诗作的一小部分,在今日,如果真能由它而激起一点种族的哀感,不平,愤懑,和对于土地的眷恋之情,该是我的快乐吧。(艾青《北方·序》)

艾青的诗,好在那雄浑的力量,直截了当的语言,强烈鲜明的意象——可以看见、闻到、触到的意象,这也许因为他不仅是个诗人,也是个画家吧。艾青是一个有时代感、使命感、同时又有艺术感的诗人。(聂华苓《漪澜堂畔晤艾青》)

关联着人民与苦难的"土地"类意象和寄寓着光明与温暖的"太阳"类意象,被公认为艾青诗作风格的鲜明标志。……显而易见,艾青诗中"土地"类和"太阳"类意象,不是一般的语象,而是诗人最深切的关怀和最殷切的期望的象征;前者凝聚了艾青对祖国和人民最深沉的爱,对民族危难和人民疾苦的深广忧思;后者则寄托了艾青对民族光明未来的热烈向往和对美好的社会理想的不懈追求,所以它们是主题级的象征性意象。(解志熙《摩登与现代》)

赞美①

穆　旦

　　穆旦(1918—1977),原名查良铮,笔名梁真,浙江海宁人,出生于天津。中国现代著名诗人、翻译家。1940年毕业于西南联大外文系并留校任教。1948年留学美国芝加哥大学,获文学硕士学位。1953年回国,执教于南开大学。穆旦早期的诗歌创作始于天津南开中学读高中时。20世纪40年代前,受英国浪漫派现代诗风的影响较大。后来在浪漫主义中融合了现实主义和现代主义的因素,成为现代"九叶诗派"的一面旗帜。20世纪40年代的诗作多收入《穆旦诗集》。20世纪50年代主要从事外国文学翻译工作,译有普希金、拜伦、雪莱、济慈、布莱克等人的诗作,在译坛享有盛名。今人编有《穆旦诗文集》。

走不尽的山峦的起伏,河流和草原,
数不尽的密密的村庄,鸡鸣和狗吠,
接连在原是荒凉的亚洲的土地上,
在野草的茫茫中呼啸着干燥的风,
在低压的暗云下唱着单调的东流的水,
在忧郁的森林里有无数埋藏的年代
它们静静的和我拥抱:
说不尽的故事是说不尽的灾难,沉默的
是爱情,是在天空飞翔的鹰群,
是干枯的眼睛期待着泉涌的热泪,
当不移的灰色的行列在遥远的天际爬行;
我有太多的话语,太悠久的感情,
我要以荒凉的沙漠,坎坷的小路,骡子车,
我要以槽子船,漫山的野花,阴雨的天气,
我要以一切拥抱你,你,
我到处看见的人民呵,
在耻辱里生活的人民,佝偻的人民,
我要以带血的手和你们一一拥抱
因为一个民族已经起来。

一个农夫,他粗糙的身躯移动在田野中,

他是一个女人的孩子，许多孩子的父亲，
多少朝代在他的身边升起又降落了
而把希望和失望压在他身上，
而他永远无言的跟在犁后旋转，
翻起同样的泥土溶解过他祖先的，
是同样的受难的形象凝固在路旁。
在大路上多少次愉快的歌声流过去了，
多少次跟来的是临到他的忧患；
在大路上人们演说，叫嚣，欢快，
然而他没有，他只放下了古代的锄头，
再一次相信名词，溶进了大众的爱，
坚定地，他看着自己溶进死亡里，
而这样的路是无限的悠长的
而他是不能够流泪的，
他没有流泪，因为一个民族已经起来。

在群山的包围里，在蔚蓝的天空下，
在春天和秋天经过他家园的时候，
在幽深的谷里隐着最含蓄的悲哀：
一个老妇期待着孩子，许多孩子期待着
饥饿，而又在饥饿里忍耐，
在路旁仍是那聚焦着黑暗的茅屋，
一样的是不可知的恐惧，一样的是
大自然中那侵蚀着生活的泥土，
而他走去了从不回头诅咒。
为了他我要拥抱每一个人，
为了他我失去了拥抱的安慰，
为了他，我们是不能给以幸福的，
痛哭吧，让我们在他的身上痛哭吧，
因为一个民族已经起来。

一样的是这悠久的年代的风，
一样的是从这倾圮的屋檐下散开的
无尽的呻吟和寒冷，
它歌唱在一片枯槁的树顶上，
它吹过了荒芜的沼泽，芦苇和虫鸣，
一样的是这飞过的乌鸦的声音
当我走过，站在路上踟蹰：
我踟蹰着为了多年耻辱的历史

仍在这广大的山河中等待，

等待着，我们无言的痛苦是太多了。

然而一个民族已经起来，

然而一个民族已经起来。

1941 年 12 月

（《穆旦诗文集》第一卷，穆旦撰，北京：人民文学出版社，2006）

【注释】

① 本诗写于 1941 年 12 月，收入诗集《旗》。

【提示】

20 世纪 40 年代初，正是抗日战争最艰苦的相持阶段。在人民的苦难面前，在艰苦卓绝的民族斗争中，作为诗人的穆旦，以深沉饱满的热情去赞美祖国、赞美人民，以"沉雄"而急切的心情欢唱着"一个民族已经起来"的高昂颂歌，流露出诗人对历史耻辱的悲悯，对民族灾难的痛苦和对人民力量的崇拜。

作为"中国诗歌现代化"历程中的一个带有标志性的诗人，穆旦的诗除了创造介于口语与书面语之间的文体外，还体现出强烈的民族感情主旋律。在本诗客观冷峻的描写中，我们看到在一组组的意象群中，"我"的视点在下沉，"我"的思绪在飞越，"我"已"溶进了大众的爱"，"溶进死亡里"，如凤凰涅槃一样，诗人的民族情感在这里得以飞升，他用那"带血"的情感去拥抱祖国和人民，显现出诗人一颗悲悯、痛苦、幸福、负疚、激昂、深沉等相互交织的诗心所在。与其他的诗作相比较，《赞美》更注重对现实生活中的具象进行准确的提炼，使之成为一种民族精神的定格。无论是景物描

"这悠久的年代的风……
吹过了荒芜的沼泽，芦苇和虫鸣……"

写，还是人物塑造，其意象背后的诗情都是凸显的——"赞美"成为整个诗情的凝炼概括。

全诗情感的节奏有张有弛，韵律感很强，尤其是最后两句重复诗句的强调，充分抒发了诗人情感达到高潮时的情绪，是整首诗歌的"诗眼"所在。

【思考与练习】

一、本诗表现了作者哪几种复杂的内心情感？这些情感怎样构成了"一个民族已经起来"的庄严宣告？

二、试析本诗中的农民形象塑造。

三、此诗与舒婷的《祖国呵，我亲爱的祖国》（作于 1979 年）都写了中华民族和祖国的命

运，但作者处于两个不同的时代，诗中的形象和情感有何异同之处？

【附录】

祖国呵，我亲爱的祖国

舒　婷

我是你河边上破旧的老水车，
数百年来纺着疲惫的歌；
我是你额上熏黑的矿灯，
照你在历史的隧洞里蜗行摸索；
我是干瘪的稻穗；是失修的路基；
是淤滩上的驳船。
把纤绳深深
勒进你的肩膊，
——祖国呵！

我是贫穷，
我是悲哀。
我是你祖祖辈辈
痛苦的希望呵，
是"飞天"袖间
千百年来未落到地面的花朵，
——祖国呵！

我是你簇新的理想，
刚从神话的蛛网里挣脱；
我是你雪被下古莲的胚芽；
我是你挂着眼泪的笑涡；
我是新刷出的雪白的起跑线；
是绯红的黎明
正在喷薄；
——祖国呵！

我是你十亿分之一，
是你九百六十万平方的总和；
你以伤痕累累的乳房
喂养了
迷惘的我、深思的我、沸腾的我；
那就从我的血肉之躯上
去取得
你的富饶、你的荣光、你的自由；
——祖国呵，
我亲爱的祖国！

我 愿是一条急流

裴多菲·山陀尔

裴多菲·山陀尔(Petöfi Sánder, 1823—1849)，匈牙利著名诗人。出生于一个贫困的屠户家庭。曾做过演员，当过兵。1844 年从故乡来到首都布达佩斯，担任报社助理编辑。1846 年创办文艺刊物《生活场景》。1848 年参加民主革命的起义，为匈牙利从奥地利的统治下得到解放而英勇奋战，次年 7 月在同俄奥联军的战斗中献出了自己的生命。裴多菲善于以诗歌来抨击封建专制，歌颂为争取自由而斗争的匈牙利人民，反映他们对幸福生活与爱情的努力追求，其创作突破了贵族文学的陈套，在匈牙利文学史上占有重要地位。他的诗作至今还有许多成为民歌流传于匈牙利民间。主要作品有叙事长诗《农村的大锤》、《亚诺什勇士》、《使徒》，政治抒情诗《反对国王》、《为了人民》、《民族之歌》，散文集《旅行札记》，剧作《老虎与土狼》，长篇小说《绞吏之绳》等。

我愿是一条急流，
是山间的小河，
穿过崎岖的道路，
从山岩中间滚过……
只要我的爱人
是一条小鱼，
在我的浪花中间，
愉快地游来游去。

我愿是一座荒林，
坐落在河流两岸；
我高声呼叫着，
同暴风雨作战……
只要我的爱人
是一只小鸟，
停在枝头上啼叫，
在我的怀里作巢。

我愿是城堡的废墟，

耸立在高山之巅，
即使被轻易毁灭，
我也并不懊丧……
只要我的爱人
是一根常春藤，
绿色枝条恰似臂膀，
沿着我的前额上升。

我愿是一所小草棚，
在幽谷中隐藏，
饱受风雨的打击，
屋顶留下了创伤……
只要我的爱人
是我胸中的烈火，
在我的炉膛里，
愉快而缓慢地闪烁。

我愿是一块云朵，
是一面破碎的大旗，
在旷野的上空，
疲倦地飘来飘去……
只要我的爱人
是黄昏的太阳，
照射我苍白的脸，
射出红色的光焰。

1847 年 6 月 1 日至 10 日，索伦塔。

（《裴多菲文集》第三卷，［匈牙利］裴多菲撰，兴万生译，上海：上海译文出版社，1996）

【提示】

这首诗作于 1847 年 6 月，是裴多菲后期革命加爱情诗歌的典范之作，标志着他革命与爱情皆不抛的恋爱观的确立，表达了诗人对那种建立在革命基础上的热烈爱情的执着追求。

作品以热烈奔放的真挚情感抒发了对"我的爱人"的恋情。全诗共分五个自然段落，分别用五组意象来比喻和对应"我"和"我的爱人"的爱情关系："急流"与"小鱼"，"荒林"与"小鸟"，"废墟"与"常春藤"，"小草棚"与"烈火"，"云朵"与"黄昏的太阳"。从这五组意象的对比中，我们可以触摸到诗人两种不同情感的表达：在前两组中是凸显"我"的伟岸高大形象；而"我的爱人"却只是在"浪花中间"愉快遨游的"一条小鱼"，一只"停在枝头上啼叫，

山中急流　　〔美国〕赫佐格作

在我的怀里作巢"的依人"小鸟",是一个依附者、依恋者的形象。而在后三组意象中,作者却笔锋一转,以悲剧的情调抒写了"我"的"毁灭"、"创伤"和"破碎",而"我的爱人"却犹如"常春藤"、"烈火"和"黄昏的太阳"那样充满着勃勃生机与熊熊热情,无疑,这又是突出了"我的爱人"的伟大精神力量。从中,我们看到了诗人希望爱情平等,并在为革命事业的奋斗中相互支持、相互鼓励的观念。

这是一首爱情诗,但其中不乏隐喻诗人革命激情和献身精神的地方,正是这种激情和精神,才触发了裴多菲最后走上为保卫祖国而战的疆场,并最终为之牺牲。

这首诗除了意象的对比关系运用得当外,更重要的是全诗以激情表达所形成的内在气韵贯穿始终。

【思考与练习】

一、找出诗歌中你欣赏的意象词句,并说出理由。

二、你认为此诗中的"常春藤"和舒婷诗歌《致橡树》(作于 1977 年)中的"木棉"有区别吗?同样是爱情诗,由于身份和思想的角度不同,诗作者的爱情观不尽相同,你更喜欢哪一种爱情呢?

【附录】

致橡树

舒　婷

我如果爱你——
绝不像攀援的凌霄花,
借你的高枝炫耀自己;
我如果爱你——
绝不学痴情的鸟儿,
为绿荫重复单纯的歌曲;

也不止像泉源，

常年送来清凉的慰藉；

也不止像险峰，

增加你的高度，衬托你的威仪。

甚至日光。

甚至春雨。

不，这些都还不够！

我必须是你近旁的一株木棉，

做为树的形象和你站在一起。

根，紧握在地下，

叶，相触在云里。

每一阵风过，

我们都互相致意，

但没有人

听懂我们的言语。

你有你的铜枝铁干

像刀，像剑，

也像戟，

我有我红硕的花朵，

像沉重的叹息，

又像英勇的火炬。

我们分担寒潮、风雷、霹雳，

我们共享雾霭、流岚、虹霓，

仿佛永远分离，

却又终身相依。

这才是伟大的爱情，

坚贞就在这里：

爱——

不仅爱你伟岸的身躯，

也爱你坚持的位置，足下的土地。

学文例话
（三）

诗歌的阅读与欣赏

诗歌是人的内在情志意理的审美表现。表现的方式方法很多，但归结起来，不外乎直抒胸臆和意象表现两条途径。直抒胸臆简洁明快，但易失于直露寡味，所以一般是诗歌表情达意的辅助手段。意象表现是将情志意理隐蕴在景物人事之中，含蓄多味，能在有限中见出无限，所以是诗性特征的集中体现，是诗歌表情达意的主要手段。因此，阅读和欣赏诗歌，首先要充分认识意象表现的主要特征和基本功能。

一

仅仅把意象当作词语来解释，还没有跨进诗歌解读、诗性审美的大门。意象的指称符号是词语，但它的意蕴却远远超过词语意义。词语意义是指称告知，意象意蕴是呈象显现。从指称告知到呈象显现，是从外在的景物人事走进内在的情志意理，从回答"这是什么"走向回答"这里表现了什么"。可以把词语意义称作指称意义，把意象意蕴称作表现意义。从指称意义到表现意义，这是一个重大飞跃；没有这个飞跃，就没有意象，没有审美表现，没有真正意义上的诗歌。

"梅"这个符号，作为词语，它的意义是指称告知一种蔷薇科花木，它的形态、特性和功用，在《辞海》中写得很详尽。这就是词语指称意义。但作为意象，"梅"的意蕴就冲出指称意义，而变成一缕情调、一种品质、一种性格、一类人物，如纯洁感情、高尚品质、坚强性格、英雄人物等等。这就是意象表现意义。显然，词语指称意义和意象表现意义分居于两个不同的层面、两个不同的空间，《辞海》是不会把意象表现意义收归到词语解释的义项中去的。

一切意象的意蕴，都是指向超越词语指称意义的表现意义。意象就是表现。"嫋嫋兮秋风，洞庭波兮木叶下"（《湘夫人》），这是由秋风、水波、落叶组合而成的景物意象群，它们的表现意义都是指向湘君赴约不遇时的失落、忧愁。"犹吊遗踪一泫然"（《沈园二首》），其中"吊遗踪"是行为复合意象，"泫然"（流泪貌）是情态单质意象，它们的表现意义都是指向对亡妻的沉痛哀思。"梨花一枝春带雨"（《长恨歌》），是比喻意象，喻指杨玉环听到唐明皇派人来看望她时泪洗美容的情态，表现意义指向激动、悲楚、委屈、感激等诸多内在情愫的交织。"丁香姑娘"（《雨巷》）是象征意象，表现意义可以指向诸多层面，既象征"梦中情人"，又象征"革命事业"，还象征"美好理想"。"田横五百人安在？难道归来尽封侯！"（《咏史》）这是典故意象，表现意义是多方面的，有对趋炎附势者的讽刺，有对骨鲠忠贞之士的痛悼，总体上则归于对清王室腐朽没落的揭露。

说意象意蕴超越词语意义，并非否定词语指称意义在诗歌中的作用。这不仅由于词语是意象的指称符号，更由于意象的表现意义都是从词语所指称的事物的形态、特性中生发出来的。梅花意象的纯洁意味，是从白雪红梅的清丽洁晶中呈现出来的；高尚品质是从"俏也不争春，只把春来报"中生发出来的；心灵美是从花味的清香沁人中生发出来的；坚强性格和英雄人物都是从梅花迎风斗雪、不怕严寒中升华出来的。格式塔心理学把这种事物的形态性质与意象表现意义之间的联系，称作"心与物的异质同构效应"，说得通俗一些，就是景物人事与情志意理之间的相似关联和连类生发。相似性连类生发有两端，一端是词语所指称的事物及其形态特性，一端是由此而生发出来的意象表现意义，它们是藕断丝连、一脉相承的，所以有人认为意象意蕴是由词语指称意义和意象表现意义两个层面构成的，这也有道理；但必须明确，只有表现意义才是真正意义上的诗性内涵。

阅读和欣赏诗歌，首先要善于解读意象，而解读意象，则要善于进行相似性连类生发，并且要结合着意象产生的社会背景、文化积淀、具体环境和作者的情况，多角度、多层面地进行想象、连类、感悟。"雁过也，正伤心，却是旧时相识"（李清照《声声慢》）是个以南飞雁为聚焦点的复合意象，其有待开发的意蕴时空是十分广阔的：从候鸟南飞意识到万木凋零的秋天已经到来，产生了悲秋之情；由雁从北方来，联想到自己从北方逃难而来，生发出北方沦陷、家园败毁的景象，产生了国破家亡之痛；又由于人的习惯性对比联想，引发出对往昔家园亭台楼阁的美好记忆，又产生了对往昔美好生活的怀念之情；而对往昔美好生活的回忆，又在鸿雁传书典故的助推下，自然而然地勾起了对往昔两地传书、诗词应答美好夫妻生活的回味、思恋；同时，因思恋深切，产生了"旧时相识"的错觉，则更加深了对丈夫新丧的痛感；然而往事如烟，追忆和错觉都不是现实，随着大雁的远逝，最终还是回到了眼下孤苦无依之哀的包围之中。这大概就是李清照《声声慢》中"雁过"这一意象群可能有的全部生发空间。这空间是经由时间统一性、地点统一性、相似性、相反性等诸多联想生发出来的，包容着重重叠叠的象外之象、言外之意，充分体现出意象表现"在有限中见出无限"的基本特征。

显然，意象意蕴冲破词语意义的局限，可以在无限广阔的天地里翱翔，它的蕴含不像词语意义那样固定、明确、规范，它的生发空间是大而无定界的，它的表现意义是隐蓄而难尽的。意象表现的这些特征，无疑是对解读者认知、想象、连类、感悟、生发等诸种审美能力的挑战。

二

语句是由词语组合而成的，大多数诗句则应当说是由意象组合而成的，语句和诗句也不是一回事。语句的组合机制是语法逻辑，主、谓、宾、定、状、补，各守其位，各司其职，不可断裂，不可错置，否则就会语义不明或错误。诗句的组合机制是一切为了表现，一切遵从意象表现意义之间的自由关联。这不仅去掉了许多连词、副词、定语状语的标志，而且要尽可能地切断乃至消解语法逻辑链条的束缚，使诗句不同程度地成为意象与意象的直接并置。从语法逻辑组合到意象并置组合,这是从语句到诗句的共通之路。虽然许多诗句中还保留着一定的语法关系,但只有意象的直接并置,才是诗句的诗性特质的真正体现。

切断乃至取消语法链条的束缚,是为了让意象从语法关系中解放出来,使它们的表现性得以自由的释放,并使它们之间的关系变得只能是表现意义之间的潜在联系。"在大沙漠上的一缕孤零零的炊烟",这是语句,"在……上"的状语标志,决定了孤烟与大漠是一种主从关系,大漠在这里的意义只是告知孤烟的地点。"大漠孤烟直"是诗句,脱落了"在……上"的状语标志,冲断了语法链条的捆绑,大漠与孤烟之间的主从关系也就消失,而变成了一种对等并置关系。这时,大漠与孤烟一样,都能够自由地以自身的形态和特征显示出各自的表现意义:大漠指向广阔、荒僻,孤烟指向荒凉、孤寂;而大漠与孤烟之间的关系意义,也就不再是告知孤烟的所在地,而是两个表现意义的相似性叠加;它们共同表现并强化了诗人面对既广阔又荒寂的边塞时,所产生的那种既感到宏伟、又感到孤独的心境。

"枯藤老树昏鸦,小桥流水人家,古道西风瘦马",这是三个典型的意象并置诗句。在这里,每一句的三个意象之间,都没有任何语法逻辑关系的限制,九个意象都直接以其自身的特性显示着一定的表现意义;就连"枯"、"老"、"昏"、"小"、"流"、"人"、"古"、"西"、"瘦"九个定语,也主要不是为了限定各自的中心词,而是为了突出一种特征,也就是突出一定的情调。这样一来,意象与意象之间的组合关系,就只能是表现意义与表现意义之间自由而平等的对话了:枯藤、老树、昏鸦三个意象的并置,是以其相近的感觉情调,共同表现并强化了衰败、荒僻、凄苦的心情;小桥、流水、人家三个意象的并置,是以其相近的感觉情调,共同表现并强化了对幽美、团圆、温馨生活的向往;古道、西风、瘦马三个意象并置,是以其相近的感觉情调,共同表现并强化了对前途渺茫、旅途劳顿、生计日蹙的忧伤。即使是三个诗句之间,也可以看作是三个意象群的并置,只不过"枯藤"句与"古道"句之间是感觉情调的相似性叠加,而它们与"小桥"句之间则是感觉情调的对比性反衬。相似并置叠加,相反并置反衬,都是强化诗句表现意义的有效方法。人们在解读"枯藤老树昏鸦"这个诗句时,往往喜欢把它翻译成"枯藤缠绕着老树,老树上停着黄昏时归来的乌鸦",这其实是把已经挣断锁链获得解放的意象及其组合,又重新套上语法关系的枷锁。谁说枯藤一定"缠绕着"老树?谁说乌鸦一定都"停在"老树上?这样做不仅限死了三个物象的组合状态,而且让语法关系意义冲淡乃至掩盖了表现意义之间的关联。

有人说,大多数诗句并不是意象的直接并置。表面上看这说法是事实,但若换一种角度来看,就不是那么一回事了。应当说,许多诗句是由复合意象构成的,而复合意象中往往保留着较多的语法因素。这时,只要把复合意象作为组合单位来看,那它们之间就仍然呈现为意象并置关系。"落花人独立,微雨燕双飞"两句,各自都是一个单质意象与一个复合意象的并置。"梦后楼台高锁,酒醒帘幕低垂"两句,各自都是两个复合意象的并置。"无边落木萧萧下,不尽长江滚滚来",上句是以"落木"为中心的复合意象,下句是以"长江"为中心的复合意象,两个诗句之间也可以看作是两个复合意象的并置。诗歌中,句与句之间很少见到表示语法逻辑关系的词语,因此,除了直抒胸臆的诗句外,句与句之间也都可以看作是复合意象或意象群的并置。例如李商隐的《无题》(相见时难别亦难),除了每个句子中有意象并置外,八个诗句,就可以看作是分别以离别、落花、春蚕、蜡炬、晓镜、夜吟、蓬山、青鸟为中心的八个复合意象的并置。由此可见,诗歌的建构都是尽可能地冲断语法逻辑链条的束缚,从而使它的诗句乃至篇章都呈现出意象并置的形态,并由此而使诗句内各成分之间的关系乃至句与句之间的关系,也都成为意象表现意义之间的潜在联系。而且可以说,语法逻辑链条脱落得愈多,意象并置的程度愈高,诗性特征就体现得愈充分。

三

意象具有强劲的生发性能,一是一,二是二,不是意象表现的特征。意象的隐在空间很大,须通过读者的再创造性开发,才有可能不同程度地展现出来。展开意象空间的心理活动十分复杂,但主要有认知、想象、感悟、连类四个方面。从这四个方面出发,我们可以把意象的意蕴空间大致划分为四大层面:指称意蕴层面、再现意蕴层面、表现意蕴层面和连类生发意蕴层面。解读意象,就是要尽可能充分地打开这四大层面的内蕴。

指称意蕴层面,包括词语所指称的事物及其形态、特性。虽然这不是意象的诗性特质,但却是意象意蕴不可或缺的前提和基础。解读意象,首先要做的就是这一"解码"工作。再现意蕴层面,指的是意象中景物人事的成象空间,主要包括直指象境、喻指象境、完形象境和连类象境四个方面。直指象境就是词语符号所直接指称的事物的形态和特性。喻指象境指的是比喻的被喻体、比拟的被拟体、象征的被象征体、典故的现实寓指等,在诗歌中,它们大都是隐在的,须通过相似性联想将它们想象成象。完形象境指的是在想象中将直指事物的形象以及与之密切相关的事物形象,尽可能充分而完整地展现出来。诗歌大都篇幅短小,用语精炼,景物人事只是点到为止,复杂的事物则只能取其要点,皆须由读者在想象中予以补充成完形。完形成象虽依托经验,但具有很大的再创造性。连类象境指的是在直指象境、喻指象境、完形象境的基础上,通过自由的相似连类生发,所形成的其他事物的象境。连类象境虽然不属于意象的本体象境,但却鲜明地体现出意象表现的强劲生发性和广延的社会效能。表现意蕴层面,指的是景物人事中所包蕴的人的内在生命律动,包括感觉、感受、感情、意愿、志向、心情、心态、心境、哲思、理念等等,这是意象意蕴的核心内涵,体现着意象创造的主要目的和意象解读的主要目标。连类生发意蕴层面,至少包含两个层次,除了由本体象境所联想到的类似其他事物及其内涵外,还包涵将本体象境和连类生发的事物综合起来所形成的更具普遍性的情景,以及由此而升华出来的哲理性感悟。连类生发意蕴是读者的创造性自由联想,其时空之大是难以估量的。总体说来,意象意蕴的这四大层面,既是由浅入深、由近及远依次递进的四个层次,又是一个相互联系、难以分割的灵动整体。

一切意象的意蕴空间都包蕴有这四大层面。"但愿人长久,千里共婵娟",其中的婵娟是指代月光;其再现意蕴是月光明媚,普照大地,柔情似水,万人共沐;其表现意蕴是词人对弟弟的真诚思念、深挚情谊和美好祝愿;其连类生发空间很宽泛:凡是具有天涯相隔、真爱永存、光明共享、真诚祝愿、逆境泰然、旷达乐观等意味的情境,都可以在这里得到共鸣和寄托。"江间波浪兼天涌"是个以波浪为聚焦点的复合意象,指称的是江水波浪滔天;其再现意蕴不只是实写长江三峡波浪翻滚的景象,还象征着社会局势的动荡不定,同时也暗示着诗人心潮的跌宕难安;其表现意蕴主要是渗透着诗人对国家黯淡前景的忧虑和对长安回归无望的愁闷,显示出杜甫将季节之秋、个人之秋与国运之秋融为一体的高尚情怀;

而凡是体现有局面动荡、心潮翻卷情景和感受的社会人生际遇,则都是它的连类生发空间。《诗经·秦风·蒹葭》的中心意象是"在水一方",由于此诗的创作本事无从查考,所以后人的理解一直分歧很大:或认为是劝人遵循周礼,或认为是求贤未果,或认为是怀念友人,或认为是爱情恋歌。其实这些解读都有一定道理,只是见木不见林而已。"在水一方"虽然指称的是隔河相望的具体情景,但可以把它升华为一个可望而难即的格局,而格局则具有含容一切相类似事物的特征。因此,"在水一方"的再现意蕴天地,应当是包容着世间一切因受阻而可望难即的情景,其表现意蕴空间则应当是包容着世间一切因可望难即而产生的失落、惆怅、悲凉等复杂心境;如果再把这再现意蕴天地和表现意蕴空间加以综合归纳,就可以进一步认识到,"在水一方"实际上是一个人类悲剧处境、悲剧心态、悲剧命运的艺术范型,其连类生发空间是难以穷尽的。这或许就是"在水一方"这一意象至今仍被人广为流传、到处运用的原因所在吧?

意象的指称意蕴指向符号世界,再现意蕴指向客观世界,表现意蕴指向主观世界,连类生发意蕴指向理念世界,而人类的全部生存和活动空间也就是这四大世界,因此可以说,一个个意象,就是一个个"人文小宇宙"。它很富有,但藏而不露,就看你有没有打开门锁、进观堂奥的本领。

四

"意在言外"、"言外无穷"是诗歌的主要审美特征,而这一审美特征就充分体现在意象表现之中。

当我们说意象意蕴超越词语意义的时候,就已经意味着意象意蕴就是言外之意。"意在言外"的"言",指的就是词语。词语的主要功能是指称,意象的主要功能是表现,表现意义超越词语意义就是意在言外。表现,就是表象显现。如果用词语来直接指称情志意理,那是概念告知,不是表现。词语只能告知,不能表现;要表现就得用词语去描绘景物人事,然后让景物人事来表现,而这就成了意象表现。意象表现是将情志意理隐藏在景物人事之中,只能感而受之,思而得之,这就是意在言外。如果我们承认意象表现是诗歌的主要表现途径、基本表现途径、普遍表现途径,那么我们就应当理直气壮地说,意在言外是诗歌的主要特征、基本特征、普遍特征,而不仅仅是个别诗句、个别诗作的专利。

当我们把意象意蕴大致划分为指称意蕴、再现意蕴、表现意蕴和连类生发意蕴四大层面时,也就可以更清晰地看出,意象意蕴主要是见之于言外的:在这四大层面中,只有指称意蕴是属于"言内之意",其他三大层面都是属于"言外之意",而且这属于言外之意的三大层面又恰恰是诗性特质、诗性意蕴的真正所在。其实,若进一步开掘下去,即使是在指称意蕴中,也往往包蕴着一些言外之意,那就是潜沉在词语和词语所指称的事物中的历史文化积淀。这些历史文化积淀,在一般的语言交际中,并不纳入词语指称意义,但当这些词语进入诗歌,其所指称的事物成为意象时,其中的历史文化积淀也就往往成为意象的重要内涵。特别是在解读古诗词中那些传统意象时,这些历史文化积淀意义就显得格外重要。例如《诗经》里有一首祝婚歌《桃夭》,三章十二句,其中六句是歌咏"桃意象":"桃之夭夭,灼灼其华","桃之夭夭,有蕡其实","桃之夭夭,其叶蓁蓁"。为什么在祝婚歌中要反复用桃花、桃果、桃叶来起兴? 就是因为远在上古时代,桃树就被赋予了多子、多福、多寿的文化内涵,歌唱者是借助桃树来祝福男女主人公新婚燕尔、早生贵子、家族兴旺、幸福长寿。

如果不知道这深藏的文化积淀内涵，《桃夭》的表现意蕴就难以理解了。

意象、意象组合从语法逻辑链条中解放出来，就意味着打开了自由生发、无限延展的闸门。但从根本上说，"言外无穷"的诗性特征还是来之于意象表现的特有功能。人类既然有了被誉为"万能"的语言，为什么还要绞尽脑汁地进行意象创造呢？归根结底，恐怕是为了更有效地宣泄和表现人的内在生命律动。宣泄和表现是人类不可或缺的生命运动。但人的内在生命律动，包括体验、感受、情致、意念以及情绪、心理、心态、心境等等，至今还是一个复杂、多变、朦胧、混沌、摸不着边、探不到底的"黑洞"，要表现它并不容易。可以用词语来命名指称，但由于对它的认识有限，所以指称语词也有限；即使是有了词语指称，也绝不是它的本真。"愉悦"、"失落"、"惆怅"，如果没有自己的真体验、真感受，光靠概念告知就永远也不可能知道它们究竟是什么滋味。感性的世界只有通过感觉的通道才能够接近它。而意象表现就是要尽可能地去修筑这样的通道。因此，总体说来，意象创造是带领着我们向心灵的本真进军，这就是意象表现的特有功能。如果诗歌也只是为了表达那些人类通过理性认识所得到的大道理，那么意象表现也就失去了它必须存在的价值。

意象表现的隐蓄性，感性本真的朦胧性，人的内在生命律动的混沌性，读者阅读中的再创造性，都使诗歌的意境有一种无限感。意象意蕴的四大层面，似乎都是没有固定边界的，借着读者想象、联想、连类、感悟的翅膀，它们都可以向着更深更细更远的方向延伸。比喻、比拟、象征、典故等种种艺术手段，似乎也主要不是为了使表情达意更明晰、更生动，而是为了使意象、意境更隐蕴多蓄，更耐人寻味。特别是读者在阅读中的连类生发，更是因时因地因事因情而变幻无极。从接受美学的观点来看，文本只是一个启示性结构，读者在阅读中的"具体化"才是作品的存在。这就是说，一个意象，一首诗，古今中外所有读者的具体化接受总和，才是这个意象、这首诗的真正存在，才是这个意象、这首诗的全部意蕴空间。这个无边无际的接受空间，虽然不能完全等同、替代意象、诗歌的本体空间，但却是意象、诗歌的真正生命、实际价值所在。意象表现是在有限中见出无限，这个"无限"不是虚夸，而是名至实归的。

枕中记①

沈既济

沈既济(约 750—约 797),吴兴德清(今属浙江)人,一说苏州吴县(今江苏苏州)人。唐小说家、史学家。唐德宗时受到宰相杨炎赏识,建中元年(780)授左拾遗、史馆修撰。次年杨炎被贬赐死,他也被贬为处州司户参军。后复入朝,官礼部员外郎。沈既济博通典籍,工于史笔,曾撰《建中实录》十卷、《选举志》十卷,今佚。所作小说今存《枕中记》、《任氏传》二篇,都是唐传奇中的杰作。

开元七年②,道士有吕翁者③,得神仙术,行邯郸道中④,息邸舍,摄帽弛带⑤,隐囊而坐⑥。

俄见旅中少年,乃卢生也。衣短褐,乘青驹,将适于田⑦,亦止于邸中,与翁共席而坐,言笑殊畅。久之,卢生顾其衣装敝亵,乃长叹息曰:"大丈夫生世不谐,困如是也!"翁曰:"观子形体,无苦无恙,谈谐方适,而叹其困者,何也?"生曰:"吾此苟生耳。何适之谓?"翁曰:"此不谓适,而何谓适?"答曰:"士之生世,当建功树名,出将入相,列鼎而食,选声而听,使族益昌而家益肥,然后可以言适乎。吾尝志于学,富于游艺⑧,自惟当年青紫可拾⑨。今已适壮⑩,犹勤畎亩,非困而何?"言讫,而目昏思寐。时主人方蒸黍⑪,翁乃探囊中枕以授之,曰:"子枕吾枕,当令子荣适如志。"

其枕青瓷,而窍其两端⑫。生俯首就之,见其窍渐大,明朗。乃举身而入,遂至其家。数月,娶清河崔氏女⑬。女容甚丽,生资愈厚⑭。生大悦,由是衣装服驭,日益鲜盛。明年,举进士,登第;释褐秘校⑮,应制⑯,转渭南尉⑰;俄迁监察御史⑱;转起居舍人⑲,知制诰⑳。三载,出典同州㉑,迁陕牧㉒。生性好土功㉓,自陕西凿河八十里,以济不通。邦人利之,刻石纪德。移节汴州㉔,领河南道采访使㉕,征为京兆尹㉖。是岁,

邯郸道省悟黄粱梦

神武皇帝方事戎狄⑰，恢宏土宇㉘。会吐蕃悉抹逻及烛龙莽布支攻陷瓜沙㉙，而节度使王君㚟新被杀，河湟震动㉚。帝思将帅之才，遂除生御史中丞㉛，河西道节度。大破戎虏，斩首七千级，开地九百里，筑三大城以遮要害㉝。边人立石于居延山以颂之㉞。归朝册勋，恩礼极盛。转吏部侍郎，迁户部尚书兼御史大夫㉟。时望清重，群情翕习㊱。大为时宰所忌，以飞语中之㊲，贬为端州刺史㊳。三年，征为常侍㊴。未几，同中书门下平章事㊵。与萧中令嵩、裴侍中光庭同执大政十余年㊶，嘉谟密令㊷，一日三接，献替启沃㊸，号为贤相。同列害之，复诬与边将交结，所图不轨。下制狱㊹，府吏引从至其门而急收之㊺。生惶骇不测，谓妻子曰："吾家山东，有良田五顷，足以御寒馁，何苦求禄？而今及此。思衣短褐㊻，乘青驹，行邯郸道中，不可得也。"引刃自刎。其妻救之，获免。其罹者皆死㊼，独生为中官保之㊽，减罪死，投驩州㊾。数年，帝知冤，复追为中书令，封燕国公，恩旨殊异。生五子：曰俭，曰传，曰位，曰倜，曰倚，皆有才器。俭进士登第，为考功员外㊿；传为侍御史[51]；位为太常丞[52]；倜为万年尉[53]；倚最贤，年二十八，为左襄[54]。其姻媾皆天下望族。有孙十余人。两窜荒徼[55]，再登台铉[56]，出入中外[57]，徊翔台阁[58]，五十余年，崇盛赫奕。性颇奢荡，甚好佚乐，后庭声色[59]，皆第一绮丽。前后赐良田、甲第、佳人、名马，不可胜数。

后年渐衰迈，屡乞骸骨[60]，不许。病，中人候问[61]，相踵于道，名医上药，无不至焉。将殁，上疏曰："臣本山东诸生[62]，以田圃为娱。偶逢圣运，得列官叙。过蒙殊奖，特秩鸿私[63]，出拥节旄，入升台辅。周旋中外，绵历岁时。有忝天恩[64]，无裨圣化。负乘贻寇[65]，履薄增忧[66]，日惧一日，不知老至。今年逾八十，位极三事，钟漏并歇[67]，筋骸俱耄[68]，弥留沈顿，待时益尽。顾无成效，上答休明[69]，空负深恩，永辞圣代。无任感恋之至[70]。谨奉表陈谢。"诏曰："卿以俊德，作朕元辅[71]。出拥藩翰，入赞雍熙[72]。升平二纪[73]，实卿所赖。比婴疾疢[74]，日谓痊平。岂斯沈痼，良用悯恻。今令骠骑大将军高力士就第候省[75]。其勉加针石[76]，为予自爱。犹冀无妄[77]，期于有瘳。"是夕，薨[78]。

卢生欠伸而悟，见其身方偃于邸舍[79]，吕翁坐其傍，主人蒸黍未熟，触类如故[80]。生蹶然而兴[81]，曰："岂其梦寐也？"翁谓生曰："人生之适，亦如是矣。"生怃然良久，谢曰："夫宠辱之道，穷达之运，得丧之理，死生之情，尽知之矣。此先生所以窒吾欲也[82]。敢不受教。"稽首再拜而去[83]。

（《文苑英华》，宋李昉等编，影印本，北京：中华书局，1966）

【注释】

① 《枕中记》有两种本子传世，这里是据《文苑英华》本。另有《太平广记》本，文字颇有异同。

② 开元七年：公元719年。开元，唐玄宗年号（713—741）。

③ 吕翁：旧注或指为吕洞宾，不确。吕洞宾本人及传说均晚于作者。

④ 邯郸：县名，今属河北省。

⑤ 摄帽弛带：摘下帽子松开腰带。摄，手提。弛，解下、松开。

⑥ 隐囊：靠枕。这里用为动词，意谓倚在靠枕上。

隐，凭，靠，旧读去声。

⑦ 适：到。

⑧ 富于游艺：有多方面的修养。《论语·述而》："志于道，据于德，依于仁，游于艺。"

⑨ 青紫可拾：很容易地得到功名富贵。青紫，本为古时公卿绶带之色，因指代高官显爵。《汉书·夏侯胜传》："经术苟明，其取青紫如俯拾地芥耳。"

⑩ 适壮：到了壮年，年满三十。《礼记·曲礼上》："三十曰壮，有室。"

⑪ 黍:一种一年生粮食作物,子实淡黄色者,去皮后通称黄米,比小米略大,可做饭,可酿酒。

⑫ 窍:孔。此用作动词,开孔。

⑬ 清河崔氏:清河崔氏为当时的显姓望族,唐代寒门以结姻于显姓望族为荣。清河,郡名,治武城(今河北清河西北)。

⑭ 资:资产。厚:丰厚。

⑮ 释褐:换去平民服装,此指进士及第后授官。秘校:秘书省校书郎的简称,掌校勘书籍、订正讹误。

⑯ 应制:参加宏词或拔萃考试。这是唐代的两种选拔官员的考试制度,前者"试文三篇",后者"试判三条"。

⑰ 渭南尉:渭南县尉,掌一县军事。渭南,今属陕西。

⑱ 监察御史:御史台察院的官员,掌分察百僚、巡按郡县、纠视刑狱、肃整朝仪。

⑲ 起居舍人:负责记录皇帝言论的侍从官。

⑳ 知制诰:负责起草诏命的官职。

㉑ 出典同州:出任同州刺史。典,掌管。同州,治冯翊(今陕西大荔)。

㉒ 陕牧:陕州刺史。陕州,治陕县(今河南陕县西南)。牧,州郡长官。

㉓ 土功:指水利工程。据郑樵《通志》,唐玄宗时多次开凿陕州到长安的水道,以利粮食运输,如陕州刺史韦坚天宝间开河道引渭水成功。土,原本作"上",据别本改。

㉔ 移节:改任,指地方长官之间的调动。汴州:治开封(今属河南)。

㉕ 河南道:唐开元十五道之一,辖今山东、河南黄河故道以南,江苏、安徽淮河以北地区。采访使:官名,唐初称按察使,开元时改为采访处置使。

㉖ 京兆尹:官名,唐开元初改雍州为京兆府,雍州长史为京兆尹。

㉗ 神武皇帝:唐玄宗的尊号。事戎狄:对外族开战。

㉘ 恢宏土宇:拓展疆域。

㉙ 攻陷瓜沙:据《旧唐书·萧嵩传》,开元十五年(727),"吐蕃大将悉诺逻恭禄及烛龙莽布支攻陷瓜州城",玄宗派遣萧嵩以兵部尚书、河西节度使衔率兵抵御。瓜州,治晋昌(今甘肃安西东南)。本文取材于此事。

㉚ 河湟:指今甘肃、青海境内的黄河、湟水流域。

㉛ 除:拜官授职。御史中丞:国家监察机关御史台的副长官。

㉜ 河西道节度:河西节度使。唐开元、天宝间为十节度使之一,辖今甘肃河西走廊。

㉝ 三大城:据《旧唐书·张仁愿传》,张仁愿曾筑三座受降城防御突厥。本文当取材于此。

㉞ 居延山:在今内蒙古额济纳旗内。

㉟ 吏部侍郎:吏部的副长官。吏部,尚书省六部之首,掌全国官员任免、课考、升降、调动之事。

㊱ 户部尚书:户部的正长官。户部,尚书省六部之一,掌全国土地、户籍、赋税、财政之事。御史大夫:国家监察机关御史台的正长官。

㊲ 群情翕(xī)习:众人服从、追随。翕,调协和合。

㊳ 飞语:没有根据的流言。

㊴ 端州:治高要(今广东肇庆)。

㊵ 常侍:皇帝身边的侍从官,唐代多为大臣的兼职。

㊶ 同中书门下平章事:唐代以中书省长官中书令、门下省长官侍中为宰相,以他官任宰相,则称"同中书门下平章事"。

㊷ 萧中令嵩、裴侍中光庭:都是玄宗朝的重臣。中令,中书令。

㊸ 嘉谟:指皇帝的旨意。嘉,美好。谟,谋划。

㊹ 献替启沃:指给予皇帝的奏议讽谏。献替,即"献可替否",对皇帝的建议与劝谏。启沃,开诚忠告。

㊺ 制狱:皇帝特命拘押罪人的监狱。制,诏命。

㊻ 收:逮捕。

㊼ 短褐:粗布短衣,贫贱者所穿着。短,"裋"(shù)的借字。

㊽ 罹者:指受到牵连的人。

㊾ 中官:宦官。

㊿ 投驩州:发配到驩州。驩州,治九德(今越南荣市)。

51 中书令:见注㊶。

52 考功员外:考功员外郎,吏部考功司的副长官,负责官员的业绩考核。

53 侍御史:御史台中的官职,负责监察。

54 太常丞:太常寺丞,负责祭祀礼乐的官职。太,原本作"大",太的古字;据别本改。

55 万年:古县名,与长安县同治都城(今陕西西安),辖都城东片。尉,县尉,掌一县军事的官员。

56 左襄:《太平广记》作"右补阙"。即拾遗、补阙一类的谏官。

57 窜:流放。荒徼:荒远的边地。徼,边界。

58 台铉(xuàn):指宰相之职。铉,本义是鼎耳,后比喻重臣。

(59) 中外:中央和地方(的职位)。
(60) 台阁:原指尚书台,后泛指中央政府机构。
(61) 后庭:一般指后宫,这里指姬妾的住所。
(62) 乞骸骨:古代请求退休的婉词。
(63) 中人:宦官。
(64) 诸生:此指儒生。
(65) 秩鸿私:给予很大的偏爱。秩,有官职、俸禄的意思,这里指授官、赏俸。鸿,巨大。
(66) 忝(tiǎn):有愧于。
(67) 负乘贻寇:居非其位、才不称职的谦词。语出于《周易·解》:"六三,负且乘,致寇至。"意思是背负着包裹乘车(显示出自己不配享受的低下身份),结果招致强盗抢夺。
(68) 履薄:如履薄冰,形容谨慎、惶恐的样子。
(69) 三事:这里指三公之职,有位极人臣之意。
(70) 钟漏并歇:比喻衰朽残年,来日无多。钟,击之报时的铜钟。漏,古时主要的计时器漏壶。
(71) 耄:原义是高龄,此处意为衰颓。
(72) 休明:美好清明,指君主的美政。
(73) 无任:犹言不胜。
(74) 元辅:宰相。
(75) 藩翰:指捍卫王室的重臣。典出《诗经·大雅·板》:"价人维藩,大师维垣,大邦维屏,大宗维翰。"毛传:"藩,屏也;翰,干也。"
(76) 雍熙:和乐升平。
(77) 二纪:二十四年。岁星十二年运行一周,为一纪。
(78) 比:近来。婴:遭受。
(79) 高力士(684—762):高州良德(今广东高州东北)人,唐宦官,本姓冯,养于宦官高氏,遂姓高。玄宗时颇受宠幸,封渤海郡公。
(80) 针石:古代针灸所用的砭石制成的石针。此泛指治疗手段。
(81) 无妄:《周易·无妄》:"九五,无妄之疾,勿药有喜。"意谓虽得病,但不必服药而自然痊愈。用于治病时,多为希冀、祝福痊愈的意思。
(82) 有瘳(chōu):也是痊愈之意。古文中,无妄、有瘳常常对举。
(83) 薨(hōng):死的别称。唐代称三品以上大官之死。《新唐书·百官志一》:"凡丧,三品以上称薨。"原本作"梦",据别本改。
(84) 偃:卧。
(85) 触类:各种,所有。
(86) 蹶然:快速起身的样子。兴:起来。
(87) 怃然:失意的样子。
(88) 窒吾欲:抑制我的欲望。窒,抑制。
(89) 稽首:古时一种叩头至地的跪拜礼。

【提示】

这篇小说是唐人传奇中的著名篇章,在当时及后世都有很大影响。

追逐功利抑或淡泊自适,是古代士人普遍感到要慎重选择的人生道路。《枕中记》的作者通过卢生梦游的故事,给出了他对这一难题的回答:追逐功利只是"一枕黄粱"。这不仅形象而凝炼地表达了宦海风波多险恶、人生富贵皆空幻的内涵,而且对失意士人有心理补偿、心态平衡的特殊作用,确有人认同接受还广为传播。元明以还,马致远、汤显祖、蒲松龄等名家都曾以《枕中记》为底本而再行创作发挥。

从写作角度看,本文一个突出的特点是虚实结合。虽说《枕中记》的框架受到南朝志怪小说的影响,梦中岁月长达六十年更属虚妄而纯粹出于假想,但梦中的一些具体内容却直接取材于当时现实,如对吐蕃之战,开凿河道等,甚至萧嵩、裴光庭、高力士等人物名号也都是真实的。这既反映了当时以小说见"史才"的风尚,又通过虚与实的强烈比照加强了揭露官场凶险的力度,突出了功名富贵实如过眼云烟的劝诫意味。

由于作者的创作意图是借这个寓言式的传奇故事惊醒世人,所以文笔多为概括的叙述而极少具体描写,这对小说的艺术性来说,是个欠缺。不过,作品开头与结尾处卢生和吕翁的两番对话仍不乏生动。尤其是"卢生欠伸而悟"一节,在平淡的叙述中蕴含了感慨、醒悟、讥讽、悲悯等复杂情意,不露声色地凭"谢曰"以下数句作结,主旨全出,是高明之笔。

【思考与练习】

一、分析作品是如何逐渐加深对"富贵人生"的反思与批判的。

二、分析作品首尾呼应的手法及其艺术效果。

三、作品阐发的人生观有何积极意义？今天来看，又有什么局限性？

四、你所了解的古代文学作品中，还有哪些表现出类似的思想观念？

杜十娘怒沉百宝箱①

冯梦龙

冯梦龙(1574—1646),字犹龙,一字子犹,号顾曲散人、墨憨斋主人,别署龙子犹,长洲(今江苏苏州)人。明末通俗文学家、戏曲家。十余岁为诸生,屡应乡试不中,以坐馆授徒为生。崇祯三年(1630)补贡生,授丹徒县训导;七年,迁寿宁知县。清兵南下,忧愤而死。冯梦龙一生热心于通俗文学的创作、收集和编辑出版,对民歌、戏曲、小说的传播、繁荣作出很大的贡献。特别是编订的白话短篇小说集《喻世明言》(初名《古今小说》)、《警世通言》、《醒世恒言》(合称"三言"),广泛流传,代表了我国古代白话短篇小说的最高成就。另撰有长篇小说《平妖传》、《新列国志》、传奇《双雄记》,编有民歌集《挂枝儿》、《山歌》、小说集《情史类略》、散曲集《太霞新奏》等。

……

话中单表万历二十年间……有户部官奏准:"目今兵兴之际,粮饷未充,暂开纳粟入监之例②"。原来纳粟入监的有几般便宜:好读书,好科举,好中,结末来又有个小小前程结果。以此宦家公子,富室子弟,到不愿做秀才,都去援例做太学生。自开了这例,两京太学生,各添至千人之外。

内中有一人,姓李,名甲,字干先,浙江绍兴府人氏。父亲李布政③,所生三儿,惟甲居长。自幼读书在庠④,未得登科⑤,援例入于北雍⑥。因在京坐监⑦,与同乡柳遇春监生同游教坊司院内⑧,与一个名姬相遇。那名姬姓杜,名媺,排行第十,院中都称杜十娘,生得:

浑身雅艳,遍体娇香,两弯眉画远山青,一对眼明秋水润。脸如莲萼,分明卓氏文君⑨;唇似樱桃,何减白家樊素⑩。可怜一片无瑕玉,误落风尘花柳中。

那杜十娘自十三岁破瓜⑪,今一十九岁,七年之内,不知历过了多少公子王孙;一个个情迷意荡,破家荡产而不惜。院中传出四句口号来,道是:

坐中若有杜十娘,斗筲之量饮千觞⑫。
院中若识杜老媺,千家粉面都如鬼!

却说李公子风流年少,未逢美色,自遇了杜十娘,喜出望外,把花柳情怀,一担儿挑在他身上。那公子俊俏庞儿⑬,温存性儿,又是撒漫的手儿⑭,帮衬的勤儿⑮,与十娘一双两好,情投意合。十娘因见鸨儿贪财无义⑯,久有从良之志⑰;又见李公子忠厚志诚,甚有心向他。奈李公子惧怕老爷,不敢应承。虽则如此,两下情好愈密,朝欢暮乐,终日相守,如夫妇一般,海誓山盟,各无他志。真个:

恩深似海恩无底,义重如山义更高。

再说杜妈妈,女儿被李公子占住,别的富家巨室,闻名上门,求一见而不可得。初时李公子撒漫用钱,大差大使,妈妈胁肩谄笑⑱,奉承不暇。日往月来,不觉一年有余,李公子囊箧渐渐空虚,手不应心,妈妈也就怠慢了。老布政在家闻知儿子嫖院,几遍写字来唤他回去。他迷恋十娘颜色,终日延捱。后来闻知老爷在家发怒,越不敢回。

古人云:"以利相交者,利尽而疏。"那杜十娘与李公子,真情相好,见他手头愈短,心头愈热。妈妈也几遍教女儿打发李甲出院,见女儿不统口⑲,又几遍将言语触突李公子,要激怒他起身。公子性本温克⑳,词气愈和。妈妈没奈何,日逐只将十娘叱骂道:"我们行户人家㉑,吃客穿客,前门送旧,后门迎新,门庭闹如火,钱帛堆成垛。自从那李甲在此,混帐一年有余㉒,莫说新客,连旧主顾都断了。分明接了个钟馗老㉓,连小鬼也没得上门。弄得老娘一家人家,有气无烟,成什么模样!"

杜十娘被骂,耐性不住,便回答道:"那李公子不是空手上门的,也曾费过大钱来。"妈妈道:"彼一时,此一时。你只教他今日费些小钱儿,把与老娘办些柴米,养你两口也好。别人家养的女儿,便是摇钱树,千生万活;偏我家晦气,养了个退财白虎㉔。开了大门七件事㉕,般般都在老身心上。到替你这小贱人白白养着穷汉,教我衣食从何处来?你对那穷汉说,有本事出几两银子与我,到得你跟了他去,我别讨个丫头过活却不好?"

十娘道:"妈妈,这话是真是假?"妈妈晓得李甲囊无一钱,衣衫都典尽了,料他没处设法,便应道:"老娘从不说谎,当真哩!"十娘道:"娘,你要他许多银子?"妈妈道:"若是别人,千把银子也讨了,可怜那穷汉出不起,只要他三百两,我自去讨一个粉头代替㉖。只一件,须是三日内交付与我,左手交银,右手交人。若三日没有银时,老身也不管三七二十一,公子不公子,一顿孤拐打那光棍出去㉗,那时莫怪老身!"十娘道:"公子虽在客途乏钞,谅三百金还措办得来。只是三日忒近,限他十日便好。"妈妈想道:"这穷汉一双赤手,便限一百日,他那里来银子?没有银子,便铁皮包脸,料也无颜上门。那时重整家风,女儿也没得话讲。"答应道:"看你面,便宽到十日。第十日没有银子,不干老娘之事。"十娘道:"若十日内无银,料他也无颜再见了。只怕有了三百两银子,妈妈又翻悔起来。"妈妈道:"老身年五十一岁了,又奉十斋㉘,怎敢说谎?不信时与你拍掌为定。若翻悔时,做猪做狗。"

从来海水斗难量,可笑虔婆意不良㉙。
料定穷儒囊底竭,故将财礼难娇娘。

是夜,十娘与公子在枕边,议及终身之事。公子道:"我非无此心,但教坊落籍㉚,其费甚多,非千金不可。我囊空如洗,如之奈何!"十娘道:"妾已与妈妈议定,只要三百金,但须十日内措办。郎君游资虽罄,然都中岂无亲友可以借贷。倘得如数,妾身遂为君之所有,省受虔婆之气。"公子道:"亲友中为我留恋行院,都不相顾。明日只做束装起身,各家告辞,就开口假贷路费,凑聚将来,或可满得此数。"起身梳洗,别了十娘出门。十娘道:"用心作速,专听佳音。"公子道:"不须分付。"公子出了院门,来到三亲四友处,假说起身告别,众人到也欢喜。后来叙到路费欠缺,意欲借贷。常言道:"说着钱,便无缘。"亲友们就不招架㉛。他们也见得是,道李公子是风流浪子,迷恋烟花㉜,年许不归,父亲都为他气坏在家。他今日抖然要回,未知真假。倘或说骗盘缠到手,又去还脂粉钱,父亲知道,将好意翻成恶意,始终只是一怪,不如辞了干净。便回道:"目今正值空乏,不能相济,惭愧!惭愧!"人人如此，个个皆然，并没有个慷慨丈夫，肯统口许他一十二十两。

李公子一连奔走了三日，分毫无获，又不敢回决十娘，权且含糊答应。到第四日又没想头，就羞回院中。平日间有了杜家，连下处也没有了，今日就无处投宿，只得往同乡柳监生寓所借歇。柳遇春见公子愁容可掬，问其来历。公子将杜十娘愿嫁之情，备细说了。遇春摇首道："未必，未必！那杜媺曲中第一名姬⑥，要从良时，怕没有十斛明珠，千金聘礼！那鸨儿如何只要三百两？想鸨儿怪你无钱使用，白白占住他的女儿，设计打发你出门。那妇人与你相处已久，又碍却面皮，不好明言，明知你手内空虚，故意将三百两卖个人情，限你十日。若十日没有，你也不好上门。便上门时，他会说你笑，落得一场褒娓，自然安身不牢，此乃烟花逐客之计，足下三思，休被其惑。据弟愚意，不如早早开交为上⑨。"

公子听说，半晌无言，心中疑惑不定。遇春又道："足下莫要错了主意。你若真个还乡，不多几两盘费，还有人搭救；若是要三百两时，莫说十日，就是十个月也难。如今的世情，那肯顾得'缓急'二字？那烟花也算定你没处告债，故意设法难你。"公子道："仁兄所见良是。"口里虽如此说，心中割舍不下，依旧又往外边东央西告，只是夜里不进院门了。

公子在柳监生寓中，一连住了三日，共是六日了。杜十娘连日不见公子进院，十分着紧，就教小厮四儿街上去寻。四儿寻到大街，恰好遇见公子。四儿叫道："李姐夫，娘在家里望你。"公子自觉无颜，回复道："今日不得工夫，明日来罢。"四儿奉了十娘之命，一把扯住，死也不放。道："娘叫咱寻你。是必同去走一遭。"李公子心上也牵挂着媺子，没奈何，只得随四儿进院。见了十娘，嘿嘿无言。十娘问道："所谋之事如何？"公子眼中流下泪来。十娘道："莫非人情淡薄，不能足三百之数么？"公子含泪而言，道出二句：

　　　　"不信上山擒虎易，果然开口告人难。

一连奔走六日，并无铢两⑩，一双空手，羞见芳卿。故此这几日不敢进院。今日承命呼唤，忍耻而来，非某不用心，实是世情如此。"十娘道："此言休使虔婆知道。郎君今夜且住，妾别有商议。"

十娘自备酒肴，与公子欢饮。睡至半夜，十娘对公子道："郎君果不能办一钱耶？妾终身之事，当如何也？"公子只是流涕，不能答一语。渐渐五更天晓，十娘道："妾所卧絮褥内，有碎银一百五十两，此妾私蓄，郎君可持去。三百金，妾任其半，郎君亦谋其半，庶易为力。限只四日，万勿迟误！"

十娘起身将褥付公子，公子惊喜过望，唤童儿持褥而去。径到柳遇春寓中，又把夜来之情与遇春说了。将褥拆开看时，絮中都裹着零碎银子；取出兑时，果是一百五十两。遇春大惊道："此妇真有心人也！既系真情，不可相负。吾当代为足下谋之。"公子道："倘得玉成，决不有负！"当下柳遇春留李公子在寓，自出头各处去借贷。两日之内，凑足一百五十两，交付公子道："吾代为足下告债，非为足下，实怜杜十娘之情也。"李甲拿了三百两银子，喜从天降，笑逐颜开，欣欣然来见十娘。刚是第九日，还不足十日。十娘问道："前日分毫难借，今日如何就有一百五十两？"公子将柳监生事情，又述了一遍。十娘以手加额道："使吾二人得遂其愿者，柳君之力也！"两个欢天喜地，又在院中过了一晚。

次日，十娘早起，对李甲道："此银一交，便当随郎君去矣！舟车之类，合当预备。妾昨日于姊妹中借得白银二十两，郎君可收下为行资也。"公子正愁路费无出，但不敢开口，得银甚喜。说犹未了，鸨儿恰来敲门，叫道："媺儿，今日是第十日了！"公子闻叫，启户相延道:"承妈妈厚意,正欲相请。"便将银三百两放在桌上。鸨儿不料公子有银,嘿然变色,似有悔意。十娘道:"儿在妈妈家中八年,所致金帛不下数千金矣。今日从良美事,又妈妈亲口所订,三百金不欠分毫,又不曾过期。倘若妈妈失信不许,郎君持银去,儿即刻自尽。恐那时人财两失,悔之无及也!"鸨儿无词以对,腹内筹画了半晌,只得取天平兑准了银子,说道:"事已如此,料留你不住了。只是你要去时,即今就去。平时穿戴衣饰之类,毫厘休想!"说罢,将公子和十娘推出房门,讨锁来就落了锁。此时九月天气,十娘才下床,尚未梳洗,随身旧衣,就拜了妈妈两拜。李公子也作了一揖。一夫一妇,离了虔婆大门。

> 鲤鱼脱却金钩去,摆尾摇头再不来。

公子教十娘且住片时:"我去唤个小轿抬你,权往柳荣卿寓所去,再作道理。"十娘道:"院中诸姊妹平昔相厚,理宜话别。况前日又承他借贷路费,不可不一谢也。"乃同公子到各姊妹处谢别。姊妹中惟谢月朗、徐素素与杜家相近,尤与十娘亲厚。十娘先到谢月朗家。月朗见十娘秃髻旧衫,惊问其故。十娘备述来因,又引李甲相见。十娘指月朗道:"前日路资,是此位姐姐所贷,郎君可致谢。"李甲连连作揖。月朗便教十娘梳洗,一面去请徐素素来家相会。十娘梳洗已毕,谢、徐二美人各出所有,翠钿金钏,瑶簪宝珥,锦袖花裙,鸾带绣履,把杜十娘装扮得焕然一新,备酒作庆贺筵席。月朗让卧房与李甲、杜媺二人过宿。次日,又大排筵席,遍请院中姊妹。凡十娘相厚者,无不毕集。都与他夫妇把盏称喜。吹弹歌舞,各逞其长,务要尽欢,直饮至夜分。十娘向众姊妹一一称谢。众姊妹道:"十姊为风流领袖,今从郎君去,我等相见无日,何日长行⑯,姊妹们尚当奉送。"月朗道:"候有定期,小妹当来相报。但阿姊千里间关⑰,同郎君远去,囊箧萧条,曾无约束⑱,此乃吾等之事。当相与共谋之,勿令姊有穷途之虑也。"众姊妹各唯唯而散。是晚,公子和十娘仍宿谢家。至五鼓,十娘对公子道:"吾等此去,何处安身?郎君亦曾计议有定着否?"公子道:"老父盛怒之下,若知娶妓而归,必然加以不堪,反致相累。展转寻思,尚未有万全之策。"十娘道:"父子天性,岂能终绝。既然仓卒难犯,不若与郎君于苏、杭胜地,权作浮居⑲。郎君先回,求亲友于尊大人面前劝解和顺,然后携妾于归⑳,彼此安妥。"公子道:"此言甚当。"次日,二人起身辞了谢月朗,暂往柳监生寓中,整顿行装。杜十娘见了柳遇春,倒身下拜,谢其周全之德:"异日我夫妇必当重报。"遇春慌忙答礼道:"十娘钟情所欢,不以贫窭易心㉑,此乃女中豪杰。仆因风吹火,谅区区何足挂齿!"三人又饮了一日酒。次早,择了出行吉日,雇倩轿马停当。十娘又遣童儿寄信,别谢月朗。临行之际,只见肩舆纷纷而至,乃谢月朗与徐素素拉众姊妹来送行。月朗道:"十姊从郎君千里间关,囊中消索,吾等甚不能忘情。今合具薄赆㉒,十姊可检收,或长途空乏,亦可少助。"说罢,命从人挈一描金文具至前㉓,封锁甚固,正不知什么东西在里面。十娘也不开看,也不推辞,但殷勤作谢而已。须臾,舆马齐集,仆夫催促起身。柳监生三杯别酒,和众美人送出崇文门外,各各垂泪而别。正是:

> 他日重逢难预必,此时分手最堪怜。

再说李公子同杜十娘行至潞河㉔,舍陆从舟,却好有瓜洲差使船转回之便㉕,讲定船钱,包了舱口。比及下船时,李公子囊中并无分文余剩。

你道杜十娘把二十两银子与公子,如何就没了?公子在院中嫖得衣衫蓝缕,银子到手,未免在解库中取赎几件穿着㉖,又制办了铺盖。剩来只勾轿马之费。

公子正当愁闷，十娘道："郎君勿忧，众姊妹合赠，必有所济。"乃取钥开箱。公子在傍，自觉惭愧，也不敢窥觑箱中虚实。只见十娘在箱里取出一个红绢袋来，掷于桌上道："郎君可开看之。"公子提在手中，觉得沉重，启而观之，皆是白银，计数整五十两。十娘仍将箱子下锁，亦不言箱中更有何物。但对公子道："承众姊妹高情，不惟途路不乏，即他日浮寓吴越间，亦可稍佐吾夫妻山水之费矣。"公子且惊且喜道："若不遇恩卿，我李甲流落他乡，死无葬身之地矣！此情此德，白头不敢忘也！"自此每谈及往事，公子必感激流涕，十娘亦曲意抚慰。一路无话。

不一日，行至瓜洲，大船停泊岸口。公子别雇了民船。安放行李，约明日侵晨，剪江而渡。其时仲冬中旬，月明如水，公子和十娘坐于舟首。公子道："自出都门，困守一舱之中，四顾有人，未得畅语。今日独据一舟，更无避忌。且已离塞北，初近江南，宜开怀畅饮，以舒向来抑郁之气，恩卿以为何如？"十娘道："妾久疏谈笑，亦有此心。郎君言及，足见同志耳。"

公子乃携酒具于船首，与十娘铺毡并坐，传杯交盏。饮至半酣，公子执卮对十娘道："恩卿妙音，六院推首[47]，某相遇之初，每闻绝调，辄不禁神魂之飞动。心事多违，彼此郁郁，鸾鸣凤奏，久矣不闻。今清江明月，深夜无人，肯为我一歌否？"十娘兴亦勃发，遂开喉顿嗓，取扇按拍，呜呜咽咽，歌出元人施君美《拜月亭》杂剧上"状元执盏与婵娟"一曲[48]，名《小桃红》。真个：

> 声飞霄汉云皆驻，响入深泉鱼出游。

却说他舟有一少年，姓孙，名富，字善赉，徽州新安人氏。家资巨万，积祖扬州种盐[49]。年方二十，也是南雍中朋友[50]。生性风流，惯向青楼买笑，红粉追欢，若嘲风弄月，到是个轻薄的头儿。事有偶然，其夜亦泊舟瓜洲渡口，独酌无聊。忽听得歌声嘹亮，凤吟鸾吹，不足喻其美。起立船头，伫听半晌，方知声出邻舟。正欲相访，音响倏已寂然。乃遣仆者潜窥踪迹，访于舟人，但晓得是李相公雇的船，并不知歌者来历。孙富想道："此歌者必非良家，怎生得他一见？"展转寻思，通宵不寐。捱至五更，忽闻江风大作，及晓，彤云密布，狂雪飞舞。怎见得，有诗为证：

> 千山云树灭，万径人踪绝。
> 扁舟蓑笠翁，独钓寒江雪[51]。

因这风雪阻渡，舟不得开，孙富命舲公移船，泊于李家舟之傍。孙富貂帽狐裘，推窗假作看雪，值十娘梳洗方毕。纤纤玉手，揭起舟傍短帘，自泼盂中残水，粉容微露，却被孙富窥见了，果是国色天香。魂摇心荡，迎眸注目，等候再见一面，杳不可得。沉思久之，乃倚窗高吟高学士《梅花诗》二句道[52]：

> 雪满山中高士卧，月明林下美人来。

李甲听得邻舟吟诗，舒头出舱，看是何人。只因这一看，正中了孙富之计。孙富吟诗，正要引李公子出头，他好乘机攀话。当下慌忙举手，就问："老兄尊姓何讳？"李公子叙了姓名乡贯，少不得也问那孙富。孙富也叙过了，又叙了些太学中的闲话，渐渐亲热。孙富便道："风雪阻舟，乃天遣与尊兄相会，实小弟之幸也。舟次无聊，欲同尊兄上岸，就酒肆中一酌，少领清海，万望不拒。"公子道："萍水相逢，何当厚扰？"孙富道："说那里话！'四海之内，皆兄弟也'。"喝教艄公打跳⑬，童儿张伞，迎接公子过船，就于船头作揖，然后让公子先行，自己随后，各各登跳上涯。

行不数步，就有个酒楼。二人上楼，拣一副洁净座头，靠窗而坐。酒保列上酒肴。孙富举杯相劝，二人赏雪饮酒。先说些斯文中套话，渐渐引入花柳之事。二人都是过来之人，志同道合，说得入港⑭，一发成相知了。

孙富屏去左右，低低问道："昨夜尊舟清歌者何人也？"李甲正要卖弄在行，遂实说道："此乃北京名姬杜十娘也。"孙富道："既系曲中姊妹，何以归兄？"公子遂将初遇杜十娘，如何相好，后来如何要嫁，如何借银讨他，始末根由，各细述了一遍。孙富道："兄携丽人而归，固是快事，但不知尊府中能相容否？"公子道："贱室不足虑。所虑者老父性严，尚费踌躇耳！"孙富将机就机，便问道："既是尊大人未必相容，兄所携丽人，何处安顿？亦曾通知丽人，共作计较否？"公子攒眉而答道："此事曾与小妾议之。"孙富欣然问道："尊宠必有妙策？"公子道："他意欲侨居苏杭，流连山水，使小弟先回，求亲友宛转于家君之前，俟家君回嗔作喜，然后图归。高明以为何如？"孙富沉吟半晌，故作愀然之色道："小弟乍会之间，交浅言深，诚恐见怪。"公子道："正赖高明指教，何必谦逊？"孙富道："尊大人位居方面⑮，必严帷薄之嫌⑯，平时既怪兄游非礼之地，今日岂容兄娶不节之人。况且贤亲贵友，谁不迎合尊大人之意者？兄枉去求他，必然相拒。就有个不识时务的进言于尊大人之前，见尊大人意思不允，他就转口了。兄进不能和睦家庭，退无词以回复尊宠，即使流连山水，亦非长久之计。万一资斧困竭⑰，岂不进退两难！"

公子自知手中只有五十金，此时费去大半，说到资斧困竭，进退两难，不觉点头道是。孙富又道："小弟还有句心腹之谈，兄肯俯听否？"公子道："承兄过爱，更求尽言。"孙富道："疏不间亲，还是莫说罢。"公子道："但说何妨？"孙富道："自古道，'妇人水性无常'，况烟花之辈，少真多假。他既系六院名姝，相识定满天下；或者南边原有旧约，借兄之力，挈带而来，以为他适之地。"公子道："这个恐未必然。"孙富道："即不然，江南子弟，最工轻薄，兄留丽人独居，难保无踰墙钻穴之事⑱，若挈之同归，愈增尊大人之怒。为兄之计，未有善策。况父子天伦，必不可绝。若为妾而触父，因妓而弃家，海内必以兄为浮浪不经之人。异日妻不以为夫，弟不以为兄，同袍不以为友⑲，兄何以立于天地之间？兄今日不可不熟思也！"

公子闻言，茫然自失，移席问计："据高明之见，何以教我？"孙富道："仆有一计，于兄甚便，只恐兄溺枕席之爱，未必能行，使仆空费词说耳！"公子道："兄诚有良策，使弟再睹家园之乐，乃弟之恩人也，又何惮而不言耶？"孙富道："兄飘零岁余，严亲怀怒，闺阁离心，设身以处兄之地，诚寝食不安之时也。然尊大人所以怒兄者，不过为迷花恋柳，挥金如土，异日必为弃家荡产之人，不堪继承家业耳！兄今日空手而归，正触其怒。兄倘能割袵席之爱⑳，见机而作，仆愿以千金相赠。兄得千金，以报尊大人，只说在京授馆，并不曾浪费分毫，尊大人必然相信。从此家庭和睦，当无间言㉑，须臾之间，转祸为福。兄请三思。仆非贪丽人之色，实为兄效忠于万一也。"

李甲原是没主意的人，本心惧怕老子，被孙富一席话，说透胸中之疑，起身作揖道："闻兄大教，顿开茅塞。但小妾千里相从，义难顿绝，容归与商之。得其心肯，当奉复耳。"孙富道："说话之间，宜放婉曲。彼既忠心为兄，必不忍使兄父子分离，定然玉成兄还乡之事矣。"二人饮了一回酒，风停雪止，天色已晚。孙富教家僮算还了酒钱，与公子携手下船。

正是：

逢人且说三分话，未可全抛一片心。

却说杜十娘在舟中，摆设酒果，欲与公子小酌，竟日未回，挑灯以待。公子下船，十娘起迎。见公子颜色匆匆，似有不乐之意，乃满斟热酒劝之。公子摇首不饮，一言不发，竟自上床睡了。

十娘心中不悦，乃收拾杯盘，为公子解衣就枕，问道："今日有何见闻，而怀抱郁郁如此？"公子叹息而已，终不启口。问了三四次，公子已睡去了。十娘委决不下，坐于床头而不能寐。

到夜半，公子醒来，又叹一口气。十娘道："郎君有何难言之事，频频叹息？"公子拥被而起，欲言不语者几次，扑簌簌掉下泪来。

十娘抱持公子于怀间，软言抚慰道："妾与郎君情好已及二载，千辛万苦，历尽艰难，得有今日。然相从数千里，未曾哀戚；今将渡江，方圆百年欢笑，如何反起悲伤？必有其故。夫妇之间，死生相共，有事尽可商量，万勿讳也！"

公子再四被逼不过，只得含泪而言道："仆天涯穷困，蒙恩卿不弃，委曲相从，诚乃莫大之德也。但反覆思之，老父位居方面，拘于礼法，况素性方严，恐添嗔怒，必加黜逐，你我流荡，将何底止？夫妇之欢难保，父子之伦又绝。日间蒙新安孙友邀饮，为我筹及此事，寸心如割！"

十娘大惊道："郎君意将如何？"公子道："仆事内之人，当局而迷。孙友为我画一计颇善，但恐恩卿不从耳！"十娘道："孙友者何人？计如果善，何不可从？"公子道："孙友名富，新安盐商，少年风流之士也。夜间闻子清歌，因而问及。仆告以来历，并谈及难归之故。渠意欲以千金聘汝，我得千金，可藉口以见吾父母；而恩卿亦得所耳。但情不能舍，是以悲泣。"说罢，泪如雨下。

十娘放开两手，冷笑一声道："为郎君画此计者，此人乃大英雄也！郎君千金之资，既得恢复，而妾归他姓，又不致为行李之累㉒，发乎情，止乎礼，诚两便之策也。那千金在哪里？"公子收泪道："未得恩卿之诺，金尚留彼处，未曾过手。"十娘道："明早快快应承了他，不可挫过机会。但千金重事，须得兑足，交付郎君之手，妾始过舟，勿为贾竖子所欺㉓。"

时已四鼓，十娘即起身挑灯梳洗道："今日之妆，乃迎新送旧，非比寻常。"于是脂粉香泽，用意修饰，花钿绣袄，极其华艳，香风拂拂，光采照人。

装束方完，天色已晓。孙富差家僮到船头候信。十娘微窥公子，欣欣似有喜色，乃催公子快去回话，及早兑足银子。公子亲到孙富船中，回复依允。孙富道："兑银易事，须得丽人妆台为信。"公子又回复了十娘。十娘即指描金文具道："可便抬去。"孙富喜甚，即将白银一千两，送到公子船中。

十娘亲自检看，足色足数，分毫无爽。乃手把船舷，以手招孙富。孙富一见，魂不附体。十娘启朱唇，开皓齿道："方才箱子可暂发来，内有李郎路引一纸㉔，可检还之也。"

孙富视十娘已为瓮中之鳖，即命家僮送那描金文具，安放船头之上。十娘取钥开锁，内皆抽替小箱。十娘叫公子抽第一层来看，只见翠羽明珰，瑶簪宝珥，充牣于中㉕，约值数百金。十娘遽投之江中。李甲与孙富及两船之人，无不惊诧。又命公子再抽一箱，乃玉箫金管；又抽一箱，尽古玉紫金玩器，约值数千金。十娘尽投之于大江中。舟中岸上之人，观者如堵,齐声道:"可惜,可惜!"正不知什么缘故。最后又抽一箱,箱中复有一匣。开匣视之,夜明之珠,约有盈把。其他祖母绿、猫儿眼⑥,诸般异宝,目所未睹,莫能定其价之多少。众人齐声喝采,喧声如雷。十娘又欲投之于江。李甲不觉大悔,抱持十娘恸哭。那孙富也来劝解。

十娘推开公子在一边,向孙富骂道:"我与李郎备尝艰苦,不是容易到此,汝以奸淫之意,巧为谗说,一旦破人姻缘,断人恩爱,乃我之仇人。我死而有知,必当诉之神明,尚妄想枕席之欢乎!"又对李甲道:"妾风尘数年,私有所积,本为终身之计。自遇郎君,山盟海誓,白首不渝。前出都之际,假托众姊妹相赠,箱中韫藏百宝,不下万金。将润色郎君之装,归见父母,或怜妾有心,收佐中馈⑥,得终委托,生死无憾。谁知郎君相信不深,惑于浮议,中道见弃,负妾一片真心。今日当众目之前,开箱出视,使郎君知区区千金,未为难事。妾椟中有玉,恨郎眼内无珠。命之不辰⑧,风尘困瘁,甫得脱离,又遭弃捐,今众人各有耳目,共作证明,妾不负郎君,郎君自负妾耳!"

于是众人聚观者,无不流涕,都唾骂李公子负心薄幸。公子又羞又苦,且悔且泣。方欲向十娘谢罪,十娘抱持宝匣,向江心一跳。众人急呼捞救。但见云暗江心,波涛滚滚,杳无踪影。可惜一个如花似玉的名姬,一旦葬于江鱼之腹!

> 三魂渺渺归水府,七魄悠悠入冥途。

当时旁观之人,皆咬牙切齿,争欲拳殴李甲和那孙富。慌得李、孙二人,手足无措,急叫开船,分途遁去。李甲在舟中,看了千金,转意十娘,终日愧悔,郁成狂疾,终身不瘳。孙富自那日受惊得病,卧床月余,终日见杜十娘在傍诟骂,奄奄而逝。人以为江中之报也。

却说柳遇春在京坐监完满,束装回乡,停舟瓜步⑥。偶临江净脸,失坠铜盆于水,觅渔人打捞。及至捞起,乃是个小匣儿。遇春启匣观看,内皆明珠异宝,无价之珍。遇春厚赏渔人,留于床头把玩。是夜梦中见江中一女子,凌波而来,视之,乃杜十娘也。近前万福,诉以李郎薄幸之事。又道:"向承君家慷慨,以一百五十金相助,本意息肩之后⑥,徐图报答。不意事无终始,然每怀盛情,悒悒未忘。早间曾以小匣托渔人奉致,聊表寸心,从此不复相见矣。"言讫,猛然惊醒,方知十娘已死,叹息累日。

后人评论此事,以为孙富谋夺美色,轻掷千金,固非良士;李甲不识杜十娘一片苦心,碌碌蠢才,无足道者。独谓十娘千古女侠,岂不能觅一佳侣,共跨秦楼之凤⑦,乃错认李公子,明珠美玉,投于盲人,以致恩变为仇,万种恩情,化为流水,深可惜也!

……

（《警世通言》,明冯梦龙编撰,南京:凤凰出版社,2005）

【注释】

① 本篇选自《警世通言》卷三十二,略有删节。

② 纳粟入监:捐纳粟米(或银子)进入国子监读书。监,国子监,当时最高学府,明代分别在北京、南京设立。做了监生,既可以参加科举考试,也有可能直接做官。

③ 布政:即布政使。明代省级的地方最高行政长官。

④ 庠(xiáng):学校。

⑤ 登科:这里指乡试中举人。

⑥ 北雍:周代太学称"辟雍",后世为国学的代称。明代称在北京的国子监为北雍,在南京的为南雍。

⑦ 坐监:在国子监里读书。

⑧ 教坊司:原为古代主管音乐歌舞的机关。明代,娼妓也属教坊司管。此处的"院内",即指妓院。

⑨ 卓氏文君:即卓文君,西汉时临邛富商卓王孙之女。著名辞赋家司马相如作客卓家,时文君新寡,相如弹琴挑之,当夜文君便私奔司马相如。据《西京杂记》记载,"文君姣好,眉色如望远山,脸际常若芙蓉"。

⑩ 白家樊素:唐诗人白居易的姬妾。孟棨《本事诗·事感》:"白尚书姬人樊素善歌,妓人小蛮善舞。尝为诗曰:'樱桃樊素口,杨柳小蛮腰。'"

⑪ 破瓜:女子初次性事的隐语。原指女子十六岁,"瓜"字拆开为两个八字,即二八之年,故称。

⑫ 斗筲(shāo):斗,量器,容十升;筲,竹制盛器,容一斗二升,都是量小的容器。此喻酒量很小。

⑬ 庞儿:面孔。

⑭ 撒漫:挥霍。

⑮ 帮衬:这里有献殷勤的意思。

⑯ 鸨(bǎo):妓女的假母,妓院的女老板,即下文的杜妈妈。

⑰ 从良:妓女嫁作良家妻妾。

⑱ 胁肩谄笑:巴结人的丑态。

⑲ 不统口:不答理。

⑳ 温克:温和克制。

㉑ 行户:与下文行院,都是妓院的隐称。

㉒ 混帐:胡混。

㉓ 钟馗(kuí):传说中捉鬼驱邪的神。据沈括《梦溪笔谈》记载,唐玄宗曾梦见一大鬼捕食一鬼,问大鬼何人,对曰:"臣钟馗,即武举不捷之士也。誓与陛下除天下之妖孽。"后世遂图其形以除邪驱祟。一说系从"终葵"演化而来。

㉔ 白虎:星命迷信的凶神。《协纪辨方书》引《人元秘枢经》:"白虎者,岁中凶神也。常居岁后四辰。"

㉕ 七件事:指最基本的七种生活开支,即柴、米、油、盐、酱、醋、茶。

㉖ 粉头:妓女。

㉗ 孤拐:脚踝骨。

㉘ 十斋:佛教徒的一种斋戒,每月有十日不吃荤腥。

㉙ 虔(qián)婆:骂人话,指鸨母。

㉚ 教坊落籍:从教坊除名。除名后,妓女方得从良。

㉛ 招架:应承,接口。

㉜ 烟花:妓女的代称。

㉝ 曲中:指妓女居处。

㉞ 开交:放手,丢开。

㉟ 铢两:极轻的分量,此指极少的一点银两。铢,一两的二十四分之一。

㊱ 长行:远行。

㊲ 间关:行程又遥远又艰难。

㊳ 约束:这里是准备之意。

㊴ 浮居:寄居,暂住。

㊵ 于归:女子出嫁。《诗经·周南·桃夭》:"之子于归,宜其室家。"

㊶ 贫窭(jù):贫穷。

㊷ 赆(jìn):送给人的路费。

㊸ 文具:这里指首饰箱子。

㊹ 潞河:北运河的上游。

㊺ 瓜洲:镇名,在今江苏省扬州邗江区南部、大运河分支入长江处,与镇江隔江相对,历来是长江南北交通的重要渡口。差使船:给官府临时当差的船。

㊻ 解库:当铺。

㊼ 六院:妓院的代称。

㊽ 施君美:即施惠,君美为其字,杭州人,元戏曲家,南戏《拜月亭》的作者。拜月亭:本是元关汉卿所作杂剧,全名《幽闺佳人拜月亭》,写蒋世隆与王瑞兰的爱情故事。这里指的是故事与杂剧《拜月亭》一样的同名南戏,今传明人改编本,也称《幽闺记》,【小桃红】一曲见其中第四十三折《成亲团圆》。小桃红,曲牌名。

㊾ 积祖:祖上世代。种盐:制盐。晒盐处称盐田,故称制为种。

㊿ 南雍:见注⑥。朋友:这里泛指同在国子监读书,无交谊之意。

(51) "千山"四句:此为唐柳宗元《江雪》诗,原诗"云树灭"作"鸟飞绝","绝"作"灭","扁"作"孤"。

㉒ 高学士：指明初诗人高启(1336—1374)，字季迪，号槎轩，又号青丘子，长洲(今江苏苏州)人，曾官翰林院国史编修，故称其为"学士"。

㉓ 打跳：铺上跳板。跳，船上跳板。

㉔ 入港：此指言语投机。

㉕ 位居方面：独当一面的封疆大臣称为方面官。李甲的父亲是布政使，所以说位居方面。

㉖ 帏薄之嫌：男女之间的封建礼防。帏薄，帏幕和帘子，借指房中。

㉗ 资斧：旅费。

㉘ 踰墙钻穴：指幽会偷情之类的事情。典出《孟子·滕文公下》："不待父母之命，媒妁之言，钻穴隙相窥，踰墙相从，则父母国人皆贱之。"

㉙ 同袍：这里指朋友。

㉚ 衽席之爱：夫妻之爱。衽，卧席，床褥。

㉛ 间(jiàn)言：非议。

㉜ 行李：行旅。

㉝ 贾竖子：犹言市侩。

㉞ 路引：出行时的证明。

㉟ 充牣(rèn)：充满。

㊱ 祖母绿、猫儿眼：两种名贵的宝石。

㊲ 中馈(kuì)：旧时称妇女料理家务为主持中馈。佐中馈，就是为妾。

㊳ 不辰：生不逢时。

㊴ 瓜步：瓜步镇，在今江苏六合东南瓜步山下，古时南临长江。

㊵ 息肩：放下担子，指过安定的生活。

㊶ 秦楼之凤：据《列仙传》记载，春秋时，萧史善吹箫，秦穆公把女儿弄玉嫁给他，每天跟他学吹箫，渐渐能引凤凰来止其屋。穆公为他们筑凤台，几年后，夫妇一起随凤凰飞去。

【提示】

这是一段著名的爱情悲剧。原见于明代文学家宋懋澄的《九籥别集》，是文言的纪实文学。经冯梦龙改编为白话小说后，更加生动，更加撼动人心。冯氏的加工主要在三个方面：一是通过细节描写、对比描写等手法，使人物的性格更鲜明——如李甲的懦弱、十娘的果决等；二是增添了柳监生这一具体人物，并使其在发展情节与凸显主人公性格特点等方面都发挥了明显的作用；三是人物对话口语化，使场景叙述生动鲜活。

杜十娘为了与命运抗争，费尽心机，深谋远虑，结果功亏一篑，仍坠入悲剧命运的深渊，令读者为之扼腕不已。其表面原因是所托非人，甚至是偶然因素(适逢孙富)，但深层原因却是她的美好生活愿望与当时社会制度的矛盾，是冷酷的封建礼教对人性的压制乃至扼杀。作者朦胧地意识到了这一点，所以借孙富之口点出了十娘难以逾越的障碍。但他又不甘心让美好的追求在残酷的现实面前过于脆弱、无力，所以极力渲染"百宝箱"的情节(此情节原作已有，而冯使其酣畅淋漓)，作为对于命运悲剧的一种挑战，对于毁灭了美好的恶势力的一种报复。

这个故事的骨架与法国作家小仲马的小说《茶花女》颇相似，而结局的处理迥然异趣，从中可以看出不同文化之间悲剧意识及审美心理的差异。

【思考与练习】

一、分析李甲和杜十娘的性格特点，重点比较二者对待人生的不同态度。

二、分析柳监生在故事中的作用。

三、谈谈你对设置"怒沉百宝箱"这一情节之优劣得失的看法。

婴宁①

蒲松龄

蒲松龄(1640—1715),字留仙,一字剑臣,号柳泉居士,山东淄川(今淄博淄川区)人。清著名小说家。出身于半农半商的家庭,后来逐渐贫困。虽十几岁就成为诸生,但屡次失意于乡试,只得作幕宾、塾师为生。七十一岁才援例成为贡生。因终身郁郁不得志,又较多接触社会底层,对黑暗的社会现实有深刻认识,故具有"孤愤"、"狂痴"的人生态度,集中表现在他创作的文言短篇小说集《聊斋志异》中。《聊斋志异》所收作品将近500篇,综合六朝志怪与唐传奇之长,借谈鬼说狐,曲折地批判社会,表达理想,是中国古代文言短篇小说的顶峰之作。蒲松龄的诗、文、词、俗曲等作品也有一定成就,今人汇编为《蒲松龄集》、《蒲松龄全集》。

　　王子服,莒之罗店人②。早孤。绝慧,十四入泮③。母最爱之,寻常不令游郊野。聘萧氏,未嫁而夭,故求凰未就也④。

　　会上元⑤,有舅氏子吴生,邀同眺瞩。方至村外,舅家有仆来,招吴去。生见游女如云,乘兴独游。有女郎携婢,捻梅花一枝,容华绝代,笑容可掬。生注目不移,竟忘顾忌。女过去数武⑥,顾婢曰:"个儿郎目灼灼似贼!"遗花地上,笑语自去。生拾花怅然,神魂丧失,怏怏遂返。

　　至家,藏花枕底,垂头而睡,不语亦不食。母忧之,醮禳益剧⑦,肌革锐减。医师诊视,投剂发表⑧,忽忽若迷。母抚问所由,默然不答。适吴生来,嘱密诘之。吴至榻前,生见之泪下。吴就榻慰解,渐致研诘。生具吐其实,且求谋画。吴笑曰:"君意亦复痴!此愿有何难遂?当代访之。徒步于野,必非世家。如其未字⑨,事固谐矣;不然,拼以重赂,计必允遂。但得痊瘳,成事在我。"生闻之,不觉解颐⑩。吴出告母,物色女子居里⑪,而探访既穷,并无踪绪。母大忧,无所为计。然自吴去后,颜顿开,食亦略进。

　　数日,吴复来。生问所谋。吴绐之曰⑫:"已得之矣。我以为谁何人,乃我姑氏女,即君姨妹行,今尚待聘。虽内戚有婚姻之嫌,实告之,无不谐者。"生喜溢眉宇,问:"居何里?"吴诡曰:"西南山中,去此可三十余里。"生又付嘱再四,吴锐身自任而去⑬。生由此饮食渐加,日就平复。探视枕底,花虽枯,未便凋落。凝思把玩,如见其人。怪吴不至,折柬招之⑭。吴支托不肯赴召。生恚怒,悒悒不欢。母虑其复病,急为议姻;略与商榷,辄摇首不愿,惟日盼吴。

　　吴迄无耗⑮,益怨恨之。转思三十里非遥,何必仰息他人?怀梅袖中,负气自往,而家人不知也。伶仃独步,无可问程,但望南山行去。约三十余里,乱山合沓,空翠爽肌,寂无

人行,止有鸟道。遥望谷底,丛花乱树中,隐隐有小里落。下山入村,见舍宇无多,皆茅屋,而意甚修雅。北向一家,门前皆丝柳,墙内桃杏尤繁,间以修竹,野鸟格磔其中⑯。意其园亭,不敢遽入。回顾对户,有巨石滑洁,因据坐少憩。

俄闻墙内有女子,长呼"小荣",其声娇细。方伫听间,一女郎由东而西,执杏花一朵,俯首自簪。举头见生,遂不复簪,含笑捻花而入。审视之,即上元途中所遇也。心骤喜。但念无以阶进⑰;欲呼姨氏,顾从无还往,惧有讹误。门内无人可问。坐卧徘徊,自朝至于日昃⑱,盈盈望断,并忘饥渴。时见女子露半面来窥,似讶其不去者。忽一老媪扶杖出,顾生曰:"何处郎君,闻自辰刻便来,以至于今。意将何为? 得勿饥耶?"生急起揖之,答云:"将以盼亲。"媪聋聩不闻。又大言之。乃问:"贵戚何姓?"生不能答。媪笑曰:"奇哉! 姓名尚自不知,何亲可探? 我视郎君,亦书痴耳。不如从我来,啖以粗粝,家有短榻可卧。待明朝归,询知姓氏,再来探访,不晚也。"生方腹馁思啖,又从此渐近丽人,大喜。从媪入,见门内白石砌路,夹道红花,片片堕阶上;曲折而西,又启一关⑲,豆棚花架满庭中。肃客入舍⑳,粉壁光如明镜;窗外海棠枝朵,探入室中;裀藉几榻㉑,罔不洁泽。甫坐,即有人自窗外隐约相窥。媪唤:"小荣! 可速作黍。"外有婢子嗷声而应。坐次,具展宗阀㉒。媪曰:"郎君外祖,莫姓吴否?"曰:"然。"媪惊曰:"是吾甥也! 尊堂㉓,我妹子。年来以家窭贫㉔,又无三尺男,遂至音问梗塞。甥长成如许,尚不相识。"生曰:"此来即为姨也,匆遽遂忘姓氏。"媪曰:"老身秦姓,并无诞育;弱息仅存㉕,亦为庶产㉖。渠母改醮㉗,遗我鞠养。颇亦不钝,但少教训,嬉不知愁。少顷,使来拜识。"

未几,婢子具饭,雏尾盈握㉘。媪劝餐已,婢来敛具。媪曰:"唤宁姑来。"婢应去。良久,闻户外隐有笑声。媪又唤曰:"婴宁,汝姨兄在此。"户外嗤嗤笑不已。婢推之以入,犹掩其口，笑不可遏。媪瞋目曰㉒："有客在，咤咤叱叱，是何景象？"女忍笑而立，生揖之。媪曰："此王郎，汝姨子。一家尚不相识，可笑人也。"生问："妹子年几何矣？"媪未能解。生又言之。女复笑，不可仰视。媪谓生曰："我言少教诲，此可见矣。年已十六，呆痴裁如婴儿㉓。"生曰："小于甥一岁。"曰："阿甥已十七矣，得非庚午属马者耶？"生首应之。又问："甥妇阿谁？"答云："无之。"曰："如甥才貌，何十七岁犹未聘？婴宁亦无姑家，极相匹敌。惜有内亲之嫌。"生无语，目注婴宁，不遑他瞬㉔。婢向女小语云："目灼灼，贼腔未改！"女又大笑，顾婢曰："视碧桃开未？"遽起，以袖掩口，细碎连步而出。至门外，笑声始纵。媪亦起，唤婢襆被㉕，为生安置。曰："阿甥来不易，宜留三五日，迟迟送汝归。如嫌幽闷，舍后有小园，可供消遣；有书可读。"

次日，至舍后，果有园半亩，细草铺毡，杨花糁径㉖；有草舍三楹，花木四合其所。穿花小步，闻树头苏苏有声，仰视，则婴宁在上。见生来，狂笑欲堕。生曰："勿尔，堕矣！"女且下且笑，不能自止。方将及地，失手而堕，笑乃止。生扶之，阴捘其腕㉗。女笑又作，倚树不能行，良久乃罢。生俟其笑歇，乃出袖中花示之。女接之，曰："枯矣。何留之？"曰："此上元妹子所遗，故存之。"问："存之何意？"曰："以示相爱不忘也。自上元相遇，凝思成疾，自分化为异物㉘。不图得见颜色，幸垂怜悯。"女曰："此大细事。至戚何所靳惜？待郎行时，园中花，当唤老奴来，折一巨稇负送之。"生曰："妹子痴耶？""何便是痴？"曰："我非爱花，爱捻花之人耳。"女曰："葭莩之情㉙，爱何待言。"生曰："我所为爱，非瓜葛之爱，乃夫妻之爱。"女曰："有以异乎？"曰："夜共枕席耳。"女俯思良久，曰："我不惯与生人睡。"语未已，婢潜至，生惶恐遁去。

少时，会母所，母问："何往？"女答以园中共话。媪曰："饭熟已久，有何长言，周遮乃尔㉚。"女曰："大哥欲我共寝。"言未已，生大窘，急目瞪之。女微笑而止。幸媪不闻，犹絮絮究诘。生急以他词掩之，因小语责女。女曰："适此语不应说耶？"生曰："此背人语。"女曰："背他人，岂得背老母。且寝处亦常事，何讳之？"生恨其痴，无术可以悟之。食方竟，家中人捉双卫来寻生㉛。先是，母待生久不归，始疑；村中搜觅几遍，竟无踪兆。因往询吴。吴忆曩言，因教于西南山村行觅。凡历数村，始至于此。生出门，适相值，便入告媪，且请偕女同归。媪喜曰："我有志，匪伊朝夕㉜。但残躯不能远涉，得甥携妹子去，识认阿姨，大好！"呼婴宁。宁笑至。媪曰："有何喜，笑辄不辍？若不笑，当为全人。"因怒之以目，乃曰："大哥欲同汝去，可便装束。"又饷家人酒食，始送之出曰："姨家田产丰裕，能养冗人。到彼且勿归，小学诗礼，亦好事翁姑。即烦阿姨，为汝择一良匹。"二人遂发。至山坳，回顾，犹依稀见媪倚门北望也。

抵家，母睹妹丽，惊问为谁。生以姨女对。母曰："前吴郎与儿言者，诈也。我未有姊，何以得甥？"问女，女曰："我非母出。父为秦氏，没时，儿在襁中，不能记忆。"母曰："我一姊适秦氏，良确；然姐谢已久，那得复存？"因审诘面庞、志赘㉝，一一符合。又疑曰："是矣。然亡已多年，何得复存？"疑虑间，吴生至，女避入室。吴询得故，惘然久之。忽曰："此女名婴宁耶？"生然之。吴亟称怪事。问所自知，吴曰："秦家姑去世后，姑丈鳏居，祟于狐，病瘵死。狐生女名婴宁，绷卧床上，家人皆见之。姑丈殁，狐犹时来；后求天师符黏壁间，狐遂携女去。将勿此耶？"彼此疑参，但闻室中吃吃皆婴宁笑声。母曰："此女亦太憨生。"吴请面之。母入室，女犹浓笑不顾。母促令出，始极力忍笑，又面壁移时，方出。才一展拜，翻然遽入，放声大笑。满室妇女，为之粲然㉞。

吴请往觇其异^㊷，就便执柯^㊸。寻至村所，庐舍全无，山花零落而已。吴忆姑葬处，仿佛不远；然坟垅湮没，莫可辨识，诧叹而返。母疑其为鬼。入告吴言，女略无骇意；又吊其无家，亦殊无悲意，孜孜憨笑而已。众莫之测。母令与少女同寝止。昧爽即来省问^㊹，操女红精巧绝伦。但善笑，禁之亦不可止；然笑处嫣然，狂而不损其媚，人皆乐之。邻女少妇，争承迎之。母择吉将为合卺^㊺，而终恐为鬼物。窃于日中窥之^㊻，形影殊无少异。至日，使华妆行新妇礼；女笑极不能俯仰^㊼，遂罢。生以其憨痴，恐漏泄房中隐事；而女殊密秘，不肯道一语。每值母忧怒，女至，一笑即解。奴婢小过，恐遭鞭楚，辄求诣母共话；罪婢投见，恒得免。而爱花成癖，物色遍戚党；窃典金钗，购佳种，数月，阶砌藩溷^㊽，无非花者。

庭后有木香一架，故邻西家。女每攀登其上，摘供簪玩。母时遇见，辄诃之。女卒不改。一日，西人子见之，凝注倾倒。女不避而笑。西人子谓女意已属，心益荡。女指墙底笑而下，西人子谓示约处，大悦。及昏而往，女果在焉。就而淫之，则阴如锥刺，痛彻于心，大号而踣。细视非女，则一枯木卧墙边，所接乃水淋窍也。邻父闻声，急奔研问，呻而不言。妻来，始以实告。爇火烛窍^㊾，见中有巨蝎，如小蟹然。翁碎木捉杀之。负子至家，半夜寻卒。邻人讼生，讦发婴宁妖异。邑宰素仰生才，稔知其笃行士，谓邻翁讼诬，将杖责之。生为乞免，遂释而出。母谓女曰："憨狂尔尔，早知过喜而伏忧也。邑令神明，幸不牵累；设鹘突官宰^㊿，必逮妇女质公堂，我儿何颜见戚里？"女正色，矢不复笑⁵¹。母曰："人罔不笑，但须有时。"而女由是竟不复笑，虽故逗，亦终不笑；然竟日未尝有戚容⁵²。

一夕，对生零涕。异之。女哽咽曰："曩以相从日浅，言之恐致骇怪。今日察姑及郎，皆过爱无有异心，直告或无妨乎？妾本狐产。母临去，以妾托鬼母，相依十余年，始有今日。妾又无兄弟，所恃者惟君。老母岑寂山阿，无人怜而合厝之⁵³，九泉辄为悼恨。君倘不惜烦费，使地下人消此怨恫，庶养女者不忍溺弃⁵⁴。"生诺之，然虑坟冢迷于荒草。女但言无虑。刻日，夫妻舆榇而往⁵⁵。女于荒烟错楚中⁵⁶，指示墓处，果得媪尸，肤革犹存。女抚哭哀痛。舁归⁵⁷，寻秦氏墓合葬焉。是夜，生梦媪来称谢，寤而述之。女曰："妾夜见之，嘱勿惊郎君耳。"生恨不邀留。女曰："彼鬼也。生人多，阳气胜，何能久居？"生问小荣，曰："是亦狐，最黠。狐母留以视妾，每摄饵相哺，故德之常不去心⁵⁸。昨问母，云已嫁之。"由是岁值寒食⁵⁹，夫妻登秦墓，拜扫无缺。

女逾年，生一子。在怀抱中，不畏生人，见人辄笑，亦大有母风云。

异史氏曰⁶⁰："观其孜孜憨笑，似全无心肝者；而墙下恶作剧，其黠孰甚焉！至凄恋鬼母，反笑为哭，我婴宁殆隐于笑者矣。窃闻山中有草，名'笑矣乎'。嗅之，则笑不可止。房中植此一种，则合欢、忘忧⁶¹，并无颜色矣。若解语花⁶²，正嫌其作态耳⁶³。"

（《聊斋志异》会校会注会评本，清蒲松龄撰，清吕湛恩等注，清王士禛等评，上海：上海古籍出版社，1978）

【注释】

① 本篇文字据作者稿本，个别地方据别本改。篇名"婴宁"，似出于《庄子·大宗师》"其为物，无不将也，无不迎也，无不毁也，无不成也，其名为撄宁"，所谓"撄宁"，指合乎天道、保持自然本色的人生。

② 莒（jǔ）：莒县，今属山东。

③ 入泮（pàn）：古代学校有泮池，故称学童入学为入泮。

④ 求凰：犹言求妻。相传西汉时著名辞赋家司马相如曾以"凤求凰"琴曲向卓文君求婚。

⑤ 上元:节日名,即元宵节。中国古代从北魏开始以正月十五为上元节,七月十五为中元节,十月十五为下元节,源于道教。

⑥ 数武:几步。武,半步。

⑦ 醮禳(jiào ráng):设醮禳解。醮,道士设坛祈祷。禳,除去邪恶与灾祸。

⑧ 发表:中医的一种治疗方法,即通过让患者出汗使其体内邪毒发散出来。

⑨ 未字:女子还没有订婚。

⑩ 解颐:开怀欢笑。

⑪ 居里:居住的乡里。

⑫ 绐(dài):欺诳。

⑬ 锐身自任:挺身担起责任。锐身,挺身。

⑭ 折柬:裁纸写信。

⑮ 耗:音信。

⑯ 格磔(zhé):鸟鸣声。

⑰ 无以阶进:找不到进去的理由。阶,台阶,这里喻指借口、理由。

⑱ 日昃(zè):过中午。昃,日偏。

⑲ 启一关:开了一道门。关,门。

⑳ 肃客:迎客。肃,引导、迎接。

㉑ 裀藉:坐垫、坐席。

㉒ 具展宗阀:各自述说家世。阀,本指官宦人家门前记录功业的柱子,后泛指功业或家世。

㉓ 尊堂:对别人母亲的敬称。

㉔ 窭(jù)贫:贫穷。窭:原作"屡",据青柯亭本改。

㉕ 弱息:幼弱的子女。

㉖ 庶产:姬妾所生。

㉗ 渠:她的。改醮:改嫁。

㉘ 雏尾盈握:(摆上来)肥鸡肥鸭。古人称幼小的鸡鸭为"雏尾不盈握",即尾巴还抓不满一把。

㉙ 瞋(chēn)目:瞪眼。瞋:原作"嗔",据青柯亭本改。

㉚ 裁:才。

㉛ 不遑他瞬:顾不上看其他地方。不遑,没有空闲。

㉜ 襆(pú)被:指整理铺盖。

㉝ 椮(sǎn):散落。

㉞ 阴捘:暗地里捏。

㉟ 自分:自料,自以为。异物:指死人。

㊱ 葭莩(jiā fú):芦苇中的薄膜。借指疏远的亲戚,但也可泛指亲戚。这里是泛指。

㊲ 周遮:啰嗦,唠叨。

㊳ 捉双卫:牵着两头驴。卫,驴的别名。

㊴ 匪伊朝夕:不止一天。

㊵ 志赘:指人身上的特征。志,通"痣",赘,赘疣。

㊶ 粲然:笑貌。

㊷ 觇(chān)其异:察看有无异常。觇,观察,窥探。

㊸ 执柯:比喻做媒。典出《诗经·豳风·伐柯》:"伐柯如何?匪斧不克。娶妻如何?匪媒不得。"

㊹ 昧爽:黎明。省问:问候、请安。

㊺ 合卺(jìn):本为古代婚礼上的一种仪式,剖一瓠为两瓢,新郎、新娘各执一瓢,斟酒而饮;后多以之代指成婚。

㊻ 窃:偷偷地,暗地里。日中窥之:传说鬼物在阳光下没有影子,所以用这个方法来检验婴宁。

㊼ 不能俯仰:指笑得直不起腰来。

㊽ 阶砌藩溷(hùn):阶砌,台阶;藩,篱笆;溷,厕所。这里是无所不在的意思。

㊾ 爇(ruò):燃烧,点燃。

㊿ 设:假如。鹘突:糊涂。

51 矢:发誓。

52 戚容:悲伤的神色。

53 合厝(cuò):合葬。厝,埋葬。

54 庶:或许。溺弃:古时重男轻女的恶俗,认为女儿不能接续香火,所以把女婴溺杀。这句的意思是,我安葬了父母,或许可以改变人们轻视女儿的习俗。

55 舆:本义是车箱,引申为车子,这里用作动词,意为运载。櫬(chèn):棺材。

56 错楚:杂乱的丛莽。

57 舁(yú):抬。

58 德之:感激她。德,名词用作动词。不去心:心中惦念。

59 寒食:清明的前两天为寒食节,旧俗这天不点火吃冷食。寒食到清明是扫墓的日子。

60 异史氏:蒲松龄自称。

61 合欢、忘忧:合欢花、忘忧草。因为这两种花草的名字带有开怀之意,所以拿来与"笑矣乎"比较。

62 解语花:意谓像花一美丽而又善解人意,讲话能够让人开心。典出王仁裕《开元天宝遗事》:"明皇秋八月,太液池有千叶白莲数枝盛开,帝与贵戚宴赏焉。左右皆叹羡,久之,帝指贵妃示于左右曰:'争如我解语花?'"

63 作态:造作,不自然。指解语花迎合他人,不是天性的自然流露。

【提示】

《聊斋志异》在中国古代小说中独放异彩之处,是塑造了一批性格各异、生动可爱的女妖形象,特别是其中的狐精,如娇娜、青凤、红玉、莲香等等,无不栩栩如生。而在诸多美丽的狐女中,最为引人注目的一个便是本篇的婴宁。

婴宁的形象有三个突出的地方:一是天真烂漫、无所顾忌的痴笑,一是到了似乎全然不通人情世故程度的娇憨,一是透过那个促狭的恶作剧表现出的狡黠。这三点使得婴宁的形象有声有色地凸现到读者面前,而其中表现出的性格矛盾也成为困扰现代读者的难题。

对于现代的读者来说,研究者提供了两种大相径庭的解读。

一种解读是,婴宁是为自由而生,"封建礼教和传统性别文化强加给女性的一切禁锢,在她身上都失去了作用"。她的不顾一切的笑,"粉碎了一切教条,一切的虚伪"。至于婴宁后来"竟不复笑",则是表现出"现实的沉重"。这种解读的长处是发掘出"痴笑"、娇憨可能蕴含的文化内涵,特别是符合于现代读者阅读后总体的情感倾向。但问题是并不完全合于作者自己所透露的创作意图——"隐于笑者"(笑不是天性发露,而是一种生存策略),另外也难以解释那个恶作剧情节。

另一种解读是,从"异史氏"的评论来探测蒲松龄的创作意图。作者是以"大智若愚,大巧若拙"的人生哲理为构思的文化背景,他根本就没有想过塑造的是一个纯任天真的少女,而是一个为了融入、适应人类生活,以痴笑为韬隐之策略的极为聪明而又可爱的小狐精。这种解释可以克服前一种解读面临的困难,但把婴宁说成谋略深远、玩弄王子服与众人(包括我们读者)于股掌的心机深重的狐狸精,却又大大背离了多数读者基本的阅读感受。

更圆通的解释可能是:作者确实有塑造"隐于笑"者的形象、甚而表现老庄人生哲学的意图。但一旦进入写作过程,人物自己就"生长"起来,作者思想中赞美、追求真性情的倾向不自觉地倾注到婴宁身上,成为小狐精最为鲜明的顺其自然、纯任人性发展的独特个性特征,其墙下之"黠",虽然淫棍罪不至死,不过对女人来说,未必不是一种保护纯洁人性的有效手段,是对不法男人的严惩及夸张的描写。但始料不及的也同时造成了人物性格的一定程度的内在矛盾。实际上,这种情况在很多优秀的作品中都存在,如《水浒》里的宋江、《红楼梦》中的尤三姐。

这篇作品塑造人物的另一个重要特色是把娇憨的婴宁处处与烂漫的鲜花映照来写,使"笑"与"花"成为少女天真的个性鲜明的象征性因素。

【思考与练习】

一、请就上述三种解读发表自己的看法。

二、作品中是怎样描写婴宁"笑"的音容姿态的?

三、作品中是怎样描写围绕着婴宁的鲜花的?这些笔墨艺术效果如何?

四、有兴趣者,可把《聊斋志异·小翠》与本篇对照来读,比较二者在情节与人物上的相似处。

【辑评】

婴宁憨态,一片天真,过于司花儿远矣。我正以其笑为全人。(清·何守奇评本《聊斋

志异》）

有花乃有人，有人乃有笑；见其花如见其人，欲见其人，必袖其花。乃未见其人，而先见其里落之花，见其门前之花，则野鸟格磔中，固早有含笑捻花人在矣。未见其人，先闻其声，见其花，见其笑，而后审视而得见所欲见之人。既照应起笔，即引逗下文，文中贵有顿笔也。至入门而夹道写花，庭外写花，窗外写花，室内写花，借许多花引出人来；而复未写其人，先写其笑，写其户外之笑，写其入门之笑，写其见面之笑，又照应上元之言，照应上元之笑。许多笑字，配对上许多花字，此遥对法也。随手借视碧桃撇开，写花写笑，双双绾住，然后再写花，再写人，再写笑。树上写笑，将堕写笑，堕时写笑，堕后写笑，束住笑字，正叙袖中之花，入正面矣，却以园中花作一夹衬，随又撇开。写其笑，写其来时之笑，写其见母之笑，写其见客之笑，写其转入之笑；又恐冷落花字，以山花零落，小作映带，然后笑与花反复并写，从花写笑，从笑而写不笑；既不笑矣，笑字无从写矣，偏以不笑反复映衬，而忽而零涕，忽而哽咽，忽而抚哭哀痛，无非出力反衬笑字。更以其子见人辄笑，大有母风，收拾全篇笑字。此作者以嬉笑为文章，如评中所云，隐于笑者矣。故为琐琐批出，而不禁失声大笑。○此篇以笑字立胎，而以花为眼，处处写笑，即处处以花映带之。捻梅花一枝数语，已伏全文之脉，故文章全在提掇处得力也。以捻花笑起，以摘花不笑收，写笑层见叠出，无一意冗复，无一笔雷同，不笑后复用反衬，后仍结转笑字，篇法严密乃尔。（清·但明伦评本《聊斋志异》）

断魂枪①

老　舍

老舍(1899—1966),原名舒庆春,字舍予,笔名老舍。北京人,满族。中国现代著名小说家、戏剧家。1918 年毕业于北京师范学校,任小学校长。1924 年赴英国伦敦大学东方学院任汉语教师,并开始从事文学创作。1930 年回国后在齐鲁大学、山东大学任教授。抗日战争期间,在重庆中华全国文艺界抗敌协会任理事兼总务部主任。1946 年赴美讲学,1949 年回国。曾任全国文联副主席、全国作协副主席、北京市文联主席等职。"文革"初期受迫害去世。老舍的作品充满着地域文化色彩,被称为"京味"十足的"市井文学",反映出当时不少人对感觉到了的新事物还不能有清楚的认识,因而产生的痛苦。城市平民生活的题材,加上富有悲喜剧色彩的情节和幽默的语言,使得他的小说和戏剧深得读者的欢迎。其长篇小说代表作有《骆驼祥子》、《四世同堂》,中篇小说代表作有《月牙儿》,短篇小说代表作有《断魂枪》,话剧代表作有《茶馆》等。今人编有《老舍文集》。

　　沙子龙的镖局已改成客栈②。

　　东方的大梦没法子不醒了。炮声压下去马来与印度野林中的虎啸。半醒的人们,揉着眼,祷告着祖先与神灵;不大会儿,失去了国土、自由与主权。门外立着不同面色的人,枪口还热着。他们的长矛毒弩,花蛇斑彩的厚盾,都有什么用呢;连祖先与祖先所信的神明全不灵了啊!龙旗的中国也不再神秘,有了火车呀,穿坟过墓破坏着风水。枣红色多穗的镖旗,绿鲨皮鞘的钢刀,响着串铃的口马③,江湖上的智慧与黑话,义气与声名,连沙子龙,他的武艺、事业,都梦似的变成昨夜的。今天是火车、快枪、通商与恐怖。听说,有人还要杀下皇帝的头呢!

　　这是走镖已没有饭吃,而国术还没被革命党与教育家提倡起来的时候④。

　　谁不晓得沙子龙是短瘦、利落、硬棒,两眼明得象霜夜的大星?可是,现在他身上放了肉。镖局改了客栈,他自己在后小院占着三间北房,大枪立在墙角,院子里有几只楼鸽。只是在夜间,他把小院的门关好,熟习熟习他的"五虎断魂枪"。这条枪与这套枪,二十年的工夫,在西北一带,给他创出来:"神枪沙子龙"五个字,没遇见过敌手。现在,这条枪与这套枪不会再替他增光显胜了;只是摸摸这凉、滑、硬而发颤的杆子,使他心中少难过一些而已。只有在夜间独自拿起枪来,才能相信自己还是"神枪沙"。在白天,他不大谈武艺与往事;他的世界已被狂风吹了走。

　　在他手下创练起来的少年们还时常来找他。他们大多数是没落子的,都有点武艺,可是没地方去用。有的在庙会上去卖艺:踢两趟腿,练套家伙,翻几个跟头,附带着卖点大力

"'神枪沙子龙'五个字，没遇见过敌手。"

丸，混个三吊两吊的。有的实在闲不起了，去弄筐果子，或挑些毛豆角，赶早儿在街上论斤吆喝出去。那时候，米贱肉贱，肯卖膀子力气本来可以混个肚儿圆；他们可是不成：肚量既大，而且得吃口管事儿的；干饽饽辣饼子咽不下去⑤。况且他们还时常去走会：五虎棍，开路，太狮少狮……虽然算不了什么——比起走镖来——可是到底有个机会活动活动，露露脸。是的，走会捧场是买脸的事，他们打扮的得象个样儿，至少得有条青洋绉裤子，新漂白细市布的小褂，和一双鱼鳞洒鞋——顶好是青缎子抓地虎靴子。他们是神枪沙子龙的徒弟——虽然沙子龙并不承认——得到处露脸，走会得赔上俩钱，说不定还得打场架。没钱，上沙老师那里去求。沙老师不含糊，多少不拘，不让他们空着手儿走。可是，为打架或献技去讨教一个招数，或是请给说个"对子"——什么空手夺刀，或虎头钩进枪——沙老师有时说句笑话，马虎过去："教什么？拿开水浇吧！"有时直接把他们赶出去。他们不大明白沙老师是怎么了，心中也有点不乐意。

可是，他们到处为沙老师吹腾，一来是愿意使人知道他们的武艺有真传授，受过高人的指教；二来是为激动沙老师：万一有人不服气而找上老师来，老师难道还不露一两手真的么？所以：沙老师一拳就砸倒了个牛！沙老师一脚把人踢到房上去，并没使多大的劲！他们谁也没见过这种事，但是说着说着，他们相信这是真的了，有年月，有地方，千真万确，敢起誓！

王三胜——沙子龙的大伙计——在土地庙拉开了场子，摆好了家伙。抹了一鼻子茶叶末色的鼻烟，他抡了几下竹节钢鞭，把场子打大一些。放下鞭，没向四围作揖，叉着腰念了两句："脚踢天下好汉，拳打五路英雄！"向四围扫了一眼："乡亲们，王三胜不是卖艺的；玩艺儿会几套，西北路上走过镖，会过绿林中的朋友。现在闲着没事，拉个场子陪诸位玩玩。有爱练的尽管下来，王三胜以武会友，有赏脸的，我陪着。神枪沙子龙是我的师傅；玩艺地道！诸位，有愿下来的没有？"他看着，准知道没人敢下来，他的话硬，可是那条钢鞭更硬，十八斤重。

王三胜，大个子，一脸横肉，努着对大黑眼珠，看着四围。大家不出声。他脱了小褂，紧了紧深月白色的"腰里硬"，把肚子杀进去。给手心一口唾沫，抄起大刀来：

"诸位，王三胜先练趟瞧瞧。不白练，练完了，带着的扔几个；没钱，给喊个好，助助威。

这儿没生意口。好,上眼⑥!"

大刀靠了身,眼珠努出多高,脸上绷紧,胸脯子鼓出,象两块老桦木根子。一跺脚,刀横起,大红缨子在肩前摆动。削砍劈拨,蹲越闪转,手起风生,忽忽直响。忽然刀在右手心上旋转,身弯下去,四围鸦雀无声,只有缨铃轻叫。刀顺过来,猛的一个"跺泥",身子直挺,比众人高着一头,黑塔似的。收了势:"诸位!"一手持刀,一手叉腰,看着四围。稀稀的扔下几个铜钱,他点点头。"诸位!"他等着,等着,地上依旧是那几个亮而削薄的铜钱,外层的人偷偷散去。他咽了口气:"没人懂!"他低声的说,可是大家全听见了。

"有功夫!"西北角上一个黄胡子老头儿答了话。

"啊?"王三胜好似没听明白。

"我说:你——有——功——夫!"老头子的语气很不得人心。

放下大刀,王三胜随着大家的头往西北看。谁也没看重这个老人:小干巴个儿,披着件粗蓝布大衫,脸上窝窝瘪瘪,眼陷进去很深,嘴上几根细黄胡,肩上扛着条小黄草辫子,有筷子那么细,而绝对不象筷子那么直顺。王三胜可是看出这老家伙有功夫,脑门亮,眼睛亮——眼眶虽深,眼珠可黑得象两口小井,深深的闪着黑光。王三胜不怕:他看得出别人有功夫没有,可更相信自己的本事,他是沙子龙手下的大将。

"下来玩玩,大叔!"王三胜说得很得体。

点点头,老头儿往里走。这一走,四外全笑了。他的胳臂不大动,左脚往前迈,右脚随着拉上来,一步步的往前拉扯,身子整着,象是患过瘫痪病。蹭到场中,把大衫扔在地上,一点没理会四围怎样笑他。

"神枪沙子龙的徒弟,你说? 好,让你使枪吧;我呢?"老头子非常的干脆,很象久想动手。

人们全回来了,邻场耍狗熊的无论怎么敲锣也不中用了。

"三截棍进枪吧?"王三胜要看老头子一手,三截棍不是随便就拿得起来的家伙。

老头子又点点头,拾起家伙来。

王三胜努着眼,抖着枪,脸上十分难看。

老头子的黑眼珠更深更小了,象两个香火头,随着面前的枪尖儿转,王三胜忽然觉得不舒服,那俩黑眼珠似乎要把枪尖吸进去! 四外已围得风雨不透,大家都觉出老头子确是有威。为躲那对眼睛,王三胜耍了个枪花。老头子的黄胡子一动:"请!"王三胜一扣枪,向前躬步,枪尖奔了老头子的喉头去,枪缨打了一个红旋。老人的身子忽然活展了,将身微偏,让过枪尖,前把一挂,后把撩王三胜的手。拍,拍,两响,王三胜的枪撒了手。场外叫了好。王三胜连脸带胸口全紫了,抄起枪来;一个花子,连枪带人滚了过来,枪尖奔了老人的中部。老头子的眼亮得发着黑光;腿轻轻一屈,下把掩裆,上把打着刚要抽回的枪杆;拍,枪又落在地上。

场外又是一片彩声。王三胜流了汗,不再去拾枪,努着眼,木在那里。老头子扔下家伙,拾起大衫,还是拉拉着腿,可是走得很快。大衫搭在臂上,他过来拍了王三胜一下:"还得练哪,伙计!"

"别走!"王三胜擦着汗:"你不离,姓王的服了! 可有一样,你敢会会沙老师?"

"就是为会他才来的!"老头子的干巴脸上皱起点来,似乎是笑呢。"走;收了吧;晚饭我请！"

王三胜把兵器拢在一处，寄放在变戏法二麻子那里，陪着老头子往庙外走。后面跟着不少人，他把他们骂散了。

"你老贵姓？"他问。

"姓孙哪，"老头子的话与人一样，都那么干巴。"爱练，久想会会沙子龙。"

沙子龙不把你打扁了！王三胜心里说。他脚底下加了劲，可是没把孙老头落下。他看出来，老头子的腿是老走着查拳门中的连跳步；交起手来，必定很快。但是，无论他怎么快，沙子龙是没对手的。准知道孙老头要吃亏，他心中痛快了些，放慢了些脚步。

"孙大叔贵处？"

"河间的，小地方。"孙老者也和气了些："月棍年刀一辈子枪，不容易见功夫！说真的，你那两手就不坏！"

王三胜头上的汗又回来了，没言语。

到了客栈，他心中直跳，唯恐沙老师不在家，他急于报仇。他知道老师不爱管这种事，师弟们已碰过不少回钉子，可是他相信这回必定行，他是大伙计，不比那些毛孩子；再说，人家在庙会上点名叫阵，沙老师还能丢这个脸么？

"三胜，"沙子龙正在床上看着本《封神榜》[注]，"有事吗？"

三胜的脸又紫了，嘴唇动着，说不出话来。

沙子龙坐起来，"怎么了，三胜？"

"栽了跟头！"

只打了个不甚长的哈欠，沙老师没别的表示。

王三胜心中不平，但是不敢发作；他得激动老师："姓孙的一个老头儿，门外等着老师呢；把我的枪，枪，打掉了两次！"他知道"枪"字在老师心中有多大分量。没等吩咐，他慌忙跑出去。

客人进来，沙子龙在外间屋等着呢。彼此拱手坐下，他叫三胜去泡茶。三胜希望两个老人立刻交了手，可是不能不沏茶去。孙老者没话讲，用深藏着的眼睛打量沙子龙。沙很客气：

"要是三胜得罪了你，不用理他，年纪还轻。"

孙老者有些失望，可也看出沙子龙的精明。他不知怎样好了，不能拿一个人的精明断定他的武艺。"我来领教领教枪法！"他不由地说出来。

沙子龙没接碴儿。王三胜提着茶壶走进来——急于看二人动手，他没管水开了没有，就沏在壶中。

"三胜，"沙子龙拿起个茶碗来，"去找小顺们去，天汇见，陪孙老者吃饭。"

"什么！"王三胜的眼珠几乎掉出来。看了看沙老师的脸，他敢怒而不敢言地说了声"是啦！"走出去，撅着大嘴。

"教徒弟不易！"孙老者说。

"我没收过徒弟。走吧，这个水不开！茶馆去喝，喝饿了就吃。"沙子龙从桌子上拿起缎子褡裢，一头装着鼻烟壶，一头装着点钱，挂在腰带上。

"不，我还不饿！"孙老者很坚决，两个"不"字把小辫从肩上抢到后边去。

"说会子话儿。"

"我来为领教领教枪法。"

"功夫早搁下了，"沙子龙指着身上，"已经放了肉！"

"这么办也行，"孙老者深深的看了沙老师一眼："不比武，教给我那趟五虎断魂枪。"

"五虎断魂枪？"沙子龙笑了："早忘干净了！早忘干净了！告诉你，在我这儿住几天，咱们各处逛逛，临走，多少送点盘缠。"

"我不逛，也用不着钱，我来学艺！"孙老者立起来，"我练趟给你看看，看够得上学艺不够！"一屈腰已到了院中，把楼鸽都吓飞起去。拉开架子，他打了趟查拳⑧：腿快，手飘洒，一个飞脚起去，小辫儿飘在空中，象从天上落下来一个风筝；快之中，每个架子都摆得稳、准、利落；来回六趟，把院子满都打到，走得圆，接得紧，身子在一处，而精神贯串到四面八方。抱拳收势，身儿缩紧，好似满院乱飞的燕子忽然归了巢。

"好！好！"沙子龙在台阶上点着头喊。

"教给我那趟枪！"孙老者抱了抱拳。

沙子龙下了台阶，也抱着拳："孙老者，说真的吧；那条枪和那套枪都跟我入棺材，一齐入棺材！"

"不传？"

"不传！"

孙老者的胡子嘴动了半天，没说出什么来。到屋里抄起蓝布大衫，拉拉着腿："打搅了，再会！"

"吃过饭走！"沙子龙说。

孙老者没言语。

沙子龙把客人送到小门，然后回到屋中，对着墙角立着的大枪点了点头。

他独自上了天汇，怕是王三胜们在那里等着。他们都没有去。

王三胜和小顺们都不敢再到土地庙去卖艺，大家谁也不再为沙子龙吹胜；反之，他们说沙子龙栽了跟头，不敢和个老头儿动手；那个老头子一脚能踢死个牛。不要说王三胜输给他，沙子龙也不是他的对手。不过呢，王三胜到底和老头子见了个高低，而沙子龙连句硬话也没敢说。"神枪沙子龙"慢慢似乎被人们忘了。

夜静人稀，沙子龙关好了小门，一气把六十四枪刺下来；而后，拄着枪，望着天上的群星，想起当年在野店荒林的威风。叹一口气，用手指慢慢摸着凉滑的枪身，又微微一笑，"不传！不传！"

（《老舍文集》第八卷，老舍撰，北京：人民文学出版社，1985）

【注释】

① 本文最初发表于 1935 年 9 月天津《大公报》副刊《文艺》第 13 期。

② 镖局：同"镖局。"

③ 口马：指张家口外出产的马。

④ 国术：指中国的武术。

⑤ 辣饼子：剩下的隔夜干粮。

⑥ 上眼：请观众注意看。

⑦ 封神榜：即《封神演义》，明代长篇神魔小说，题许仲琳撰。以周武王伐商为背景，多仙道斗法大战的情节。

⑧ 查（zhā）拳：武术拳种之一，据传创始于明代回族人查尚义。

【提示】

作为老舍短篇的扛鼎之作，《断魂枪》所表现的主题内涵是十分丰富的，作者所描写的国术大师沙子龙，绝不是用自私保守、冥顽不化可以概括的性格典型。本文的高妙之处就在于将这个末路英雄的清醒意识写到了极致——沙子龙不得不亲手埋葬自己昔日的辉煌，将充满传统美质的文化送进那个"活棺材"中去。沙子龙之所以淡出世俗，淡出江湖，淡出历史，其根本原因就是"今天是火车、快枪、通商与恐怖"的时代，现代战争中的新式武器早已淘汰了"祖先的神灵"，取决胜负的不再是人的绝技，而是现代化的技术。因此，沙子龙认识到自身的贫弱，只能空怀"五虎断魂枪"的绝技而孤芳自赏。然而，更可悲的却是王三胜、小顺子们，以及那位颇具神秘感的人物孙老者，根本就认识不到这可悲的民族文化境遇，还抱着祖宗的绝技不放，这无疑是作者对民族传统文化中的保守痼疾的嘲讽。沙子龙"不传""五虎断魂枪"是明智的，是他意识到民族悲剧的表现，从某种意义上说，他是一个先觉者。但他又是无奈的，因为他还认识不到自己生存的位置，找不到传统文化在现代社会中的延续点和连接线。

此文与一般小说创作所不同的是，作者先在交待人物生存的社会背景时，就在议论中暗示出了小说的主题内涵——"神明全不灵了啊！龙旗的中国也不再神秘"。小说的主人公一直到叙述进展到近一半时才出场，而且处处以近似神秘的色彩去处理，这与作者所要表现的主题内涵相得益彰，完成了形式与内容的高度一致。

另外，欲扬先抑手法、传统的白描手法的运用，也为小说人物丰富的内心世界作出了殷实的铺陈。

【思考与练习】

一、作者刻画沙子龙这个形象对表现作品的主题有何意义？

二、从王三胜和孙老者的身上，你看到的是什么样的文化内容？

三、本文在艺术表现手法方面有哪些鲜明的特点？

菉 竹山房①

吴组缃

吴组缃(1908—1994),原名祖襄,安徽泾县人。中国现代著名作家、学者。1933年毕业于清华大学。后曾任金陵女子文理学院、清华大学教授。1952年调北京大学任教授。曾任中国作协书记处书记、北京市文联副主席。在大学读书时即开始文学创作。初期作品往往以悲剧风格抨击摧残人性的旧社会,后期作品转向对急剧破产的农村社会的描绘。文笔细腻委婉,风格悲凉。著有《宋元文学史稿》,短篇小说集《西柳集》、《饭余集》,散文集《拾荒集》,长篇小说《鸭嘴崂》(后更名为《山洪》)等。

阴历五月初十日和阿圆到家,正是家乡所谓"火梅"天气②:太阳和淫雨交替迫人③,那苦况非身受的不能想象。母亲说,前些日子二姑姑托人传了口信来,问我们到家没有;说"我做姑姑的命不好,连侄儿侄媳也冷淡我"。意思之间,是要我和阿圆到她老人家村上去住些时候。

二姑姑家我只于年小时去过一次,至今十多年了。我连年羁留外乡,过的是电灯电影洋装书籍柏油马路的另一世界的生活④。每当想起家乡,就如记忆一个年远的传说一样。我脑中的二姑姑家,到现在更是模糊得如云如烟。那座阴森敞大的三进大屋⑤,那间摊乱着雨蚀虫蛀的古书的学房⑥,以及后园中的池塘竹木,想起来都如依稀的梦境。

二姑姑的故事好似一个旧传奇的仿本⑦。她的红颜时代我自然没有见过,但从后来我所见到的她的风度上看来:修长的身材,清癯白晰的脸庞,狭长而凄清的眼睛,以及沉默少言笑的阴暗调子,都和她的故事十分相称。

故事在这里不必说得太多。其实,我所知道的也就有限;因为家人长者都讳谈它。我所知道的一点点,都是日长月远,家人谈话中偶然流露出来,由零碎撷拾起来的⑧。

多年以前,叔祖的学塾中有个聪明年少的门生,是个三代孤子。因为看见叔祖屋里的幛幔⑨,笔套,与一幅大云锦上的刺绣⑩,绣的都是各种姿态的美丽蝴蝶,心里对这绣蝴蝶的人起了羡慕之情;而这绣蝴蝶的姑娘因为听叔祖常常夸说这人,心里自然也早就有了这人。这故事中的主人以后是乘一个怎样的机缘相见相识,我不知道,长辈们恐怕也少知道。在我所撷拾的零碎资料中,这以后便是这悲惨故事的顶峰:一个三春天气的午间⑪,冷清的后园的太湖石洞中,祖母因看牡丹花,拿住了一对仓惶失措的系裤带的顽皮孩子。

这幕才子佳人的喜剧闹了出来,人人夸说的绣蝴蝶的小姐一时连丫头也要加以鄙夷。放佚风流的叔祖虽从中尽力撮合周旋⑫,但当时究未成功。若干年后,扬子江中八月大潮,风浪陡作,少年赴南京应考,船翻身亡。绣蝴蝶的小姐那时才十九岁,闻耗后,在桂花树下自缢，为园丁所见，救活了，没死。少年家觉得这小姐尚有稍些可风之处⑬，商得了女家同意，大吹大擂接小姐过去迎了灵柩；麻衣红绣鞋⑭，抱着灵牌参拜家堂祖庙，做了新娘。

这故事要不是二姑姑的，并不多么有趣；二姑姑要没这故事，我们这次也就不致急于要去。

母亲自然怂恿我们去。说我们是新结婚，也难得回家一次。二姑姑家孤寂了一辈子，如今如此想念我们，这点子人情是不能不尽的。但是阿圆却有点怕我们家乡的老太太。这些老太太——举个例，就如我的大伯娘，她老人家就最喜欢搂阿圆在膝上喊宝宝，亲她的脸，咬她的肉，摩挲她的臂膊⑮，又要我和她接吻给她老人家看。一得闲空，就托支水烟袋坐到我们房里来，盯着眼看守着我们作迷迷笑脸，满口反覆地说些叫人红脸不好意思的夸羡话。这种种啰唆⑯，我倒不大在意；可是阿圆就老被窘得脸红耳赤，不知该往那里躲。——因此，阿圆不愿去。

我知道弊病之所在，告诉阿圆：二姑姑不是这种善于表现的快乐天真的老太太。而且我会投年轻姑娘之所好，照二姑姑原来的故事又编上了许多的动人的穿插，说得阿圆感动得红了眼睛叹长气。听说二姑姑决不会给她那种啰唆，她的不愿去的心就完全消除；再听了二姑姑的故事，有趣得如从线装书中看下来的一样；又想到借此可以暂时躲避家下的老太太；而且又知道金燕村中风景好，篔竹山房的屋舍阴凉宽畅：于是阿圆不愿去的心，变成急于要去了。

我说金燕村，就是二姑姑的村；篔竹山房就是二姑姑的家宅。沿着荆溪的石堤走，走的七八里地，回环合抱的山峦渐渐拥挤，两岸葱翠古老的槐柳渐密，溪中黯赭色的大石渐多，哗哗的水激石块声越听越近。这段溪，渐不叫荆溪，而是叫响潭。响潭的两岸，槐树柳树榆树更多更老更葱茏，两面缝合，荫罩着乱喷白色水沫的河面，一缕太阳光也晒不下来。沿着响潭两岸的树林中，疏疏落落点缀着二十多座白垩瓦屋⑰。西岸上，紧临着响潭，那座白屋分外大；梅花窗的围墙上面探露着一丛竹子；竹子一半是绿色的，一半已开了花，变成槁色。——这座村子便是金燕村，这座大屋便是二姑姑的家宅篔竹山房。

阿圆是外乡生长的，从前只在中国山水画上见过的景子，一朝忽然身历其境，欣跃之情自然难言。我一时回想起平日见惯的西式房子，柏油马路，烟囱，工厂等等，也觉得是重入梦境，作了许多缥缈之想。

二姑姑多年不见，显见得老迈了。

"昨天夜里结了三颗大灯花，今朝喜鹊在屋脊上叫了三四次，我知道要来人⑱。"

那只苍白皱摺的脸没多少表情。说话的语气，走路的步法，和她老人家的脸庞同一调子：阴暗，凄苦，迟钝。她引我们进到内屋里，自己珊珊颤颤地到房里去张罗果盘，吩咐丫头为我们打脸水。——这丫头叫兰花，本是我家的丫头，三十多岁了。二姑姑陪嫁丫头死去后，祖父便拨了身边的这丫头来服侍姑姑，和姑姑作伴。她陪姑姑住守这所大屋子已二十多年，跟姑姑念诗念经，学姑姑绣蝴蝶，她自己说不要成家的。

二姑姑说没指望我们来得如此快，房子都没打扫。领我们参观全宅，顺便叫我们自己拣一间合意的住。四个人分作三排走，姑姑在前，我俩在次，兰花在最后。阿圆蹈着姑姑的步子走，显见得拘束不自在，不时昂头顾我，作有趣的会意之笑。我们都无话说。

屋子高大,阴森,也是和姑姑的人相谐调的。石阶,地砖,柱础,甚至板壁上,都染涂着一层深深浅浅的黯绿,是苔尘。一种与陈腐的土木之气混合的霉气扑满鼻官。每一进层的梁上都吊有淡黄色的燕子窝,有的已剥落,只留着痕迹;有的正孵着雏儿,叫得分外响。

我们每走到一进房子,由兰花先上前开锁;因为除姑姑住的一头两间的正屋而外,其余每一间房,每一道门都是上了锁的。看完了正屋,由侧门一条巷子走到花园中。邻着花园有座雅致的房,门额上写着"邀月"两个八分字⑲。百叶窗,古瓶式的门,门上也有明瓦纸的册叶小窗。我爱这地方近花园,较别处明朗清新得多,和姑姑说,我们就住这间房。姑姑叫兰花开了锁,两扇门一推开,就噗噗落下三只东西来:两只是壁虎,一只是蝙蝠。我们都怔了一怔。壁虎是悠悠地爬走了;兰花拾起那只大蝙蝠,轻轻放到墙隅里,呓语着似地念了一套怪话:"福公公,你让让房,有贵客要在这里住。"

阿圆惊惶不安的样子,牵一牵我的衣角,意思大约是对着这些情景,不敢在这间屋里住。二姑姑年老还不失其敏感,不知怎样她老人家就窥知了阿圆的心事:"不要紧。——这些房子,每年你姑爹回家时都打扫一次⑳。停会,叫兰花再好好来收拾。福公公虎爷爷都会让出去的。"

又说:"这间邀月庐是你姑爹最喜欢的地方;去年你姑爹回来,叫我把它修茸一下㉑。你看看,里面全是新崭崭的。"

我探身进去张看,兜了一脸蜘蛛网。里面果然是新崭崭的。墙上字画,桌上陈设,都很整齐。只是蒙上一层薄薄的灰尘罢了。

我们看兰花扎了竹叶把,拿了扫帚来打扫。二姑姑自回前进去了。阿圆用一个小孩子的神秘惊奇的表情问我说:"怎么说姑爹?……"

兰花放下竹叶把,瞪着两只阴沉的眼睛低幽地告诉阿圆说:"爷爷灵验得啦!三朝两天来给奶奶托梦。我也常看见的,公子帽,宝蓝衫,常在这园里走。"

阿圆扭着我的袖口,只是向着兰花的两只眼睛瞪看。兰花打扫好屋子,又忙着抱被褥毯子席子为我们安排床铺。里墙边原有一张檀木榻,榻儿上面摆着一套围棋子,一盘瓷制的大蟠桃。把棋子蟠桃连同榻几拿去,铺上被席,便是我们的床了。二姑姑跚跚颤颤地走来,拿着一顶蚊帐给我们看,说这是姑爹用的帐,是玻璃纱制的;问我们怕不怕招凉。我自然愿意要这顶凉快帐子;但是阿圆却望我瞪着眼,好象连这顶美丽的

钟馗夜巡图　　明·戴进作

帐子也有可怕之处。

这屋子的陈设是非常美致的，只看墙上的点缀就知道。东墙上挂着四幅大锦屏，上面绣着《蓼竹山房唱和诗》㉑，边沿上密密齐齐地绣着各色的小蝴蝶，一眼看上去就觉得很灿烂。西墙上挂着一幅彩色的《钟馗捉鬼图》㉒，两边有洪北江的"梅雪松风清几榻，天光云影护琴书"的对子㉓。床榻对面的南墙上百叶窗子可以看花园，窗下一书桌，桌上一个朱砂古瓶，瓶里插着马尾云拂㉔。

我觉得这地方好。陈设既古色古香；而窗外一丛半绿半黄的修竹，和墙外隐约可听的响潭之水，越衬托得闲适恬静。

不久吃晚饭，我们都默然无话。我和阿圆是不知在姑姑面前该说些什么好，姑姑自己呢，是不肯多说话的。偌大屋子如一大座古墓，没一丝人声；只有堂厅里的燕子啾啾地叫。兰花向天井檐上张一张，自言自语地说："青姑娘还不回来呢！"

二姑姑也不答话，点点头。阿圆偷眼看看我。——其实我自己也正在纳罕着的。吃了饭，正洗脸，一只燕子由天井飞来，在屋里绕了一道，就钻进檐下的窝里去了。兰花停了碗，把筷子放在嘴沿上，低低地说："青姑娘，你到这时才回来。"悠悠地长叹一口气。

我释然，向阿圆笑笑；阿圆却不曾笑，只瞪着眼看兰花。

我说邀月庐清新明朗，那是指日间而言。谁知这天晚上，大雨复作；一盏三支灯草的豆油檠摇晃不定㉕；远远正屋里二姑姑兰花低幽地念着晚经，听来简直是"秋坟鬼唱鲍家诗"㉖；加以外面雨声虫声风弄竹声合奏起一支凄戾的交响曲，显得这周遭的确鬼趣殊多。也不知是循着怎样的一个线索，很自然地便和阿圆谈起《聊斋》的故事来。谈一回，她越靠紧我一些，两眼只瞪着西墙上的《钟馗捉鬼图》，额上鼻上渐渐全渍着汗珠。钟馗手下按着的那个鬼，披着发，撕开血盆口，露出两支大獠牙，栩栩欲活。我偶然瞥一眼，也不由得一惊。这时觉得那钟馗，那恶鬼，姑姑和兰花，连同我们自己俩，都成了鬼故事中的人物了。

阿圆瑟缩地说："我想睡。"

她紧紧靠住我，我走一步，她走一步。睡到床上，自然很难睡着。不知辗转了多少时候，雨声渐止，月亮透过百叶窗，映照得满屋凄幽。一阵飒飒的风摇竹声后，忽然听得窗外有脚步之声。声音虽然轻微，但是入耳十分清楚。

"你……听见了……没有？"阿圆把头钻在我的腋下，喘息地低声问。

我也不禁毛骨悚然。

那声音渐听渐近，没有了；换上的是低沉的戚戚声，如鬼低诉。阿圆已浑身汗濡。我咳了一声，那声音突然寂止；听见这突然寂止，想起兰花日间所说的话，我也不由得不怕了。半晌没有声息，紧张的心绪稍稍平缓，但是两人的神经都过分紧张，要想到梦乡去躲身，究竟不能办到。为要解除阿圆的恐怖，我找了些快乐高兴的话和她谈说。阿圆也就渐渐敢由我的腋下伸出头来了。我说："你想不想你的家？"

"想。"

"怕不怕了？"

"还有点怕。"

正答着话，她突然尖起嗓子大叫一声，搂住我，嚎啕，震抖，迫不成声："你……看……

门上！……"

我看门上——门上那个册叶小窗露着一个鬼脸,向我们张望;月光斜映,隔着玻璃纱帐看得分外明晰。说时迟,那时快。那个鬼脸一晃,就沉下去不见了。我不知从那里涌上一股勇气,推开阿圆,三步跳去,拉开门。

门外是两个女鬼!

一个由通正屋的小巷审远了;一个则因逃避不及,正在我的面前蹲着。

"是姑姑吗?"

"唔——"幽沉的一口气。

我抹着额上的冷汗,不禁轻松地笑了。我说:"阿圆,莫怕了,是姑姑。"

一九三二,十一,二十六。

（《吴组缃代表作》,吴组缃撰,北京:华夏出版社,1998)

【注释】

① 本篇最初发表于 1933 年 1 月 14 日出版的《清华周刊》第 38 卷第 12 期。

② 火梅:即梅雨,指初夏江淮流域持续较长的阴雨天气。因时值梅子黄熟,故有此名。

③ 淫雨:过多的雨。淫,过多。

④ 洋装书籍:用西式的方法(即装订线藏在书皮里面)装订的书。

⑤ 三进:老式建筑一个宅院内房子分成前后几排,每一排称为一进,三进即三排房屋。

⑥ 学房:即书房。

⑦ 旧传奇的仿本:仿照古老传奇编写的故事。中国文学史上,传奇作为一种体式,一是指唐宋人所作的文言短篇小说,以情节离奇而得名;二是指明清人所作的主要以南曲演唱的戏曲剧本,由宋元南戏发展而来。

⑧ 摭(zhí)拾:拾取。

⑨ 幛幔(zhàng màn):绸布做成的上有题字或缀字的帐幕。

⑩ 云锦:织有云纹图案的丝织品,是中国传统工艺美术品。

⑪ 三春:此处指春季的第三个月,即夏历三月。

⑫ 放佚(yì):豪放洒脱、不受拘束的。

⑬ 可风:值得赞扬,有教育意义。

⑭ 麻衣红绣鞋:指丧事和婚事一起办。麻衣,指丧服。红绣鞋,指新娘子穿的鞋。

⑮ 摩挲(mó suō):用手抚摸。

⑯ 啰唣(luó zào):义同"啰嗦"。

⑰ 白垩(è):石灰岩的一种,色白,质地软,可以用来粉刷房屋。

⑱ 要来人:民间风习认为油灯的灯芯上结灯花,喜鹊在自家的房上或院子的树上叫,就预示将有客人到来。

⑲ 八分字:一种书体,汉代流行的隶书字体。

⑳ 姑爹回家:此指姑爹的灵魂回家。

㉑ 修葺(qì):修补。

㉒ 唱和(hè):以诗词互相酬答。唱,指某人首先做诗词;和,指别的人根据他的题目和体式做诗词应答。

㉓ 钟馗(kuí):传说中捉鬼驱邪的神,据沈括《梦溪笔谈》记载,唐玄宗曾梦见一大鬼捕食一小鬼,问大鬼何人,对曰:"臣钟馗,即武举不捷之士也,誓与陛下除天下之妖孽。"后世遂图其形以除邪驱祟。一说系从"终葵"演化而来。唐代大画家吴道子画有《钟馗捉鬼图》。

㉔ 洪北江:即洪亮吉(1746—1809),字君直,一字稚存,号北江,江苏阳湖(今常州)人,清学者、文学家,乾隆五十五年(1790)进士,官编修。有《春秋左传诂》、《洪北江全集》。

㉕ 马尾云拂:用马尾做成的一种除灰尘的掸帚。

㉖ 豆油檠(qǐng):豆油灯。檠,灯台。

㉗ "秋坟"句:这是唐诗人李贺《秋来》诗中的第七句,意思是秋天坟地里众鬼吟唱着鲍照的诗,形容声音很凄切。鲍,指鲍照(约 414—466),字明远,东海(治今山东郯城北)人,南朝宋文学家,官临海王前军参军,世称"鲍参军",有《鲍参军集》。鲍家诗,似指鲍照的《代蒿里行》、《代挽歌》之类作品。

【提示】

　　这篇小说以新婚的"我"和阿圆去看望二姑姑为线索，从独特的角度表现了一个传统女性无爱的凄凉人生历程，揭示出腐朽的封建旧文化对人性和生命的压抑与摧残。

　　小说没有过多地停留在对二姑姑爱情悲剧的正面描写上，情节的铺展在此显得并不重要，人物的性格也只以淡淡的笔墨加以勾勒，作者主要用大量的笔墨来营造气氛，进行细致的渲染与烘托，让人在箓竹山房阴森而略带鬼气的氛围中，感悟到守活寡的二姑姑虽生犹死，形同一片枯萎的花瓣漂浮于封建传统文化死水潭的可悲境遇。文章结尾处，在惨淡月光下出现"鬼脸"的细节描写，不仅强化了小说阴森恐怖的氛围，同时亦深刻地揭示了两个女人畸变的心理状态，起着画龙点睛的作用。

　　景物描写在本文里起到了非常突出的作用。正是通过乡村景色或清幽或明朗或阴冷的色调变化和对比，与富有特征的民情风物的描叙，凸现了二姑姑的生活空间。来自城市、带有现代文明生活气息的"我"和阿圆，在整个故事中所呈现的心理感受的曲折变化，则反衬了腐朽的封建旧文化对人性的戕害。

【思考与练习】

一、简要分析这篇小说中二姑姑身世的悲剧意义。

二、试析这篇小说中景物描写的作用。

三、为什么说这篇小说主要采用的是侧面渲染和烘托的表现方法？

一 滴水可以活多久

迟子建

迟子建(1964—),黑龙江漠河人。中国当代作家。1984年毕业于大兴安岭师范学校。1990年毕业于北京师范大学与鲁迅文学院合办的研究生班。1990年毕业后到黑龙江省作家协会工作。主要作品有小说集《北极村童话》,散文集《伤怀之美》,长篇小说《树下》、《伪满洲国》等。

这滴水诞生于凌晨的一场大雾。人们称它为露珠,而她只把它当做一滴水来看待,它的的确确就是一滴水。最初发现它的人是一个七八岁的小女孩,她不是在玫瑰园中发现它的,而是为了放一只羊去草地在一片草茎的叶脉上发现的。那时雾已散去,阳光在透明的空气中飞舞。她在低头的一瞬发现了那滴水。它饱满充盈,比珠子还要圆润,阳光将它照得肌肤浏亮,她在敛声屏气盯着这滴水看的时候不由发现了一只黑黑的眼睛,她的眼睛被水珠吸走了,这使她很惊讶。我有三只眼睛,两只在脸上,一只在草叶上,她这样对自己说。然而就在这时她突然打了一个喷嚏,那柔软的叶脉随之一抖,那滴水骨碌一下便滑落了。她的第三只眼睛也随之消失了。她便蹲下身子寻找那滴水,她太难过了,因为在此之前她从未发现过如此美的事物。然而那滴水却是难以寻觅了。它去了哪里?它死了吗?

后来她发现那滴水去了泥土里,从此她便对泥土怀着深深的敬意。人们在那片草地上开了荒,种上了稻谷,当沉甸甸的粮食蜕去了糠皮在她的指间矜持地散发出成熟的微笑时,她确信她看见了那滴水。是那滴水滋养了金灿灿的稻谷,她在吃它们时意识里便不停地闪现出凌晨叶脉上的那滴水,它莹莹欲动,晶莹剔透。她吃着一滴水培育出来的稻谷一天天地长大了,有一个夏日的黄昏她在蚊蚋的歌唱声中发现自己成了一个女人[①],

"是那滴水滋养了金灿灿的稻谷。"

她看见体内流出的第一滴血时确信那是几年以前那滴水在她体内作怪的结果。她开始长高,发丝变得越来越光泽柔顺,胸脯也越来越丰满,后来她嫁给了一个种地的男人。她喜欢他的力气,而他则依恋她的柔情。她怎么会有这么浓的柔情呢？她俯在男人的肩头老有说也说不尽的话,好在夜晚时被男人搂在怀里就总也不想再出来,后来她明白是那滴水给予她的柔情。不久她生下了一个孩子,她的奶水真旺啊,如果不吃那滴水孕育出的稻米,她怎么会有这么鲜浓的奶水呢？后来她又接二连三地生孩子,渐渐地她老了,她在下田时常常眼花,即使阴雨绵绵的天气也觉得眼前阳光飞舞。她的子孙们却像椴树林一样茁壮地成长起来。

她开始抱怨那滴水,你为什么不再给予我青春、力量和柔情了呢？难道你真的死去了吗？她步履蹒跚着走向童年时去过的那片草地,如今那里已经是一片良田,入夜时田边的水洼里蛙声阵阵。再也不见碧绿的叶脉上那滴纯美之极的水滴了,她伤感地落泪了。她的一滴泪水滑落到手上,她又看见了那滴水,莹白圆润,经久不衰。你还活着,活在我的心头！她惊喜地对着那滴水说。

她的牙齿渐渐老化,咀嚼稻米时显得吃力了。儿孙们跟她说话时要贴着她耳朵大声地叫,即使这样她也只是听个一知半解。她老眼昏花,再也没有激情俯在她男人的肩头咕哝不休了。而她的男人看上去也畏畏缩缩,终日垂头坐在门槛前的太阳底下,漠然平静地看着脚下的泥土。有一年的秋季她的老伴终于死了,她嫌他比自己死得早,把她给丢下了,一滴眼泪也不肯给予他。然而埋葬他后的一个深秋的月夜,她不知怎的格外想念他,想念他们的青春时光。她一个人拄着拐杖哆哆嗦嗦地来到河边,对着河水哭她的伴侣。泪水落到河里,河水仿佛被激荡得上涨了。她确信那滴水仍然持久地发挥着它的作用,如今那滴水幻化成泪水融入了大河。而她每天又都喝着河水,那滴水在她的周身循环着。

直到她衰老不堪即将辞世的时候,她的意识里只有一滴水的存在。当她处于弥留之际,儿孙们手忙脚乱地为她穿寿衣,用河水为她洗脸时,她的头脑里也只有一滴水。那滴水湿润地滚动在她的脸颊为她敲响丧钟。她仿佛听到了叮当叮当的声音。后来她打了一个微弱的喷嚏,安详地合上眼帘。那滴水随之滑落在地,渗透到她辛劳一世的泥土里。她不在了,而那滴水却仍然活着。

她在过世后又变成了一个七八岁的小女孩,有一天凌晨大雾消散后她来到一片草地,她在碧绿的青草叶脉上发现了一颗露珠,确切地说是一滴水,她还看见了一只黑亮的眼睛在水滴里闪闪烁烁,她相信她与一生中所感受的最美的事物相逢了。

（《北方的盐》,迟子建撰,南京:江苏文艺出版社,2006）

【注释】

① 蚋(ruì):一种蚊子一类的昆虫,成体雌虫以刺吸牛羊等牲畜的血液为生。

【提示】

本文是一篇童话式的散文,从一个小女孩在一片草茎上发现一滴露珠起笔,为全文确定了一个诗意的语调,而小女孩在凝望水滴的时候"发现了一只黑黑的眼睛",这一情景的安排更别具匠心,很巧妙地暗示了二者之间的隐喻关系。那一滴水,落入泥土,滋养稻谷,小女孩的成长、婚嫁、生儿育女直至衰老、死亡,始终与这一滴水相结相关联。显然,水滴不仅是映照出小女孩黑亮眼睛的镜子,它与她的生命融成了一体;而且,水滴经历了从露珠到露珠的循环,自然界生命与女人的生命相伴随,它已经成为母性生命生生不息、人类藉此生命的力量不断繁衍的美丽象征。

童话的逻辑是超出生活常态的,本文就多有出人意表的神奇想象。文章不仅写生命的生长老衰,还写到生命与生命的转换、循环、再生,结尾写"她在过世后又变成了一个七八岁的小女孩",又来到了草地,在"碧绿的青草叶脉上发现了一颗露珠",按照现实逻辑这自然是不可能的,但作为一种诗意的想象却是美丽动人的。

【思考与练习】

一、本文表现了作者怎样的生命观?

二、本文用一滴水贯穿全篇,谈谈你对这种结构方式的看法。

三、作者怎样描写"她"在自己老伴去世时的感情?

苦恼①——我向谁去诉说我的悲伤……②

安东·契诃夫

安东·契诃夫（Антон Павлович Чехов，1860—1904），俄国著名小说家、戏剧家。出身于破产的商人家庭，毕业于莫斯科大学医药系，早期以"契洪特"的笔名写过两百多篇短小作品，质量参差不齐，有为适应当时一些资产阶级报纸和市民趣味的读者而写的平庸之作，也有暴露黑暗、针砭社会弊病的佳作，如《一个小官员之死》、《变色龙》、《苦恼》等。1886 年后，他思想剧变，作品中的批判因素增强，创作风格日趋成熟。这一时期他又写了一百余篇中短篇小说，较有名的有《草原》、《第六病室》、《带阁楼的房子》、《新娘》等。契诃夫的小说简练冷峻，风格独特。他的戏剧创作在戏剧史上也有重要地位，剧作有《万尼亚舅舅》、《三姊妹》、《樱桃园》等。

暮色昏暗。大片的湿雪绕着刚点亮的街灯懒洋洋地飘飞，落在房顶、马背、肩膀、帽子上，积成又软又薄的一层。车夫姚纳·波达波夫周身雪白，象是一个幽灵。他在赶车座位上坐着，一动也不动，身子往前伛着，伛到了活人的身子所能伛到的最大限度。即使有一个大雪堆倒在他的身上，仿佛他也会觉得不必把身上的雪抖掉似的。……他那匹小马也是一身白，也是一动都不动。它那呆呆不动的姿态、它那瘦骨棱棱的身架、它那棍子般直挺挺的腿，使它活象那种花一个戈比就能买到的马形蜜糖饼干。它多半在想心思。不论是谁，只要被人从犁头上硬拉开，从熟悉的灰色景致里硬拉开，硬给丢到这儿来，丢到这个充满古怪的亮光、不停的喧嚣、熙攘的行人的旋涡当中来，那他就不会不想心事。……

姚纳和他的瘦马已经有很久停在那个地方没动了。他们还在午饭以前就从大车店里出来，至今还没拉到一趟生意。可是现在傍晚的暗影已经笼罩全城。街灯的黯淡的光已经变得明亮生动，街上也变得热闹起来了。

"赶车的，到维堡区去③！"姚纳听见了喊声。"赶车的！"

姚纳猛的哆嗦一下，从粘着雪花的睫毛里望出去，看见一个军人，穿一件带风帽的军大衣。

"到维堡区去！"军人又喊了一遍。"你睡着了还是怎么的？到维堡区去！"

为了表示同意，姚纳就抖动一下缰绳，于是从马背上和他肩膀上就有大片的雪撒下来。……那个军人坐上了雪橇。车夫吧哒着嘴唇叫马往前走，然后象天鹅似的伸长了脖子，微微欠起身子，与其说是由于必要，不如说是出于习惯地挥动一下鞭子。那匹瘦马也伸长脖子，弯起它那象棍子一样的腿，迟疑地离开原地走动起来了。……

"你往哪儿闯，鬼东西！"姚纳立刻听见那一团团川流不息的黑影当中发出了喊叫声。

"鬼把你支使到哪儿去啊？靠右走！"

"你连赶车都不会！靠右走！"军人生气地说。

一个赶轿式马车的车夫破口大骂。一个行人恶狠狠地瞪他一眼,抖掉自己衣袖上的雪,行人刚刚穿过马路,肩膀撞在那匹瘦马的脸上。姚纳在赶车座位上局促不安,象是坐在针尖上似的,往两旁撑开胳膊肘,不住转动眼珠,就跟有鬼附了体一样,仿佛他不明白自己是在什么地方,也不知道为什么在那儿似的。

"这些家伙真是混蛋！"那个军人打趣地说。"他们简直是故意来撞你,或者故意要扑到马蹄底下去。他们这是互相串通好的。"

姚纳回过头去瞧着乘客,努动他的嘴唇。……他分明想要说话,然而从他的喉咙里却没有吐出一个字来,只发出咝咝的声音。

"什么？"军人问。

姚纳撇着嘴苦笑一下,嗓子眼用一下劲,这才沙哑地说出口:

"老爷,那个,我的儿子……这个星期死了。"

"哦！……他是害什么病死的？"

姚纳掉转整个身子朝着乘客说:

"谁知道呢！多半是得了热病吧。……他在医院里躺了三天就死了。……这是上帝的旨意哟。"

"你拐弯啊,魔鬼！"黑地里发出了喊叫声。"你瞎了眼还是怎么的,老狗！用眼睛瞧着！"

"赶你的车吧,赶你的车吧,……"乘客说。"照这样走下去,明天也到不了。快点走！"

车夫就又伸长脖子,微微欠起身子,用一种稳重的优雅姿势挥动他的鞭子。后来他有好几次回过头去看他的乘客,可是乘客闭上眼睛,分明不愿意再听了。他把乘客拉到维堡区以后,就把雪橇赶到一家饭馆旁边停下来,坐在赶车座位上伛下腰,又不动了。……湿雪又把他和他的瘦马涂得满身是白。一个钟头过去,又一个钟头过去了。……

人行道上有三个年轻人路过,把套靴踩得很响,互相诟骂,其中两个人又高又瘦,第三个却矮而驼背。

"赶车的,到警察桥去！"那个驼子用破锣般的声音说。"一共三个人。……二十戈比④！"

姚纳抖动缰绳,吧哒嘴唇。二十戈比的价钱是不公道的,然而他顾不上讲价了。……一个卢布也罢,五戈比也罢,如今在他都是一样,只要有乘客就行。……那几个青年人就互相推搡着,嘴里骂声不绝,走到雪橇跟前,三个人一齐抢到座位上去。这就有一个问题需要解决:该哪两个坐着,哪一个站着呢？经过长久的吵骂、变卦、责难以后,他们总算做出了决定:应该让驼子站着,因为他最矮。

"好,走吧！"驼子站在那儿,用破锣般的嗓音说,对着姚纳的后脑壳喷气。"快点跑！嘿,老兄,瞧瞧你的这顶帽子！全彼得堡也找不出比这更糟的了。……"

"嘻嘻,……嘻嘻,……"姚纳笑着说。"凑合着戴吧。……"

"喂,你少废话,赶车！莫非你要照这样走一路？是吗？要给你一个脖儿拐吗？……"

"我的脑袋痛得要炸开了,……"一个高个子说,"昨天在杜克玛索夫家里,我跟瓦斯卡一块儿喝了四瓶白兰地。"

"我不明白，你何必胡说呢？"另一个高个子愤愤地说。"他胡说八道，就跟畜生似的。"

"要是我说了假话，就叫上帝惩罚我！我说的是实情。……"

"要说这是实情，那末，虱子能咳嗽也是实情了。"

"嘻嘻！"姚纳笑道。"这些老爷真快活！"

"呸，见你的鬼！……"驼子愤慨地说。"你到底赶不赶车，老不死的？难道就这样赶车？你抽它一鞭子！唏，魔鬼！唏！使劲抽它！"

姚纳感到他背后驼子的扭动的身子和颤动的声音。他听见那些骂他的话，看到这几个人，孤单的感觉就逐渐从他的胸中消散了。驼子骂个不停，诌出一长串稀奇古怪的骂人话，直骂得透不过气来，连连咳嗽。那两个高个子讲起一个叫娜杰日达•彼得罗芙娜的女人。姚纳不住地回过头去看他们。正好他们的谈话短暂地停顿一下，他就再次回过头去，嘟嘟哝哝说：

"我的……那个……我的儿子这个星期死了！"

"大家都要死的，……"驼子咳了一阵，擦擦嘴唇，叹口气说。"得了，你赶车吧，你赶车吧！诸位先生，照这样的走法我再也受不住了！他什么时候才会把我们拉到呢？"

"那你就稍微鼓励他一下，……给他一个脖儿拐！"

"老不死的，你听见没有？真的，我要揍你的脖子了！……跟你们这班人讲客气，那还不如索性走路的好！……你听见没有，老龙⑤？莫非你根本就不把我们的话放在心上？"

姚纳与其说是感到，不如说是听到他的后脑勺上啪的一响。

"嘻嘻，……"他笑道。"这些快活的老爷，……愿上帝保佑你们！"

"赶车的，你有老婆吗？"高个子问。

"我？嘻嘻，……这些快活的老爷！我的老婆现在成了烂泥地罗。……哈哈哈！……在坟墓里！……现在我的儿子也死了，可我还活着。……这真是怪事，死神认错门了。……它原本应该来找我，却去找了我的儿子。……"

姚纳回转身，想讲一讲他儿子是怎样死的，可是这时候驼子轻松地呼出一口气，声明说，谢天谢地，他们终于到了。姚纳收下二十戈比以后，久久地看着那几个游荡的人的背影，后来他们走进一个黑暗的大门口，不见了。他又孤身一人，寂静又向他侵袭过来。……他的苦恼刚淡忘了不久，如今重又出现，更有力地撕扯他的胸膛。姚纳的眼睛不安而痛苦地打量街道两旁川流不息的人群：在这成千上万的人当中有没有一个人愿意听他倾诉衷曲呢？然而人群奔走不停，谁都没有注意到他，更没有注意到他的苦恼。……那种苦恼是广大无垠的。如果姚纳的胸膛裂开，那种苦恼滚滚地涌出来，那它仿佛就会淹没全世界，可是话虽如此，它却是人们看不见的。这种苦恼竟包藏在这么一个渺小的躯壳里，就连白天打着火把也看不见。……

姚纳瞧见一个扫院子的仆人拿着一个小蒲包，就决定跟他攀谈一下。

"老哥，现在几点钟了？"他问。

"九点多钟。……你停在这儿干什么？把你的雪橇赶开！"

姚纳把雪橇赶到几步以外去，伛下腰，听凭苦恼来折磨他。……他觉得向别人诉说也没有用了。……可是五分钟还没过完，他就挺直身子，摇着头，仿佛感到一阵剧烈的疼痛似的；他拉了拉缰绳。……他受不住了。

"回大车店去，"他想。"回大车店去！"

那匹瘦马仿佛领会了他的想法,就小跑起来。大约过了一个半钟头,姚纳已经在一个肮脏的大火炉旁边坐着了。炉台上,地板上,长凳上,人们鼾声四起。空气又臭又闷。姚纳瞧着那些睡熟的人,搔了搔自己的身子,后悔不该这么早就回来。……

"连买燕麦的钱都还没挣到呢⑥,"他想。"这就是我会这么苦恼的缘故了。一个人要是会料理自己的事,……让自己吃得饱饱的,自己的马也吃得饱饱的,那他就会永远心平气和。……"

墙角上有一个年轻的车夫站起来,带着睡意嗽一嗽喉咙,往水桶那边走去。

"你是想喝水吧?"姚纳问。

"是啊,想喝水!"

"那就痛痛快快地喝吧。……我呢,老弟,我的儿子死了。……你听说了吗?这个星期在医院里死掉的。……竟有这样的事!"

姚纳看一下他的话产生了什么影响,可是一点影响也没看见。那个青年人已经盖好被子,连头蒙上,睡着了。老人就叹气,搔他的身子。……如同那个青年人渴望喝水一样,他渴望说话。他的儿子去世快满一个星期了,他却至今还没有跟任何人好好地谈一下这件事。……应当有条有理,详详细细地讲一讲才是。……应当讲一讲他的儿子怎样生病,怎样痛苦,临终说过些什么话,怎样死掉。……应当描摹一下怎样下葬,后来他怎样到医院里去取死人的衣服。他有个女儿阿尼霞住在乡下。……关于她也得讲一讲。……是啊,他现在可以讲的还会少吗?听的人应当惊叫,叹息,掉泪。……要是能跟娘们儿谈一谈,那就更好。她们虽然都是蠢货,可是听不上两句就会哭起来。

"去看一看马吧,"姚纳想。"要睡觉,有的是时间。……不用担心,总能睡够的。"

他穿上衣服,走到马房里,他的马就站在那儿。他想起燕麦、草料、天气。……关于他的儿子,他独自一人的时候是不能想的。……跟别人谈一谈倒还可以,至于想他,描摹他的模样,那太可怕,他受不了。……

"你在吃草吗?"姚纳问他的马说,看见了它的发亮的眼睛。"好,吃吧,吃吧。……既然买燕麦的钱没有挣到,那咱们就吃草好了。……是啊。……我已经太老,不能赶车了。……该由我的儿子来赶车才对,我不行了。……他才是个地道的马车夫。……只要他活着就好了。……"

姚纳沉默了一忽儿,继续说:

"就是这样嘛,我的小母马。……库兹玛·姚内奇不在了。……他下世了。……他无缘无故死了。……比方说,你现在有个小驹子,你就是这个小驹子的亲娘。……忽然,比方说,这个小驹子下世了。……你不是要伤心吗?"

那匹瘦马嚼着草料,听着,向它主人的手上呵气。

姚纳讲得入了迷,就把他心里的话统统对它讲了。……

(《契诃夫文集》第四卷,〔俄国〕契诃夫撰,汝龙译,上海:上海译文出版社,1984)

【注释】

① 本篇作于1886年。
② "我向谁"句:引自宗教诗《约瑟夫的哭泣和往事》。
③ 维堡区:彼得堡一个区的名字。

④ 戈比：俄国货币单位，一百戈比为一卢布。   一条怪龙名，这里用作骂人的话。
⑤ 老龙：原文是"高雷内奇龙"，俄国神话传说中的   ⑥ 燕麦：马的饲料。

【提示】

　　这篇小说描述一个死了儿子的老马夫姚纳想向别人倾诉心中的痛苦，然而那么大的一个彼得堡竟找不到一个能听他说话的人，最后他只好对着自己的小母马诉说。作者以冷峻的笔触，揭示出19世纪沙皇统治下的社会下层小人物悲惨无援的处境和苦恼孤寂的心态。通过姚纳的遭遇，反映了俄罗斯底层劳动人民的悲惨命运，控诉了沙皇统治下俄国社会人与人之间的冷漠无情。

　　小说的中心线索是紧紧围绕着车夫姚纳因死了儿子想跟人家倾吐一下内心的愁苦这个可怜的心愿和欲望展开的，情节按照时间顺序铺排，作者将"人与人"的关系与"人与马"的关系进行对比。文中姚纳先后四次想向军人、三个青年、扫院子的仆人与年轻马夫诉说苦恼，但这些人对他都漠不关心。最后他来到小母马跟前，小母马不仅听着"他的倾诉"，而且还"闻闻主人的手"。马有情而人无情，形成了一个鲜明的对比。这一对比，更能引起读者对主人公悲惨命运的同情，对世态炎凉的颤栗，对黑暗社会现实的憎恶。

　　小说的对话描写精当简练，能反映出人物在特定环境、场合中的性格特征与心理活动。姚纳与军人及三个寻欢作乐的青年的对话，不仅深刻揭示了军人与三个青年的自私自利、麻木不仁，而且也反映了姚纳内心深处极度苦闷的情绪。

　　小说的细节描写匠心独运，静态的肖像描写逼真传神，语言朴实无华。作品虽然没有曲折的情节和惊人的事变，但能以小见大，于平淡中发人深思，在简单的情节中反映出重大的社会问题，体现了契诃夫短篇小说的独特风格。

【思考与练习】

一、马车夫姚纳为什么要再三对别人、甚至对小母马叙说他儿子死了的事？
二、小说是怎样将"人与人"的关系与"人与马"的关系作对比的？这样对比有何作用？
三、本文的人物对话描写有什么特色？对塑造人物形象起了什么作用？
四、举例说明本文中的细节描写对刻画人物性格、表现人物心理活动所起的作用。

绳子

莫泊桑

莫泊桑(Guy de Maupassant，1850—1893)，法国著名小说家。出生于没落贵族家庭。1870 年普法战争爆发时，他中止了大学学习生活，应征入伍。退伍后在海军部和教育部当职员，同时拜著名作家福楼拜为师，刻苦学习写作。1880 年发表短篇小说《羊脂球》，一举成名。此后，他以毕生精力写了六部长篇小说，近三百篇短篇小说，三本游记以及许多文学评论和政论文章。莫泊桑的文学成就以短篇小说最为突出，善于从生活中截取富有典型意义的横断面，文笔简练，构思新颖，章法多变，人物形象栩栩如生，具有很高的艺术价值，被称为"短篇小说之王"，著名的有《羊脂球》、《项链》、《我的叔叔于勒》、《菲菲小姐》、《骑马》和《绳子》等。长篇小说代表作有《一生》、《漂亮朋友》。

献给哈里·阿利斯①

在戈代维尔四周的所有大路上②，都有农民和他们的妻子朝这个镇子走来，因为这一天是赶集的日子。男的迈着平静的步子走着，长长的罗圈腿每走一步，整个上身就往前俯一下。他们的腿之所以会变形，是因为艰苦的劳动：压下犁头时左肩要耸起，同时身子要歪着；割麦时为了要保持平衡，双膝要分开；还有那些既冗长而又劳累的田间劳作。他们的蓝布罩衫浆得很硬，亮闪闪的，像是上了一道清漆，领口和袖口都用白线绣着花纹；这件罩衫在他们瘦骨嶙峋的上半身上鼓得圆圆的，就像一个就要飞上天的气球，只露出了一个脑袋、两条胳膊和两条腿。

几个男人用一根绳索牵着一头母牛或一条小牛；他们的妻子跟随在牲口后面，用一根还留着叶子的树枝抽打着它们，催它们快走。她们的胳膊上都挎着一些伸出鸡鸭脑袋的大篮子。她们走路时的步子要比她们的男人短小而急促，干瘦的身子挺得直直的，裹在一块用别针系在平坦的胸部上的窄小的围巾里；头上紧贴着头发包了一块白布，上面还戴着一顶软便帽。

接着又有一辆带长凳的大车驶过，拉车的一匹小马一跳一跳小跑着，颠得两个并排坐着的男人和一个坐在车后面长凳上的女人东倒西歪；那个女人为了减轻剧烈的颠簸，紧紧地抓住大车的边缘。

戈代维尔的广场上挤满了一堆乱哄哄的人和牲口。牛的犄角，富裕农民的长毛绒高筒帽和女人的头巾在人群的顶上浮动。各种尖锐刺耳的叫唤声形成一片此起彼伏的粗野的喧闹，在这种喧闹中，偶尔可以听见一个快活的庄稼汉从健壮的胸膛里发出的轰然大笑,或者是系在墙脚下的一条母牛发出的长哞。

这儿的一切都带着牛栏、牛奶、干草和汗水的气味,散发出人畜混杂,特别是种田人身上冒出来的那种非常难闻的酸臭味儿。

布雷奥戴的奥什科纳老爹一来到戈代维尔镇就朝广场走去③,忽然他看到地上有一段绳子。作为一个真正的诺曼底人,奥什科纳老爹十分节俭,认为凡是有用的东西都应该捡起来。于是他吃力地弯下身子,因为他有点风湿症。他捡起了地上那段细绳子,正准备仔细地把它绕起来,却看到马具皮件商玛朗丹老板正站在店门口望着他。从前,他们俩曾经为了一副马笼头吵过一场,两个人都是记恨的人,至今还相互敌视。奥什科纳老爹让仇人看见自己在烂泥里捡一段细绳子,心中不免觉得惭愧。于是他立即把他捡到的东西藏进他的罩衫下面,接着又放进裤子口袋里;接着他又装作在地上寻觅什么东西,当然什么也没有找到,接着他便弯着酸痛的腰,伸着脑袋,朝市场走去。

他很快便混进那个人声嘈杂、行动迟缓的人群,那个因无休止的讨价还价而乱哄哄的人群。乡下人抚摸着母牛,疑惑不定地走去又回来,生怕上当,永远拿不定主意,窥探着卖主的眼神,一心想识破他们的花招,挑出牲口的毛病。

女人把她们的大篮子放在脚边,从篮子里把带来的鸡取出来放在地上;那些鸡的脚被缚着,眼神惊慌,冠子通红。

她们听着顾客们还的价钱,神色冷淡地坚持她们要的原价;或者突然同意了对方还的价钱,向那个正在慢慢走开的顾客喊道:

"就这样吧,昂蒂姆大爷,我卖给您。"

后来,广场上的人逐渐稀少,教堂里敲响了正午的钟声,家离这儿太远的人都分散到各家客店里去了。

茹尔丹客店的大厅里挤满了吃饭的人;宽阔的院子里也停满了各种车辆,有双轮送货马车,有带篷的双轮轻便马车,有带长凳的载人马车,有轻便双轮马车;还有一些叫不出名称的大车,全都沾了黄泥,变了形,走了样,东贴西补,有的两条车辕像胳膊似的朝天举着,有的车首挨地,车尾朝天。

大厅里那座火光熊熊的壁炉,紧靠着那些已经入座的顾客,把坐在右边的那排客人的背脊烤得暖烘烘的。三根烤肉铁扦在火上转动,每根叉子上都叉满了小鸡、鸽子和羊腿;烤肉的香味和烤黄了的肉皮上流着的油汁的香味,从炉膛里散发出来,使大家心情愉快,馋涎欲滴。

所有庄稼人中的显要人士都在茹尔丹老板的客店里吃饭,茹尔丹老板又开客店又做马贩子,是个狡猾的有钱人。

菜一盘盘端上来,一盘盘吃光,就像黄色的苹果酒被一罐罐喝光一样。每个人都谈着自己的生意,谈买进或者卖出的东西。他们也打听收成的情况,天气对草料不坏,可是对小麦说来有点潮。

忽然,院子里响起了一阵鼓声,除了几个对任何事都漠不关心的人以外,大家都立刻站起来,嘴里还含着食物,手里拿着餐巾,向门口或者窗口跑去。

公告宣读人敲鼓结束以后,开始结结巴巴、断断续续地念了起来:

"戈代维尔的居民们,以及所有……来市场上赶集的人,请注意;今天早上九十点钟,有人在伯兹维尔的大路上,丢失了一只黑色皮夹子,里面有五百法郎和一些商业往来的单据。如有人捡到,请立即送交镇……镇政府,或者玛纳维尔的福蒂内·乌尔布雷格老板家^①。有二十法郎的酬金。"

念完,这个人就走了。过了一会,从远处还传来过一次隐隐约约的鼓声和击鼓人的微弱的喊叫声。

这时候,大家开始议论这件事,推测着乌尔布雷格先生有没有找回他的皮夹子的运气。

午餐吃完了。

快要喝完咖啡的时候,门口出现了宪兵班长。

他问道:

"布雷奥戴村的奥什科纳老板在这儿吗?"

坐在桌子另一端的奥什科纳老板应道:

"我在这儿。"

班长接着说:

"奥什科纳老板,请您跟我到镇政府去一次,镇长要跟您谈话。"

这个乡下人大吃一惊,很不安,他一口就喝完了他小酒杯中的酒,站起身来;他的腰弯得比早上更加低,因为每次休息后的开始几步总是特别困难。他开始走了,一边重复着说:

"我在这儿,我在这儿。"

镇长坐在一把扶手椅里在等他。镇长也是当地的公证人,身体肥胖,神态严肃,说起话来有些夸大。

"奥什科纳先生,"他说,"有人看见您今天早上,在伯兹维尔的大路上,捡到了玛纳维尔的福蒂内·乌尔布雷格先生遗失的皮夹子。"

这个乡下人瞠目结舌地望着镇长,这个莫名其妙落在他头上的嫌疑把他吓蒙了。

"我,我,我捡到了这只皮夹子?"

"是的,就是您。"

"我以名誉担保,我连看也没有看见过。"

"有人看见您捡的。"

"有人看见我捡的,是谁看见的?"

"马具皮件商玛朗丹先生。"

这时候,老头儿想起来了,知道是怎么一回事了,气得满脸通红,说:

"啊! 是他看见我捡的,这个坏东西! 他看到我捡的是这段绳子,您瞧,镇长先生。"

他一边说一边在口袋里摸索,取出了那一小段绳子。

可是镇长不相信,摇摇头说:

"奥什科纳先生,玛朗丹先生是个值得信赖的人,您不能使我相信他会把这段绳子看作一只皮夹子。"

这个乡下人怒不可遏,举起手,向旁边吐了一口唾沫,证明他的清白,一边重复着说:

"可是这是上帝看见的事情,千真万确,镇长先生。在这件事情上,我可以用我的灵魂和我灵魂的得救再起一遍誓。"

镇长接着说:

"在您把东西捡起来以后，您甚至还在烂泥里找了很长时间，看看还有没有从皮夹子里掉出来的零钱。"

老头儿这时又气又怕，简直喘不过气来了。

"怎么能这么说！……怎么能这么说……用这样的谎话来污蔑一个老实人！怎么能这么说……"

不管他如何辩白，人家就是不相信。

后来让他和玛朗丹先生对质。玛朗丹先生把他的证词重复了一遍，并坚持他的说法。他们相互对骂了一个小时。根据奥什科纳先生自己的要求，在他身上搜了一遍，可是什么也没有找到。

最后，镇长也觉得这件事很难办，只能放他走；同时通知他，这件事要去告诉检察官，请示解决办法。

新闻已经传播出去了。老头儿一走出镇政府便被人围起来问长问短；有的人纯粹出于好奇，有的人则带有嘲弄的意味，可是没有一个人为他鸣不平。他把那段绳子的故事讲了一遍，可是没有一个人相信，大家都笑起来了。

他走了，一路上被很多人留住，他也留住他认识的人；他一遍又一遍地讲他的故事，提他的抗议，并且把口袋翻过来给人看，证明他什么也没有。

那些人对他说：

"老滑头，算了吧！"

他生气了，发火了，因为没有人相信他而变得激动、伤心，可是又不知道该怎么办，只能不停地叙述自己的故事。

天色黑了，该回家了。他跟三个邻居一起走，他把捡到绳子的地方指给他们看；一路上他不停地谈着这次遭遇。

晚上，他在布雷奥戴村走了一圈，把他这件事告诉了所有的人，可是没有一个人相信他。

他心里难受得一夜没有入睡。

第二天，午后一点钟光景，伊莫维尔的庄稼人⑤，布雷东老板的农庄里的长工玛里于斯·波梅尔，把那只皮夹子连同里面装的钱物一起送还给了玛纳维尔的乌尔布雷格老板。

这个长工说，他确实是在大路上捡到这件东西的，因为他不识字，就拿回去交给了他的东家。

这个新闻在附近各处传遍了，奥什科纳老头也听说了。他马上到各处转悠，把他那个已经有了结局的故事讲给大家听。他胜利了。

"使我感到伤心的，"他说，"倒不是这件事本身，您明白吗？而是那些谎言。再也没有比谎言更损害人的了。"

他一整天都在谈着他这件事情，他在大路上讲给来往的行人听，他在酒店里讲给喝酒的人听；到了星期日，他还去教堂门口讲给别人听；他还拦住不认识的人讲给他们听。现在，他已经平静下来了，不过总还有些什么东西使他感到不太自在，但又不知道究竟是什么。听他讲故事的人，脸上总是带着开玩笑的神色，好像他们还是不太相信。他觉得背后有人议论他。

下一个星期二，只是为了把这件事说说明白，他又到戈代维尔赶集去了。

玛朗丹站在他的店门口,看见他经过便笑了起来。这是为什么呢?

他遇到克里克托的一个农庄主⑥,便上前去和他攀谈,可是那个人不等他说完,便在他肚子上拍了一下,冲着他的脸喊道:"老滑头,算了吧!"然后就转身走了。

奥什科纳老头一下子愣住了,心中越来越不安了。为什么别人叫他"老滑头"呢?

到了茹尔丹客店,在餐桌边落座以后,他又开始解释这件事了。

有一个从蒙蒂维利埃来的马贩子对他大声喊道⑦:

"行了!行了!你这只老狐狸,你那根绳子,我早就知道了!"

奥什科纳结结巴巴地说:

"那只皮夹子,不是已经找到了吗?"

对方接着说:

"别说了吧,我的老大爷;一个人找到,另外一个人送回去。真是神不知,鬼不觉啊!"

这一次乡下人气得连话也说不出来。他终于明白了;大家在指责他在事后支使一个伙伴、一个同谋者,送回了那只皮夹子。

他想辩白;所有的食客都笑了起来。

他没法吃完他那顿饭,在一片嘲笑中走出客店。

他羞愤交加地回到家里,怒气和羞愧卡住了他的嗓子;尤其使他感到苦恼的是,仗着他诺曼底人的狡猾,他是做得出现在人家诬赖他做的这件事的,甚至还会自鸣得意,夸耀自己的手段高明。他模模糊糊地感到他的清白无辜看来是无法证明了,因为他的狡猾是尽人皆知的。他觉得他的心受到了不白之冤的狠狠打击。

于是他又开始叙述这次遭遇,每天都要把这个故事加长一些,每次都要增加一些新的理由,一些更加有力的抗辩,一些在他独自一人时准备好的更加庄严的誓言,因为他的脑子里完全被这根绳子的故事占据了。可是他的辩解越是复杂,他的理由越是充分,大家越是不相信他。

人家在他背后说:"这些理由都是编出来的。"

这一切他都感觉得到;他忧心忡忡,白白地耗费精力,作无效的努力。

他眼看着日益憔悴下去。

那些喜欢开玩笑的人,倒反过来要求他讲绳子的故事让他们高兴高兴,就像人们要士兵讲打仗一样。他的精神在如此严重的打击下,彻底垮掉。

到了十二月底,他卧床不起了。

他在正月初死了,临终说胡话时还在证明自己的清白,不住地重复着说:

"一段细绳子……一段细绳子……瞧,就在这儿,镇长先生。"

(王振孙译)

《羊脂球:莫泊桑中短篇小说选》,[法国]莫泊桑撰,郝运、王振孙译,上海:上海译文出版社,2006)

【注释】

① 哈里·阿利斯(Harry Alis,1857—1895):原名伊波利特·佩尔谢。创办《现代与自然主义杂志》等刊物,莫泊桑曾在这些刊物上撰稿。另有小说《剖腹自杀》等。

② 戈代维尔:法国塞纳滨海省的一个大镇,距费康十三公里,距埃特尔塔十六公里。

③ 布雷奥戴:戈代维尔南面三公里处的村庄。
④ 玛纳维尔:在布雷奥戴西边,相距四公里半。
⑤ 伊莫维尔:戈代维尔镇东南三公里处的小村庄,全称为格兰维尔-伊莫维尔,莫泊桑的弟弟就生在这个村庄。

⑥ 克里克托:全名克里克托-勒纳瓦尔,戈代维尔西边村镇,相距四公里半。
⑦ 蒙蒂维利埃:与戈代维尔相距十六公里的一个大镇,在通往勒阿弗尔的大路上,相距十公里。

【提示】

这是一篇描写法国外省农村生活题材的小说,它通过一个老实的农民奥什科纳因捡到一根绳子而被诬陷以致含冤而死的不幸遭遇,揭示了旧社会道德的荒唐和习惯势力的可怕。

奥什科纳是一个勤劳、老实的农民典型,艰苦的生活养成了他勤俭节约的习惯。是什么葬送了这个善良农民的生命? 当然与仇家的恶意诬告、镇长不辨真伪的审问、众人的嘲笑与奚落有关,但归根结底,是某些荒唐的旧道德,是冷漠无情的风气扼杀了这个善良的诚实者。小说就是这样以深沉的笔触写了奥什科纳这个老农民的悲剧,揭露了旧社会的某些邪恶。

作者不仅善于通过细节描写和富有特征的外貌、动作、语言描写来刻画人物性格,而且在艺术构思上匠心独运。为了突出奥什科纳命运的悲剧性,作者先写他的顺境(高高兴兴去赶集),再写他的逆境(被诬捡了皮夹子),接下去又写顺境(皮夹子有人交还失主),最后写他堕入更深的逆境(他仍然不被人们所理解,受到奚落、嘲笑而含冤死去)。这样来安排情节,有波澜,有起伏,使小说具有更强烈的艺术效果。

小说开头的一段场景描写,展示了莫泊桑作为风俗画家的卓越才能。这段描写为绳子故事的发生提供了典型环境,又为主人公性格的发展提供了行动依据,集市上人多嘴杂,奥什科纳忍受不了强加的舆论诬陷,从而四处辩说,最后一病不起,导致一场悲剧。集市气氛的描写,还增强了作品的乡土气息和艺术感染力。

【思考与练习】

一、这篇小说批判揭示了当时社会生活中哪些病态?
二、奥什科纳具有怎样的性格特征? 作者是运用哪些手法来刻画这个人物的?
三、如果今天仍有这样的现象,应当怎样对待?

麦琪的礼物①

欧·亨利

欧·亨利(O. Henry,1862—1910),美国著名的短篇小说家。原名威廉·西德尼·波特(William Sydney Porter)。出生于美国北卡罗来纳州的一个医生家庭。当过学徒、会计和银行出纳员。曾因被控盗用公款而入狱。狱中以欧·亨利的笔名写作短篇小说。出狱后他来到纽约,经常出入于小客店、小酒店、贫民窟、下等剧院,广泛结交下层平民,自觉为小人物立言。欧·亨利一生写了近三百篇短篇小说,代表作有《麦琪的礼物》《警察和赞美诗》《最后的藤叶》等。他的小说以诙谐幽默见长,寓悲于喜,形成"含泪的微笑"的独特风格。小说情节生动,构思巧妙,结局往往出人意料,却又在情理之中,历来为人们所称道。另有唯一的一部长篇小说《白菜与皇帝》。

　　一块八毛七分钱。全在这儿了。其中六毛钱还是铜子儿凑起来的。这些铜子儿是每次一个、两个向杂货铺、菜贩和肉店老板那儿死乞白赖地硬扣下来的;人家虽然没有明说,自己总觉得这种掂斤播两的交易未免太吝啬,当时脸都臊红了。德拉数了三遍。数来数去还是一块八毛七分钱,而第二天就是圣诞节了。

　　除了倒在那张破旧的小榻上号哭之外,显然没有别的办法。德拉就那样做了。这使一种精神上的感慨油然而生,认为人生是由啜泣、抽噎和微笑组成的,而抽噎占了其中绝大部分。

　　这个家庭的主妇渐渐从第一阶段退到第二阶段,我们不妨抽空儿来看看这个家吧。一套连家具的公寓,房租每星期八块钱。虽不能说是绝对难以形容,其实跟贫民窟也相去不远。

　　下面门廊里有一个信箱,但是永远不会有信件投进去;还有一个电钮,除非神仙下凡才能把铃按响。那里还贴着一张名片,上面印有"詹姆斯·迪林汉·扬先生"几个字。

　　"迪林汉"这个名号是主人先前每星期挣三十块钱得法的时候,一时高兴,加在姓名之间的。现在收入缩减到二十块钱,"迪林汉"几个字看来就有些模糊,仿佛它们正在郑重考虑,是不是缩成一个质朴而谦逊的"迪"字为好。但是每逢詹姆斯·迪林汉·扬先生回家上楼,走进房间的时候,詹姆斯·迪林汉·扬太太——就是刚才已经介绍给各位的德拉——总是管他叫做"吉姆",总是热烈地拥抱他。那当然是很好的。

　　德拉哭了之后,在脸颊上扑些粉。她站在窗子跟前,呆呆地瞅着外面灰濛濛的后院里,一只灰猫正在灰色的篱笆上行走。明天就是圣诞节了,她只有一块八毛七分钱来给吉姆买一件礼物。好几个月来,她省吃俭用,能攒起来的都攒了,可结果只有这一点儿。一

星期二十块钱的收入是不经用的。支出总比她预算的要多。总是这样的。只有一块八毛七分钱来给吉姆买礼物。她的吉姆。为了买一件好东西送给他，德拉自得其乐地筹划了好些日子。要买一件精致、珍奇而真有价值的东西——够得上为吉姆所有的东西固然很少，可总得有些相称才成呀。

房里两扇窗子中间有一面壁镜。诸位也许见过房租八块钱的公寓里的壁镜。一个非常瘦小灵活的人，从一连串纵的片断的映象里，也许可以对自己的容貌得到一个大致不差的概念。德拉全凭身材苗条，才精通了那种技艺。

她突然从窗口转过身，站到壁镜面前。她的眼睛晶莹明亮，可是她的脸在二十秒钟之内却失色了。她迅速地把头发解开，让它披落下来。

且说，詹姆斯·迪林汉·扬夫妇有两样东西特别引为自豪，一样是吉姆三代祖传的金表，另一样是德拉的头发。如果示巴女王住在天井对面的公寓里②，德拉总有一天会把她的头发悬在窗外去晾干，使那位女王的珠宝和礼物相形见绌。如果所罗门王当了看门人③，把他所有的财富都堆在地下室里，吉姆每次经过那儿时准会掏出他的金表看看，好让所罗门妒忌得吹胡子瞪眼睛。

这当儿，德拉美丽的头发披散在身上，象一股褐色的小瀑布，奔泻闪亮。头发一直垂到膝盖底下，仿佛给她铺成了一件衣裳。她又神经质地赶快把头发梳好。她踌躇了一会儿，静静地站着，有一两滴泪水溅落在破旧的红地毯上。

她穿上褐色的旧外套，戴上褐色的旧帽子。她眼睛里还留着晶莹的泪光，裙子一摆，就飘然走出房门，下楼跑到街上。

她走到一块招牌前停住了，招牌上面写着："莎弗朗妮夫人——经营各种头发用品。"德拉跑上一段楼梯，气喘吁吁地让自己定下神来。那位夫人身躯肥大，肤色白得过分，一副冷冰冰的模样，同"莎弗朗妮"这个名字不大相称④。

"你要买我的头发吗？"德拉问道。

"我买头发，"夫人说。"脱掉帽子，让我看看头发的模样。"

那股褐色的小瀑布泻了下来。

"二十块钱，"夫人用行家的手法抓起头发说。

"赶快把钱给我，"德拉说。

噢，此后的两个钟头仿佛长了玫瑰色翅膀似的飞掠过去。诸位不必理会这种杂凑的比喻。总之，德拉正为了送吉姆的礼物在店铺里搜索。

德拉终于把它找到了。它准是专为吉姆，而不是为别人制造的。她把所有店铺都兜底翻过，各家都没有象这样的东西。那是一条白金表链，式样简单朴素，只是以货色来显示它的价值，不凭什么装潢来炫耀——一切好东西都应该是这样的。它甚至配得上那只金表。她一看到就认为非给吉姆买下不可。它简直象他的为人。文静而有价值——这句话拿来形容表链和吉姆本人都恰到好处。店里以二十一块钱的价格卖给了她，她剩下八毛七分钱，匆匆赶回家去。吉姆有了那条链子，在任何场合都可以毫无顾虑地看看钟点了。那只表虽然华贵，可是因为只用一条旧皮带来代替表链，他有时候只是偷偷地瞥一眼。

德拉回家以后，她的陶醉有一小部分被审慎和理智所替代。她拿出卷发铁钳，点着煤气，着手补救由于爱情加上慷慨而造成的灾害。那始终是一件艰巨的工作，亲爱的朋友们——简直是了不起的工作。

不出四十分钟,她头上布满了紧贴着的小发鬈,变得活象一个逃课的小学生。她对着镜子小心而苛刻地照了又照。

"如果吉姆看了一眼不把我宰掉才怪呢,"她自言自语地说,"他会说我象是康奈岛游乐场里的卖唱姑娘。我有什么方法呢?——唉!只有一块八毛七分钱,叫我有什么办法呢?"

到了七点钟,咖啡已经煮好,煎锅也放在炉子后面热着,随时可以煎肉排。

吉姆从没有晚回来过。德拉把表链对折着握在手里,在他进来时必经的门口的桌子角上坐下来。接着,她听到楼下梯级上响起了他的脚步声。她脸色白了一忽儿。她有一个习惯,往往为了日常最简单的事情默祷几句,现在她悄声说:"求求上帝,让他认为我还是美丽的。"

门打开了,吉姆走进来,随手把门关上。他很瘦削,非常严肃。可怜的人儿,他只有二十二岁——就负起了家庭的担子!他需要一件新大衣,手套也没有。

吉姆在门内站住,象一条猎狗嗅到鹌鹑气味似的纹丝不动。他的眼睛盯着德拉,所含的神情是她所不能理解的,这使她大为惊慌。那既不是愤怒,也不是惊讶,又不是不满,更不是嫌恶,不是她所预料的任何一种神情。他只带着那种奇特的神情凝视着德拉。

德拉一扭腰,从桌上跳下来,走近他身边。

"吉姆,亲爱的,"她喊道,"别那样盯着我。我把头发剪掉卖了,因为不送你一件礼物,我过不了圣诞节。头发会再长出来的——你不会在意吧,是不是?我非这么做不可。我的头发长得快极啦。说句'恭贺圣诞'吧!吉姆,让我们快快乐乐的。我给你买了一件多么好——多么美丽的好东西,你怎么也猜不到的。"

"你把头发剪掉了吗?"吉姆吃力地问道,仿佛他绞尽脑汁之后,还没有把这个显而易见的事实弄明白似的。

"非但剪了,而且卖了。"德拉说。"不管怎样,你还是同样地喜欢我吗?虽然没有了头发,我还是我,可不是吗?"

吉姆好奇地向房里四下张望。

"你说你的头发没有了吗?"他带着近乎白痴般的神情问道。

"你不用找啦,"德拉说。"我告诉你,已经卖了——卖了,没有了。今天是圣诞前夜,亲爱的。好好地对待我,我剪掉头发为的是你呀。我的头发也许数得清,"她突然非常温柔地接下去说,"但我对你的情爱谁也数不清。我把肉排煎上好吗,吉姆?"

吉姆好象从恍惚中突然醒过来。他把德拉搂在怀里。我们不要冒昧,先花十秒钟工夫瞧瞧另一方面无关紧要的东西吧。每星期八块钱的房租,或是每年一百万元房租——那有什么区别呢?一位数学家或是一位俏皮的人可能会给你不正确的答复。麦琪带来了宝贵的礼物,但其中没有那件东西。对这句晦涩的话,下文将有所说明。

吉姆从大衣口袋里掏出一包东西,把它扔在桌上。

"别对我有什么误会,德尔。"他说,"不管是剪发、修脸,还是洗头,我对我姑娘的爱情是决不会减低的。但是只消打开那包东西,你就会明白,你刚才为什么使我愣住了。"

白皙的手指敏捷地撕开了绳索和包皮纸。接着是一声狂喜的呼喊;紧接着,哎呀!突然转变成女性神经质的眼泪和号哭,立刻需要公寓的主人用尽办法来安慰她。

因为摆在眼前的是那套插在头发上的梳子——全套的发梳，两鬓用的，后面用的，应有尽有；那原是在百老汇路上的一个橱窗里，为德拉渴望了好久的东西。纯玳瑁做的，边上镶着珠宝的美丽的发梳——来配那已经失去的美发，颜色真是再合适也没有了。她知道这套发梳是很贵重的，心向神往了好久，但从来没有存过占有它的希望。现在这居然为她所有了，可是那佩带这些渴望已久的装饰品的头发却没有了。

但她还是把这套发梳搂在怀里不放，过了好久，她才能抬起迷濛的泪眼，含笑对吉姆说："我的头发长得很快，吉姆！"

接着，德拉象一只给火烫着的小猫似地跳了起来，叫道："喔！喔！"

吉姆还没有见到他的美丽的礼物呢。她热切地伸出摊开的手掌递给他。那无知觉的贵金属仿佛闪闪反映着她那快活和热诚的心情。

"漂亮吗，吉姆？我走遍全市才找到的。现在你每天要把表看上百来遍了。把你的表给我，我要看看它配在表上的样子。"

吉姆并没有照着她的话去做，却倒在榻上，双手枕着头，笑了起来。

"德尔，"他说，"我们把圣诞节礼物搁在一边，暂且保存起来。它们实在太好啦，现在用了未免可惜。我是卖掉了金表，换了钱去买你的发梳的。现在请你煎肉排吧。"

那三位麦琪，诸位知道，全是有智慧的人——非常有智慧的人——他们带来礼物，送给生在马槽里的圣子耶稣。他们首创了圣诞节馈赠礼物的风俗。他们既然有智慧，他们的礼物无疑也是聪明的，可能还附带一种碰上收到同样的东西时可以交换的权利。我的拙笔在这里告诉了诸位一个没有曲折、不足为奇的故事；那两个住在一间公寓里的笨孩子，极不聪明地为了对方牺牲了他们一家最宝贵的东西。但是，让我们对目前一般聪明人说最后一句话，在所有馈赠礼物的人当中，那两个人是最聪明的。在一切授受衣物的人当中，象他们这样的人也是最聪明的。无论在什么地方，他们都是最聪明的。他们就是麦琪。

（《欧·亨利短篇小说选》，〔美国〕欧·亨利撰，王仲年译，北京：人民文学出版社，1986）

【注释】

① 麦琪，指基督初生时从东方来耶路撒冷给他送礼物的三位贤人（一说是东方的三王）梅尔基奥尔、加斯帕和巴尔撒泽。麦琪首开了圣诞赠送礼物的风俗。

② 示巴女王（Queen of Sheba）：示巴古国在阿拉伯西南，就是今日的也门。《旧约·列王纪上》记载美貌的示巴女王曾带着香料、黄金和宝石去拜谒所罗门王，并出难题考验所罗门王的智慧。

③ 所罗门王（King Solomon，前1033—前975）：古代以色列国王，以聪明和豪富著称。

④ 莎弗朗妮（Sofronia）：意大利诗人塔索（Torquato Tasso，1544—1595）所创作的以第一次十字军东征为题材的史诗《被解放的耶路撒冷》中的人物，她为了拯救耶路撒冷全城的基督徒，承认了并未犯过的罪行，被视为舍己救人的典范。

【提示】

这篇小说通过一对穷困的年轻夫妇为互赠圣诞礼物而忍痛卖掉引以自豪的长发和金表的故事，反映了当时美国下层人民生活的艰难，赞美了主人公的善良心地和纯真爱情。

小说的构思非常巧妙。为了互赠礼物，德拉夫妇双方都卖掉了心爱的东西，想为对方锦上添花;德拉卖掉长发后为丈夫买了一条白金表链;吉姆卖掉金表后为妻子买了一套纯玳瑁的美丽发梳。小说循着这两条线索来展开情节,一明写,一暗示,显得简练而又清晰。直到故事终结,明暗两条线索才汇合相交,真相大白,造成了出人意料之外的结局,使人惊愕,但又合情合理,令人信服。

作者善于通过外部行动和表情描写来刻画人物的心理活动。如在描述德拉站在壁镜前决心卖掉自己的秀发时,她的心理活动是非常复杂的,开始时她因突然想到可以卖掉自己的头发换钱以解决圣诞节送礼的困境而兴奋,接着她因即将要失去自己心爱的秀发而惊骇、留恋、痛苦,到最后为了实现对丈夫的爱她又毅然作出了卖掉秀发的决定。这一连串的心理活动都是通过描写德拉的外在动作和表情来显现的,写得含蓄细腻、生动传神而耐人寻味。

作品中用了不少夸张、渲染的手法来叙事写人,语言幽默诙谐,喜剧故事中浸染着悲剧色彩,体现了欧·亨利小说"含泪的微笑"的独特风格。

善良的心地和真挚的爱情都是最美丽、最聪明的。

【思考与练习】

一、概括小说的主题思想。

二、本文在情节安排上是怎样运用"双线并行"的手法的?这样写有什么作用?

三、本文在结局处理上有什么特点?

四、举例说明本文幽默诙谐的语言特色。

品 质

约翰·高尔斯华绥

约翰·高尔斯华绥(John Galsworthy, 1867—1933),英国著名现实主义作家。出生于律师家庭。牛津大学法律专业毕业,19世纪末在旅途中认识了原籍波兰的英国著名小说家约瑟夫·康拉德,从此走上了文学创作道路。早期署名约翰·辛约翰,1904年发表长篇小说《岛国的法利赛人》时始用本名。1932年获诺贝尔文学奖。高尔斯华绥的小说对劳苦大众的苦难有深切的同情,对上层社会的丑恶有深刻的揭露,有力批判了资本主义物质文明给社会带来的罪恶,体现了一个知识分子的良知。他的最重要作品是以长篇小说《有产业的人》为开端的一批连续小说,即《福尔赛世家》三部曲(《有产业的人》、《骑虎》、《出租》)、《现代喜剧》三部曲(《白猿》、《银匙》、《天鹅之歌》)、《尾声》三部曲(《女侍》、《开花的荒野》、《河那边》)。他也是一个优秀的剧作家,主要剧作有《银盒》、《斗争》、《正义》、《鸽子》、《忠诚》等。

我很年轻时就认识他了,因为他承做我父亲的靴子。他和他哥哥合开一片店,店房有两间打通的铺面,开设在一条横街上——这条街现在已经不存在了,但是在那时,它却是坐落在伦敦西区的一条新式街道。

那座店房有某种素净的特色:门面上没有注明为任何王室服务的标记,只有包含他自己日耳曼姓氏的"格斯拉兄弟"的招牌①;橱窗里陈列着几双靴子。我还记得,要想说明橱窗里那些靴子为什么老不更换,我总觉得很为难,因为他只承做定货,并不出售现成靴子;要是说这些都是他做得不合脚因而退回来的靴子,那似乎是不可想像的。是不是他买了那些靴子来作摆式的呢?这也好像不可思议。把那些不是亲手做的皮靴陈列在自己的店里,他是绝不能容忍的。而且,那几双靴子太美观了——有一双轻跳舞靴,细长到非言语所能形容的地步;那双带布口的漆皮靴,叫人看了舍不得离开;还有那双褐色长统马靴,闪着怪异的黑亮的光辉,虽然是簇新的,看来好像已经穿过一百年了。只有亲眼看过靴子灵魂的人才能做出那样的靴子——这些靴子体现了各种靴子的本质,确实是模范品格。我当然在后来才有这种想法,不过,在我大约十四岁那年,我够格去跟他定做成年人靴子的时候,对他们两兄弟的品格就有了些模糊的印象。因为从那时起一直到现在,我总觉得,做靴子,特别是做像他所做的靴子,简直是神妙的手艺。

我清楚地记得:有一天,我把幼小的脚伸到他跟前时,羞怯地问道:

"格斯拉先生,做靴子是不是很难的事呢?"

他回答说:"这是一种手艺。"从他的含讽带刺的红胡根上,突然露出了一丝微笑。

他本人有点儿像皮革制成的人:脸庞黄皱皱的,头发和胡须是微红和蜷曲的,双颊和嘴角间斜挂着一些整齐的皱纹,话音很单调,喉音很重;因为皮革是一种死板板的物品,本来就有点儿僵硬和迟钝。这正是他的面孔的特征,只有他的蓝灰眼睛含蓄着朴实严肃的风度,好像在迷恋着理想。他哥哥虽然由于勤苦在各方面都显得更虚弱、更苍白,但是他们两兄弟却很相像,所以我在早年有时要等到跟他们订好靴子的时候,才能确定他们到底谁是谁。后来我搞清楚了:如果没有说"我要问问我的兄弟",那就是他本人;如果说了这句话,那就是他的哥哥了。

一个人年纪大了而又荒唐起来以至赊账的时候,不知怎么的,他绝不赊格斯拉兄弟俩的账。如果有人拖欠他几双——比如说——两双以上靴子的价款,竟心满意得地确信自己还是他的主顾,所以走进他的店铺,把自己的脚伸到那蓝色铁架眼镜底下,那就未免有点儿太不应该了。

人们不可能时常到他那里去,因为他所做的靴子非常经穿,一时穿不坏的——他好像把靴子本质缝到靴里去了。

人们走进他的店堂,不会像走进一般店铺那样怀着"请把我要买的东西拿来,让我走吧"的心情,而是心平气和地像走进教堂那样。来客坐在那张仅有的木椅上等候着,因为他的店堂里从来没有人的。过了一会,可以看到他的或他哥哥的面孔从店堂里二楼楼梯口往下边看望——楼梯口是黑洞洞的,同时透出沁人脾胃的皮革气味。随后就可以听到一阵喉音,以及趿木皮拖鞋踏在狭窄木楼梯上的踢踏声;他终于站在来客的面前,上身没有穿外衣,背有一点儿弯,腰间围着皮围裙,袖子往后卷起,眼睛眨动着——像刚从靴子梦中惊醒过来,或者说,像一只在目光中受了惊动因而感到不安的猫头鹰。

于是我就说:"你好吗,格斯拉先生? 你可以给我做一双俄国皮靴吗?"

他会一声不响地离开我,退回到原来的地方去,或者到店堂的另一边去;这时,我就继续坐在木椅上休息,欣赏皮革的香味。不久后,他回来了,细瘦多筋的手里拿着一张黄褐色皮革。他眼睛盯看着皮革对我说:"多么美的一张皮啊!"等我也赞美一番以后,他就继续说:"你什么时候要?"我回答说:"啊,你什么时候方便,我就什么时候要。"于是他就说:"半个月以后,好不好?"如果答话的是他的哥哥,他就说:"我要问问我的兄弟!"

然后,我会含糊地说:"谢谢你,再见吧,格斯拉先生。"他一边说:"再见!"一边继续注视他手里的皮革。我向门口走去的时候,就又听到他的趿木皮拖鞋的踢踏声把他送回楼上去做他的靴子梦了。但是假如我要定做的是他还没有替我做过的新式样靴子,那他一定要照手续办了——叫我脱下靴子,把靴子老拿在手里,以立刻变得又批评又抚爱的眼光注视着靴子,好像在回想他创造这只靴子时所付的热情,好像在责备我竟这样穿坏了他的杰作。以后,他就把我的脚放在一张纸上,用铅笔在外沿搔上两三次,跟着用他的敏感的手指来回地摸我的脚趾,想摸出我的要求的要点。

有一天,我有机会跟他谈了一件事;我忘不了那一天。我对他说:"格斯拉先生,你晓得吗,上一双在城里散步的靴子咯吱咯吱地响了。"

他看了我一下,没有作声,好像在盼望我撤回或重新考虑我的话;然后他说:

"那双靴子不该咯吱咯吱地响呀。"

"对不起,它响了。"

"你是不是在靴子还经穿的时候把它弄湿了呢?"

"我想没有吧。"

他听了这句话以后，蹙蹙眉头，好像在搜寻对那双靴子的回忆；我提起了这件严重的事情，真觉得难过。

"把靴子送回来!"他说，"我想看一看。"

由于我的咯吱咯吱响的靴子，我内心里涌起了一阵怜悯的感情；我完全可以想像到他埋头细看那双靴子时的历久不停的悲惨心情。

"有些靴子，"他慢慢地说，"做好的时候就是坏的。如果我不能把它修好，就不收你这双靴子的代价。"

有一次(也只有这一次)，我穿着那双因为急需才在一家大公司买的靴子，漫不经心地走进他的店铺。他接受了我的定货，但没拿皮革给我看；我可以意识到他的眼睛在细看我脚上的次等皮革。他最后说:

"那不是我做的靴子。"

他的语调里没有愤怒，也没有悲哀，连鄙视的情绪也没有，不过那里面却隐藏着可以冰冻血液的潜在因素。为了讲究时髦，我的左脚上的靴子有一处使人很不舒服；他把手伸下去，用一个手指在那块地方压了一下。

"这里疼痛吧，"他说，"这些大公司真不顾体面。可耻!"跟着，他心里好像有点儿沉不住气了，所以说了一连串的挖苦话。我听到他议论他的职业上的情况和艰难，这是唯一的一次。

"他们把一切垄断去了，"他说，"他们利用广告而不靠工作把一切垄断去了。我们热爱靴子，但是他们抢去了我们的生意。事到如今——我很快就要失业了。生意一年年地清淡下去——过后你会明白的。"我看看他那多皱折的面孔，看到了我以前未曾注意到的东西:惨痛的东西和惨痛的奋斗——他的红胡子好像突然添上好多花白须毛了!

我尽一切可能向他说明我买这双倒霉靴子时的情况。但是他的面孔和声调使我获得很深刻的印象，结果在以后几分钟里，我定了许多双靴子。这下可糟了! 这些靴子比以前的格外经穿。差不多穿了两年，我也没想起要到他那里去一趟。

后来我再去他那里的时候，我很惊奇地发现:他的店铺外边的两个橱窗中的一个漆上另一个人的名字了——也是个靴匠的名字，当然为王室服务的啦。那几双常见的旧靴子已经失去了孤高的气派，挤缩在单独的橱窗里去了。在里面，现在已缩成一小间，店堂的楼梯口比以前更黑暗、更充满着皮革气味。我也比平时等了更长的时间，才看到一张面孔向下边窥视，随后才有一阵趿木皮拖鞋的踢踏声。最后，他站在我的面前了；他透过那副生了锈的铁架眼镜注视着我说:

"你是不是——先生?"

"啊! 格斯拉先生!"我结结巴巴地说，"你要晓得，你的靴子实在太结实了! 看，这双还很像样呢!"我把脚向他伸过去。他看了看这双靴子。

"是的，"他说，"人们好像不要结实靴子了。"

为了避开他的带责备的眼光和语调，我赶紧接着说:"你的店铺怎么啦?"

他安静地回答说:"开销太大了。你要做靴子吗?"

虽然我只需要两双，我却向他定做了三双;我很快就离开了那里。我有一种难以描述的感觉，以为他的心里把我看成对他存坏意的一分子:也许不一定跟他本人作对，而是跟他的靴子理想作对。我想，人们是不喜欢那样的感觉的；因为过了好几个月以后，我又到他的店铺里去；我记得，我去看他的时候，心里有这样的感觉："呵！怎么啦，我撇不开这位老人——所以我就去了！也许会看到他的哥哥呢！"

因为我晓得，他哥哥很老实，甚至在暗地里也不至于责备我。

我的心安下了，在店堂出现的正是他的哥哥，他正在整理一张皮革。

"啊，格斯拉先生，"我说，"你好吗？"

他走近我的跟前，盯着看我。

"我过得很好，"他慢慢地说，"但是我哥哥死掉了。"

我这才看出来，我所遇到的原来是他本人——但是多么苍老，多么消瘦啊！我以前从没听他提过他的哥哥。我吃了一惊，所以喃喃地说："啊！我为你难过！"

"的确，"他回答说，"他是个好人，他会做好靴子；但是他死掉了。"他摸摸头顶，我猜想，他好像要表明他哥哥死的原因；他头上的头发突然变得像他的可怜哥哥的头发一样稀薄了。"他失掉了另外一间铺面，心里老是想不开。你要做靴子吗？"他把手里的皮革举起来说，"这是一张美丽的皮革。"

我定做了几双靴子。过了很久，靴子才送到——但是这几双靴子比以前的更结实，简直穿不坏。不久以后，我到国外去了一趟。

过了一年多，我才又回到伦敦。我所去的第一个店铺就是我的老朋友的店铺。我离去时，他是个六十岁的人，我回来时，他仿佛已经七十五岁了，显得衰瘦、软弱、不断地发抖，这一次，他起先真的不认识我了。

"啊！格斯拉先生，"我说，心里有些烦闷，"你做的靴子好极啦！看，我在国外时差不多一直穿着这双靴子的；连一半也没有穿坏呀，是不是？"

他细看我这双俄国皮靴，看了好久，脸上似乎恢复了镇静的气色。他把手放在我的靴面上说：

"这里还合脚吗？我记得，费了很大劲才把这双靴子做好。"

我向他确切地说明：那双靴子非常合脚。

"你要做靴子吗？"他说，"我很快就可以做好；现在我的生意很清淡。"

我回答说："劳神，劳神！我急需靴子——每种靴子都要！"

"我可以做时新的式样。你的脚恐怕长大了吧。"他非常迟缓地照我的脚型画了样子，又摸摸我的脚趾，只有一次抬头看着我说：

"我哥哥死掉了，我告诉过你没有？"

他变得衰老极了，看了他实在叫人难过；我真高兴离开他。

我对这几双靴子并不存什么指望，但有一天晚上靴子送到了。我打开包裹，把四双靴子排成一排；然后，一双一双地试穿这几双靴子。一点问题也没有。不论在式样或尺寸上，在加工或皮革质量上，这些靴子都是他给我做过的最好的靴子。在那双城里散步穿的靴口里，我发现了他的账单。单上所开的价钱与过去的完全一样，但我吓了一跳。他从来没有在四季结账日以前把账单开来的。我飞快地跑下楼去，填好一张支票，而且马上亲自把支票寄了出去。

一个星期以后，我走过那条小街，我想该进去向他说明：他替我做的新靴子是如何地合脚。但是当我走近他的店铺所在地时，我发现他的姓氏不见了。橱窗里照样陈列着细长的轻跳舞靴、带布口的漆皮靴，以及漆亮的长统马靴。

我走了进去，心里很不舒服。在那两间门面的店堂里——现在两间门面又合而为一了——只有一个长着英国人面貌的年轻人。

"格斯拉先生在店里吗？"我问道。

他诧异地同时讨好地看了我一眼。

"不在，先生，"他说，"不在。但是我们可以很乐意地为你服务。我们已经把这个店铺过户过来了。毫无疑问，你已经看到隔壁门上的名字了吧。我们替上等人做靴子。"

"是的，是的，"我说，"但是格斯拉先生呢？"

"啊！"他回答说，"死掉了！"

"死掉了！但是上星期三我才收到他给我做的靴子呀。"

"啊！"他说，"真是怪事。可怜的老头儿是饿死的。"

"慈悲的上帝啊！"

"慢性饥饿，医生这样说的！你要晓得，他是这样去做活的！他想把店铺撑下去，但是除了自己以外，他不让任何人碰他的靴子。他接了一份定货后，要费好长时间去做它。顾客可不愿等待呀。结果，他失去了所有的顾客。他老坐在那里，只管做呀做呀——我愿意代他说这句话——在伦敦，没有一个人可以比他做出更好的靴子！但是也得看看同业竞争呀！他从不登广告！他肯用最好的皮革，而且还要亲自做。好啦，这就是他的下场。照他的想法，你对他能有什么指望呢？"

"但是饿死——"

"这样说，也许有点儿夸张——但是我自己知道，他从早到晚坐在那里做靴子，一直做到最后的时刻。你知道，我往往在旁边看着他。从不让自己有吃饭的时间；店里从来不存一个便士。所有的钱都用在房租和皮革上了。他怎么能活得这么久，我也莫名其妙。他经常断炊。他是个怪人。但是他做了顶好的靴子。"

"是的，"我说，"他做了顶好的靴子。"

1911 年

（《高尔斯华绥短篇小说选集》，［英国］高尔斯华绥撰，沈长钺译，上海：新文艺出版社，1957）

【注释】

① 日耳曼：北欧的古代民族，近代德意志、奥地利、卢森堡、荷兰、英吉利、瑞典、丹麦、挪威等族的祖先。

【提示】

本文是作者短篇小说的代表作。作品通过对鞋匠格斯拉的故事叙述，批判了资本主义经济在高速发展的过程中（大机器生产替代了原始的手工业生产）背离人性的弊病，歌颂了执著的格斯拉兄弟优秀的品质——诚信、质朴和认真的为人处世态度。然而，就是这种高尚的品质也在资本主义生产方式的碾压下逐渐消逝，随着格斯拉兄弟"悲剧的诞生"，作者慨叹的是做出"靴的灵魂的人"在这个人世间竟没有了立足之地。

本文用第一人称"我"的叙述视角来观察人和事，便于抒情议论，亦有亲近感，是早期小说的主要创作手法。作品注重细节描写,尤其是对人物肖像和行状的描写更是精心设计。作品描写几次见到格斯拉的情形,似乎相同,其实深藏匠心:用近似重复的手法强化主人公的高尚品质,使其像浮雕凸出于石面一样深印在读者的头脑之中,并对最后主人公的悲剧命运起到了强劲的铺垫反托作用。

小说最震撼人心的地方当是结尾:当"我"最后一次来到物是人非的店堂里时,得知格斯拉竟然是"饿死"的;当那个年轻人在娓娓叙述格斯拉的怪异时,最后只说了一句"他做了顶好的靴子"便戛然而止。然而这"饿死"与"顶好的靴子"一碰撞,就不能不令人深思:如此美好的人品和事物,究竟为什么会落得如此悲惨的结局? 这悲剧是偶然的还是必然的? 能引发读者进行如此深入的思考,也正是小说的最大成功之处。

人在苦难中还能保持高尚的品质是最可贵的真善美境界;而能让真善美不断继承和发扬光大的社会才是真正美好的社会。

【思考与练习】

一、格斯拉是个怪人吗? 他的行为不符合历史的潮流,作者为什么歌颂他的品质? 谈谈你对格斯拉这个人物的看法。

二、"我"与格斯拉一共见了几次面? 作者对这几次见面的描写有什么特点和作用?

三、"我"为什么要做那么多经穿的靴子? 从中可以看出作者什么样的人文价值立场?

四、你认为格斯拉的悲剧是怎样造成的? 应当怎样看待这样的悲剧?

学文例话

（四）

小说的阅读与欣赏

小说是一种叙事性文学样式，它以人物、情节、环境三要素构成一个个形象化世界，反映丰富多彩的社会生活，表达深切感人的主题思想。小说在整体构思、情节安排、形象塑造、心灵刻画、环境描写等方面，大都体现出鲜明的艺术特色，凝结着创作者的审美匠心。结合具体作品，通过对主要艺术特点的分析，深入领悟作品的内在蕴涵和创作方法，是提高小说阅读与欣赏能力的主要途径。

一

短篇小说特别注重整体构思，而整体构思的要领，则是要视角独到、以小见大。生活本身复杂而多样，从不同的视角看它，就会有不同的色彩和感悟。写小说不能像生活本身一样全面铺开，只能选取一个"特定"的视角，而且应当有你自己所"独到"的感悟。"特定"就意味着集中，"独到"就意味着深入，集中而又深入者就能以小见大，就能以少胜多。

契诃夫的短篇小说，多是视角独到、以小见大的范例。小说《苦恼》的主题是揭示沙皇专制统治下人与人之间的冷漠无情，但他不写上流社会的尔虞我诈，而写底层小人物的孤苦无助，这就避开了常题熟调；写小人物的孤苦无助，不着眼他们的物质困境，而着眼他们的精神痛苦，这就有了独到视角；写精神痛苦，不是因由什么轰轰烈烈的大事，而只是因由一个马车夫儿子的正常死亡，这就必须能做到小中见大；痛苦的聚焦点并不在儿子的死亡本身，而在于他想向别人说说心中的苦恼，却没有一个人能听他说完一句话，这就是小说整体构思中一般人难以企及的深邃之处；非但上流社会的军官、公子哥儿们堵回他的话并肆意嘲讽，就连他的车夫同行也没一个肯听，这就强化了主题的深度；最后，他只能对着自己的小母马诉说，这结局不仅出人意料，而且借助人与马的对比（人还不如马有情！）更增强了主题的力度。总之，作者以独到的眼光，只拾取大千世界中一颗微不足道的沙粒，就能令人心灵震颤、感喟无边：在一个信奉上帝，鼓吹在上帝面前人人平等的社会里，竟连一个孤苦老人如此微薄的心愿也无法实现，其整个社会的腐恶程度还用说吗？真是窥斑知豹，一针见血！

有些时空跨度很大的题材和主题，本不是短篇小说所能驾驭，但若巧立线索、侧面进攻，也能收到以小见大、耐人深思的效果。李国文的《卖书记》，反映建国以来直至"文革"时期的极左思潮，确有"老虎吃天无从下口"之难。但作者巧设着眼点，只写了他三次卖书的原因和心情：第一次是 50 年代，"只为割一条小资产阶级的尾巴"，就把一些有价值的书卖掉，当时的心情是怀疑、惋惜、遗憾；第二次是 60 年代，经济困难时期，为了"辘辘饥肠"、"救命要紧"，不得已卖掉了一些整套的很有价值的杂志，当时的心情是痛惜而无奈，"说不出是什么滋味"；第三次是 70 年代，"文革"期间，为了"保全性命"，做了一件"生死攸关的头等大事"，把家中的大部分书都卖了，当时的心情是"焚书坑儒"，即使是"亲生骨肉"也得卖。比起当年一个接一个的轰轰烈烈政治运动来，三次卖书确实微如尘屑，但透过它，我们却可以想见极左思潮二十多年的发展历程，照见当时人们的生存处境和心理状态，感受到"以阶级斗争为纲"的重压，意识到文化精神专制比物质匮乏更可怕。"旁敲侧击"，不都是邪门左道，只要发人深思，就更能体现短篇小说的整体构思艺术。

一个成功的短篇，往往有一个关键环节，只有这个关键环节突然在头脑中接通了，形成了，整体构思才能豁然开朗，然后振笔直遂，一挥而就。《苦恼》的关键环节是"苦恼无处诉，只能对马说"，只要想到这一步，然后在"无处诉"上下功夫就可以了。鲁迅先生的《药》，着意于群众愚昧、烈士的血白流，构思长久不成；但灵光一闪，突然想到用蘸着烈士鲜血的馒头来为儿子治病这个环节时，本来乌云密布的思路，一下子就变成朗朗乾坤了。读《最后一片绿叶》，一直为那片摇摇欲坠的秋叶担心，因为它牵系着一个善良少女的生命，但它直到少女病愈也没有掉下来，原来那是老画家为挽救少女的性命，突发奇想所画的一片假绿叶。如此绝妙的构思一出，谁都会拍案叫绝，小说还能不成功吗？《菉竹山房》读到一大半，还是觉得平平，但最后那窗外的"鬼脸"一闪，却令人惊魂陡起，掩卷长思，久久不能止息。这样的结尾，确有推倒扶起、力挽狂澜的魅力。当然，像这类可以一锤定乾坤的关键情节，决非凭空而来，一蹴而就，须是经过长期积累而后方能偶然得之的。

二

整体的构思之中，还有个故事如何叙述的问题。情节发展自有其必然规律，过于人为扭曲，伤筋动骨，恐难免落下"不合情理"的诟病。但在情节如何安排上，却还大有文章可做：或制造悬念，或意外巧合，或藏头露尾，或众星拱月，或绝处逢生，或陈仓暗度，如此等等，只要能增强吸引力、动情力、表现力，均可对原有情节做出新的调整和安排。

《麦琪的礼物》是制造悬念、意外巧合的范例。德拉和吉姆是一对穷得叮当响的小夫妻，到了圣诞节，却非要不失代价地为对方买一件最心爱的礼物。于是，女的卖掉连最漂亮的示巴女皇也嫉妒的秀发，为男的买了一条白金表链，而男的则卖掉连最富有的所罗门王也嫉妒的金表，为女的买了一套镶着珠宝的玳瑁发梳。结果当然是两人都失掉了最心爱的东西，而得到的礼物也都失去了效用。这虽然过于巧合，却有三点很值得称道：一是作者只描述德拉卖秀发买表链的过程，而对吉姆卖金表买发梳的经过却只字不提，这样一实写一虚掩，就不仅避免了行文的重复拖沓，而且制造了一个大悬念，玉成了最后那出人意料的巧合；二是当巧合呈现，两者都落空时，作者没有让他们痛苦、懊丧、抱怨，而是让他们俩抱得更紧、爱得更深了，这是因为他们都由此更看到了对方对自己挚爱的深度；三是结局的"含泪微笑"情景，意味浓郁，比单是悲剧或单是喜剧更动人，而且也更贴合下层小人物既穷且爱、达观度日、诙谐人生的生存情趣。

《婴宁》则深得云掩神龙、暗度陈仓的精妙。先从情节发展上看。王子服上元节偶遇"捻花"美女，舅氏子吴生诳言那是三十里外山中"姨妹"，王子服入山寻访时诳言竟变成现实，在连亲戚名姓也说不出的情况下鬼母却仍将他留住家中，并一步步促成了他与婴宁的爱恋、同归、婚姻……这一切，表面上看都是偶然巧合，但实际上却全是鬼母的有意安排。婴宁是狐母临终托鬼母抚养的，年已十六，该出嫁了，于是鬼母为她选定了王子服，并煞费苦心地安排了邂逅、诳言、病痴、奇遇、爱恋等一系列情节，让他们终成眷属。直到王子服把婴宁领走，鬼母"倚门北望"，才算是最终完成了"托养"的义务。所以整体看来，小说虽落笔于王子服遇美女、寻美女、娶美女的经过，但内里却是一个鬼母养狐女、教狐女、嫁狐女的过程。鬼母是鬼，她无所不能，这才是小说情节发展的真正机杼所在。对这种云掩神龙的结构安排，作者只字不露，全让读者思而得之，那就更觉得味道十足、情趣横生了。如果换一个叙述角度，不是顺着王子服的行踪去看，而是以鬼母、婴宁的生平为线索，直接正面道来，那就必定会大大逊色了。

再从主题揭示上看。作者一面让鬼母躲在幕后做导演，用鬼蜮伎俩推动情节向前发展，一面却又让鬼母走上台前做演员，不断教诲婴宁不要痴笑，而要做一个"全人"。为什么要这样处理呢？因为这也是鬼母的有意作为：要把婴宁从深山幽谷嫁到人间，就必须把她的狐性鬼气改造成人性人气，使她从"自然人"变成一个"社会人"；否则，她今后的命运就令人堪忧。事实上，婴宁的心性也确实有一个从"无时不笑"到"矢不复笑"，再到"笑须有时"的不断转化过程。这转化虽然意味着婴宁自然天性的失落和对社会礼法的顺应，但却是社会人生的必然，即使可悲可叹也无可奈何。如果说这里有一种"隐于笑"的悲剧意味，那就是因为婴宁性格的转化，呈现出人类永远也无法解脱的个体性与群体性、自然性与社会性相矛盾的困境。小说的深刻内涵和普遍意义也许就在这里。不能说作者尚未意识到这一主题，因为鬼母从幕后跳到台前，反反复复对婴宁进行做人的教诲，都是作者要这样处理的。婴宁结婚后，作者又主要为她安排了两个情节：一个是惩罚西邻子，结果差点引发人命诉讼，因此而受到婆母的斥责，这实际上是告诉人们：婴宁的"矢不复笑"是被社会礼法逼迫出来的；一个是哭诉"老母岑寂山阿，无人怜而后厝之，九泉辄为悼恨"，其实这悲剧原本就是社会礼法造成的，作者写婴宁为此而痛苦，可以看作是对社会礼法的抗争。显然，小说写鬼母对婴宁的反复教诲以及后半篇的情节安排，都是为了凸现人类悲剧困境这一主题，只不过作者让它"隐于笑"中，从而也就显得更含蓄多藏、更耐人寻味罢了。

林海音的《金鲤鱼的百裥裙》，在叙述方式上有两大特点：一是侧面着笔，一是倒叙方式。小说展现的是一个"丫头收房的姨奶奶"的悲剧一生，意在揭示封建等级观念对人生的摧残。但作者却侧面着笔，以一件百裥裙为叙述线索：开头特写百裥裙的美丽，继而以"谜语"增加悬念，接着写百裥裙成为金鲤鱼的"笑柄"，一直到金鲤鱼死时也没能穿过一次，结尾时又点明它还没有"完工"的"真相"。如此娓娓道来，作者似乎是"重物轻人"，把笔墨都泼到一件微不足道的裙裤上。但仔细一想，这百裥裙的命运，不正是金鲤鱼一生遭遇的写照吗？金鲤鱼为主人立了大功，生了主人家唯一一个传宗接代的"大少爷"，但一生竟连穿一次大红百裥裙的机会都没有得到，最终只能含恨而死，可见封建等级制度和等级观念，已经深微地渗透到日常生活的各个领域，致使穿什么衣服也成为一个人社会名分和政治权力的标志。同时作者又采取了倒叙手法，开头让金鲤鱼的孙女在箱子底下发现了这件百裥裙，并极力描绘它的绣花之美，这不仅引起了孙女的追根问底，也吊起了读者的胃口。结尾处则呼应这个开头，让孙女想穿着这件百裥裙上学校去，但打开一看，却发现它带子还没有钉上。这个"尚未完工"的收结，令人哀叹不已，有能令人重新回味金鲤鱼一生的魅力。林海音的小说，构思别具匠心，叙事委婉含蕴，常于细微处见精神，于此可见一斑。

三

小说离不开写人物，有的注重人物性格，有的注重人物命运；但最重要的，一是人物要有个性，二是笔触要深入到人物的灵魂深处。

有个性，形象就鲜明生动；没有个性，人物往往会消解于一般之中。《婴宁》最生动的地方，就是婴宁的笑："笑容可掬"、"含笑拈花而入"、"嗤嗤笑不已"、"笑不可遏"、"复笑不可仰视"、"浓笑不顾"、"微笑而止"、"笑处嫣然"、"一笑即解"……笑是婴宁个性特征的集中体现。无时无地地笑，无忧无虑地笑，当笑时笑，不当笑时也笑，可见笑是她的自然本性。鬼母说她"痴"、"憨"、"如婴儿"、"没心肝"，实质上那是一颗丝毫未经世俗污染的单纯、真诚、质朴的天籁童心。正因为有了这一鲜明的个性，所以"满室妇女，为之粲然"，处处招人开心、喜欢，作者为之倾尽笔墨，读者也无不为之开怀舒心。

突出个性特征，并非只为了形象生动，更是为了深化作品思想内涵。首先，婴宁如山花野草般言笑由心、率性烂漫的情性，是生命的欢歌，自由的乐章，象征着人生无忧无虑、一任天真的自然状态；她真情的自流，憨态的自放，象征着人际无欺无诈、一片天籁的理想关系。这虽不免"宛在水中央"的虚幻，但却是一朵人人喜爱、向往的圣洁之花。人类社会走到今天这一步，如此美妙的圣洁之花恐怕再也难觅其踪了。特别是小说又展现出婴宁这一天性的转化乃至失落，显示出人类社会似乎永远也无法解决的两难困境，就更加发人深思。为个性而个性当然不好，但个性与共性是水乳交融、相生相长的。成功的人物形象都是在鲜明的个性中见出深度，而且往往是个性愈鲜明，共性也就愈深刻；婴宁的笑声愈动人，她的"矢不复笑"不就愈加可悲吗？

写人要写心。不平常的心理，必定有不平常的意义，抓住它，小说就成功了一大半。《婴宁》是张扬并祭悼那人类已经无可奈何地丧失掉的最纯真天性；《断魂枪》是围绕着末路英雄那"不传、不传"的孤傲冷寂的心态展开；《菉竹山房》是把两个因长期无爱而压抑得畸变了的心理画成"鬼脸"；《金鲤鱼的百裥裙》是把一个小妾"穿一次大红百裥裙"的梦想砸碎给你看；《苦恼》则是把一个孤苦无依的老车夫说说心中苦恼的微薄要求也给残忍地封杀了。聚焦特定环境中人们灵魂深处的动荡和呼喊，无疑是这些小说深邃动人的关键。

灵魂揭示并非都要有惊心动魄的情节，只要抓住典型细节，往往更能一针见血，入木三分。《卖书记》主要是述说"我"卖书的心情，但顺手捎带，寥寥几笔就活画出几个人物的精神面貌：那位"穿着列宁服神色严肃的女小组长"，"虽然憎恶《拟情书》，但她能使两个老同志为她犯了男女关系的错误"，这是一幅关于"左"的口头革命派的漫画；那位"作家混子"，"压根儿也不会写作品"，却"一面假惺惺地如何如何对我表示知己，一面到处搜集材料，欲置我于死地"，这是给"靠吃蘸人血馒头发迹"者的留影；那位"戴着革命造反派红袖箍"的废品站老太太，不收购《契诃夫文集》，还义正词严地说："别当我不明白，俄国就是苏联，老修的东西不收！"这就是根本不知革命为何事的"革命者"的尊容。看来这都是信手拈来，但却是慧眼识珠，以一目尽传精神。

小说中一切肖像、语言、行为描写，都应当是"以外显内"的心理刻画，叙事者若能处处依据着人物的心理活动来描述他的言行，那就会形神兼备，生动而又空灵了。《麦琪的礼物》中，就有一段相当精到的间接心理描写：德拉想送给丈夫一个最好的礼物，但苦于没有钱，一筹莫展。突然想到可以卖掉自己最心爱最动人的长发，于是内心经历了一个由兴奋到惊骇、到留恋、到欣赏、到痛苦、到惊醒、到坚定、到果敢的急遽变化过程。但对这一过程的描述，竟无一个情字点拨，全是通过细腻而精确的外在表情、神态、举止、行为描画来显现的，确是生动贴切、逼真传神的"以外显内"妙笔。初学写作的人往往专注于情节，而忘记了情节是由性格推动的，忘记了表情举止是心灵的视窗，这恐怕是许多小说中人物形象内心世界模糊不清的一个重要原因。

特定的环境，会造成特定的心态，而独特的心态，必定会有独特的言行。因此，抓住独特言行来彰显独特心态，是人物描写成功的一个有效途径。《苦恼》中有一段描写很耐人寻味：首先，当姚纳说"我的儿子死了"时，公子哥儿们立即打断他说："大家都要死的……"这无情的回答，说明当时人与人之间的冷漠已根本无法沟通。接着，当姚纳挨了"脖儿拐"时，作者写道："姚纳，与其说是觉得，不如说是听见脖子后面啪的一响。"是"听见"而不是"觉得"，这说明姚纳的内心已痛苦到了极点，肉体和精神均已麻木得没有感觉了。最后，姚纳挨了打还"嘻嘻"地笑着，并"求上帝保佑"打他的人。这说明姚纳的精神痛苦实在找不到宣泄的机会，故而当有人骂他打他时，反而会感觉舒畅些。姚纳的这种异常心态，无疑更见出他内心痛苦的深度、社会人情冷漠的残酷和作者刻画人物心灵的精到。

四

时代氛围、社会环境、人物活动场景，是事件发生、发展和人物性格形成、转化的依据。因此，环境描写是为性格刻画和主题表达服务的，而透过环境看人物、看主题，也才能准确而深入地透视到它们的真谛。

面对老舍的《断魂枪》，不能脱离作品开头的大段时代背景描写来解读人物性格和主题思想。沙子龙内心复杂压抑、深藏不露，性格老练深沉、冷漠孤傲，是一位身怀绝技的国术大师；王三胜内心自私自利、粗浅鄙俗，性格张狂外露、争强好胜，是旧江湖艺人劣根性的投影；孙老者内心嗜艺如命、孜孜以求，性格豪爽乐观、积极进取，是旧江湖艺人优良品格的折射。就个性来说，这些概括都没有错；但若将他们放在"祖先与祖先所信的神明全不灵了"，"今天是火车、快枪、通商与恐怖"的时代来看，却未免肤浅。沙子龙将"镖局改了客栈"，似乎是对时局有所认识，想亲手埋葬自己昔日的辉煌；但他夜夜关起门来熟习五虎断魂枪绝技，却又是在内心深处十分留恋往日驰骋江湖的威风和英明；而且当"这套枪不会再替他增光显胜"之时，他还以坚决"不传"神枪绝技来与时代潮流抗争。这说明他还认识不到自己今后的生存位置，找不到传统文化与现代社会的连接线，在"东方的大梦没法子不醒"的时代，他只是微微睁开了眼，但还没有真正的清醒。至于王三胜、小顺子们，包括那个嗜艺如命、在武艺上积极进取的孙老者，则更是对时代变迁根本没有感觉，更不可能意识到当时民族文化的可悲境遇，因而还是一味地死抱着祖宗的绝技当饭吃、求上进，这就无疑是作者对民族传统文化中保守痼疾的嘲讽。当然不能说作者老舍当时已对传统国术完全绝望，也不能说他已经找到中国传统文化的出路，但他在小说一开头就极力渲染时代的巨变，把国术及其大师们放在时代的大潮中来拷问，却显然是在向国人疾呼：病态的国民心理必须改变，中国到了必须彻底变革的时候了！鲁迅暴露民众落后心态的目的是"揭出病苦，以引起疗救的注意"，这句话正好可以拿来诠释老舍写《断魂枪》的真正用意。

在《婴宁》中，环境描写则与人物性格呈现出多层次的水乳交融。从整体构思上看，婴宁的父亲是人，生母是狐，养母是鬼，这一多重出身，打破了人与物、现实生活与幽冥世界的分野，从而为婴宁的性格发展和命运演进，展开了一个出真入幻、出幻入真、无所不可、无所不能的自由时空。从人物性格的发生发展上看，婴宁在襁褓中被鬼母携入深山，在"乱山合沓，空翠爽肌，寂无人行，止有鸟道"的谷底长成，从而形成了婴宁如山花野草、烂漫天真、言笑由心、率性自由的性情，这是性格的自然天成；当她要嫁人和已经嫁人时，就有了鬼母的反复教诲和几遭命案诉讼的教训，这是社会环境的需要，体现出婴宁性格转化的必然性。从作者对婴宁的描绘来看，最突出的特色是处处让花儿与婴宁相伴："丛花乱树"的谷底，"桃杏尤繁"的小村，"红花夹道"的石径，"花架满庭"的院落，"枝朵探窗"的居室，写环境就是侧面描写婴宁的自然天性；或"拈梅花一枝"，或"执杏花一朵"，处处让人面与鲜花相映红，写花枝就是让人联想到婴宁的窈窕资质和绝世美容；花是笑的隐喻，写百花的争夺斗妍，就是形容婴宁之笑的千姿百媚，就是彩绘婴宁"无时不笑"、"笑处嫣然"的鲜明个性；花是自然的、纯洁的、优美的、悦人的，写花就是喻意婴宁心性的纯真和性格的美善。在一个短篇小说中，能把花写得这么多姿多彩，能把人的笑写得这么丰赡动人，能把花与笑、花与人这么贴切地交融在一起，并赋予它们这么浓郁的隐喻象征意味，恐怕是前不见古人、后难有来者的。花与笑的交织，是《婴宁》的一道最亮丽风景线。

《菉竹山房》的多半笔墨，都花在人物活动的具体环境上。表面看来，这些环境描写似乎与主题关系不大，但仔细体悟就会发现，它们都是从各个不同的角度，通过不同的手法，来共同烘托小说最后那一张惊人的"鬼脸"。写菉竹山房外的风景清静幽美："回环合抱的山峦"，"葱翠古老的槐柳"，"溪中黯赭色的大石"，"哗哗的水激石块声"，"乱喷白色水沫的河面"，"疏疏落落"的一排"白垩瓦屋"……可谁能想到，在这幽美的环境包围中，却掩藏着两颗因无爱而扭曲了的心灵。这是以美景来反衬丑恶，使丑恶更丑、更恶。写菉竹山房内的陈设古色古香："东墙上挂着四幅大锦屏，上面绣着《菉竹山房唱和诗》，边沿上密密齐齐地绣着各色的小蝴蝶，一眼看上去就觉得很灿烂。西墙上挂着一幅彩色的《钟馗捉鬼图》，两边有洪北江的'梅雪松风清几榻，天光云影护琴书'的对子。"可谁能知道，正是这精美雅致的"古色古香"文化，窒息了多少洋溢着爱的生命和天性？这是以冷峻的讽刺笔法，在强烈对比中，揭示封建礼教以"高雅"吃人的虚伪本质。写菉竹山房"屋子高大，阴森"，苔尘"黯绿"，"霉气"扑鼻，"满屋凄幽"，"如一大座古墓"；说"大雨复作"，"豆油檠摇晃不定"，念经声如同"秋坟鬼唱"，"雨声虫声风弄竹声合奏起一支凄戾的交响曲"，周遭都是鬼影鬼趣鬼气。可谁都能感觉到，只有把人变成鬼的地方，才能有这地狱般的阴森恐怖。这是通过"鬼气"的渲染，来为"鬼脸"的出现张本。《箓竹山房》的环境描写，像几条缓缓流动着的溪水，或清凛，或污浊，或低吟，或哭诉，须细细咀嚼，慢慢品味；突然，它们汇合起来，一齐撞向古老而坚硬的山崖，轰然一声巨响，溅起四射水花，令人瞠目结舌，半晌才回过神来。阅读《箓竹山房》时，你是否获得了这样的审美享受？

附　录

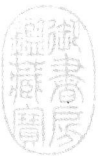

常用文言虚词例释

文言虚词一般没有实在意义,或是所表示的对象是不确定的,它们在文言文里主要用来表示词和词、句和句之间的关系,或是表示某种语气、情态。一个文言虚词常常可以代表不止一类的词,例如"以"可以作介词,意思大致相当于"用"、"凭借",也可以作连词,连接两个词或两个分句;"乎"主要用作表示疑问的句尾语气词,如:"冯公有亲乎?"也可以用作介词,用法与"于"相似。此外,就是同一词性的虚词,也常常具有多种用法。例如"于"的基本词性是介词,而在用法上可以表示处所、时间、范围,也可以引进比较的对象,或在被动句里引进动作行为的发出者。在阅读文言文时,需要准确判断每一个虚词究竟代表的是什么词,每一个虚词具体是什么用法。下面介绍文言文里几个常见虚词的用法。

一、之

"之"本来是动词,意思是"到……去",如《齐桓晋文之事》:"牛何之?"但是在文言文里,"之"主要用作虚词,用法如下:

(一) 用作第三人称代词,充当动词或介词的宾语,可译为"他、她、它(们)"。

"之"充当动词宾语的例子如:

(1) 得卫巫,使监谤者。以告,则杀之。(《召公谏厉王弭谤》)——"之"指代"谤者",可译为"他"。

(2) 亦见其自比于逆乱,设淫辞而助之攻也。(《张中丞传后叙》)——"之"指代"逆乱",可译为"他们"。

(3) 生俟其笑歇,乃出袖中花示之。女接之。(《婴宁》)——前"之"指代"女(婴宁)","示之"即"给她看";后"之"指代"花"。

(4) 是故为川者决之使导。(《召公谏厉王弭谤》)——"之"指代"川",可译为"它"。

有时在对话或书信的场合下,"之"可以对应地译为第一、第二人称。如:

(5) (晋鄙)曰:"今吾拥十万之众,屯于境上,国之重任。今单车来代之,何如哉?"(《魏公子列传》)——加着重号"之"为晋鄙自称,"代之"即"代替我(说话人晋鄙)"。

(6) 朱亥笑曰:"臣乃市井鼓刀屠者,而公子亲数存之。"(《魏公子列传》)——"存之",即"慰问我(说话人朱亥)"。

(7) 太尉苟以为可教而辱教之,又幸矣。(《上枢密韩太尉书》)——"之"代表说话人自己,"辱教之"即"屈尊教诲我"。以上三例"之"都相当于第一人称代词。

"之"充当介词宾语的例子如:

（8）人固有一死，死有重于泰山，或轻于鸿毛，用之所趋异也。《报任安书》——"用之"即"以之"，因为死的趋向不一样。

"之"在充当介词宾语时经常省略不出现，但是从句意看，这个"之"是存在的，需要在阅读或今译时补上，否则句子读不通。如：

（9）孝公用商鞅之法，移风易俗，民以殷盛，国以富强，百姓乐用，诸侯亲服。《谏逐客书》——"民以殷盛，国以富强"，等于说"民以(之)殷盛，国以(之)富强"，"以之"即"因为这个"，"之"指代孝公的做法。

（10）五亩之宅，树之以桑，五十者可以衣帛矣。《齐桓晋文之事》——"可以衣帛"即"可以(之)衣帛"，可以凭着这个做法(种桑养蚕)穿上帛衣。

（二）用作指示代词，充当宾语或定语，可译为"这个"、"这样(的)"。

充当宾语的例子如：

（1）臣闻之胡龁曰：王坐于堂上，有牵牛而过堂下者。《齐桓晋文之事》——"之"指代梁惠王衅钟以羊易牛的事，可译为"这事"。

（2）"……曰：'何可废也？以羊易之。'——不识有诸？"曰："有之。"《齐桓晋文之事》——后"之"指代"以羊易之"的事，"有之"即"有这个事"。

（3）夫子言之，于我心有戚戚焉。《齐桓晋文之事》——"之"，指代孟子说的"这个(道理)"。

（三）用在定语和名词中心语之间，相当于"的"。

（1）防民之口，甚于防川。《召公谏厉王弭谤》

（2）吾长见笑于大方之家。《秋水》

（3）昨日之客来。《报刘一丈书》

（4）何苦守尺寸之地，食其所爱之肉？《张中丞传后叙》

（四）用在主语和谓语之间，使主谓结构不能独立成句，而充当复句的分句。本教材的用例主要表示时间，可译为"……的时候"。

（1）大道之行也，天下为公。《大同》——"大道之行也"，至高无上的大道得以实行的时候。

（2）南霁云之乞救于贺兰也，贺兰嫉巡、远之声威功绩出己上，不肯出师救。《张中丞传后叙》——"南霁云之乞救于贺兰也"，南霁云向贺兰求救的时候。

（五）用在主语和谓语之间，使主谓结构转为名词性偏正词组，充当单句的主语或宾语。如：

（1）计中国之在海内，不似稊米之在大仓乎？《秋水》

（2）臣闻求木之长者，必固其根本；欲流之远者，必浚其泉源。《谏太宗十思疏》

二、其

"其"在文言文里的用法主要是充当代词、语气词和副词。在本教材里主要有以下用法：

（一）充当第三人称代词，作定语，可译为"他、她、它(们)的"。

（1）公子为人仁而下士，士无贤不肖皆谦而礼交之，不敢以其富贵骄士。《魏公子列传》)——"其"指代公子,他的。

（2）臣窃矫君命,以责赐诸民,因烧其券,民称万岁,乃臣所以为君市义也。(《冯谖客孟尝君》)——"其"指代百姓,他们的。

（3）位本在巡上。授之柄而处其下,无所疑忌。(《张中丞传后叙》)——"处其下"即位居许巡之下。

（4）引绳而绝之,其绝必有处。(《张中丞传后叙》)——"其绝"即绳子的断绝。"其",它的。

有时在对话或书信的场合下,"其"也可以对应地译为第一、第二人称。如:

（5）仆窃不自料其卑贱,见主上惨凄怛悼,诚欲效其款款之愚。(《报任安书》)——两个"其"都是司马迁自称,可对应译为第一人称"我(的)"。

（二）充当指示代词,作定语,可译为"那"。

（1）源不深而望流之远,根不固而求木之长,德不厚而思国之理,臣虽下愚,知其不可。(《谏太宗十思疏》)——"知其不可"即"知道那是不可能的"。

（2）苏子愀然,正襟危坐而问客曰:"何为其然也?"(《赤壁赋》)——"何为其然",为什么箫声是那样的。

（三）充当语气词,表示推测语气或反问语气。

表示推测语气的如:

（1）千金,重币也;百乘,显使也。齐其闻之矣。(《冯谖客孟尝君》)——"齐其闻之矣",齐国大概听到这个消息了。

表示反问语气的如:

（2）任人而已,其在多乎?(《吊古战场文》)——"其在多乎",难道在于人数多吗?

（四）"其"充当时间副词,可译为"将"。

（1）公问:"周其弊乎?"(《史伯对桓公问》)——周的政事将要败坏了吧?

（2）必有凶年,人其流离。(《吊古战场文》)——人将流离失所。

三、以

"以"在文言文里主要充当介词和连词。

（一）充当介词,表示动作行为的对象或凭借的工具、方法、原因、条件、时间等。

（1）又以刃刺酒翁,坏酿器,酒流沟中。(《段太尉逸事状》)——"以"表示工具,可译为"用"、"拿"。

（2）说者又谓远与巡分城而守,城之陷,自远所分始,以此诟远。(《张中丞传后叙》)——"以此"即"因为这个原因"。

（3）以小易大,彼恶知之?(《齐桓晋文之事》)——"以"介绍行为的对象,用小的换下大的。

（4）仆以口语遇遭此祸,重为乡党戮笑。(《报任安书》)——"以"介绍原因,"以口语"即因为说话(不当)。

（5）守一城,捍天下,以千百就尽之卒,战百万日滋之师。(《张中丞传后叙》)——"以"由凭借引申为率领的意思,率领千百个丧亡殆尽的士兵。

介词"以"组成的介宾结构有时出现在被修饰的动词后面。如：

(6) 择臣取谏工而讲以多物,务和同也。(《史伯对桓公问》)——"讲以多物"即"以多物讲",拿诸多事物考察。

(7) 左右以君贱之也,食以草具。(《冯谖客孟尝君》)——"食以草具",即"以草具食(之)",给(他)吃粗劣的食物。

有时"以"的介词宾语会被省略,在翻译成现代文时,要根据现代汉语的习惯,把省略的内容补译出来。如:

(8) 云笑曰:"欲将以有为也!"(《张中丞传后叙》)——"将以有为",即"将利用(隐忍苟活的机会)有所作为"。

(9) 左右皆笑之,以告。(《冯谖客孟尝君》)——"以告"即把(冯谖弹铗歌唱的情况)报告孟尝君。

(二)"以"的常用结构"无以"、"所以"、"是以"、"可以"。

1. "无以"意思是"没有什么可以用来……",如:

(1) 长铗归来乎,无以为家。(《冯谖客孟尝君》)——"无以为家"即"没有什么可用来养家"。

(2) 农且饥死,无以偿,即告太尉。(《段太尉逸事状》)——"无以偿"即"没有什么可用来偿还田租"。

2. "所以"大致有两个用法,一是表示动作行为凭借的工具、方法、手段,相当于"以此来……";二是表示动作行为的原因。下面分别举例。

(1) 行善而备败,其所以阜财用衣食者也。(《召公谏厉王弭谤》)——"所以"表示方法,即用这个做法来增加财用衣食。

(2) 吾归破贼,必灭贺兰! 此矢所以志也。(《张中丞传后叙》)——"所以"表示方法,即用这矢来标志灭贺兰的决心。

(3) 臣窃矫君命,以责赐诸民,因烧其券,民称万岁,乃臣所以为君市义也。(《冯谖客孟尝君》)——"所以为君市义",即为您买义的方法。

以上都是"所以"表示方法的例子。下面是表示原因的用例:

(4) 古人所以重施刑于大夫者,殆为此也。(《报任安书》)——"所以"表示原因,古人看重对大夫施加刑法的原因。

(5) 所以隐忍苟活,函粪土之中而不辞者,恨私心有所不尽,鄙陋没世,而文采不表于后世也。(《报任安书》)——"所以"表示原因,指含忍屈辱苟且活着,处在污秽的环境下也不拒绝的原因。

(6) 此心之所以合于王者,何也?(《齐桓晋文之事》)——"所以合于王",适合称王天下的原因。

(7) 古之人所以大过人者,无他焉,善推其所为而已矣。(《齐桓晋文之事》)——"所以大过人者",远远超过别人的原因。

3. "是以"是代词"是"和介词"以"组成的介宾词组,相当于"因此"。如:

(1) 是以君子远庖厨也。(《齐桓晋文之事》)

(2) 是以地无四方,民无异国,四时充美,鬼神降福。(《谏逐客书》)

4. "可以"是助动词"可"(可以)和介词"以"的连用,相当于"可以凭……来"。如:

（1）五亩之宅，树之以桑，五十者可以衣帛矣。（《齐桓晋文之事》）——"可以衣帛"，即"可以凭着（种桑养蚕）穿上帛衣了"。

（2）鸡豚狗彘之畜，无失其时，七十者可以食肉矣。（《齐桓晋文之事》）——"可以食肉"，即可以凭着（善养家畜）吃到肉了。

5．"以……为……"是介词"以"和动词"为"的连用，可译为"把……作为……"。

（1）于是梁王虚上位，以故相为上将军。（《冯谖客孟尝君》）——"以故相为上将军"，即"把原先的宰相任命为上将军"。

（2）王无异于百姓之以王为爱也。（《齐桓晋文之事》）——"以王为爱"，即"把大王的做法当作吝啬"。

（3）寡人不敢以先王之臣为臣。（《冯谖客孟尝君》）——"以先王之臣为臣"，把已故君王的老臣作为自己的臣子。

（三）"以"作连词。

1．连接两个动词，表示动作的并列或一前一后。一前一后的动作有时有因果关系或目的关系。如：

（1）故王之不王，非挟太山以超北海之类也。（《齐桓晋文之事》）——"以"连接"挟太山"、"超北海"两个并列的行为。

（2）今不忍人无寇暴死，以乱天子边事。（《段太尉逸事状》）——"以"连接的前后行为有因果关系，可译为"以至于"。

（3）太尉以才略冠天下，天下之所恃以无忧，四夷之所惮以不敢发。（《上枢密韩太尉书》）——后两个"以"连接因果关系，可译为"因此"。

以下用例，"以"连接的动作行为后者是前者的目的，可译为"（以此）来……"。

（4）无高山大野，可登览以自广。（《上枢密韩太尉书》）——"以自广"，来拓宽开阔自己的视野。

（5）故为之文以志。（《始得西山宴游记》）——"以志"，（把游览经历写成文章）来予以记载。

（6）务壹心营职，以求亲媚于主上。（《报任安书》）——"以求亲媚于主上"，来求得和主上亲近。

（7）常思奋不顾身以徇国家之急。（《报任安书》）——"以徇国家之急"，来为国家的紧急事务献身。

（8）退论书策以舒其愤，思垂空文以自见。（《报任安书》）——"以舒其愤"，来抒发内心的郁闷；"以自见"，来显示自己的才华。

（9）和五味以调口，刚四支以卫体，和六律以聪耳，正七体以役心。（《史伯对桓公问》）——四个短句中的"以"都是连接动作和目的。

2．"以"连接的前后两项中，前者有形容修饰后者的意味。如：

（1）醉则更相枕以卧。（《始得西山宴游记》）——"相枕"是"卧"的方式。

（2）愿夫子辅吾志，明以教我。（《齐桓晋文之事》）——"明以教我"，明明白白地指教我。

四、于

"于"在文言文里只作介词,主要有以下用法。

(一)引进动作行为的处所、时间、范围,或表示"对于"。如:

(1)籍大历中于和州乌江县见嵩。(《张中丞传后叙》)——"于"引进处所,相当于"在"。

(2)今恩足以及禽兽,而功不至于百姓者,独何与?(《齐桓晋文之事》)——"至于百姓",即(恩惠)施加到百姓。

(3)夫民虑之于心而宣之于口,成而行之。(《召公谏厉王弭谤》)——"虑之于心而宣之于口",即"在心里思考,从口里表达出来"。

(4)辙之来也,于山见终南、嵩、华之高,于水见黄河之大且深。(《上枢密韩太尉书》)——"于"表示一定范围,即"在……里面","在……范围"。

(5)然后知吾向之未始游,游于是乎始。(《始得西山宴游记》)——"于"引进时间,"于是"即"从这时候"。

(6)口之宣言也,善败于是乎兴。(《召公谏厉王弭谤》)——"于"表示行为的出发点,"于是"即"从这里"。

(二)引进比较的对象,可译为"比……更"。如:

(1)防民之口,甚于防川。(《召公谏厉王弭谤》)——"甚于防川",比堵塞河流造成的祸害更厉害。

(2)天下之水,莫大于海。(《秋水》)——"莫大于海",没有哪个比大海更广大的。

(3)故祸莫惨于欲利,悲莫痛于伤心。(《报任安书》)——"惨于欲利",比贪欲利益更悲惨;"痛于伤心",比使内心受伤害更厉害。

(4)人固有一死,死有重于泰山,或轻于鸿毛,用之所趋异也。(《报任安书》)——"重于泰山",看得比泰山还重;"轻于鸿毛",看得比鸿毛还轻。

(三)在被动句里引进动作行为的主动者。如:

(1)吾长见笑于大方之家。(《秋水》)——即"被大方之家取笑"。

(2)此非孟德之困于周郎者乎?(《赤壁赋》)——即"被周郎所围困"。

五、而

"而"在文言文里主要作连词,在本教材里主要有以下用法。

(一)"而"连接两个形容词或动词,表示并列、递进等关系,或表示两个动作有时间上的先后。

(1)行善而备败,其所以阜财用衣食者也。(《召公谏厉王弭谤》)——"而"连接有并列关系的两个动词,可译为"并且"。

(2)简能而任之,择善而从之。(《谏太宗十思疏》)——"而"连接的两个动词有一先一后关系。意思是挑选能人然后任用他们,选择善才然后听从他们。

(3)觉而起,起而归。(《始得西山宴游记》)——"而"连接的两个动词有一先一后关系。意思是:睡醒后就起身,起身后就回家。

一先一后的两个动作有时有前因后果的关系。如:

(4)太尉苟以为可教而辱教之,又幸矣。(《上枢密韩太尉书》)——"而"连接"以为可教"和"辱教之",意思是:如果认为我可以教导因此教导我。

(二)"而"连接的前后两项在意思上有转折,可译为"但是"、"反而"。如:

(1)今王弃高明昭显,而好谗慝暗昧。(《史伯对桓公问》)

(2)源不深而望流之远,根不固而求木之长,德不厚而思国之理,臣虽下愚,知其不可。(《谏太宗十思疏》)

(3)悠悠乎与颢气俱,而莫得其涯;洋洋乎与造物者游,而不知其所穷。(《始得西山宴游记》)

(4)无恒产而有恒心者,惟士为能。(《齐桓晋文之事》)

(三)"而"连接状语和所修饰的动词。

(1)东面而视,不见水端。(《秋水》)——"东面"是"视"的状语,即"脸朝东面看"。

(2)其隙也,则施施而行,漫漫而游。(《始得西山宴游记》)——"施施"、"漫漫"都是形容走路游览随心所欲、自由自在的样子。

(3)长驱到齐,晨而求见。(《冯谖客孟尝君》)——"晨"是"求见"的时间。

(4)攀缘而登,箕踞而遨。(《始得西山宴游记》)——"攀缘"是"登"的方式,"箕踞"形容遨游的无拘无束。

六、乎

"乎"在文言文里最常见的用法是充当语气词,有时也充当介词和形容词尾。

(一)充当语气词,常用在疑问句末尾,表示疑问语气,有时也用在反问句或感叹句末尾,加强反问或感叹语气。如:

(1)谁习计会,能为文收责于薛者乎?(《冯谖客孟尝君》)

(2)孟尝君问:"冯公有亲乎?"(《冯谖客孟尝君》)

以上两句,"乎"都表示疑问,可译为"吗"。

(3)天夺之明,欲无弊,得乎?(《史伯对桓公问》)

(4)此其自多也,不似尔向之自多于水乎?(《秋水》)

以上两句,"乎"都用在反问句尾,加强反问语气。

有时,"乎"也用在句中,没有实际意义,可以不译。如:

(5)然后知吾向之未始游,游于是乎始。(《始得西山宴游记》)

(6)于是乎先王聘后于异姓,求财于有方。(《史伯对桓公问》)

(二)充当介词,相当于"于"。

(1)今观其文章,宽厚宏博,充乎天地之间,称其气之大小。(《上枢密韩太尉书》)

(2)而后知天下之文章聚乎此也。(《上枢密韩太尉书》)

(三)充当形容词尾,可以不译。

(1)悠悠乎与颢气俱,而莫得其涯;洋洋乎与造物者游,而不知其所穷。(《始得西山宴游记》)

七、为

"为"在文言文里经常用作动词，如《召公谏厉王弭谤》："是故为川者决之使导。"此外，"为"主要用作介词。

（一）引进服务的对象，可译为"替"、"帮"、"为"或"对"。如：

（1）谁习计会，能为文收责于薛者乎？（《冯谖客孟尝君》）——"为文收责"，帮我田文收债。

（2）公诚以都虞候命某者，能为公已乱。（《段太尉逸事状》）——"为公已乱"，为您平定骚乱。

（3）然此可为智者道，难为俗人言也。（《报任安书》）——可以对有智慧的人诉说，难以对庸俗的人说明。

（4）明主不晓，以为仆沮贰师，而为李陵游说，遂下于理。（《报任安书》）——帮李陵游说。

（二）引进动作行为的原因，可译为"因为"。

（1）古人所以重施刑于大夫者，殆为此也。（《报任安书》）——"为此"，因为这个原因。

（2）主上为之食不甘味，听朝不怡。（《报任安书》）——"为之"，因为这个事（李陵败降的事）。

（三）在被动句里为引进动作行为的主动者，可译为"被……"。

（1）仆以口语遇遭此祸，重为乡党戮笑。（《报任安书》）——"为乡党戮笑"，被家乡人们耻笑。

（2）男儿死耳，不可为不义屈！（《张中丞传后叙》）——"为不义屈"，被不正义的势力屈服。

八、因

"因"在文言文里可以充当介词和连词。

（一）"因"充当介词，表示凭借。

商鞅因景监见，赵良寒心。（《报任安书》）——"因景监见"，凭借景监的关系得以进见皇上。

（二）"因"充当连词，可译为"于是"、"就"。

（1）臣窃矫君命，以责赐诸民，因烧其券，民称万岁，乃臣所以为君市义也。（《冯谖客孟尝君》）——"因烧其券"，于是烧掉百姓的债券。

（2）拳拳之忠，终不能自列，因为诬上，卒从吏议。（《报任安书》）——"因为诬上"，于是被认定为诬上的罪责。

九、则

"则"在文言文里主要用作连词,在本教材里主要有以下用法。

(一) 连接两个分句或两个动作行为,表示两者在事理上的联系,可译为"那么"、"就"。

(1) 王如知此,则无望民之多于邻国也。(《齐桓晋文之事》)

(2) 是仆终已不得舒愤懑以晓左右,则是长逝者魂魄私恨无穷。(《报任安书》)

以上二例"则"连接两个分句,前面是假设,后面是结果。有时"则"连接的前后两项可以紧缩在一个句子里。如:

(3) 竭诚则吴越为一体,傲物则骨肉为行路。(《谏太宗十思疏》)

(4) 当此之时,见狱吏则头枪地,视徒隶则心惕息。(《报任安书》)

(5) 夫在殷忧必竭诚以待下,既得志则纵情以傲物。(《谏太宗十思疏》)

(二) "则"表示让步的意味,有姑且承认某种情况,但是后面推出不同的结论,可译为"虽然"、"是倒是"。

彼齐云、落星,高则高矣;井幹、丽谯,华则华矣,止于贮妓女、藏歌舞,非骚人之事,吾所不取。(《黄州新建小竹楼记》)——先承认齐云、落星高大倒是高大,井幹、丽谯华丽倒是华丽,后面句意一转,指出其用途不值得称道。

(三) "则"用在相对的两句中,表示两种情况的对举,可以不译。

入则周公、召公,出则方叔、召虎。(《上枢密韩太尉书》)——两个"则"表示"入"(在内)和"出"(在外)两种情况的对比。

(四) "则"常与代词"然"(如此,这样)搭配使用,组成"然则",意思是"既然如此,那么……"。

(1) 今恩足以及禽兽,而功不至于百姓者,独何与? 然则一羽之不举,为不用力焉;舆薪之不见,为不用明焉;百姓之不见保,为不用恩焉。(《齐桓晋文之事》)——"然"指代前面梁惠王恩及禽兽、不及百姓的情况,"则"根据事理推出后面的结论。

(2) 王曰:"舍之! ……"对曰:"然则废衅钟与?"(《齐桓晋文之事》)——"然"指代"舍之"(把牛留下不衅钟),"则"根据事理推出"废衅钟"的结论。

十、乃

"乃"在文言文里主要用作副词。在本教材中主要有以下用法。

(一) 用在判断句的主语和谓语之间,加强确定的语气,可译为"就是"。

(1) 是乃仁术也。(《齐桓晋文之事》)

(2) 乃歌夫"长铗归来"者也。(《冯谖客孟尝君》)——"乃"前面省略了判断句的主语(冯谖)。

(二) 表示上下文的承接关系,相当于"于是"、"就"。

(1) 旃裘之君长咸震怖,乃悉征左、右贤王,举引弓之民,一国共攻而围之。(《报任安书》)——"乃悉征左、右贤王",于是召集全部左、右贤王。

（2）《诗》云："他人有心，予忖度之。"夫子之谓也。夫我乃行之。（《齐桓晋文之事》）——"我乃行之"，我就做了这件（以羊易牛）的事。

（三）表示时间，相当于"（这）才"。

（1）至于鞭箠之间，乃欲引节，斯不亦远乎？（《报任安书》）——"至于鞭箠之间，乃欲引节"，到了遭受狱吏鞭笞时，才想要引节自尽。

（2）孟尝君顾谓冯谖曰："先生所为文市义者，乃今日见之。"（《冯谖客孟尝君》）——"乃今日见之"，到今天才见到了先生为我买的"义"。

（四）表示情态，有"居然"、"竟然"的意味。

（1）今已亏形为扫除之隶，在阘茸之中，乃欲卬首伸眉，论列是非。（《报任安书》）——如今已经身体残缺沦为打杂的仆役，处在卑下的地位，竟然想要抬头展眉，评说是非。

（2）而事乃有大谬不然者。（《报任安书》）——然而事情竟然有完全不是这样的情况。

（3）先生不羞，乃有意欲为收责于薛乎？（《冯谖客孟尝君》）——先生不在意我的失礼，竟然有意帮我到薛地去收债吗？

（徐莉莉）

文言特殊句法述略

一、宾语前置句

在文言文的叙述句里，动词谓语和宾语的排列顺序在多数情况下是动词在前，宾语在后，今天理解起来不会有困难。但是也有特殊的情况，即在一定的条件下，宾语会放在动词的前面。对于宾语前置句，阅读时需要仔细判断，准确今译。

在本教材里，宾语前置的类型有以下几种。

（一）在疑问句里，疑问代词充当动词或介词的宾语时往往前置。

（1）牛何之？（《齐桓晋文之事》）——牛牵到哪里去？

（2）客何好？（《冯谖客孟尝君》）——门客喜好什么？

以上几句，都是疑问代词"何"充当动词宾语时前置。

疑问代词还经常充当介词宾语，此时也要前置。如：

（1）方存乎见少，又奚以自多！（《秋水》）——"奚以"，凭什么。

（2）何由知吾可也？（《齐桓晋文之事》）——"何由"，从哪里。

（3）不为者与不能者之形，何以异？（《齐桓晋文之事》）——"何以异"，用什么办法区别？

（二）在否定句里，代词充当宾语时一般前置。

（1）保民而王，莫之能御也。（《齐桓晋文之事》）——"莫"，否定词，没有谁（什么）；"之"，代词宾语；没有谁能抵御他。

（2）老者衣帛食肉，黎民不饥不寒，然而不王者，未之有也。（《齐桓晋文之事》）——"未之有"，还没有这种情况。

（3）臣未之闻也。（《齐桓晋文之事》）——"未之闻"，还没有听到这个。

（4）大道之行也，与三代之英，丘未之逮也，而有志焉。（《大同》）——"未之逮"，没有赶上这个（时代）。

（三）用代词"之"、"是"复指前置宾语。

（1）野语有之曰："闻道百，以为莫己若者。"我之谓也。（《秋水》）——"我之谓"，说的就是我。"我"是前置宾语，用代词"之"在动词"谓"前面复指宾语。

（2）《诗》云："他人有心，予忖度之。"夫子之谓也。（《齐桓晋文之事》）——"夫子之谓也"，说的就是夫子您。

（3）吾此苟生耳。何适之谓？（《枕中记》）——"何适之谓"，说得上什么适意。

（四）介词"以"的宾语常前置，最常见的就是"以"和代词"是"（这）搭配使用时构成的"是以"，可译为"因此"。

（1）是以君子远庖厨也。（《齐桓晋文之事》）

（2）是以肠一日而九回。（《报任安书》）

二、被 动 句

古代汉语表示被动有两类情况：一种是只在语义上表示被动而无被动形式标志，其被动的意味只能通过上下文体会出来。以《报任安书》的几句为例：

（1）文王拘而演《周易》。

（2）屈原放逐，乃赋《离骚》。

（3）孙子膑脚，兵法修列。

（4）韩非囚秦，《说难》、《孤愤》。

以上句中加着重号的词都是表示被动意义的动词，但是这种被动意味要读者自己根据上下文体会出来。

第二种也是更为常见的表示被动的做法，是在谓语动词的前面或后面带有表示被动关系的词语，构成被动句式。本教材里有以下几种类型：

1. 在及物动词后面加上介词"于"，用以引出动作行为的主动者。

（1）文倦于事，愦于忧。（《冯谖客孟尝君》）——被事务搞得疲惫不堪，被忧虑弄得心烦意乱。

（2）井蛙不可以语于海者，拘于虚也；夏虫不可以语于冰者，笃于时也。（《秋水》）——"拘于虚"，（眼界）被所住的地方限制；"笃于时"，（见识）被所存活的季节限制。

（3）西望夏口，东望武昌，山川相缪，郁乎苍苍，此非孟德之困于周郎者乎？（《赤壁赋》）——"困于周郎"，被周郎围困。

2. 在及物动词前加上介词"为"，引出动作行为的主动者。

（1）男儿死耳，不可为不义屈！（《张中丞传后叙》）——被不正义的势力屈服。

（2）仆以口语遇遭此祸，重为乡党戮笑。（《报任安书》）——被家乡人们耻笑。

（3）李陵既生降，隤其家声，而仆又茸之蚕室，重为天下观笑。（《报任安书》）——被天下人观看取笑。

（4）士为知己者用。（《报任安书》）——（甘心）被了解自己的人使用。

有时介词"为"和在动词前的"所"搭配使用，构成"为……所……"句式。

（5）或传嵩有田在亳、宋间，武人夺而有之，嵩将诣州讼理，为所杀。（《张中丞传后叙》）——"为所杀"，被（武人）杀害。

3. 在及物动词前加"见"表示被动。

（1）顾自以为身残处秽，动而见尤，欲益反损。（《报任安书》）——"见尤"，被怪罪。

（2）百姓之不见保，为不用恩焉。（《齐桓晋文之事》）——"见保"，被保护。

有时"见"字句与"于"字句配合使用，构成"见……于……"的句式。如：

（3）吾长见笑于大方之家。（《秋水》）——被大方之家取笑。

三、词 类 活 用

和现代汉语一样,古代汉语里各种词类在担当句子成分时有其固定的分工,例如名词经常用作主语、宾语,动词经常用作谓语,形容词经常用作定语等。但是,在先秦或其他时代的文言文里,有些词可以按照一定的语言习惯而灵活运用,这就是词类活用。在阅读文言文时,需要我们准确判断哪些词属于活用,然后根据其活用后的语法功能加以理解和今译。

下面介绍本教材常见的词类活用实例。

(一)名词活用为一般动词。今译时需要把活用的名词翻译成与该名词意义有联系的动词。

(1)国人莫敢言,道路以目。(《召公谏厉王弭谤》)——"目"活用为动词,用眼睛示意。

(2)孟尝君怪其疾也,衣冠而见之。(《冯谖客孟尝君》)——"衣冠"活用为动词,指穿戴整齐。

(3)方其破荆州,下江陵,顺流而东也,舳舻千里,旌旗蔽空。(《赤壁赋》)——"东"活用为动词,指向东推进。

(二)使动用法。使动用法是该句谓语的动作行为不是主语发出的,而是主语使宾语发出该动作行为,可译为"使……"。

(1)欲辟土地,朝秦、楚,莅中国而抚四夷也。(《齐桓晋文之事》)——"朝秦、楚",不是去朝见秦、楚大国,而是让秦、楚这样的大国来朝见自己。

(2)舞幽壑之潜蛟,泣孤舟之嫠妇。(《赤壁赋》)——"舞"、"泣"活用为使动用法。指客人的洞箫声使幽壑的潜蛟起舞,使孤舟的嫠妇掉泪。

(三)意动用法。意动用法是主语认为宾语具有谓语所代表的内容(实际上不一定是事实)。可译为"认为……"、"把……当作……"。

(1)老吾老,以及人之老;幼吾幼,以及人之幼。(《齐桓晋文之事》)——"老吾老",把自己的老人当作老人奉养;"幼吾幼",把自己的孩子当作孩子抚育。

(2)故人不独亲其亲,不独子其子。(《大同》)——意思与上句相似。

(3)况吾与子渔樵于江渚之上,侣鱼虾而友麋鹿。(《赤壁赋》)——把鱼虾当作伴侣,把麋鹿当作朋友。

(4)今君有区区之薛,不拊爱子其民。(《冯谖客孟尝君》)——"子其民",把自己封地的百姓像对待儿子一样对待。

(5)于是乘其车,揭其剑,过其友曰:"孟尝君客我。"(《冯谖客孟尝君》)——"客我",把我当贵客。

以上为名词的意动用法。下面几句是形容词的意动用法:

(6)且夫我尝闻少仲尼之闻而轻伯夷之义者,始吾弗信。(《秋水》)——认为仲尼的见闻少,认为伯夷的道义轻。

(7)古人所以重施刑于大夫者,殆为此也。(《报任安书》)——"重",把……看得很重。

(8) 左右以君贱之也，食以草具。(《冯谖客孟尝君》)——"贱之"，把他看得很轻贱。

四、名词做状语

在古代汉语里，名词可以直接放在动词前作状语。在本教材里主要有以下几种情况。

（一）方位名词作状语，表示动作行为的方向。

(1) 顺流而东行，至于北海，东面而视，不见水端。(《秋水》)——"东行"，向东行进；"东面"，面向东方。

(2) 彭越、张敖，南面称孤，系狱抵罪。(《报任安书》)——"南面"，面朝南方。

(3) 西望夏口，东望武昌，山川相缪，郁乎苍苍。(《赤壁赋》)——"西望"，向西望；"东望"，向东望。

（二）表示对人的态度，可译为"像对待……那样"。

文史星历，近乎卜祝之间，固主上所戏弄，倡优畜之，流俗之所轻也。(《报任安书》)——"倡优畜之"，像对待倡优那样蓄养他们。

（三）表示按照某个标准或原则，可译为"根据"、"按照"。

(1) 秋水时至，百川灌河。(《秋水》)——"时至"，根据季节来到了。

(2) 云虽欲独食，义不忍。(《张中丞传后叙》)——"义不忍"，按照道义不忍心(独享美食)。

（徐莉莉）

中国古典诗词格律常识

    中国古典诗歌包括诗、词、散曲等多种形式,其中诗、词流行广泛,格律要求也比较严格,这里撮要作些概略介绍。欲详细了解,可读王力《汉语诗律学》。

    诗是古代运用最广的一种韵文,门类众多,体式纷繁。如以句式言,可分为四言诗、五言诗、六言诗、七言诗、杂言诗等;如以体裁言,则有楚辞体、乐府体、歌行体、律体等。要而言之,可大致分为古体诗与近体诗两大类。

    古体诗与近体诗都是唐代形成的诗体概念,两者相对而言。唐代以前,写诗通常不讲究平仄和对仗,押韵比较宽松(但事实上平、上、去、入四声也不能混淆,必须是同样的声调),每首诗的句式、句数等也没有严格的规定。唐人因而将汉代以还的这类诗歌统称为古体诗,又称古诗或古风。需要指出的是,所谓古体诗,是从诗歌声律角度着眼而界定的一个诗体概念,不能单以某首诗产生于唐代之前或唐代之后为尺度来论断它是否属于古体诗。唐宋以来,诗人们除写近体诗外,也时常写些古体诗,如唐人陈子昂的《登幽州台歌》、张若虚的《春江花月夜》、李白的《蜀道难》及白居易的《长恨歌》就都是古体。古体诗主要是五言古诗、七言古诗,简称五古、七古。以七言为主,杂有若干非七言句的古诗,一般也叫七古。

    近体诗又称今体诗,是在唐代成熟定型的一种格律体诗,在句数、句式、平仄、对偶、押韵等方面有一系列规定或要求。

    近体诗按句数多少可分为绝句与律诗两类。绝句每首四句。律诗一般每首八句。律诗两句为一联,第一、二句称首联,第三、四句称颔联,第五、六句称颈联,第七、八句称尾联。每联的上句称出句,下句称对句。超过八句的律诗称排律或长律,它的句数一定是双数。

    近体诗的句式通常是五言、七言。每首诗句式整齐划一,略无参差。唐宋以来流行的体式有五言绝句、七言绝句、五言律诗、七言律诗和五言排律。

    讲究平仄是近体诗的一个本质特征。平,指古汉语四声中的平声,分为上平声和下平声;仄,指古汉语四声中的上声、去声和入声(入声在现代汉语中已消亡,但在许多方言中仍存在)。近体诗按一定规则交替使用平声字或仄声字,因而音律抑扬顿挫,富于节奏感和音乐美,读来琅琅上口。近体诗的平仄规则主要有二:

    一是以平仄相间的原理调配每句诗中各个字的声调。也就是说每句诗中每间隔两个字或者三个字更替其平仄。近体诗的五言句平仄排列有四种标准格式:

① 仄仄平平仄

②平平仄仄平

③㊍平平仄仄

④㋫仄仄平平

其七言句平仄排列也有四种标准格式：

①㊍平㋫仄平平仄

②㋫仄平平仄仄平

③㋫仄㊍平平仄仄

④㊍平㋫仄仄平平

（加"○"者为可平可仄）

以上八种基本格式，也就是近体诗单句平仄的一般规则，各种类型的绝句和律诗，都是由这些基本格式组配而成的。

二是以粘对循环的原理组接每首诗中的各个单句。所谓对，即指处于偶数位置上的诗句，其平仄格式必须与它的上一句对立。如第三句是"仄仄平平仄"，第四句须是"平平仄仄平"；如第七句是"仄仄平平平仄仄"，那么第八句须是"平平仄仄仄平平"。但第一、二句常有例外，即首句末字为平声，则第二句例用另一种末字为平声的基本格式。如首句为"仄仄仄平平"，第二句则为"平平仄仄平"；如首句为"仄仄平平仄仄平"，第二句则例用"平平仄仄仄平平"。所谓粘，是指绝句第三句或律诗的第三、五、七句的第二字的平仄要与其上一句的第二字的平仄相同，而其全句的平仄格式不能与其上一句重复。如五绝第二句是"平平仄仄平"，则其第三句应为"平平平仄仄"；如七律第四句是"平平仄仄仄平平"，则其第五句应为"平平仄仄平平仄"。违反了这一规则，古人称为"失粘"。粘和对，是近体诗组接各单句的重要规则，不同类型的绝句和律诗，都是根据粘对规则由上述几种基本格式组合而成的。因而，只要能熟记近体诗单句平仄的八种基本格式并掌握粘对规则，就可以根据一首诗首句的平仄而推演出全首的平仄格律，也就大体掌握了近体诗声律平仄的一般规律。下面，举若干作品为例，以供理解、参照。

例一：朱庆余《闺意上张水部》

㊍平仄仄平平仄　㋫仄平平仄仄平

洞房昨夜停红烛，　待晓堂前拜舅姑。

㋫仄平平平仄仄　㊍平㋫仄仄平平

妆罢低声问夫婿，　画眉深浅入时无？

例二：王昌龄《出塞》

㊍平㋫仄仄平平　㋫仄平平仄仄平

秦时明月汉时关，　万里长征人未还。

㋫仄平平平仄仄　㊍平㋫仄仄平平

但使龙城飞将在，　不教胡马度阴山。

例三：陆游《沈园二首》其一

㋫仄平平仄仄平　㊍平㋫仄仄平平

城上斜阳画角哀，　　沈园非复旧池台。

㋿平㋿仄平平仄　　㋿仄平平仄仄平

伤心桥下春波绿，　　曾是惊鸿照影来。

以上三首七绝,分别代表了三种平仄模式。其中,例一中的"昨"、"烛"、"入",例二中的"月",例三中的"角"、"绿",在古汉语中均读入声;例二中的"人"字为平声,这个位置用平声也是允许的;例一中的"问夫婿"三字属特定的变体,此不赘述。

例四:王维《山居秋暝》

㋿平平仄仄　　㋿仄仄平平

空山新雨后，　　天气晚来秋。

㋿仄平平仄　　平平仄仄平

明月松间照，　　清泉石上流。

㋿平平仄仄　　㋿仄仄平平

竹喧归浣女，　　莲动下渔舟。

㋿仄平平仄　　平平仄仄平

随意春芳歇，　　王孙自可留。

例五:杜甫《春望》

㋿仄平平仄　　平平仄仄平

国破山河在，　　城春草木深。

㋿平平仄仄　　㋿仄仄平平

感时花溅泪，　　恨别鸟惊心。

㋿仄平平仄　　平平仄仄平

烽火连三月，　　家书抵万金。

㋿平平仄仄　　㋿仄仄平平

白头搔更短，　　浑欲不胜簪。

以上两首作品,代表了首句不入韵的两种五律模式。其中,例四中的"月"、"石"、"竹"、"歇",例五中的"国"、"木"、"别"、"月"、"白",古汉语均读入声。

例六:黄庭坚《登快阁》

㋿平㋿仄平平仄　　㋿仄平平仄仄平

痴儿了却公家事，　　快阁东西倚晚晴。

㋿仄㋿平平仄仄　　㋿平㋿仄仄平平

落木千山天远大，　　澄江一道月分明。

㋿平㋿仄平平仄　　㋿仄平平仄仄平

朱弦已为佳人绝，　　青眼聊因美酒横。

㋿仄㋿平平仄仄　　㋿平㋿仄仄平平

万里归船弄长笛，　　此心吾与白鸥盟。

例七:刘禹锡《西塞山怀古》

(仄)仄平平(仄)仄平　　(平)平(仄)仄仄平平
王濬楼船下益州，　　金陵王气黯然收。

(平)平(仄)仄平平仄　　(仄)仄平平(仄)仄平
千寻铁锁沉江底，　　一片降幡出石头。

(仄)仄(平)平平仄仄　　(平)平(仄)仄仄平平
人世几回伤往事，　　山形依旧枕寒流。

(平)平(仄)仄平平仄　　(仄)仄平平(仄)仄平
今逢四海为家日，　　故垒萧萧芦荻秋。

例八：秦韬玉《贫女》

(平)平(仄)仄仄平平　　(仄)仄平平(仄)仄平
蓬门未识绮罗香，　　拟托良媒益自伤。

(仄)仄(平)平平仄仄　　(平)平(仄)仄仄平平
谁爱风流高格调，　　共怜时世俭梳妆。

(平)平(仄)仄平平仄　　(仄)仄平平(仄)仄平
敢将十指夸针巧，　　不把双眉斗画长。

(仄)仄(平)平平仄仄　　(平)平(仄)仄仄平平
苦恨年年压金线，　　为他人作嫁衣裳。

以上三诗中，例六之"却"、"阁"、"木"、"月"、"绝"、"一"、"笛"、"白"，例七之"益"、"出"、"石"、"日"、"荻"，例八之"识"、"托"、"格"、"十"、"压"、"作"，古汉语中均读入声。例六中之"弄长笛"、例八中之"压金线"为特定的变体。

律诗还要求运用对仗，也称对偶，即要求一联诗中的出句与对句句法结构一致而处于同一位置的词语词性相当，如名词对名词，动词对动词，副词对副词，数词对数词等等。如刘禹锡《西塞山怀古》中的颔联："千寻"对"一片"，"铁锁"对"降幡"，"沉江底"对"出石头"；又如黄庭坚《登快阁》中的颈联："朱弦"对"青眼"，"已为"对"聊因"，"佳人"对"美酒"，"绝"对"横"。律诗中的对仗通常在颔联和颈联，但也有例外，如杜甫的五律《春望》前三联就都用对仗，而他的七律《登高》则通篇运用对仗。

近体诗押平声韵，一韵到底，邻韵一般不能通押。押韵的位置在第二、四、六、八句。首句可以押韵也可以不押韵。以习见者说来，五绝、五律的首句以不押韵者为多，而七绝、七律的首句则以押韵者为多。七绝如王昌龄《出塞》、陆游《沈园二首》，七律如刘禹锡《西塞山怀古》、秦韬玉《贫女》，首句都押韵。唐宋时，近体诗的用韵分部极其严格，此受篇幅限制难以具体陈说，详细情况可看看《诗韵集成》、《诗韵合璧》等专门韵书。

词是随着隋唐燕乐的兴盛流行，由诗歌与音乐结合而生成的一种新型格律诗，盛行于两宋。词在早先，职责是充当乐曲歌辞而用以歌唱，大都为配合乐曲而作，因而唐五代时多称为曲子、曲子词，入宋以后才逐渐习称为词，又称乐章、乐府、琴趣、长短句、诗余等。

每首词都有一个调名，称词调（或词牌），如《水龙吟》、《定风波》、《念奴娇》等。词调在原先本是表示该词所从属的音乐曲调的名称，后来词与音乐的关系日渐疏远并最终脱离音乐，词调就仅仅作为字句、声律、押韵等方面的固定格式的一种标志了。每个词调，都有其所限定的句数、字数、句式、声韵，所谓"调有定句，句有定字，字有定声"。如《定风波》这个词调，正格规定六十二字，分上、下两片，上片五句，七七七二七句式，叶三平韵两仄韵；下片六句，七二七七二七句式，叶四仄韵两平韵，平仄韵不同部错叶。此以苏轼词《定风波》示例如下：

仄仄平平仄仄平

莫听穿林打叶声_{平韵}，

平平仄仄仄平平

何妨吟啸且徐行_{平韵}。

仄仄平平平仄仄

竹杖芒鞋轻胜马_{仄韵}，

平仄

谁怕_{仄韵}？

平平仄仄仄平平

一蓑烟雨任平生_{平韵}。

仄仄平平平仄仄

料峭春风吹酒醒_{仄韵}，

平仄

微冷_{仄韵}，

平平仄仄仄平平

山头斜照却相迎_{平韵}。

仄仄平平平仄仄

回首向来萧瑟处_{仄韵}，

平仄

归去_{仄韵}，

平平仄仄仄平平

也无风雨也无晴_{平韵}。

词中"叶"、"且"、"竹"、"一"、"却"、"瑟"字，古汉语读入声。

词调名称不同，其格律也就不同。由于词调名目众多，格律纷繁，很难抽象出规律，因此，想具体了解某一词调的格律要求，最简捷的办法就是翻检词谱。现有词谱中，搜罗比较完备的有清人万树编的《词律》和王奕清等人编的《钦定词谱》，比较简明实用的则有今人龙榆生编选的《唐宋词格律》。

词的篇制或巨或细，差异颇大。最短的词调是《苍梧谣》，仅有十六个字。最长的词调是《莺啼序》，长达二百四十字。明人顾从敬曾根据词的篇制长短，将所有的词调分为小令、中调、长调三类：五十八字以内者为小令，如贺铸《鹧鸪天》；五十九至九十字者为中调，如上例苏轼《定风波》；九十一字以上者为长调，如辛弃疾《水龙吟》、史达祖《双双燕》。其分类标准并不科学（如《满江红》词调，有八十九字体，又有九十一字体，即难归属），但自有其举说便利之处，所以自明清以来沿用至今。也有称节奏较舒缓、字句较长、韵较少的词为"慢词"，称字数较少的词为"令词"的。

词的体段也有数种。有些词只有一段，称为单调；有些词分为两段，称为双调；有些词分为三段或四段，称为三叠或四叠。各种体段中，双调词所占比重最大，也最为常见。通常把双调词的第一段称为上片、上阕或前片、前阕，把第二段称为下片、下阕或后片、后阕。双调词下片的首句叫过片，如其与上片首句句式相同，称重（chóng）头；如其与上片首句句式不同，则称换头或过变。

词的句式或整齐，或参差，但绝大多数词调的句式长短不齐。短者仅一字，长者达十一字，因而词又名长短句。需要注意的是，词中的五言句或七言句，其句法结构往往与诗中的五、七言句不同。五言句如辛弃疾《水龙吟》中的"把吴钩看了"，即为"上一下四"句法；七言句如秦观《鹊桥仙》中的"又岂在朝朝暮暮"，史达祖《双双燕》中的"又软语商量不定"，都具有"上三下四"的结构特点。这是词体的重要形式特征之一，须加辨别体会。

词的押韵比近体诗远为复杂。有的词调押平韵，有的词调押仄韵，词押仄韵上声、去声可通押，入声单押。有的词调既有押平韵体又有押仄韵体，有的词调则规定平、仄韵交替，有的词调还规定要押句中韵。总之，每个词调，都有各自独特的押韵规定，欲知其详，只有翻检词谱最为便利了。

常用修辞格举隅

修辞格又称辞格、修辞方式,是为了提高修辞行为的效果而运用的组织语言材料的策略性方法。

比喻、比拟、借代、夸张、双关、映衬、拈连、仿拟等等修辞格侧重语义变化,是追求语言形象上的创造的策略;对偶、排比、顶真、回环、反复、互文、错综、连及等等修辞格侧重语形的呼应变化,是追求语句组织上的创造的策略。

一、比　　喻

比喻就是打比方,是用某一事物或情境来比况不同类的另一事物或情境。

比喻是扩大话语的意义空间的最基本的手段之一。运用比喻,可以用浅显的、具体的比喻深奥的、抽象的,也可以用抽象的、深奥的比喻具体的、浅显的。被比的事物与作比的事物应该是不同类的,两者可以在一个或多个方面具有相似点。两者的距离越远,越能获得意外的效果。

比喻的基本类型是明喻,由此又衍化出暗喻、借喻、撇喻、博喻等。

(一) 明喻

明喻是最典型的比喻。在结构方式上最为完整:本体(被比的事物)、喻体(作比的事物)、比喻词("像"、"如"、"若"、"似"、"似的"、"好像"、"一样"等)都出现,有时还可以顺势写出两者的相似点;在语义关系上也最为显豁,一般不容易与其他修辞格混淆。如果用 A 表示本体,用 B 表示喻体,那么明喻的基本格式是 A 像 B。有时也有 B 像 A。如:

① 那粉坊里的歌声,就像一朵红花开在了墙头上,越鲜明,就越觉得荒凉。(萧红《呼兰河传》)

② 出洋好比出痘子、出痧子,非出不可。小孩子出过痧痘,就可以安全长大,以后碰见这两种毛病,不怕传染。我们出过洋,也算了了一桩心愿,灵魂健全,见了博士硕士们这些微生虫,有抵抗力来自卫。(钱钟书《围城》)

例①用"像"作比喻词,用"墙头上的红花"比喻"歌声","越鲜明,就越觉得荒凉"就是本体"歌声"与喻体"墙头上的红花"的相似点。例②用喻词"好比",把"出洋"比作"出痧痘"。

(二) 暗喻

暗喻是本体和喻体都出现而比喻词不出现的比喻。常见的有利用判断关系构成"A

是 B",利用修饰关系构成"A 的 B",利用并列关系构成"A,B"等。

(1) "A 是 B"型。如：

① 卑鄙是卑鄙者的通行证,

高尚是高尚者的墓志铭。（北岛《回答》）

② 太阳是我的纤夫。

它拉着我,

用强光的绳索,

一步步,

走完十二小时的路途。（顾城《生命幻想曲》）

(2) "A 的 B"型。如：

芜秽的心田里只是误会的蔓草,毒害同情的种子,更没有收成的希冀。（徐志摩《泰戈尔》）

(3) "A,B"型。如：

① 难道时间这面晦暗的镜子

也永远背对着你

只留下星星和浮云。（北岛《结局或开始——给遇罗克烈士》）

② 生得又高又胖并不就是伟人,做得多而且繁也决不就是名著。（鲁迅《由聋而哑》）

(三) 借喻

借喻是本体和比喻词都不出现而借喻体来代替本体的比喻。在形式上与借代有相似的地方。例如把"家庭"比作"女人的领土","眼泪"比作"珍珠"和"露"：

① 柔嘉到底是个女人,对于自己管辖的领土比他看得重。（钱钟书《围城》）

② 说呵,是什么哀怨,什么寒冷摇撼你的心,如林叶颤抖于月光的摩抚,摇坠了你眼里纯洁的珍珠,悲哀的露?（何其芳《圆月夜》）

(四) 撒喻

表面说的是本体与喻体的不相似,但本体与喻体的这种"不相似"之所以需要撒除,正是以对两者相似性表示认同为前提的。其结构方式为："A 不像(不是)B"。如：

① 鸿渐的心不是雨衣材料做的,给她的眼泪浸透了。（钱钟书《围城》）

② 我不是火,不能给你光和热;

同时,我也不是黑暗,不能把你的光辉衬托

我不是水,不能湿润你干裂的唇,

我不是花,不能点缀你寂寞的生活。（雁翼《诗的自白》）

(五) 博喻

博喻是用一连串的喻体描绘同一个本体,或者用一连串相关的喻体描绘一连串相关的本体。其结构方式为：A 像 B1,像 B2,像 B3……"或"A1 像 B1,A2 像 B2,A3 像B3……"如：

① 何等动人的篇章！ ……这些是<u>空谷幽兰</u>、<u>高寒杜鹃</u>、<u>老林中的人参</u>、<u>雪岭上的雪莲</u>、<u>绝顶上的灵芝</u>、<u>抽象思维的牡丹</u>。（徐迟《哥德巴赫猜想》）

② 她是有

　　<u>丁香一样的颜色</u>，

　　<u>丁香一样的芬芳</u>，

　　<u>丁香一样的有忧愁</u>，

　　在雨中哀怨，

　　哀怨又彷徨。（戴望舒《雨巷》）

③ 你有你的铜枝铁干

　　<u>像刀、像剑</u>，

　　<u>也像戟</u>。

　　我有我红硕的花朵

　　<u>像沉重的叹息</u>，

　　<u>又像英勇的火炬</u>。（舒婷《致橡树》）

二、比　　拟

　　比拟就是把物拟作人、把人拟作物或者把甲物拟作乙物来表现。比拟的主要作用是改变叙述对象的属性，以抒发感情表示褒贬，增加话语的形象性和生动性。

　　比拟易与比喻混淆，一般来说，比喻离不开另外的事物或事件引发想象，而比拟作比时另外的事物是不出现的，只是用与那另外事物相关的词语（通常是动词、形容词、量词等）来引发想象。

　　比拟又分为拟人和拟物。

（一）拟人

拟人就是直接把事物当作人来写。

① 太阳的影子<u>躺</u>在波浪上

　　黎明<u>摇</u>着棕榈叶，<u>摇</u>着蓝色的光。（杨炼《蓝色狂想曲》）

② 这辆车年久历风尘，该<u>庆古稀高寿</u>，可是抗战时期，未便<u>退休</u>。（钱钟书《围城》）

（二）拟物

拟物就是直接把人当作物来写或者把甲事物当作乙事物来写。例如：

① 美国博士几个<u>子儿</u>一枚？我问他。（老舍《牺牲》）

② 学生被<u>挂</u>在黑板上两个小时，据说还不是最高纪录。（理由《高山与平原》）

③ 莫言下岭便无难，

　　赚得行人空欢喜。

　　正如万山圈子里。

　　一山<u>放</u>过一山<u>拦</u>。（杨万里《过松源晨炊漆公店》）

④ 他无法统计失败了多少次。他毫不气馁。他总结失败的教训，把失败<u>接</u>起

来,焊上去,作为登山用的尼龙绳子和金属梯子。(徐迟《哥德巴赫猜想》)

三、借　代

借代就是不直接说出要说的人或事物,而"借用"与之有密切关系的其他的人或事物来"代替"。借代的基本作用是强化事物的特征,提高言语行为的经济性。运用借代,必须注意明确性原则,避免误解。

借代和借喻都是借别的事物来代替本体,其区别是:(1)构成的基础不同:借喻的基础是事物的相似性(即喻体跟本体有某方面相似);构成借代的基础是事物的相关性(比如部分和整体的关系、具体和概括的关系等等,但不包括"相似"这种关系);(2)作用不同:借喻着重在"喻",用喻体来打比方;借代着重在"代",干脆用借体称代本体;(3)借喻可以改造为明喻或暗喻,借代却不能。

借代常见的是部分与整体之间的借代,此外,还有原因与结果之间的借代等等。

(一)部分与整体之间一类的借代

其中又有部分代整体、特征代本体、具体代概括、名号代本体等等。如以"帆"代"船",以"花白胡子"代"有花白胡子的人",以"桃之夭夭"代"诗歌",以"黄狮子"的品牌代这一品牌的香烟:

① 征帆去棹残阳里,
　　背西风,
　　酒旗斜矗。(王安石《桂枝香》)

② 花白胡子恍然大悟似的说。(鲁迅《药》)

③ 即使那桃花有年轮般大,也只能在初上去的时候,暂时吃惊,决不会每天做一首"桃之夭夭"的。(鲁迅《华盖集续编》)

④ 洗了家伙,到自己屋中坐下一气不出,吸了多少根"黄狮子"。(老舍《骆驼祥子》)

(二)原因与结构一类的借代

其中又有作者代作品、产地代产品、结果代本体等等。如以作者"鲁迅"代"鲁迅的著作",以产地"绍兴"代"绍兴特产黄酒",以结果"勒勒裤腰带"代原因"挨饿"。

① 读点鲁迅。(报纸)

② 他买了两瓶绍兴,乐滋滋地往回走。(报纸)

③ 好吧,咱们多勒勒裤腰带吧!(老舍《正红旗下》)

四、夸　张

夸张就是故意"言过其实",对某些事物的特征、作用、程度、数量等方面加以夸大或缩小。

夸张可以突出对象的特征,渲染主观的感受。运用夸张关键是要让人看到其"假定性"，知道是夸张，而不会误以为是事实。

夸张有尽量往"大"里说的，有极力往"小"里说的，还有时间上尽量提前的等等。

① 烹羊宰牛且为乐，会须一饮三百杯。（李白《将进酒》）
② 只要他发点好心，拔根寒毛比我们的腰还壮哩。（曹雪芹《红楼梦》）
③ 活儿我不做了！三颗粮食，收不收有什么关系？（赵树理《三里湾》）
④ 五官平淡得好像一把热手巾擦脸就可以抹而去之的。（钱钟书《围城》）
⑤ 丹唇未启笑先闻。（曹雪芹《红楼梦》）

例①例②是数量的"夸大"。例③是数量的"缩小"。例④是性状的夸张。例⑤是时间上的"超前"。

五、双　　关

双关是让一个词句同时关涉到两个方面。它主要是利用词句的多义、语音的相近或语境的相似构成的。

双关话语的语言比较含蓄，语义比较丰富。运用双关常常需要利用语言的歧义，但又要注意双关和一般歧义的区别。

双关可分为语义双关、语音双关和语境双关。

（一）语义双关

语义双关是利用词句固有的多义或临时的多义（如比喻性使用）构成的双关。例如：

① 黄克强挽黄慎之联：

白眼十年，看到了这番民国规模，从兹目瞑；

青巾一顶，收拾起千古状元袍笏，说甚头衔。（吴恭亨《对联话》）

② 匪徒们走上了这几十里的大山脊，他没有想到包马蹄的麻袋片全塌烂掉在路上，露出他们的马脚。（曲波《林海雪原》）

例①"目瞑"多义，既可指"死亡"，也可指"死心"。例②"马脚"既是实指"马的脚"，又指其比喻义"破绽"。

（二）语音双关

语音双关是利用语音上的相同或相似建立的双关。如：

① 东边日出西边雨，

道是无晴却有晴。（刘禹锡《竹枝词》）

② 孔夫子搬家——尽是书（输）。（歇后语）

③ 甲　你们说我像皇帝哪还是像太后呢？

　　乙　你是太厚！

　　甲　我是什么太后呢？

　　乙　脸皮太厚！（相声《白骨精现形记》）

例①"晴"双关"晴天"和"感情"。例②"书"双关"书本"和"输"。例③"太后"双关"太后"和"太厚"。

（三）语境双关

语境双关是利用语境条件，一句话同时关涉到两个对象的双关。平常所说的"指桑骂槐"就是一种语境双关。例如：

① 这里宝玉又说："不必烫了，我只爱喝冷的。"——宝钗笑道："宝兄弟，亏你每日家杂学旁收的，难道就不知道酒性就热，要热吃下去，发散的就快；要冷吃下去，便凝结在内拿五脏去暖他，岂不受害？从此不改了呢。快别吃那冷的了。"宝玉听这话有理，便放下冷的，令人烫来方饮。

黛玉嗑着瓜子，只管抿着嘴儿笑。可巧黛玉的丫鬟雪雁走来给黛玉送校手炉儿，黛玉因含笑问他说："谁叫你送来的？<u>难为他费心——那里就冷死我了呢？</u>"（曹雪芹《红楼梦》）

② 院子里，强英在喂猪。

水莲和仁芳哼着歌子回到家里。

强英白了他一眼，挖一勺猪食骂一句："死东西，哼呀哼的，看把他们自在的！"两头猪抢食吃，她用勺子敲黑猪，骂道：<u>"再叫你这张狂嘴称霸道！"</u>又用勺敲白猪，骂道：<u>"再叫你大白脸耍心眼！"</u>

水莲皱皱眉头没吱声。仁芳气鼓鼓地瞪了强英一眼，刚要发作，水莲向她使个眼色，拉她进堂屋。（辛显令《喜临门》）

例①"难为他费心——那里就冷死我了呢"表面上只是说"黛玉自己不需要关心"，其实又是借着语境的相似，嘲讽宝钗对宝玉的关心多此一举。例②大嫂强英表面上是对着猪骂，实际上是借语境骂给二嫂水莲和妹妹仁芳听。

六、映　　衬

映衬是把相关（或相对）的事物的不同方面（通常是两个，有时也可以是两个以上）放在一起说，相互衬托，相互对比。映衬可以突出表达对象与相似事物的区别，从而更显鲜明，也可以使表达对象相得益彰，扩大意义空间。运用映衬要注意不能影响叙述的联络发展。

（一）反衬

反衬，又叫衬托，是主次分明的一种映衬。就是把相关或相反的两个（或两个以上）的事物主次分明的放在一起，以次要的烘托主要的，让主要的更加鲜明突出。例如：

① <u>历史对人的造就胜于人对历史的创造。</u>（尼克松《理查德·尼克松》）
② <u>让我们下定决心，成为我们历史的主人，而不是历史的受害者</u>，把握住我们自己的命运，决不屈服于盲目的疑心与情感。（肯尼迪《在缅甸因州奥伦缅因大学的演讲》）

（二）对衬

对衬，又叫对比、比照，是把相互对照、相互对立的事物放在一起作对比的一种映衬。例如：

① 老舍的父亲牺牲在帝国主义的炮火之下；老舍本人竟惨死在"文艺黑线专政"论的毒箭之下；老舍的父亲孤单而受尽痛苦地死在一间小粮店里，老舍本人也同样孤单而受尽痛苦地死在一个小湖的岸边；老舍的父亲的墓冢中没有遗骨，只有一双布袜子，老舍本人的骨灰盒中也同样没有骨灰，只有一副眼镜和一支钢笔……（胡絜青《写在〈正红旗下〉前面》）

② 你要知道一个人的自己，你得看他为别人做的传；你要知道别人，你倒该看他为自己的做的传。（钱钟书《魔鬼夜访钱钟书先生》）

七、拈　　连

拈连就是甲乙不同的两个事物连着说，临时把用在甲事物的词语趁势拈来连用到乙事物上，构成特殊的动宾关系或主谓关系。拈连可以加强上下文的联系，同时还有"移花接木"之趣。如：

① 水调数声持酒听。

午醉醒来愁未醒。

送春春去几时回，

临晚镜。

伤流景。

往事后期空记省。（张先《天仙子》）

② 哼！你别看我耳朵聋——可我的心并不"聋"啊！（郭澄清《大刀记》）

③ 家是倾了，而"年貌长新"的希望适得其反，连自己的健康也倾了！（郭沫若《李白与杜甫》）

"愁"与"醒"、"聋"与"心"、"倾"与"健康"原本就是不便搭配的，但由于前一个主谓结构成功的帮助，在紧随着的相同结构中也获得了合法性。

八、仿　　拟

仿拟就是对现成的固定词组、句子、篇章甚至语体临时性地加以仿照。

仿拟如果有被仿对象引导一下，形成直接对比，效果会比较强烈。没有被仿对象直接对比的，就要求被仿的属于耳熟口滑的语句，如流行歌词、套话、常用成语等等；同时最好还要加上引号。仿拟还要注意在不同媒体的"可融解性"，电视广告中的仿拟易于对少年儿童语言知识习得造成负面的干扰，应当特别谨慎。

仿拟可分为两类：一是被仿出现，二是被仿不出现。

（一）被仿出现的仿拟

① "哈哈哈！"阿Q十分得意的笑。

"哈哈哈！"酒店的人也九分得意的笑。（鲁迅《阿Q正传》）

② 李有才作出来的歌，不是诗，明明叫做快板，因此不能算"诗人"，只能算"板人"。（赵树理《李有才板话》）

③ 一个阔人说要《诗经》，翁的一声，一群狭人也说要《诗经》，岂但读而已哉，据说还可以救国哩。（鲁迅《这个与那个》）

（二）被仿不出现的仿拟

① "鸡"不可失。（小绍兴鸡粥店广告）

② 百"文"不如一"键"。（电脑广告）

③ 才不在高，有官则名；学不在深，有权则灵。这个衙门，唯我独尊。前有吹鼓手，后有马屁精，谈笑有心腹，往来无小兵。可以搞特权，结帮亲；无批评之刺耳，唯颂扬之谐音。青云能直上，随风显精神。群众云：臭哉斯人！（《陋官铭》）

例①仿拟成语"机不可失"。例②仿拟成语"百闻不如一见"。例③仿拟古典名篇《陋室铭》。

九、对　　偶

对偶就是把一对结构相同或者相似、字数相等的词组或句子连接在一起，来表达相关或者相对的意思。

汉语传统的对联都要使用对偶，但对偶的使用却不限于对联。对偶要求意义关联、形式整齐、结构匀称，对联则更须平仄和谐。

运用对偶，既要注意上下句结构上的均衡和语音上的协调，也要注意内容上的对称。

对偶又分正对、反对和串对。

（一）正对

正对是由两个意思相关的对称句子或词组构成的对偶。如：

① 小知不可使谋事，小忠不可使主法。（《韩非子》）

② 两个黄鹂鸣翠柳，

一行白鹭上青天。（杜甫《绝句》）

（二）反对

反对是由两个意思彼此对立的对称句子或词组构成的对偶。如：

① 横眉冷对千夫指，俯首甘为孺子牛。（鲁迅《自嘲》）

② 清末乙未岁，日本和议成。有人题京师城门云：

万寿无疆，普天同庆；

三军败绩，割地求和。（吴恭亨《对联话》）

（三）串对

串对又叫流水对，使由两个内容连贯或者有递进、因果等关系的对称句子或词组构成的对偶。如：

① 才饮长沙水，又食武昌鱼。（毛泽东《水调歌头·游泳》）

② 春分刚刚过去，清明即将到来。（郭沫若《科学的春天》）

十、排　比

　　排比就是用并列的词组或句子在语形上组织成有某种相似性(如结构相似、字数相等、话题的关键词语相同)的整齐结构。运用排比可以增加语言的节奏感,也可以加强语言的气势。

　　排比和对偶比较相似,不过对偶一定是两两相对,而排比通常是多项排列;对偶要求两项之间字数相等,排比如果能满足其他要求,字数的要求就可以放弃。如果是对联,那与排比的差别就更多了。

　　① (梅雨潭)这平铺着,厚积着的绿,着实可爱。她松松的皱缬着,像少妇拖着的裙幅;她轻轻的摆弄着,像跳动的初恋的处女的心;她滑滑的明亮着,像涂了"明油"一般,有鸡蛋清那样软,那样嫩,令人想着所曾触过的最嫩的皮肤;她又不杂些尘滓,宛然一块温润的碧玉,只清清的一色——但你却看不透她!(朱自清《绿》)

　　② 给我们家庭,给我们格言
　　　　你让所有孩子骑上父亲的肩膀
　　　　给我们光明,给我们羞愧
　　　　你让狗跟在诗人后面流浪
　　　　给我们时间,给我们劳动
　　　　你在黑暗中长睡,枕着我们的希望
　　　　给我们洗礼,给我们信仰
　　　　我们在你的祝福下,出生后死亡(多多《致太阳》)

十一、顶　真

　　顶真,又叫联珠,就是在句子与句子之间,或者段落与段落之间,用前一单位末尾的词语或分句作为后一单位的开头来巧妙连接。顶真可以有效地构建事物的空间关系、时间关系或因果关系;还可以使同一个话语组织内部更加紧密和顺畅。

　　① 不闻不若闻之,闻之不若见之,见之不若知之,知之不若行之。(《荀子·儒效》)

　　② 她是有
　　　　丁香一样的颜色,
　　　　丁香一样的芬芳,
　　　　丁香一样的有忧愁,
　　　　在雨中哀怨,
　　　　哀怨又彷徨。(戴望舒《雨巷》)

　　③ 打人既要费力气,费力气就要多吃饭,多吃饭就要费钱,费钱就是破坏他的哲学,老张又何尝爱打人呢?(老舍《老张的哲学》)

④ 希望是附丽于*存在*的,有*存在*便有*希望*,有*希望*便是光明。(鲁迅《在北京女师大学生会的讲话》)

十二、回　　环

回环就是把两个字词相同而排列次序不同的言语片断紧紧连在一起,造成由 A 到 B,再由 B 到 A 的循环往复的意趣,还可以构建事物之间相互依存、相互制约或相互对立的关系。如:

① 信言不美,美言不信。

善者不辩,辩者不善。

知者不博,博者不知。(《老子》)

② 长相知,才能不相疑;不相疑,才能长相知。(曹禺《王昭君》)

③ 我们发展电话,电话就发展我们。(上海电话发展总公司广告词)

十三、反　　复

反复就是有意重复使用同一语句。

反复可以突出重点,可以抒发强烈的感情,可以表明叙述的层次,增强条理性和节奏感。运用反复要求节制,避免啰嗦感。反复常常与博喻、排比等修辞格综合使用,尤其是多次反复为了避免可能造成的呆板,在最后一次反复时常常适当运用错综,以求变化。反复又分连续反复和间隔反复。

(一) 连续反复

连续反复就是连续重复使用同一语句。例如:

① 盐早追在后面大声说:"如何不吃饭呢? 如何不吃饭就走呢? 哪有这样的道理?"(韩少功《马桥词典》)

② 不但对于阿 Q,连我自已将来的"大团圆",我就料不到究竟是怎样。终于是"学者",或"教授"乎? 还是"学匪"或"学棍"呢? "官僚"乎,还是"刀笔吏"呢? "思想界之权威"乎? 抑"思想界先驱者"乎,抑又"世故的老人"乎? "艺术家"? "战士"? 抑又是见客不怕麻烦的特别的"亚拉籍夫"乎? 乎? 乎? 乎? 乎?(鲁迅《阿 Q 正传的成因》)

(二) 间隔反复

间隔反复有规律地间隔性重复同一语句。例如:

① 这半年我看到了许多血和泪,然而,我只有杂感而已。泪揩了,血消了;屠伯们逍遥复逍遥,用钢刀的,用软刀的,然而,我只有杂感而已。

连"杂感"也被"放进应该放进的地方"时,我于是只有"而已"而已!(鲁迅《而已集》)

② 听柳青讲故事,给一个挺凶、分数又抠得紧的老师偷偷取个绰号,有意思! 挤

在叶芸家揉面粉做烧饼的案板上写作业,<u>有意思</u>! 陪淑华上门串户地去送她妈给人家洗净的衣服,<u>有意思</u>! 钻到松柏巷的天主堂内偷看那除了帽檐是白的外,一身都黑漆漆的嬷嬷,心都紧张得咚咚跳,<u>有意思</u>! 跑远点到抚州门外的绳金塔下仰脸看金光闪闪的塔顶,到孺子亭去捉迷藏,花五分钱坐渡船过抚河去三村去看桃花,或进到佑民寺去看那又高又大的神秘的菩萨,就<u>更有意思</u>了! (胡辛《四个四十岁的女人》)

十四、互　　文

作为中国传统语文比较常用的一种修辞方法,互文指的是相互连接的 AB 两个语言单位,话分开说,但在语义上互相补足,也就是 A 等于 A+B,B 也等于 A+B。对此,前人也有称为"互言""互辞"(郑玄《毛诗笺》)、"互见义""互义"(俞樾《古书疑义举例》)、"参互""互备"(杨树达《汉文文言修辞学》)等的。互文可以收到简练、新奇、渲染气氛等方面的表达效果。

　① <u>迢迢</u>牵牛星,<u>皎皎</u>河汉女。(《古诗十九首》)
　② 不以物<u>喜</u>,不以己<u>悲</u>。(范仲淹《岳阳楼记》)
　③ <u>秦</u>时明月<u>汉</u>时关,万里长征人未还。(王昌龄《出塞》)
　④ <u>东</u>市买骏马,<u>西</u>市买鞍鞯。<u>南</u>市买辔头,<u>北</u>市买长鞭。(《木兰诗》)
　⑤ 悍吏之来吾乡,叫<u>嚣</u>乎<u>东西</u>,<u>隳突</u>乎<u>南北</u>。(柳宗元《捕蛇者说》)

①说的是"牵牛星"和"织女星"既"迢迢"又"皎皎"。②说的是既不因为物的条件变化而悲喜,又不因为自己的得失而悲喜。③秦汉以来,由于战事不断发生,远征的兵士久久不能回家。句中"秦"与"汉"互文,使语句精炼,而且新奇。仿佛给人勾勒出一幅幅壮阔而清凉的画面:诗人对明月、明月对征夫、明月对城关、现今对秦汉……依稀可见。"秦时明月"="秦汉时的明月","汉时关"="秦汉时的关"。④运用互文"东西南北",生动地描绘了木兰出发前四方奔走购买参战必需品的紧张情景。⑤将"叫嚣"与"隳突"相配,"东西"和"南北"相配,渲染了悍吏来到乡间,到处吵闹、骚乱的气氛。

十五、错　　综

语言表达中由于音律的需要或情绪的需要,故意打破正常的整齐的表达次序或节奏,这种修辞方式叫做"错综"。古人称"相错成文"(沈括《梦溪笔谈》)、"错综其语"(陈善《扪虱新话》)、"蹉对"(严有翼《艺苑雌黄》)、"旋选"(王若虚《滹南遗老集》)。

错综可以分为词语位置的错综、语法结构的错综、句子长短的错综。

词语位置的错综就是将上下文中相对应的词语互换位置,把应该放在 A 位置的放到 B 位置,B 位置的放到 A 位置,产生新奇的效果。这种错综在古诗文中常见。例如:

　① <u>存者</u>忽复过,<u>亡没</u>身自衰。(曹植《赠白马王彪》)
　② 酿泉为酒,泉<u>香</u>而酒<u>洌</u>。(欧阳修《醉翁亭记》)

①原来应该是"亡没忽复过,存者身自衰",(刘履《选诗补注》以为"存者"和"亡没"应

互换，言死者已矣，存者也难久保）这是作者悼念兄弟曹彰、叹息自己遭遇时，运用互换的错综方式。②也应该读作"泉洌而酒香"，作者运用错综以产生新奇的效果。

语法结构的错综把下文的语法结构同上文的交错开来，避免可能出现的单调与划一。如：

③ 习习谷风，维山崔嵬。（《诗经·小雅·谷风》）

④ 在上面的夜的天空，奇怪而高，我生平没有见过这样奇怪而高的天空。（鲁迅《秋夜》）

例③本来可以运用整齐的句式"谷风习习，维山崔嵬"（主谓、主谓），那是一种整齐的美；这里故意错开，变成偏正、主谓的结构，使行文参差错落，显得活泼。例④，前边"天空，奇怪而高"是主谓式，后边错举成"奇怪而高的天空"，是偏正式，也具有参差的美感。

句子长短的错综指的是复句中分句长短配用，以避免呆板。例如：

⑤ 她松松的皱缬着，像少妇拖着的裙幅；她轻轻的摆弄着，像跳动的初恋的处女的心；她滑滑的明亮着，像涂了"明油"一般，有鸡蛋清那样软，那样嫩，令人想着所曾触过的最嫩的皮肤……（朱自清《绿》）

这里的三个"她……"，本来也可以构成整齐匀称的排比句式，但是第三分句却起了变化，变得丰富而复杂了，引起了进一层的联想。其效果如同游人驱车翻过一道山梁，又翻过一道山梁，等到翻过第三道山梁时，本以为马上就会看见第四道山梁，却突然出现了一条绿水，别一种情趣应景而生。

十六、连 及

连及是汉语尤其是古汉语中比较特殊的一种修辞方法。阎若璩《古文尚书疏证》指出：古人文多连类而及之，因其一遂及另一。汉语是非常注重音律节奏的，当谈到某种事物时候，常常会连带着提到同类的另一事物，这样语音节奏更协调，这一事物本身也容易得到关注和强调，这就是连及。如

① 润之以风雨。（《周易·系辞》）

② 大夫不得造车马。（《礼记》）

③ 禹稷躬稼而有天下。（《论语·宪问》）

④ 擅兵而别，多他利害。（《史记·吴王濞传》）

①"雨"能够"润"物，但"风"却不能够。因为"风雨"同类常常连用，为了凸显"雨"，这里便说成"润之以风雨"。②同样，"马"不是可"造"之物，但为了协调音律，便说成"造车马"。③在历史传说中，"躬稼"本来是"稷"的事迹，但这里连带说到"禹"，用同样为人民作出极大贡献的"禹"强化对"稷"的称颂。④这里要说的本来是"擅兵"有"害"，但却用"害"连带说到"利"，变成"利害"。

（胡范铸）

中国历史朝代简表

朝代（国号）		起迄年代	第一代帝王姓名	庙　号	国都所在地	起始年号	起始干支	备注
夏		约公元前 21—约公元前 16 世纪	启		安邑（今山西夏县西北）			
商		约公元前 16 世纪—约公元前 1046	汤		亳（今河南商丘北）、殷（今河南安阳）			[1]
周	西　周	约前 1046—前 771	姬　发	（武王）	镐京（今西安西南）			[2]
	东　周	前 770—前 256	姬宜臼	（平王）	洛邑（今洛阳）		辛未	
	（春　秋）	前 770—前 476						[3]
	（战　国）	前 475—前 221						[4]
秦		前 221—前 206	嬴　政	（始皇）	咸阳（今陕西咸阳东北）		庚辰	[5]
汉	西　汉	前 206—公元 25	刘　邦	高　祖	长安（今西安）		乙未	[6]
	东　汉	25—220	刘　秀	光　武	洛阳	建　武	乙酉	[7]
三国	魏	220—265	曹　丕	文　帝	洛阳	黄　初	庚子	
	蜀	221—263	刘　备	昭　烈	成都	章　武	辛丑	
	吴	222—280	孙　权	大　帝	建业（今南京）	黄　武	壬寅	
西　晋		265—316	司马炎	武　帝	洛阳	泰　始	乙酉	
东晋十六国	东　晋	317—420	司马睿	元　帝	建康（今南京）	建　武	丁丑	
	十六国	304—439(汉(前赵)、成(成汉)、前凉、后赵、前燕、前秦、后燕、后秦、西秦、后凉、南凉、北凉、南燕、西凉、北燕、夏)						[8]
南北朝	南朝 宋	420—479	刘　裕	武　帝	建康（今南京）	永　初	庚申	[9]
	齐	479—502	萧道成	高　帝	建康（今南京）	建　元	己未	
	梁	502—557	萧　衍	武　帝	建康（今南京）	天　监	壬午	
	陈	557—589	陈霸先	武　帝	建康（今南京）	永　定	丁丑	
	北朝 北魏	386—534	拓跋珪	道武帝	平城（今大同），493 年迁都洛阳	登　国	丙戌	
	西魏	535—556	元宝炬	文　帝	长安（今西安）	大　统	乙卯	
	东魏	534—550	元善见	孝静帝	邺（今河北临漳县南近漳河）	天　平	甲寅	
	北齐	550—577	高　洋	文宣帝	邺（今河北临漳县南近漳河）	天　保	庚午	
	北周	557—581	宇文觉	孝闵帝	长安（今西安）	/	丁丑	
隋		581—618	杨　坚	文　帝	大兴（今西安）	开　皇	辛丑	[10]
唐		618—907	李　渊	高　祖	长安（今西安）	武　德	戊寅	

（续　表）

朝代(国号)		起 迄 年 代	第一代帝王姓名	庙　号	国都所在地	起始年号	起始干支	备注
五代十国	后　梁	907—923	朱　温	太祖	汴(今开封)	开　平	丁卯	[11]
	后　唐	923—936	李存勖	庄宗	洛阳	同　光	癸未	
	后　晋	936—946	石敬瑭	高祖	汴(今开封)	天　福	丙申	
	后　汉	947—950	刘知远	高祖	汴(今开封)	天　福	丁未	
	后　周	951—960	郭　威	太祖	汴(今开封)	广　顺	辛亥	
	十　国	902—979	〔吴、南唐、吴越、楚、闽、南汉、前蜀、后蜀、荆南(南平)、北汉〕					
宋	北　宋	960—1127	赵匡胤	太祖	开封	建　隆	庚申	[12]
	南　宋	1127—1279	赵　构	高宗	临安(今杭州)	建　炎	丁未	
辽		916—1125	耶律阿保机	太祖	上京(今辽宁巴林右旗附近)	神　册	丙子	
西　夏		1032—1227	李元昊	景宗	兴庆府(今银川)	显　道	壬申	
金		1115—1234	完颜阿骨打	太祖	中都(今北京)	收　国	乙未	
元		1271—1368	忽必烈	世祖	大都(今北京)	至　元	辛未	
明		1368—1644	朱元璋	太祖	应天(今南京)1421年迁北京	洪　武	戊申	[13]
清		1644—1911	福　临	世祖	北京	顺　治	甲申	
中华民国		1912—1949	1912年孙中山当选为临时大总统,定都南京;不久袁世凯任大总统,移都北京;1927年起国民政府以南京为首都,抗战时迁都重庆,称陪都,抗战胜利迁回南京。					

注:[1]自汤14代孙盘庚迁都到殷,商朝也称殷朝。
　　[2]其中共和行政元年,约当公元前841年庚申,中国历史开始有纪年。
　　[3]从周平王元年(前770)辛未,至周敬王四十四年(前476)乙丑,为春秋时期。
　　[4]从周元王姬仁(前475)丙寅至秦灭齐统一全国(前221)庚辰,为战国时期。
　　[5]秦子婴元年(前207)甲午。
　　[6]西汉刘彻开始年号纪年"建元"元年(前140)辛丑。西汉纪年包括王莽建立的新王朝(公元9年—23年)。
　　[7]东汉章帝刘炟元和二年始用干支纪年乙酉;一说新朝王莽首先采用。
　　[8](成)李雄建兴元年(304)甲子—北凉永和七年(439)己卯。
　　　　(汉)刘渊元熙元年
　　[9]建都南京的六朝,除孙吴和东晋以外,还有宋、齐、梁、陈,为时均很短暂。
　　[10]杨坚原为北周之随国公,废周帝为"随",忌讳"走之",改为"隋"。
　　[11]907年在开封称帝建国,909年迁都洛阳。
　　[12]赵匡胤在后周时封宋州节度使,所以国号宋。
　　[13]朱元璋原为农民起义领袖小明王(韩山童之子韩林儿)部下,封吴国公,明教有明王出世的传说,所以称明朝。